21 世纪高等院校教材

江苏省精品教材

计量经济学

——理论·方法·EViews 应用

（第二版）

郭存芝　杜延军
李春吉　王万珺　编著

科　学　出　版　社

北　京

内 容 简 介

　　本书系统介绍了计量经济学的基本理论和常用方法，包括一元线性回归模型、多元线性回归模型、随机解释变量、多重共线性、异方差性、序列相关性、虚拟变量模型、滞后变量模型、时间序列分析、联立方程模型等，涵盖了教育部高等学校经济类学科教学指导委员会制定的经济学科本科计量经济学课程基本要求的全部内容，并结合课程内容，借助案例介绍了计量经济学常用软件 EViews 的使用。

　　本书可作为经济、管理类专业本科教材，也可供具有一定经济学、数学、统计学基础的经济、管理领域工作人员参考和使用。

图书在版编目(CIP)数据

计量经济学：理论·方法·EViews 应用/郭存芝等编著.—2 版.—北京：科学出版社，2013

21 世纪高等院校教材

ISBN 978-7-03-036084-7

Ⅰ.①计… Ⅱ.①郭… Ⅲ.①计量经济学-高等学校-教材 Ⅳ.①F224.0

中国版本图书馆 CIP 数据核字(2012)第 278447 号

责任编辑：林　建　张　宁/责任校对：林青梅
责任印制：徐晓晨/封面设计：蓝正设计

科 学 出 版 社 出版
北京东黄城根北街 16 号
邮政编码：100717
http://www.sciencep.com

北京九州迅驰传媒文化有限公司 印刷
科学出版社发行　各地新华书店经销

*

2008 年 9 月第　一　版　开本：787×1092　1/16
2013 年 1 月第　二　版　印张：21
2017 年 1 月第十四次印刷　字数：476 000

定价：42.00 元
（如有印装质量问题，我社负责调换）

第二版前言

自本书第一版出版以来，我们听取了不少专家学者的宝贵意见，受益颇多。在教学实践中，我们也有不少新的体会和感触。为此，我们反复讨论，对本书第一版作了一些修改，主要内容如下：

第一，增加了时间序列分析的内容，作为第十章，第一版中的第十章（联立方程模型）改为第十一章。

第二，增加了对 EViews 软件操作的介绍。在最初介绍 EViews 软件使用的地方（第二章的案例分析）增加了一些 EViews 界面展示，在其他各章的案例分析中适当补充了 EViews 软件操作的具体方法与步骤。

第三，对第一版中表述不很确切的地方作了补充、修改或调整，对第一版中某些本科教学中很少涉及的内容作了删减。

第四，更换了部分案例分析，更新了一些案例分析和课后习题的数据。

第五，在修改教材内容的同时，修改了教师用配套多媒体课件、教材思考与练习参考答案，修改了学生用配套练习册等。

本书的修改仍由第一版各部分的编者完成（编者的分工见第一版前言），新增加的时间序列分析（第十章）由王万珺编写。全书最后由郭存芝负责审阅、修改和定稿。

在本书第二版出版之际，我们要感谢第一版出版以来对教材修改提出宝贵意见的同行专家和读者，感谢南京财经大学和科学出版社一直以来的关心和支持，感谢编辑为本书出版付出的辛勤劳动。

由于我们知识水平与教学经验有限，本书的不足之处在所难免，恳请同行专家和读者批评指正。欢迎使用以下电子邮箱联系我们：gczhnj@163.com。

编　者

2012 年 11 月于南京财经大学

第一版前言

计量经济学是高等学校经济、管理类专业最重要的专业基础课之一。经济、管理类本科生只有掌握了计量经济学的基础理论和方法,学会应用计量经济学的基础理论和方法分析一些具体的问题,日后才有可能在复杂的经济、管理活动中灵活运用这一工具分析、解决实际问题,或者进一步学习、掌握更高深的计量经济学知识。然而,无论是从教师教学还是从学生学习的角度看,计量经济学都有一定的难度。

为降低教师教学和学生学习的难度,在有限时间内取得较好的教学效果,我们总结多年来承担经济、管理类专业本科生计量经济学课程教学的经验和体会,结合经济、管理类专业本科生的特点,充分借鉴国内外同类教材的优点,在以下几个方面做了努力:

第一,在涵盖教育部制定的经济学科本科计量经济学课程基本要求的全部内容的同时,尽可能以学生易于接受的方式详细介绍基本理论和常用方法,避免繁琐的数学推导和证明,少数必要的较长或较难的数学推导和证明放在附录中,供查阅。

第二,突出理论、方法与应用的结合。除在理论与方法的介绍中适当举例外,将每一章(导论除外)的最后一节编写为案例分析,让学生学会应用计量经济学的基础理论和方法分析、解决一些具体问题。

第三,将 EViews 软件的操作与各章的案例分析有机结合。在案例中介绍教材讲授的所有分析方法在计量经济学常用软件 EViews 中的实现,使学生在实际应用中学习 EViews 软件的操作方法,降低学生学习 EViews 软件的难度。

第四,在每一章开头明确该章的学习目的和基本要求,让学生从开始学习时就对该章需要掌握的内容有一定的了解;在每一章结尾对该章内容进行小结,并附涵盖该章主要内容的思考与练习,供学生复习、巩固。

第五,在附录中,设置与课程有关的概率统计、线性代数基础知识,方便学生查阅;介绍"诺贝尔经济学奖与计量经济学",强化学生对计量经济学在经济学科中地位的认识,激发学生的学习热情。

第六,在编写教材的同时,制作教师用配套多媒体课件,编写学生用练习册,方便教师教学和学生学习。

本书第一至三章、第十章和附录 A～附录 D 由郭存芝编写,第四、五、八、九章由杜延军编写,第六、七章由李春吉编写。全书由郭存芝负责审阅、修改和定稿。在本书的编写过程中,我们的研究生盛雷、丁秀峰、李广文做了一些工作。

本书可作为高等学校经济、管理类专业本科教材,也可供具有一定经济学、数学、统计学基础的经济、管理类专业工作人员参考、使用。

在本书的编写过程中,我们参考了国内外许多优秀的计量经济学教材和专著,学习并借鉴了他们不少好的经验。在此,我们对这些教材和专著的编著者表示最衷心的感谢。

在本书的编写过程中,我们得到了南京财经大学和科学出版社的关心和支持。本书的编辑为本书的出版付出了辛勤的劳动。我们在此表示诚挚的谢意。

由于编者水平有限,本书肯定存在一些不足之处,恳请读者和同行批评指正。

编　者

2008 年 3 月于南京财经大学

目　录

第一章

导　　论

学习目的：了解计量经济学的课程性质、基本内容、思想方法、发展历史、在经济学科中的地位等，形成学好计量经济学的初步思路，为课程学习的进一步展开做好准备。

基本要求：初步认识计量经济学的课程性质、基本内容、思想方法等，了解计量经济学的产生与发展历史、计量经济学在经济学科中的地位，明白学习计量经济学的价值和意义。

第一节　什么是计量经济学

一、计量经济学的定义

计量经济学的英文单词是 econometrics，本意是"经济计量"，即研究经济问题的计量方法，因此有时也译为"经济计量学"。将 econometrics 译为"计量经济学"是为了强调它是现代经济学的一门分支学科，不仅要研究经济问题的计量方法，还要研究经济问题发展变化的数量规律。对于计量经济学，不少经济学家给出过定义，第一届诺贝尔经济学奖得主挪威经济学家弗里希(R. Frisch)将计量经济学定义为经济理论、统计学和数学的结合；萨缪尔森(P. A. Samuelson)、库普曼斯(T. C. Koopmans)、斯通(R. Stone)将计量经济学定义为"应用合适的方法对经济理论和观察到的事实加以联系和推导，对现实经济现象进行定量分析"。不同经济学家对计量经济学的表述各不相同，但从中不难看出，计量经济学与经济理论、数学、统计学有着密切的联系，是对客观经济现象中存在的数量关系的分析。可以认为，计量经济学是以经济理论为指导，以经济数据为依据，以数学、统计方法为手段，通过建立、估计、检验经济模型，揭示客观经济活动中存在的随机因果关系的一门应用经济学的分支学科。

二、计量经济学与其他学科的关系

计量经济学是经济理论、数学、统计学的结合，是经济学、统计学、数学的交叉学科（或边缘学科）。计量经济学与经济学、统计学、数学联系密切，也有明显的区别。1933 年，弗里希在《计量经济学》(Econometrica)杂志创刊社论中明确提出："用数量方法探讨经济学可以从几个方面着手，但任何一个方面都不能和计量经济学混为一谈。计量经济学与经济统计学绝非一码事；它也不同于我们所说的一般经济理论，尽管经济理论大部分具有一定的数量特征；计量经济学也不应视为数学应用于经济学的同义词。经验表明，统计学、经济理论和数学，对于真正了解现代经济生活的数量关系，都是必要的，但本身并非是充分条件，三者结合起来才是强有力的，这种结合便构成了计量经济学。"

计量经济学与经济学、统计学、数学的联系主要是计量经济学对这些学科的应用。计量经济学对经济学的应用主要体现在以下几个方面：第一，计量经济学模型的选择和确定，包括对变量和经济模型的选择，需要经济学理论提供依据和思路；第二，计量经济分析中对经济模型的修改和调整，如改变函数形式、增减变量等，需要有经济理论的指导和把握；第三，计量经济分析结果的解读和应用也需要经济理论提供基础、背景和思路。计量经济学对统计学的应用，至少有两个重要方面：一是计量经济分析所采用的数据的收集与处理、参数的估计等，需要使用统计学的方法和技术来完成；二是参数估计值、模型的预测结果的可靠性，需要使用统计方法加以分析、判断。计量经济学对数学的应用也是多方面的：首先，对非线性函数进行线性转化的方法和技巧，是数学在计量经济学中的应用；其次，任何的参数估计归根结底都是数学运算，较复杂的参数估计方法或者较复杂的模型的参数估计，更需要相当的数学知识和数学运算能力；最后，在计量经济理论和方法的研究方面，需要用到许多的数学知识和原理。

计量经济学与经济学、统计学、数学的区别也很明显。经济学、统计学、数学中的任何一门学科，都不能替代计量经济学，这三门学科简单地合起来，也不能替代计量经济学。计量经济学与经济学的主要区别在于：经济学一般根据逻辑推理得出结论，说明经济现象和过程的本质与规律，大多是定性的表述。虽然理论经济学有时也会涉及经济现象和过程的数量关系，如产出随投入要素的增减而增减，但不提供这类数量关系的具体度量，不说明随投入要素的增减产出增减多少。计量经济学则要对经济理论所确定的数量关系做出具体估计，也就是对经济理论进行经验的证明。计量经济学与统计学最根本的区别在于：第一，计量经济学是以问题为导向，以经济模型为核心的，统计学则是以数据为核心，常常也是以数据为导向的。虽然现代统计学并不排斥经济理论和模型，有时也会利用它们，但不一定以特定的经济理论或模型为基础和出发点，常常可以通过对经济数据的统计直接得出结论，侧重于数据的采集、筛选和处理。第二，计量经济学对经济理论的实证作用较强。计量经济学从经济理论和经济模型出发进行分析的过程，实际上是对经济理论证实或证伪的过程。这使得它对经济理论的验证作用很强，比统计学强得多。第三，计量经济学对经济问题有更重要的指导作用。计量经济学通常不仅要对数据进行处理和分析，获得经济问题的一些数字特征，而且要借助于经济理论和数学工具，对经济问题做出更深刻的解剖和解读。经过计量经济分析实证检验的经济理论和模型,能对分析、研究和预测更广泛的经济问题起到重要作用。计量经济学与数学的区别不言而喻,因为数学只是计量经济分析及其理论研究的工具,与实证分析经济问题的计量经济学的区别显而易见。

三、计量经济学的内容体系

计量经济学在经济学科中占有重要位置,已形成了庞大的内容体系,一般按研究内容、范围的不同分为不同层次或各种专门的计量经济学,主要介绍如下。

1. 经典计量经济学与非经典计量经济学

经典计量经济学与非经典计量经济学的划分可从计量经济学的发展时期及其理论方法上的特征来把握。经典计量经济学一般指 20 世纪 70 年代以前发展起来的计量经济学,在理论方法上具有以下五个方面的共同特征:第一,在模型类型上,采用随机模型;第二,在模型导向上,以经济理论为导向;第三,在模型结构上,采用线性或可化为线性的模型,反映变量之间的因果关系;第四,在数据类型上,采用时间序列数据或截面数据;第五,在估计方法上,采用最小二乘法或最大似然法。非经典计量经济学一般指 20 世纪 70 年代以后发展起来的计量经济学,也称现代计量经济学。与经典计量经济学理论方法上的五个方面的特征相对应,非经典计量经济学包括模型类型非经典计量经济学问题、模型导向非经典计量经济学问题、模型结构非经典计量经济学问题、数据类型非经典计量经济学问题、估计方法非经典计量经济学问题五个方面的内容。

2. 理论计量经济学与应用计量经济学

理论计量经济学主要研究计量经济学的理论与方法,包括计量经济学模型的数学理论基础、计量经济学模型普遍应用的参数估计和检验方法,也包括特殊模型的参数估计和检验方法,侧重于理论与方法的证明和推导,需要较多地依赖数学和统计学的方法与技术。应用计量经济学主要运用理论计量经济学所提供的理论与方法研究特定领域的具体经济活动的数量关系,如产出与资本、劳动、技术等投入要素之间的关系,商品需求量与收入、价格、其他商品的价格等影响因素之间的关系,侧重于建立与应用模型过程中的实际问题的处理,除依赖理论计量经济学外,需要依赖经济理论建立模型,根据具体的经济数据进行分析、预测、评价等。

3. 宏观计量经济学与微观计量经济学

宏观计量经济学与微观计量经济学的划分对应于宏观经济学与微观经济学的划分。宏观计量经济学主要利用计量经济学的理论与方法,建立宏观经济模型,分析宏观经济变量之间的数量关系。例如,通过消费函数、投资函数、国民收入恒等式建立简单宏观经济系统计量经济学模型,研究国内生产总值(Y)、居民消费总额(C)、投资总额(I)、政府购买总额(G)之间的关系。自计量经济学创立以来,宏观计量经济学一直是其主要研究领域,除经典宏观计量经济学模型理论、方法以外,单位根检验、协整理论、动态计量经济学等非经典计量经济学理论、方法也是宏观计量经济学的主要研究内容。微观计量经济学是在 2000 年的诺贝尔经济学奖公报中才正式提出的一个新概念,公报中将微观计量经济学的内容集中于对个人和家庭的经济行为进行经验分析,主要包括面板数据模型的理论方法、离散选择模型的理论方法、选择性样本模型的理论方法,这些理论方法都属于非经典计量经济学的范畴。

4. 广义计量经济学与狭义计量经济学

广义计量经济学泛指所有利用经济理论、统计学、数学定量研究现实经济问题的理论、方法、技术,包括回归分析、时间序列分析、投入产出分析等。狭义计量经济学专指以回归分析为核心、揭示现实经济问题中的因果关系的理论与方法,是通常意义的计量经济学。

本书将要介绍的内容以经典计量经济学、宏观计量经济学、狭义计量经济学为主,是理论计量经济学与应用计量经济学的结合。

第二节　计量经济学研究的步骤

计量经济学是以问题为导向、以模型为核心的,因此利用计量经济学的理论、方法研究现实经济问题也是围绕模型展开的,一般包括四个步骤:理论模型的设定、模型参数的估计、模型的检验、模型的应用。

一、理论模型的设定

针对所要研究的现实经济问题,借助经济理论或实践经验,设定理论模型,是计量经济学研究的起点,也是最为关键的一步。理论模型的设定,是对经济问题的数学描述或模拟,涉及变量的设定、模型函数形式的设定、参数取值范围的设定三个方面。

描述经济问题的变量一般都可以归为两类,一类是受其他变量影响或决定的因变量,另一类是影响或决定其他变量的自变量。在计量经济学中,将受其他变量影响或决定的因变量称为被解释变量,将影响或决定其他变量的自变量称为解释变量。理论模型设定中变量的设定,主要是解释变量的设定,因为被解释变量作为研究对象的变量,可由研究问题本身直接确定。解释变量的设定需要通过以下几个方面把握。第一,解释变量应是根据经济理论或实践经验确定的被解释变量的主要影响因素,遗漏了主要影响因素或将次要影响因素甚至不相关因素引入模型,都可能导致研究结果的偏误。第二,若有多个解释变量,需注意避免解释变量之间的相关性。解释变量之间若存在一定的相关关系,可直接影响参数估计量的性质,降低研究结果的可靠性。第三,在设定解释变量的同时,应注意保证与解释变量对应的观察数据的可得性,没有样本观察数据的支持,就得不到模型的参数估计值,进一步的研究也将无法展开。例如,对生产问题的研究,产出是被解释变量,在供给不足情况下,可选择资本、劳动、技术等投入要素作为解释变量;在需求不足情况下,若研究消费品的生产,可选择居民可支配收入等变量作为解释变量,若研究生产资料的生产,可选择固定资产投资总额等变量作为解释变量。

模型函数形式是反映解释变量对被解释变量影响的数学表达式。模型函数形式的设定,首先,可以直接采用数理经济学已有的函数形式,例如,对生产问题的研究可直接利用

生产函数方程 $Q=Ae^{\gamma t}K^{\alpha}L^{\beta}$，对消费问题的研究可直接利用消费函数方程 $C=\alpha+\beta Y$；其次，可以根据实践经验或已有研究经验设定，例如，经验表明某特定消费品的年销售量主要受人口数量的影响，增长速度与人口增长速度大致相等，则可将该特定消费品的年销售量与人口数量的关系设定为一元线性函数形式；最后，也可以根据样本观察数据反映出来的变量之间的关系设定，例如，可先利用变量的样本观察数据绘制被解释变量与解释变量之间关系的散点图，根据散点图反映出来的被解释变量与解释变量之间的关系，设定模型的函数形式。对于其他事先无法确定模型函数形式的情况，可采用各种可能的函数形式进行模拟，选择模拟结果最好的函数形式。需要指出的是，这里设定的模型函数形式只是模型函数形式的初步设定，在模型参数估计和检验的过程中，大多还会对模型函数形式进行逐步调整，以得到较为合理的模型函数形式。

参数取值范围的设定主要根据经济理论或实践经验给出。例如，生产函数模型 $Q=Ae^{\gamma t}K^{\alpha}L^{\beta}$ 中有四个参数——效率系数 A、技术进步速度 γ、资本的产出弹性 α、劳动的产出弹性 β，根据经济含义，可将这些参数的取值范围设定为 $A>0,0<\gamma<1,0<\alpha<1,0<\beta<1,\alpha+\beta\approx1$；又如，消费函数模型 $C=\alpha+\beta Y$ 中的参数 β 表示边际消费倾向，根据经济含义，可将其取值范围设定为 $0<\beta<1$。事实上，理论模型中的待估参数大都具有特定的经济含义，可根据经济含义事先确定其取值范围。参数取值范围的设定可用来检验模型参数估计结果的合理性。

二、模型参数的估计

理论模型设定之后，计量经济学模型中经济变量之间的关系便完全取决于模型的参数，一般来说，参数不能通过观察直接得到，是未知的，模型参数的估计是计量经济研究的核心内容。

计量经济学模型的参数包括模型的结构参数和随机误差项的分布参数两大类。模型的结构参数是包含在模型方程中的反映模型结构特征的参数，每一个结构参数以一个字母（多为希腊字母）表示，如前所述，生产函数模型中的参数 A,γ,α,β，消费函数模型中的参数 α,β，都是模型的结构参数。随机误差项的分布参数主要是随机误差项的均值和方差。计量经济学研究揭示客观经济活动中存在的随机因果关系，设定的计量经济学模型都是反映经济变量之间因果关系的随机方程。模型中包含随机误差项，随机误差项的分布如何与模型的参数估计和检验直接相关。因此，除了模型结构参数的估计，随机误差项分布参数的估计也是计量经济学模型参数估计的重要内容。

对于单方程计量经济学模型，通常采用普通最小二乘法、极大似然法等参数估计方法；对于联立方程计量经济学模型，通常采用两阶段最小二乘法、三阶段最小二乘法等参数估计方法。以公式形式表示的参数估计结果，是随机变量，称为参数估计量。将具体的样本观察数据代入参数估计公式得到的参数估计结果，是具体的数值，称为参数估计值。无论采取什么方法估计模型参数，使得到的参数估计值尽可能接近参数的真实值，是基本原则。因此，一般要求参数估计量满足小样本性质——线性性、无偏性、有效性，或者至少满足大样本性质——一致性、渐近无偏性、渐近有效性。

在实际的计量经济学研究中,运用样本数据对模型进行参数估计、检验等,往往会面临较大的计算工作量,需要借助计算机应用软件来完成,计算机应用软件的使用是计量经济学研究必不可少的一个部分。本书将结合每一章的内容通过案例分析介绍目前应用最为广泛的计量经济学应用软件 EViews(Econometrics Views)。

三、模型的检验

通过参数估计,模型就变成了关于被解释变量和解释变量之间关系的具体表达式,但此时的模型能否较好地反映经济变量之间的真实关系还需要进行检验。因为经济现象和过程本身是十分复杂的,理论模型的整个建立过程,从模型设定到参数估计,都可能存在一定的偏误。在模型设定过程中,可能由于所依据的经济理论对研究对象的解释不充分或者由于自身对研究对象的认识的欠缺,导致变量选择的偏差或模型函数形式设定的错误;在模型参数估计过程中,可能由于样本数据的统计错误、代表性差或者由于其他信息的不可靠,导致参数估计值与真实值存在较大差距。此外,无论是单方程计量经济学模型,还是联立方程计量经济学模型,都是建立在一定的假设前提下的,如果模型的建立违背了计量经济学的基本假设,也会导致错误的结果。对模型的检验通常包括经济意义检验、统计推断检验、计量经济检验、模型预测检验四个方面。

1. 经济意义检验

经济意义检验是对模型参数估计值的符号、大小、相互关系在经济意义上的合理性所做的检验,主要是将模型参数的估计值与事先设定的模型参数取值范围进行比较。经济意义检验是计量经济学模型的一项最基本的检验,经济意义不合理,不管其他方面的质量多高,模型都是没有实际价值的。如果参数估计值在事先设定的模型参数的取值范围之内,说明所做的计量经济研究与经济理论或已有实践经验相符,可继续进行其他的检验、分析等;如果参数估计值不在事先设定的模型参数取值范围之内,说明所做的计量经济研究可能存在一定的问题,需要从模型设定、样本数据、参数估计等方面仔细推敲,寻找原因,对模型做出相应的调整或修改。

例如,在对城镇居民储蓄的研究中设定了如下模型:

$$S_t = \alpha + \beta Y_t + \mu_t$$

其中,S_t 为第 t 年的城镇居民储蓄余额;Y_t 为第 t 年的城镇居民可支配收入总额;μ_t 为随机误差项,表示各种随机因素的影响。经参数估计得到如下回归方程:

$$\hat{S}_t = 5\,235.63 - 0.12Y_t$$

该模型中,城镇居民储蓄余额 S_t 应随城镇居民可支配收入总额 Y_t 的增加而增加,即 $0 < \beta < 1$,这里参数 β 的估计值为负,从经济意义上无法解释,应查找原因,对模型做出相应的调整或修改。

又如,在对职工家庭粮食消费需求的研究中设定了如下模型:

$$\ln C_t = \alpha + \beta \ln P_t + \gamma \ln Y_t + \mu_t$$

其中,C_t 为第 t 年的人均粮食消费支出;P_t 为第 t 年的粮食价格;Y_t 为第 t 年的人均可支

配收入;μ_t 为随机误差项,表示各种随机因素的影响。经参数估计得到如下回归方程:

$$\widehat{\ln C_t} = 3.16 - 3.32 \ln P_t + 1.09 \ln Y_t$$

该模型是一个对数模型,参数 β,γ 有着明确的经济意义,分别表示粮食价格、人均可支配收入的需求弹性。就单个参数而言,β,γ 的估计值的符号与其经济意义相符,取值范围也大体适当。但根据经济意义,β,γ 的估计值之和应近似等于1,因为粮食价格与人均可支配收入同时增长 1‰时,人均粮食消费支出也应该增长约 1‰。这里 β,γ 的估计值之和为 -2.23,从经济意义上无法解释,应查找原因,对模型做出相应的调整或修改。

需要指出,并非所有的经济理论都完全正确,实践经验更不一定就是对隐含于经济活动之后的经济规律的正确把握,检验经济理论、发现和发展经济理论也是计量经济研究的主要任务。如果经过反复推敲,证明模型的设定和参数的估计都正确无误,而是经济理论本身不完善或者是经验的东西本身存在偏差,就应当提出修正经济理论或经验说法的建议。

2. 统计推断检验

统计推断检验是利用数理统计学中的统计推断方法对模型参数估计结果的可靠性进行的检验,一般包括拟合优度检验、变量显著性检验(t 检验)、方程显著性检验(F 检验)等。

3. 计量经济检验

计量经济检验是针对计量经济学模型的基本假设展开的。因为计量经济学模型是建立在若干基本假设的前提之下的,不满足基本假设的模型,会使通常的计量经济方法失去效用,使参数估计量的性质得不到保证,使模型失去应用价值。计量经济检验一般包括异方差性检验、自相关性检验、多重共线性检验等。其中,异方差性检验、自相关性检验是针对模型的随机误差项具有同方差、不存在序列相关性的假设进行的检验;多重共线性检验是针对多元模型的解释变量之间不存在相关关系的假设进行的检验。若检验发现模型存在不满足基本假设的情况,需做出相应处理,以保证模型参数估计量的性质,进而保证整个计量经济研究的可靠性。

4. 模型预测检验

模型预测检验主要检验模型参数估计值的稳定性以及相对样本数据变化的灵敏度,以确定所建立的计量经济学模型是否可以拓展到样本观察数据以外的范围。它主要包括以下两个方面的检验:

(1)换一组样本数据重新估计模型参数,将新得到的参数估计值与原来的参数估计值进行比较,检验二者之间差距的显著性。

(2)将所建立的模型用于样本以外的实际预测,将得到的预测值与实际值进行比较,检验二者之间差距的显著性。

当然,模型预测检验需要有充足的样本数据。

四、模型的应用

经过检验的模型,一般认为是对客观经济活动的一个较好的模拟,是比较可靠的,可以用于实践。计量经济学模型主要可用于结构分析、经济预测、政策评价、检验和发展经济理论几个方面。

1. 结构分析

结构分析是对客观经济活动中变量之间关系的研究,主要分析经济变量或结构参数的变化对整个经济系统的影响。例如,比较静力分析,比较经济系统的不同均衡状态之间的关系,研究经济系统从一个均衡状态到另一个均衡状态的变化,即研究经济系统中某个变量或参数的变化对其他变量或参数的影响。边际分析、乘数分析、弹性分析是常用的结构分析方法,研究某一变量的变化对另一变量的影响程度,都是比较静力分析的形式。

"边际"、"乘数"、"弹性"是经济学中的重要概念,借助于经济理论理解边际分析、乘数分析、弹性分析这三种常用的结构分析形式非常容易。边际分析、乘数分析研究某一变量的绝对变化对另一变量的影响程度,以变量的变化量的形式度量。其中,边际分析研究某一变量的绝对变化对另一变量的直接影响,是最简单的结构分析形式;乘数分析研究某一变量的绝对变化对另一变量的综合影响,包括直接影响与间接影响,使用联立方程模型的简化式进行乘数分析十分方便。弹性分析研究某一变量的相对变化对另一变量的影响程度,以变量的变化率形式度量,使用对数模型可直接进行弹性分析。

2. 经济预测

经济预测是利用估计了参数并通过了检验的模型,在样本数据以外,由已知或事先测定的解释变量,预测对应的被解释变量的数值。计量经济学模型建立的初衷主要是想从已经发生的经济活动中发现规律,并把这种规律应用于未来的实践。因此,经济预测是计量经济学模型应用的一个主要方面。经济预测可以是对被解释变量在同一空间状态下的未来预测,也可以是对被解释变量在不同空间状态下的空间预测。

对于计量经济学模型的预测功能,不能盲目夸大。应当注意,计量经济学模型是对历史的模拟,是以从已经发生的经济活动中找出变化规律为主要技术手段的,对于非稳定发展的经济过程,对于缺乏规范行为理论的经济活动,计量经济学模型会变得无能为力。当然,为适应经济预测的需要,计量经济学模型技术也在不断发展。将计量经济学模型与其他经济数学模型相结合,是一个主要发展方向。

3. 政策评价

政策评价是将经济目标作为被解释变量,将经济政策作为解释变量,利用计量经济学模型对各种可供选择的经济政策方案的实施后果进行模拟测算,从中选择较好的政策方案。将计量经济学模型和计算机技术结合起来,可建成"经济运行实验室",模拟所研究的经济体系,分析整个经济体系对各种可供选择的政策方案的反应。

经济政策具有不可试验的性质,虽然有些政策的实行可先在小范围内进行试点,但小范围的试点成功并不代表大范围推行也一定成功。因此,利用计量经济学模型进行政策评价,十分必要。

计量经济学模型用于政策评价,主要有三种方法:

(1) 工具-目标法。给定经济目标,即给定被解释变量的取值,通过对模型求解,确定解释变量的取值,即确定具体的经济政策方案。

(2) 政策模拟。将各种不同的政策方案代入模型,计算各自的目标值,通过对目标值的比较决定经济政策方案的取舍。

（3）最优控制方法。将计量经济学模型与最优化方法结合起来，选择使目标达到最优的政策或政策组合。

4. 检验和发展经济理论

检验经济理论，就是按照经济理论设定理论模型，利用实际经济数据对模型进行参数估计和检验，得出经济理论是否与客观经济事实相符的结论。发展经济理论，就是针对某一经济活动设定各种可能的模型，利用实际经济数据对各种模型进行参数估计和检验，从中发现与实际经济数据拟合最好的模型。与实际经济数据拟合最好的模型所反映的经济变量之间的关系，可能就是这一经济活动所遵循的经济规律。

任何经济理论，只有成功地解释了过去，才能为人们所接受。计量经济学模型为检验和发展经济理论提供了一种行之有效的方法，其实证作用已得到越来越多的人的普遍认同。事实上，现代许多重要的经济思想或经济理论，都是经过计量经济模型的实证研究，才被广泛接受的。

第三节 计量经济学模型与数据

一、计量经济学模型中的变量及变量间的关系

经济变量及经济变量之间的关系是计量经济学模型建立的基础。由于经济问题本身的复杂性，计量经济学模型中的变量及变量之间的关系有多种类型。

1. 变量

按照经济变量在模型中所起作用的不同或者按照经济变量本身性质的差异加以分类，计量经济学模型中涉及的变量类型主要有以下几种。

1）被解释变量与解释变量

在单方程计量经济学模型中，按照因果差异，将变量分为被解释变量（explained variable）与解释变量（explanatory variable）。被解释变量是模型的分析研究对象，是具有某种概率分布的随机变量，也称为"因变量"或"应变量"（dependent variable）、"回归子"（regressand）等。解释变量是分析研究对象的主要影响因素，是确定性的变量，也称为"自变量"（independent variable）、"回归元"（regressor）等。

2）内生变量与外生变量

在联立方程计量经济学模型中，按是否由模型系统决定，将变量分为内生变量（endogenous variable）和外生变量（exogenous variable）两大类。内生变量是由模型系统决定同时可能对模型系统产生影响的变量，是具有某种概率分布的随机变量；外生变量是不由模型系统决定但对模型系统产生影响的变量，是确定性的变量。

3）虚拟变量

虚拟变量（dummy variable）是表征政策、条件等影响研究对象的定性因素的人工变量，其值一般只取"0"或"1"。例如，以粮食产量为被解释变量，建立我国粮食生产的计量经济学模型，除播种面积、化肥用量等变量外，政策因素也不可忽视。因为1980年前后实

施了不同的政策,即使上述变量都没有变化,粮食产量也会发生较大的变化。因此,需要在解释变量中引入政策变量,用一个虚拟变量表示。对于 1980 年以前的年份,将该虚拟变量的样本观察数据设定为"0";对于 1980 年以后的年份,将该虚拟变量的样本观察数据设定为"1"。这样,通过虚拟变量可反映 1980 年前后政策因素的不同影响。

2. 变量间的关系

计量经济学通过建立数学模型研究经济活动中的随机因果关系,因此,计量经济学模型中变量之间的关系主要是解释变量与被解释变量之间的因果关系,包括单向因果关系、相互影响关系、恒等关系。

1) 单向因果关系

经济变量之间的单向因果关系是单方程计量经济学模型研究的对象,指经济变量之间存在单向的内在联系,一个(一组)经济变量的水平直接影响或决定另一个经济变量的水平。这种影响或决定关系,不仅是数值上的联系,而且有相应的经济意义。例如,就生产函数模型中资本、劳动、技术等投入要素与产出之间的关系而言,资本、劳动、技术是"因",产出是"果";又如,就职工工资收入与其工龄、职务、职称、学历之间的关系而言,工龄、职务、职称、学历是"因",工资收入是"果"。

2) 相互影响关系

经济变量之间的相互影响关系是联立方程计量经济学模型研究的对象,指变量之间存在双向的因果关系,即一变量的变化引起另一变量的变化,反过来也受另一变量变化的影响。例如,人均收入的增加会引起人均消费的增加;反过来,因为人均消费的增加能推动经济增长,也能引起人均收入的增加。又如,平均工资上升,往往推动物价上涨;反过来,物价上涨也会促进工资上升。当经济变量之间存在相互影响关系时,单独考察其中的一个方面或分别考察两个方面,往往不能正确把握和透彻解释经济变量的关系和经济运行的规律,只有把它们当做一个整体来考察,才有可能真正把握经济活动的内在规律和趋势。

3) 恒等关系

恒等关系是一种特殊的变量关系,实际上通常是一些变量的定义,如储蓄等于可支配收入减去消费。恒等关系是变量之间的确定关系,不需要针对它们进行分析。但由于恒等关系是连接经济变量关系的桥梁,也是构成经济系统的重要组成部分,在研究相互影响关系的联立方程计量经济学模型中,常常用一些恒等关系作为维系系统中变量之间联系、保持经济模型完整性的重要环节。

二、计量经济学模型中的方程

方程是关于变量之间关系的表达式,计量经济学模型中的方程分为随机方程、恒等方程两大类。随机方程反映经济变量之间的随机因果关系,恒等方程反映经济变量之间的确定数量关系。单方程计量经济学模型由随机方程构成,联立方程计量经济学模型除了包含随机方程,也可以包含恒等方程。随机方程主要包括行为方程、技术方程、制度方程等,恒等方程主要包括定义方程、平衡方程等。

行为方程是反映居民、企业、政府经济行为的随机方程。例如,描述居民消费与收入等的关系的消费函数方程,反映居民的消费行为,是一个行为方程;又如,描述商品供给与价格等的关系的供给函数方程,反映生产者的供给行为,也是一个行为方程。

技术方程是反映客观经济技术关系的随机方程。例如,描述产出与投入要素之间关系的生产函数方程,反映一定生产技术条件下投入要素与产出之间的技术关系,是一个技术方程;又如,描述生产量与消耗量之间关系的投入产出方程,反映一定生产技术条件下消耗量与生产量之间的技术关系,也是一个技术方程。

制度方程是反映政府政策、规定的随机方程。例如,描述税收与课税对象数额、税率之间关系的税收函数方程,反映政府的税收规定,是一个制度方程;又如,描述折旧与固定资产数额之间关系的折旧方程,反映政府会计制度的规定,也是一个制度方程。

定义方程是反映经济学或经济统计学对经济变量的定义的恒等方程。以宏观经济学对国内生产总值的定义为例,按生产法,国内生产总值等于第一产业、第二产业、第三产业的增加值之和;按支出法,国内生产总值等于消费、投资、政府购买、净出口之和;按收入法,国内生产总值等于工资、利息、利润、租金、间接税和企业转移支付、折旧之和。三种核算方法之下的国内生产总值的表达式都是定义方程。

平衡方程是反映经济变量之间的某种平衡关系的恒等方程。例如,描述某种产品的供给等于需求的方程,反映该种产品的市场供需均衡,是一个平衡方程;又如,描述投资总额等于官方投资与民间投资之和的方程,反映投资总额与官方投资、民间投资之间的平衡关系,也是一个平衡方程。

三、计量经济学模型

计量经济学模型是计量经济学研究的基本对象。计量经济学模型有着许多不同的种类。

1. 单方程模型、联立方程模型、时间序列模型

单方程模型(single-equation model)是只含有一个方程的计量经济学模型;联立方程模型(simultaneous-equation model)是由多个方程组成的计量经济学模型;时间序列模型(time series model)是反映经济变量与时间变量之间关系的计量经济学模型。单方程模型、联立方程模型、时间序列模型分别适用于不同的情况和问题,分析方法也有区别。但这三种模型之间也有联系,联立方程模型由多个单方程模型有机组合而成,单方程模型在联立方程模型中有很多应用,时间序列模型也是一种单方程模型。

2. 静态模型与动态模型

静态模型(static model)是只考虑本期经济变量之间关系的计量经济学模型;动态模型(dynamic model)是引入了滞后变量(如前期收入、前期消费、前期利率等)的计量经济学模型。与静态模型相比,动态模型可以反映经济变量各期水平之间的影响,更确切地描述了经济变量之间的相互关系。因此,动态模型越来越成为一种应用较为广泛的重要计量经济学模型。

此外,根据变量关系各方面的特点,计量经济学模型还可以分为均衡模型与非均衡模

型、宏观模型与微观模型、国家模型与地区模型、年度模型与季度(或月份)模型、预测模型与政策分析模型等。

建立或选择适当的计量经济学模型,对于计量经济学研究具有十分重要的意义。因为模型选择的好坏,在很大程度上决定了分析结果的质量和价值,而且对分析工作的难度也有很大的影响。建立或选择计量经济学模型,总体上应该从实际问题和实际情况出发,以相关经济理论为基础。因为不同的模型适合不同的研究目的和需要,时间序列模型比较适合于作短期预测;单方程模型可以进行长期规律的研究;对于经济结构的分析,特别是动态分析,则是联立方程模型比较有效。而且,模型的种类和规模应根据研究的经济问题的要求确定。对于要求比较低的计量经济学研究,就应选择比较简单的时间序列模型或单方程模型。而且变量的个数不需要太多、函数的形式不需要太复杂,因为方程个数越多、变量个数越多、方程形式越复杂,模型就越复杂,研究分析的难度就越大,并且研究分析的效果也不一定好。

四、计量经济学中应用的数据

计量经济学中应用的数据是通过对经济变量的观察和统计得到的,反映经济活动相关方面的水平和情况。数据的质量对计量经济研究的有效性和价值有着举足轻重的影响。数据的收集与整理,则是计量经济学模型建立过程中最费时费力的一项工作。要保证整个计量经济研究的有效性,必须重视数据问题。

1. 几种常见的数据

根据生成过程和结构方面的差异,计量经济学中应用的数据可分为时间序列数据(time series data)、截面数据(cross sectional data)、面板数据(panel data)和虚拟变量数据(dummy variable data)。

时间序列数据是同一观察对象在不同时间点上的取值的统计序列,可理解为随时间变化而生成的数据。根据统计或观察的时间间隔的不同,时间序列数据有"年度数据"、"季节数据"、"月份数据"之分。年度数据不存在季节性影响,相对平稳一些,比较能反映长期的规律性,但数据量往往较少,不能满足计量经济学研究的需要。季节数据和月份数据的数据量较多,容易满足计量经济学研究的样本数量要求,但季节性影响较明显,稳定性也相对较差。在应用时间序列数据进行计量经济学研究时,应根据具体情况合理选择数据采集的时间间隔。

截面数据是许多不同的观察对象在同一时间点上的取值的统计数据集合,可理解为对一个随机变量重复抽样获得的数据。由于是在同一时间点上的取值,与时间序列数据相比,截面数据具有性质比较稳定的优点,对分析方法的要求比较低。通过截面数据对样本均值、方差等的计算,可推断随机变量总体的均值、方差等。

面板数据是结合了时间序列数据和截面数据特征的数据,是多个观察对象在不同时间点上的取值的统计数据集合。面板数据的最大特点是数据量较多,能够比较全面地反映相关经济问题横向和纵向的特征与规律,可以同时进行多种类型的计量经济分析,并将横向和纵向的规律进行比较印证等。因此,面板数据在计量经济研究中的应用价值较大。

虚拟变量数据是人为设定的虚拟变量的取值。由于虚拟变量是对研究对象的定性影响因素(如战争、自然灾害、政治因素、政策变动等定性事实,人的性别、职务、职称、学历等定性特征)的描述,而定性因素的影响经常存在,因此虚拟变量是计量经济学模型中一种常见的变量类型,虚拟变量数据是计量经济学研究中经常用到的一种数据类型。虚拟变量数据通常由0和1构成。虚拟变量的取值为1,表示虚拟变量所描述的定性事实存在或者表示虚拟变量所描述的定性因素的类型为基础类型或肯定类型;虚拟变量的取值为0,表示虚拟变量所描述的定性事实不存在或者表示虚拟变量所描述的定性因素的类型为比较类型或否定类型。

2. 数据的质量

数据的质量问题大体上可以概括为完整性、准确性、可比性和一致性四个方面。

(1) 完整性,指模型中所有变量在每个样本点上都必须有观察数据,所有变量的样本观察数据都一样多。例如,以某100个居民家庭为样本,研究居民家庭的消费与收入之间的关系,要求有这100个家庭的完整的收入和消费数据,不能出现某个家庭只有消费数据没有收入数据,或者只有收入数据没有消费数据的情况。在实际研究中,常常会出现样本数据不完整的情况,即数据遗失。出现数据遗失时,若样本容量较大,且样本点之间的联系不紧密,可将存在数据遗失问题的样本点剔除,由剩余样本点组成完整的样本数据;若样本容量有限或样本点之间的联系较紧密,则需要采用适当方法将遗失的数据补齐,从而得到完整的样本数据。

(2) 准确性,指样本数据必须准确反映经济变量的状态或水平。数据的准确性与样本数据的采集直接相关,通常是研究者所不能控制的。因为计量经济学研究涉及经济生活的方方面面,使用的变量和数据十分广泛,样本数据的取得主要依靠公开出版的统计资料,研究者很少会经历数据的采集过程。尽管如此,在进行计量经济学研究的过程中,也要尽可能地追求数据的准确性。例如,通过对相关数据的对照,在一定程度上对样本数据的准确性做出判断;对样本数据中的异常值进行必要的分析、调查,排除异常值是错误数据的情况,等等。

(3) 可比性,指数据的统计口径必须相同,不同样本点上的数据要有可比性。例如,采用年度数据对某一城市的市区生活用电量与人口数量的关系进行研究,要求各年的生活用电量与人口数量的统计口径必须相同。若由于城市化的推进,城市区划发生了变化,将某一郊区县划入了市区,市区范围有所扩大,则会造成该市市区生活用电量与人口数量数据的前后统计口径上的变化。在实际研究中,常常会出现统计数据不具有可比性的情况,需要视具体情况进行适当的调整,以保持样本数据的可比性。

(4) 一致性,指变量与数据必须一致。例如,对某一工业行业的产出与投入要素之间的关系进行研究,必须使用该行业的产出与资本、劳动、技术等投入要素数据,既不能使用该行业的某一企业的数据,也不能使用整个工业行业的数据。

3. 数据的采集与处理

数据的真实可靠性是决定计量经济学研究的有效性和价值的重要因素。由于社会经济活动无法用控制实验的方法进行,历史数据受种种因素(如统计工作开展的时间、统计人员的水平和责任心、统计方法和数据加工处理方法的变化等)的影响往往残缺不全或存在一定的偏差,采集真实可靠、数量充足的经济数据并不是一件容易的事情。这一点在进行计量经济研究时必须加以注意,因为不同的计量经济学模型、不同的研究对数据有着不同的要求。

计量经济学研究对经济数据的要求随着研究方法和目标的不同而不同,因此收集到的经济数据往往不能直接使用,必须先做一定的加工处理。例如,根据需要计算指数、差值、增长率,做季节调整,或根据变量名进行其他变换等。虽然对经济数据的加工处理是有意义的和必要的,但毕竟具有一定的主观性,可能导致人为的偏差或其他问题。例如,对时间序列数据的季节调整和平滑处理,可能引起自相关性问题,导致整个研究的价值下降。因此,对经济数据的加工处理必须注意经济意义,避免影响整个研究的有效性。

数据加工处理的科学性对计量经济研究的影响,可以引用经济增长实证研究方面的一场著名论战来说明。20 世纪 60 年代,美国著名经济增长和计量经济学学家丹尼森(Danison)、乔根森(Jorgenson)和格里利切斯(Griliches),用同样的数据,对美国经济增长的源泉和生产率变化的原因进行了实证研究,得出的结论大相径庭,并且谁也不能说服对方,由此引发了一场论战。后来发现,造成这场论战的根本原因就是他们对同样的原始数据的处理方法的不同。

这场论战引起了人们对计量经济学研究的不少反思。因为人们通常无法得到完美的经济数据,也无法避免对经济数据做具有一定主观性的选择和处理。如果数据本身或者处理方法的某些小缺陷,会对计量经济学研究的可靠性带来严重影响,那么以经济数据为重要基础的计量经济学研究的价值就会受到怀疑。当然,现代计量经济研究拥有的数据条件比以前要好得多,并且这方面的条件仍然在不断改善,这对计量经济研究非常有利,但经济数据方面的问题还没有完全解决。所以,不能盲目迷信计量经济研究的结论,特别是当拥有的数据条件不很理想时,更要对结论的可靠性进行认真分析和判断。

■ 第四节　计量经济学的产生与发展

一、计量经济学的产生

应用数理方法探讨经济问题由来已久,早在 1676 年英国古典政治经济学创始人兼统计学家威廉·配第(William Petty)就在其《政治算术》一书中明确提出应用数理方法研究经济现象。计量经济研究的基本工具最小二乘法也早由德国数学家高斯(C. F. Gauss)于 1794 年首次提出,于 1809 年在其著作《天体沿圆锥截面围绕太阳运动的理论》中发表,并于 1829 年提供了这种方法优于其他方法的证明。但计量经济学作为一门独立的学科,一般认为正式诞生于 20 世纪 30 年代初,其标志是:1930 年,挪威经济学家弗里希、荷兰经济学家丁伯根(J. Tinbergen)、美国经济学家费歇尔(I. Fisher)等在美国俄亥俄州克利夫兰组织成立世界计量经济学会(Econometric Society);1933 年,世界计量经济学会会刊《计量经济学》创刊。

计量经济学产生的重要基础是 19 世纪数理方法在经济问题研究中的应用。1838 年,法国经济学家古诺(A. Cournot)出版了《财富理论的数学原理》一书,认为需求、供给、价格之间的关系可视为函数关系,因而有可能用一系列的函数方程来表述,并且可以用数学语言系统地阐述某些经济规律。古诺的著作使数理方法在经济学中的应用向前迈进了一大步,对计量经济学的产生与发展产生了深远的影响,古诺也因此被公认为"数理学派"的奠基人。1874年,"洛桑学派"先驱法国经济学家瓦尔拉斯(L. Walras)在其《纯粹政治经济学纲要》一书中提出了"一般均衡理论",把消费者追求效用最大化、厂商追求利润最大化的行为和市场供求相等的原理结合起来,利用联立方程模型对整个市场体系进行模拟,研究了一般均衡的存在性、唯一性、稳定性等问题,使数理方法在经济学中的应用进入一个新的阶段。此后,意大利经济学家帕累托(V. Pareto)继承并发展了瓦尔拉斯的一般均衡理论,用立体几何研究经济变量之间的关系。自1890年"剑桥学派"创始人英国经济学家马歇尔(A. Marshall)的《经济学原理》问世以来,数理方法成为西方经济理论研究不可缺少的描述、分析和推理的工具。正是在这样的经济研究历史条件下,弗里希在其1926年出版的《论纯经济问题》一书中仿照"生物计量学"(biometrics)首次提出"计量经济学"(econometrics)的名称;美国经济学家穆尔(H. L. Moore)在其1929年出版的《综合经济学》一书中运用计量经济模型描述了经济周期、工资率变化与商品需求等经济现象的数量关系。这为计量经济学作为一门独立学科的诞生奠定了基础。

二、计量经济学的发展

计量经济学正式诞生之后,发展十分迅速。首先是爆发于1929~1933年的世界性经济大萧条使计量经济学从一诞生就成为一个十分活跃的领域。为走出大萧条的困境,许多政府广泛应用计量经济学的理论与方法进行市场研究、经济预测、政策分析等;不少企业主应用计量经济学的理论与方法对个别产品的供给、需求、价格等进行分析。正是在这样的背景下,1934年,弗里希出版了其经典著作《运用完全回归体系的统计合流分析》,将计量经济分析技术向前推进了一大步;1935年,丁伯根建立了第一个计量经济学应用模型——用于分析荷兰经济的宏观经济模型,开创了计量经济学从研究微观经济模型为主转向建立宏观经济模型的新阶段;1936年,凯恩斯(J. M. Keynes)出版了《就业、利息和货币通论》一书,提出了国民收入的需求决定理论,为联立方程计量经济学模型的建立提供了理论依据;哈罗德(R. F. Harrod)、罗宾逊(J. Robinson)、萨缪尔森、克莱因(L. Klein)等对凯恩斯理论的继承和发展,极大地推动了宏观计量经济学理论、方法与应用的发展。此后,伴随着社会经济发展对计量经济分析需求的不断增加、经济理论的不断发展、数据可得性的不断改善、计算机技术和计量软件的广泛应用,计量经济学一直保持了快速发展的势头。

经过半个多世纪的发展,计量经济学在研究对象、分析技术、数据利用、应用领域等多个方面都有了丰富的内涵。在研究对象方面,不仅包括单方程模型、线性模型、小型市场模型、静态模型、均衡模型等,还包括联立方程模型、非线性模型、大型宏观经济模型、动态模型、非均衡模型等;在分析技术方面,不仅包括回归分析、参数模型分析,还包括时间序列分析、非参数模型分析、处理分析离散变量与受限变量等的专门技术等;在数据利用方面,不仅包括对时间序列数据、截面数据的应用,还包括对面板数据的应用;在应用领域方面,不仅包括宏观经济、经济增长、经济管理等,还包括微观经济、就业和收入分配、企业经营等,而且发展形成了针对不同应用领域的专门计量经济学,如宏观计量经济学、微观计量经济学、金融市场计量经济学等。

理论与方法的迅速发展和在经济活动实践中的广泛应用,使计量经济学在经济学科中占有了十分突出的地位。一般认为,1969 年诺贝尔经济学奖的设立,标志着经济学已成为一门科学。在经济学走向科学化的过程中,计量经济学起了特殊作用,因而 1969 年的首届诺贝尔经济学奖授予了创立计量经济学的弗里希和丁伯根。据统计,在历届诺贝尔经济学奖获得者中,有 2/3 以上是计量经济学家,有 10 位直接因为对计量经济学发展做出突出贡献而获奖;有近 20 位担任过世界计量经济学会会长;有 30 余位在获奖成果中应用了计量经济学。为此,第二届诺贝尔经济学奖得主美国著名经济学家萨缪尔森评价说"第二次世界大战后的经济学是计量经济学时代";第十二届诺贝尔经济学奖得主美国著名经济学家克莱因评价说"计量经济学已经在经济学科中居于最重要的位置"。

现代经济学的一个明显特点是越来越多地使用数理工具。从理论研究的角度看,借助数理工具至少有四个方面的优势:第一,前提假设一目了然;第二,逻辑推理严密精确;第三,可得出仅凭知觉无法或不易得出的结论;第四,可减少不必要的争论,且便于后人在已有研究工作的基础上继续开拓。从实证研究的角度看,使用数理工具也至少有三个方面的优势:第一,通过经济理论的数学模型可以很方便地建立其计量经济模型,进行实证研究;第二,证据的数量化可使实证研究具有一般性和系统化,避免经验分析的偶然性和表面化;第三,数理统计方法的使用可以从已有数据中最大限度地汲取有用信息,得出定量结论,给出统计意义上的显著性水平。因此,许多世界一流大学都在经济管理类专业的培养目标中对学生应用数学工具的能力提出了明确的要求,要求学生将数学作为经济分析的一个基本工具,学会用数学工具去思考和描述经济问题、发展经济理论。于是,计量经济学成为学生必须学习的一门核心课程。克莱因指出,"在大多数大学和学院中,计量经济学的讲授已成为经济学课程表中最有权威的一部分"。

三、计量经济学在我国的传播与发展

计量经济学在我国的传播与发展是以留学回归人员对数理方法的传播为基础的。据考证,唐庆增 1926 年在《科学》上发表的论文《经济学中之算术学派》是我国最早介绍数理经济学的文章,文中较全面地介绍了数理方法在经济问题研究中的应用,包括古诺的《财富理论的数学原理》、戈森(H. Gossen)的"效用论"、杰文斯(W. S. Jevons)的《政治经济学理论》、瓦尔拉斯的《纯粹政治经济学纲要》和《社会财富之算术理论》、帕累托均衡等。继唐庆增之后,潘宾的《数学经济学之概念》(1930)、黄新铎的《算学在社会科学上之应用》(1930)等文章,从不同角度介绍了数理经济学的新进展。20 世纪 20 年代后期到整个 30 年代,还出现了一大批论及数理经济学或专门阐述数理经济学的译著和专著,掀起了一个中国数量经济学研究的小高潮。到 20 世纪 40 年代,我国的数理经济研究因战乱而中断。

新中国成立以后,我国的经济理论研究模仿了苏联的模式。通过苏联专家来访时的介绍和我国专家对苏联的访问,经济数学方法在我国的研究有了一定的进展。1961 年 8

月 1 日乌家培发表于《人民日报》上的论文《谈谈经济数学方法》是新中国的第一篇关于数量经济学的专门论文。"文化大革命"期间,数量经济学几乎没有任何发展,计量经济学的发展自然也陷入停滞状态。

计量经济学在我国的真正快速发展是在改革开放之后。1979 年,中国数量经济研究会成立。1980 年夏,以著名经济学家克莱因为团长的美国经济学家代表团与中国社会科学院合作,在北京颐和园举办了为期 7 周的"经济计量学讲习班",有 100 多名中国经济学工作者参与了培训,这一讲习班的举办对我国计量经济学的发展起到了实质性的推动作用。1981 年,中国社会科学院经济研究所成立数量经济研究室。1982 年,第一届中国数量经济研究年会召开;数量经济研究室和工业经济研究所的现代管理研究室及技术经济研究所一起,合并为数量经济与技术经济研究所。1984 年,中国数量经济研究会更名为中国数量经济学会;《数量经济技术经济研究》创刊。从此计量经济学在我国得到了广泛的应用,取得了大量的研究成果。除《数量经济技术经济研究》外,《经济研究》、《统计研究》、《中国工业经济》等重要期刊上刊登的数量经济研究的论文越来越多。以《经济研究》为例,自 1955 年创刊以来,在《经济研究》上刊登的论文一直代表我国经济理论研究的最高水平,引导着我国经济学研究的方向。从 20 世纪 80 年代中期起,《经济研究》编辑部开始倡导与国际学术规范接轨,开始刊登数量研究方面的论文。1991 年以前,在《经济研究》上刊登的计量经济学方面的论文数目极少,且主要论证计量经济学的重要性或介绍计量经济学方法;1992~1999 年,伴随着邓小平南行讲话推动的中国改革开放的深入和学术思想的解放,在《经济研究》上刊登的计量经济学方面的论文的数量明显上升,且增速明显加快;2000 年以来,国内计量经济学教育和培训开始普及,国内外学者交流合作逐步深入,海外归国学者增多,在《经济研究》上刊登的计量经济学方面的论文的比重迅速增加。据统计,2000~2003 年刊登在《经济研究》上的计量经济学方面的论文的数量是 1999 年以前 20 年的总和的两倍;目前,刊登在《经济研究》上的论文属于狭义计量经济学的约占 40%,属于广义计量经济学的占 85%以上。

计量经济学作为一门课程,在我国高等院校的经济学科、管理学科相关专业开设已有二十余年的历史,它的重要性也逐渐为人们所认识。1998 年 7 月,教育部高等学校经济类学科教学指导委员会成立,在第一次会议上,讨论确定了高等学校经济学类各专业的 8 门共同核心课程,计量经济学是其中之一。

➤ 本章小结

计量经济学是以经济理论为指导,以经济数据为依据,以数学、统计方法为手段,通过建立、估计、检验经济模型,揭示客观经济活动中存在的随机因果关系的一门应用经济学的分支学科。计量经济学与经济学、统计学、数学联系密切,也有明显的区别。按研究内容、范围的不同,计量经济学分为经典计量经济学与非经典计量经济学、理论计量经济学与应用计量经济学、宏观计量经济学与微观计量经济学、广义计量经济学与狭义计量经济学等。

计量经济研究围绕模型展开,一般包括理论模型的设定、模型参数的估计、模型的检验、模型的应用四个步骤。

计量经济学模型中涉及的变量类型主要有被解释变量与解释变量、内生变量与外生变量、虚拟变量等。变量之间的关系主要包括单向因果关系、相互因果关系、恒等关系等。计量经济学模型中的方程分为随机方程、恒等方程两大类。计量经济学模型包括单方程模型与联立方程模型、时间序列模型、静态模型与动态模型、均衡模型与非均衡模型等。

计量经济学中应用的数据包括时间序列数据、截面数据、面板数据和虚拟变量数据。数据的质量问题大体上可概括为完整性、准确性、可比性和一致性四个方面。采集真实可靠、数量充足的经济数据不是一件容易的事情,在进行计量经济研究的时候必须加以注意。对经济数据的加工处理必须注意经济意义,避免出现影响整个研究的有效性的问题。

计量经济学作为一门独立的学科,一般认为正式诞生于 20 世纪 30 年代初。理论与方法的迅速发展和在经济活动实践中的广泛应用,使计量经济学在经济学科中具有十分突出的地位。

计量经济学在我国的真正快速发展是在改革开放之后。目前,计量经济学在我国得到了广泛的应用,是高等学校经济学类各专业的 8 门共同核心课程之一。

➤ 思考与练习

1. 计量经济学是一门什么样的学科?
2. 计量经济学与经济理论、统计学、数学的联系和区别是什么?
3. 经典计量经济学与非经典计量经济学是如何划分的?
4. 计量经济学研究中如何进行理论模型的设定?
5. 计量经济学模型中的待估参数有哪些?
6. 计量经济学模型的检验包括哪几个方面? 为什么要进行模型的检验?
7. 如何利用计量经济学模型进行政策评价?
8. 计量经济学模型中的被解释变量和解释变量、内生变量和外生变量是如何划分的?
9. 计量经济学模型中包含的变量之间的关系主要有哪些?
10. 什么是行为方程、技术方程、制度方程、定义方程、平衡方程? 各举一例说明。
11. 什么是单方程模型、联立方程模型、时间序列模型? 三者之间的关系如何?
12. 计量经济学中常用的数据类型有哪些? 各举一例说明。
13. 什么是数据的完整性、准确性、可比性、一致性?
14. 计量经济学作为一门独立的经济学科正式诞生的标志是什么?
15. 试论计量经济学在经济学科中的地位。

第二章

一元线性回归模型

学习目的:理解回归模型的概念,学会对一元线性回归模型进行参数估计、检验和预测,为多元线性回归模型的学习打下基础。

基本要求:理解样本回归模型、总体回归模型的概念;掌握一元线性回归模型的普通最小二乘参数估计方法,了解一元线性回归模型的基本假设、一元线性回归模型的最大似然参数估计方法、一元线性回归模型的普通最小二乘参数估计量与样本回归线的性质、一元线性回归模型随机误差项方差的估计;学会对一元线性回归模型进行拟合优度检验,对一元线性回归模型的参数进行区间估计和假设检验;学会进行一元线性回归模型被解释变量的总体均值和个别值的预测;学会利用 EViews 软件进行一元线性回归模型的参数估计、检验和预测。

第一节 回归模型概述

一、相关分析与回归分析

1. 经济变量之间的关系

计量经济学研究是对经济变量之间关系的研究。针对某一具体经济问题展开研究时,首先需要考察的就是相关经济变量之间有没有关系、有什么样的关系。经济变量之间的关系包括确定的函数关系、不确定的相关关系两大类。

函数关系,指某一经济变量可直接表示为其他经济变量的确定的函数,函数表达式中没有未知参数,不存在参数估计的问题。例如,某一商品的销售收入 Y 与单价 P、销售数量 Q 之间的关系 $Y = PQ$,某一农作物的产量 Q 与单位面积产量 q、种植面积 S 之间的关系为 $Q = qS$,等等。

相关关系,指不同经济变量的变化趋势之间存在某种不确定的联系,某一或某几个经济变量的取值确定后,对应的另一经济变量的取值虽不能唯一确定,但按某种规律有一定的取值范围。相关关系的表达式一般表示为含有未知参数的函数形式,需要进行参数估计。例如,居民消费 C 与可支配收入 Y 之间的关系,可支配收入的取值确定后,消费的取值虽不能唯一确定,但有一定的取值范围,$0 < C < Y$,遵循边际消费倾向递减的规律。居民消费 C 与可支配收入 Y 之间的关系可表示为 $C = \alpha + \beta Y$。其中,α,β 为待估参数。

经济变量之间的确定的函数关系可以直接用于经济活动,无须分析。经济变量之间的不确定的相关关系,隐含着某种经济规律,是有关研究的重点。相关关系按涉及变量的数量、相关的程度、相关的性质的不同可分为不同的类型。

1) 单相关与复相关

单相关也称为一元相关,指两个经济变量之间存在的相关关系;复相关也称为多元相关,指多个经济变量之间存在的相关关系,可能是几个经济变量的某种综合效果与一个经济变量有趋势方面的联系。

2) 完全相关、不完全相关与不相关

完全相关是极强的相关关系,是相关关系中的一个极端形式,指某一或某几个经济变量的取值确定后,对应的另一经济变量的取值能唯一确定,即该变量的取值范围小到了极限,是一个具体的数值。完全相关实际上是确定的函数关系,所以函数关系可看做是相关关系的特例。不相关关系是极弱的相关关系,是相关关系中的另一个极端形式,指某一或某几个经济变量的取值确定后,对应的另一经济变量不仅取值不能唯一确定,而且取值范围也不能确定。不完全相关是经济变量之间的关系介于完全相关与不相关之间的情况。

3) 正相关与负相关

正相关指不同经济变量的变化趋势一致,即一个经济变量的取值由小变大时,另一经济变量的取值也由小变大;负相关指不同经济变量的变化趋势相反,即一个经济变量的取值由小变大时,另一经济变量的取值由大变小。

4) 线性相关与非线性相关

线性相关指相关变量之间的关系可由线性函数近似表示,即由相关变量的取值绘制的散点图趋向于直线形式;非线性相关指相关变量之间的关系可由某种非线性函数近似表示,即由相关变量的取值绘制的散点图趋向于某种曲线形式。

2. 相关分析

相关分析(correlation analysis)是研究变量之间的相关关系的形式和程度的一种统计分析方法,主要通过绘制变量之间关系的散点图和计算变量之间的相关系数进行。通过绘制变量之间关系的散点图,可以判断相关关系是线性相关还是非线性相关,正相关还是负相关;通过计算变量之间的相关系数,可以度量变量之间的线性相关的程度,判断线性相关关系是正相关还是负相关。

常用的相关系数是 19 世纪末英国著名统计学家卡尔・皮尔逊(Karl Pearson)提出的度量两个变量之间的线性相关程度的简单相关系数,简称相关系数。两个变量 X 和 Y 的总体相关系数为

$$\rho_{XY} = \frac{\mathrm{cov}(X,Y)}{\sqrt{\mathrm{var}(X)} \cdot \sqrt{\mathrm{var}(Y)}} \tag{2-1}$$

其中,$\text{cov}(X,Y)$为变量X,Y的协方差;$\text{var}(X),\text{var}(Y)$分别为变量$X,Y$的方差。

如果给定变量X,Y的一组样本$(X_i,Y_i),i=1,2,\cdots,n$,则总体相关系数的估计——样本相关系数为

$$r_{XY}=\frac{\sum_{i=1}^{n}(X_i-\overline{X})(Y_i-\overline{Y})}{\sqrt{\sum_{i=1}^{n}(X_i-\overline{X})^2}\sqrt{\sum_{i=1}^{n}(Y_i-\overline{Y})^2}} \qquad (2\text{-}2)$$

或

$$r_{XY}=\frac{n\sum_{i=1}^{n}X_iY_i-\sum_{i=1}^{n}X_i\sum_{i=1}^{n}Y_i}{\sqrt{n\sum_{i=1}^{n}X_i^2-\left(\sum_{i=1}^{n}X_i\right)^2}\sqrt{n\sum_{i=1}^{n}Y_i^2-\left(\sum_{i=1}^{n}Y_i\right)^2}} \qquad (2\text{-}3)$$

相关系数的取值介于-1和1之间,取值为负表示两变量之间存在负相关关系;取值为正表示两变量之间存在正相关关系;取值为-1表示两变量之间存在完全负相关关系;取值为0表示两变量不相关;取值为1表示两变量之间存在完全正相关关系。

多个变量之间的线性相关程度,可以用复相关系数和偏相关系数度量。

3. 回归分析

回归分析(regression analysis)是研究不仅存在相关关系而且存在因果关系的变量之间的依存关系的一种分析理论与方法,是计量经济学的方法论基础,主要内容包括:

(1) 设定理论模型,描述变量之间的因果关系。

(2) 根据样本观察数据利用适当方法对模型参数进行估计,得到回归方程。

(3) 对回归方程中的变量、方程进行显著性检验,推求参数的置信区间、模型的预测置信区间。

(4) 利用回归模型解决实际经济问题。

例如,居民消费C与可支配收入Y之间不仅存在相关关系而且存在因果关系,不仅可以利用相关分析研究两者之间的相关程度,还可以利用回归分析研究两者之间的具体依存关系。可以将C作为被解释变量,Y作为解释变量,根据相关经济理论,设定含有待估参数α,β的理论模型$C=\alpha+\beta Y$,估计模型中的参数α,β,得到回归方程,进行相关统计检验和推断,利用回归模型进行结构分析、经济预测、政策评价等。

4. 相关分析与回归分析之间的关系

相关分析与回归分析既有联系又有区别。联系在于:相关分析与回归分析都是对存在相关关系的变量的统计相关关系的研究,都能测度线性相关程度的大小,都能判断线性相关关系是正相关还是负相关。区别在于:相关分析仅仅是从统计数据上测度变量之间的相关程度,不考虑两者之间是否存在因果关系,因而变量的地位在相关分析中是对等的;回归分析是对变量之间的因果关系的分析,变量的地位是不对等的,有被解释变量和解释变量之分。而且,相关分析主要关注变量之间的相关程度和性质,不关注变量之间的具体依存关系;回归分析在关注变量之间的相关程度和性质的同时,更关注变量之间的具体依存关系,因而可以深入分析变量间的依存关系,有可能达到掌握其内在规律的目的,具有更重要的实践意义。

二、随机误差项

计量经济学是研究经济变量之间存在的随机因果关系的理论与方法。其中,对经济变量之间关系的随机性的描述通过引入随机误差项(stochastic error)的方式来实现。在计量经济学中,无论是一元线性回归模型、多元线性回归模型以及其他单方程模型,还是联立方程模型,都含有随机误差项。

含有随机误差项是计量经济学模型与数理经济模型的一大区别。以生产活动为例,对于供给不足下的生产活动,可以认为产出是由资本、劳动、技术等投入要素决定的,并且一般情况下,产出随着投入要素的增加而增加,但要素的边际产出递减。数理经济模型用确定性的函数描述经济变量之间的理论关系,对这一经济活动,笼统地描述为

$$Q = f(T, K, L)$$

或具体地用某一种生产函数描述为

$$Q = A e^{\gamma t} K^{\alpha} L^{\beta}$$

其中,Q 为产出;T 为技术;K 为资本;L 为劳动;A, γ, α, β 为未知参数。计量经济学模型用随机方程揭示经济变量之间的因果关系,对于这一经济活动,与上述数理经济模型相对应,描述为

$$Q = A e^{\gamma t} K^{\alpha} L^{\beta} e^{\mu}$$

或描述为对数线性函数形式

$$\ln Q = \ln A + \gamma t + \alpha \ln K + \beta \ln L + \mu$$

其中,μ 为随机误差项。

随机误差项,也称为随机扰动项或随机干扰项(stochastic disturbance),一般用希腊字母 μ 或 ε 表示,在计量经济研究中起着十分重要的作用。

经济变量之间的因果关系之所以具有随机性是因为:第一,人类的经济行为本身带有随机性,从而,以人的经济行为为基础的经济活动就不可能有绝对严格的规律。第二,通常一个变量总是受众多因素的影响,而不是只受一个或几个变量的影响,虽然多数因素的单独影响可能较小,甚至可以忽略不计,但这些因素的总体影响是存在的,会对所考察的变量产生明显的影响,从而使只考虑一个或几个变量对另一变量的影响的函数难以严格成立。第三,任何函数反映经济变量之间的关系都只是一种简化反映,常常会忽略掉一些次要部分,如高阶项,这种简化也会导致变量之间的函数关系不能严格成立。第四,经济数据来源于调查统计,而非严格的控制实验,难免有一定的偏差,这也会使得即使本来严格成立的函数关系,在经济数据的检验中不能严格成立。所以,一个经济变量通常不能被另一个经济变量完全精确地决定,需要引入随机误差项来反映各种误差的综合影响,主要包括:

(1)变量的内在随机性的影响。

(2)解释变量中被忽略的因素的影响。

(3)模型关系设定误差的影响。

(4)变量观察值的观察误差的影响。

(5)其他随机因素的影响。

三、总体回归模型

1. 总体回归曲线与总体回归函数

由于经济变量之间的因果关系具有随机性,回归分析对经济变量之间关系的研究重点是对变量关系的总体趋势的把握,即把握与给定解释变量水平对应的被解释变量的平均水平或期望值。给定解释变量条件下被解释变量的期望轨迹称为总体回归曲线(population regression curve)或总体回归线(population regression line)。描述总体回归曲线的函数称为总体回归函数(population regression function)。

对于只有一个解释变量 X 的情形,总体回归函数

$$E(Y/X_i) = f(X_i) \tag{2-4}$$

表示对于解释变量 X 的每一个取值 X_i 都有被解释变量 Y 的条件期望 $E(Y/X_i)$ 与之对应,$E(Y/X_i)$ 是 X 的函数。

对于含有多个解释变量 $X_1, X_2, \cdots, X_k$ 的情形,总体回归函数

$$E(Y/X_{1i}, X_{2i}, \cdots, X_{ki}) = f(X_{1i}, X_{2i}, \cdots, X_{ki}) \tag{2-5}$$

表示对于解释变量 $X_1, X_2, \cdots, X_k$ 的每一组取值 $X_{1i}, X_{2i}, \cdots, X_{ki}$,都有被解释变量 Y 的条件期望

$$E(Y/X_{1i}, X_{2i}, \cdots, X_{ki})$$

与之对应,$E(Y/X_{1i}, X_{2i}, \cdots, X_{ki})$ 是 $X_1, X_2, \cdots, X_k$ 的函数。

例 2-1 假设一个由 100 个家庭构成的总体,并假设这 100 个家庭的月可支配收入水平只限于 1 300 元、1 800 元、2 300 元、2 800 元、3 300 元、3 800 元、4 300 元、4 800元、5 300元、5 800元 10 种情况,每个家庭的月可支配收入与消费数据如表 2-1 所示,要研究这一总体的家庭月消费支出 Y 与家庭月可支配收入 X 之间的关系,以便根据已知的家庭月可支配收入水平测算该总体的家庭月消费支出平均水平。

表 2-1　100 个家庭的月可支配收入与消费支出数据　　　　　单位:元

可支配收入 X	1 300	1 800	2 300	2 800	3 300	3 800	4 300	4 800	5 300	5 800
消费支出 Y	1 033	1 120	1 128	1 455	1 788	1 966	2 197	2 436	2 765	3 022
	1 126	1 208	1 167	1 501	1 835	2 048	2 286	2 588	2 853	3 156
	1 207	1 256	1 231	1 635	1 872	2 122	2 315	2 672	2 900	3 401
		1 327	1 288	1 728	1 903	2 213	2 386	2 736	3 021	3 669
		1 439	1 371	1 789	1 965	2 315	2 467	2 801	3 065	
		1 584	1 439	1 835	2 061	2 357	2 581	2 893	3 146	
			1 452	1 886	2 157	2 369	2 623	2 902	3 278	
			1 533	1 943	2 206	2 398	2 677	3 027	3 305	
			1 597	2 033	2 289	2 452	2 710	3 155	3 423	
			1 676	2 178	2 314	2 501	2 985	3 260		
			1 793	2 294	2 390	2 534	3 004			
				2 351	2 426	2 568	3 082			
				2 410	2 458	2 610	3 119			
					2 478	2 659	3 102			
					2 543	2 723				

家庭消费支出主要取决于家庭可支配收入,但不是唯一取决于家庭可支配收入,还会受到其他各种不确定性因素的影响,因而可支配收入相同的不同家庭的消费支出各不相同。由于是对总体的考察,由表 2-1 可求得家庭可支配收入 X 为某一特定数值时家庭消费支出 Y 的条件分布(conditional distribution)。例如,在 $X=2\,300$ 条件下,$Y=1\,371$ 的条件概率等于 1/11,即

$$P(Y = 1\,371/X = 2\,300) = 1/11$$

由此可求得对应于家庭可支配收入 X 的各个水平的家庭消费支出 Y 的条件均值(conditional mean)或称为条件期望(conditional expectation),如表 2-2 所示。

表 2-2　100 个家庭的月可支配收入与消费数据　　　　　　　　单位:元

可支配收入 X	1 300	1 800	2 300	2 800	3 300	3 800	4 300	4 800	5 300	5 800
$E(Y/X_i)$	1 122	1 324	1 425	1 926	2 179	2 389	2 681	2 847	3 084	3 312

由表 2-1、表 2-2 中的数据绘制不同可支配收入家庭的消费支出散点图、家庭消费支出与可支配收入关系的总体回归线,如图 2-1 所示。从散点图可以清晰地看出,不同家庭的消费支出虽然存在差异,但总体趋势随可支配收入的增加而增加,总体回归线反映了这一趋势。

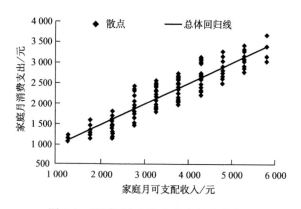

图 2-1　不同可支配收入家庭的消费支出

事实上,经济活动中的总体包含的个体的数量往往非常多,一般不大可能像例 2-1 假设的那样得到总体中所有个体的观察数据,因此也就不大可能依据总体的所有观察数据计算得到被解释变量 Y 的条件期望,无法画出精确的总体回归线,相应地,总体回归函数的具体形式也无法精确确定。所以,对于总体回归函数,通常只能根据经济理论或实践经验进行设定,也就是说,通常需要对总体回归函数做出合理的假设。

2. 总体回归模型

总体回归函数反映变量之间关系的总体趋势,对于总体中的任一个体而言,由于各种随机因素的影响,相关变量的观察值不一定恰好与总体回归函数反映的规律一致,在变量关系图中表现为反映个体水平的散点聚集在总体回归线的周围。所以,对个体的相关变

量的观察值之间关系的表述需要在总体回归函数的基础上引入反映各种随机因素影响的随机误差项。

对于只有一个解释变量 X 的情形,第 i 个个体的被解释变量的观察值 Y_i 可由其期望值 $E(Y/X_i)$ 和随机误差项 μ_i 表示为

$$Y_i = E(Y/X_i) + \mu_i = f(X_i) + \mu_i \qquad (2\text{-}6)$$

对于含有多个解释变量 $X_1, X_2, \cdots, X_k$ 的情形,第 i 个个体的被解释变量的观察值 Y_i 可由其期望值 $E(Y/X_{1i}, X_{2i}, \cdots, X_{ki})$ 和随机误差项 μ_i 表示为

$$Y_i = E(Y/X_{1i}, X_{2i}, \cdots, X_{ki}) + \mu_i = f(X_{1i}, X_{2i}, \cdots, X_{ki}) + \mu_i \qquad (2\text{-}7)$$

式(2-6)或式(2-7)是总体回归函数的个别值表示方式,因为引入了随机误差项,称为总体回归函数的随机设定形式,也是因为引入了随机误差项,成为计量经济学模型,称为总体回归模型(population regression model)。

在总体回归模型中,观察值 Y_i 是两部分之和,一部分是 Y_i 的期望值 $E(Y/X_i)$ 或 $E(Y/X_{1i}, X_{2i}, \cdots, X_{ki})$,是 X_i 或 $X_{1i}, X_{2i}, \cdots, X_{ki}$ 对应的 Y_i 的平均状态,反映解释变量对被解释变量的影响,称为系统性(systematic)部分或确定性(deterministic)部分;另一部分是随机误差项 μ_i,是观察值 Y_i 围绕它的期望值 $E(Y/X_i)$ 或 $E(Y/X_{1i}, X_{2i}, \cdots, X_{ki})$ 的离差(deviation),反映解释变量之外的诸多随机因素对被解释变量的影响,称为非系统性(nonsystematic)部分或随机(stochastic)部分。

3. 线性总体回归模型

确定性部分为线性函数的总体回归模型称为线性总体回归模型。由于线性函数是最简单的函数形式,参数估计与检验也相对容易,而且许多非线性函数通过一定的变换可转化为线性函数,所以,线性总体回归模型是计量经济学中最常见的总体回归模型。

只含有一个解释变量的线性总体回归模型称为一元线性总体回归模型,简称一元线性回归模型或简单线性回归模型(simple linear regression model),其一般形式是

$$Y_i = \beta_0 + \beta_1 X_i + \mu_i \quad (i = 1, 2, \cdots, n) \qquad (2\text{-}8)$$

其中,Y 为被解释变量;X 为解释变量;β_0, β_1 为待估参数,称为回归系数(regression coefficient);μ 为随机误差项;i 为观测值下标;n 为样本容量。

含有多个解释变量的线性总体回归模型称为多元线性总体回归模型,简称多元线性回归模型(multiple linear regression model),其一般形式是

$$Y_i = \beta_0 + \beta_1 X_{1i} + \beta_2 X_{2i} + \cdots + \beta_k X_{ki} + \mu_i \quad (i = 1, 2, \cdots, n) \qquad (2\text{-}9)$$

其中,Y 为被解释变量;$X_1, X_2, \cdots, X_k$ 为解释变量;$\beta_0, \beta_1, \beta_2, \cdots, \beta_k$ 为待估参数,即回归系数;μ 为随机误差项;i 为观测值下标;n 为样本容量。

需要特别指出的是,这里所说的线性函数和通常意义的线性函数不同,这里的线性函数指参数是线性的,即待估参数都只以一次方形式出现,解释变量可以是线性的,也可以不是线性的。举例如下:

$$Y_i = \beta_0 + \beta_1 \ln X_i + \mu_i \quad (i = 1, 2, \cdots, n)$$

$$Y_i = \beta_0 + \beta_1 X_{1i}^2 + \beta_2 \sqrt{X_{2i}} + \cdots + \beta_k X_{ki} + \mu_i \quad (i = 1, 2, \cdots, n)$$

$$Y_i = \beta_0 + \beta_1 X_{1i} + \beta_2 (X_{1i}/X_{2i} + 8) + \cdots + \beta_k (X_{ki}^3 + X_{2i}) + \mu_i \quad (i = 1, 2, \cdots, n)$$

都是线性回归模型。

$$Y_i = \beta_0 + \frac{\beta_1^2}{\beta_0 + \beta_3} X_i + \mu_i \quad (i = 1, 2, \cdots, n)$$

$$Y_i = \beta_0 + \beta_1 X_{1i} + \beta_2 X_{2i} + \cdots + \beta_k X_{ki} + \mu_i \quad (i = 1, 2, \cdots, n)$$

$$Y_i = \beta_0 + \beta_1 X_{1i} + \ln(\beta_2 + r) X_{2i} + \cdots + \beta_k X_{ki} + \mu_i \quad (i = 1, 2, \cdots, n)$$

都不是线性回归模型。

对于参数线性、解释变量非线性的回归模型，只要稍作变换，就可化为线性回归模型的一般形式。以模型

$$Y_i = \beta_0 + \beta_1 X_{1i}^2 + \beta_2 \sqrt{X_{2i}} + \cdots + \beta_k X_{ki} + \mu_i \quad (i = 1, 2, \cdots, n)$$

为例，令 $X_{1i}^2 = X'_{1i}, \sqrt{X_{2i}} = X'_{2i}, \cdots, X_{ki} = X'_{ki}$，可将模型化为

$$Y_i = \beta_0 + \beta_1 X'_{1i} + \beta_2 X'_{2i} + \cdots + \beta_k X'_{ki} + \mu_i \quad (i = 1, 2, \cdots, n)$$

4. 线性回归模型的普遍性

在实际经济活动中，经济变量的关系比较复杂，直接表现为线性关系的情况并不多。例如，著名的 Cobb-Dauglas 生产函数表现为幂函数形式，著名的菲利普斯曲线（Phillips curve）表现为双曲线形式。但大部分非线性关系可以通过一些数学变换化为线性关系，线性回归模型具有普遍性。

一般情况下，对于只含有乘、除、指数、幂运算的非线性关系，可通过对数变换化为线性关系。以 Cobb-Dauglas 生产函数

$$Q_i = A K_i^\alpha L_i^\beta e^{\mu_i}$$

为例，方程两边取对数，可化为线性形式

$$\ln Q_i = \ln A + \alpha \ln K_i + \beta \ln L_i + \mu_i$$

对于其他复杂的函数形式，可通过级数展开化为线性形式。例如，对于模型

$$Y_i = \alpha \frac{X_i - \beta}{X_i + \gamma} + \mu_i$$

可先根据所掌握的信息确定参数 α, β, γ 的一组初始值 $\alpha_0, \beta_0, \gamma_0$，然后在点 $(\alpha_0, \beta_0, \gamma_0)$ 处对模型作泰勒级数展开，并取一阶近似值，得

$$Y_i = \alpha_0 \frac{X_i - \beta_0}{X_i + \gamma_0} + \frac{X_i - \beta_0}{X_i + \gamma_0}(\alpha - \alpha_0) - \frac{\alpha_0}{X_i + \gamma_0}(\beta - \beta_0)$$

$$- \frac{\alpha_0 (X_i - \beta_0)}{(X_i + \gamma_0)^2}(\gamma - \gamma_0) + 余项 + \mu_i$$

整理得

$$Y_i - \frac{\alpha_0 (\beta_0 + \gamma_0) X_i}{(X_i + \gamma_0)^2} = \alpha \frac{X_i - \beta_0}{X_i + \gamma_0} - \beta \frac{\alpha_0}{X_i + \gamma_0} - \gamma \frac{\alpha_0 (X_i - \beta_0)}{(X_i + \gamma_0)^2} + 余项 + \mu_i$$

令

$$Y'_i = Y_i - \frac{\alpha_0(\beta_0 + \gamma_0)X_i}{(X_i + \gamma_0)^2}$$

$$X_{1i} = \frac{X_i - \beta_0}{X_i + \gamma_0}, \quad X_{2i} = -\frac{\alpha_0}{X_i + \gamma_0}, \quad X_{3i} = -\frac{\alpha_0(X_i - \beta_0)}{(X_i + \gamma_0)^2}$$

$$\varepsilon_i = 余项 + \mu_i$$

原模型可化为

$$Y'_i = \alpha X_{1i} + \beta X_{2i} + \gamma X_{3i} + \varepsilon_i$$

四、样本回归模型

1. 样本回归函数与样本回归曲线

由于总体中包含的个体的数量往往非常多,总体回归函数的具体形式一般无法精确确定,是未知的,通常只能根据经济理论或实践经验对总体回归函数进行合理的假设,然后根据有限的样本观察数据对总体回归函数进行估计。根据样本数据对总体回归函数做出的估计称为样本回归函数(sample regression function)。相应地,由样本回归函数绘制的曲线称为样本回归曲线(sample regression curve)或样本回归线(sample regression line)。

例 2-2　以例 2-1 为例,假设没有取得总体中所有家庭的可支配收入与消费支出数据,而是按可支配收入水平的不同水平调查取得了一组有代表性的样本,如表 2-3 所示。

表 2-3　家庭月可支配收入与消费支出的一个样本　　单位:元

可支配收入 X	1 300	1 800	2 300	2 800	3 300	3 800	4 300	4 800	5 300	5 800
消费支出 Y	1 126	1 327	1 439	1 886	2 206	2 398	2 677	2 893	3 065	3 401

若将家庭月可支配收入 X 与消费支出 Y 的总体回归函数设定为一元线性回归函数的形式

$$E(Y/X_i) = \beta_0 + \beta_1 X_i$$

可采用适当方法根据表 2-3 中的数据得到参数 β_0, β_1 的估计 $\hat{\beta}_0, \hat{\beta}_1$,从而得到样本回归函数

$$\hat{Y}_i = \hat{\beta}_0 + \hat{\beta}_1 X_i$$

根据样本数据和样本回归方程可绘制不同可支配收入家庭的消费支出散点图、家庭消费支出与可支配收入关系的样本回归线,如图 2-2 所示。从图中可以清晰地看出,样本回归线是通过对样本数据的较好的拟合对总体回归线做出的一种估计。

2. 样本回归模型

与总体回归函数相对应,由于各种随机因素的影响,各个样本点的相关变量的观察数据不大可能都正好与样本回归函数反映的经济变量之间的关系相一致,对于单个样本点,需要引入代表各种随机因素影响的随机变量。引入样本回归函数中的代表各种随机因素

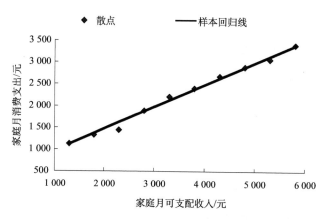

图 2-2　不同可支配收入家庭的消费支出

影响的随机变量,称为样本残差项、回归残差项或样本剩余项、回归剩余项,简称残差项或剩余项(residual),通常用 e_i 表示。在样本回归函数中引入残差项后,得到的是随机方程,成为计量经济学模型,称为样本回归模型。

对于例 2-2 中的样本回归函数

$$\hat{Y}_i = \hat{\beta}_0 + \hat{\beta}_1 X_i$$

引入残差项 e_i,可得样本回归模型

$$Y_i = \hat{\beta}_0 + \hat{\beta}_1 X_i + e_i$$

构造样本回归函数使之尽可能地接近总体回归函数,从而根据样本回归模型估计总体回归模型,是回归分析的主要目的。

3. 线性样本回归模型

与总体回归模型相对应,样本回归模型也是两部分之和,一部分是确定性部分 $\hat{Y}_i$,另一部分是随机部分 e_i。确定性部分是线性函数的样本回归模型称为线性样本回归模型。

只含有一个解释变量的线性样本回归模型称为一元线性样本回归模型,其一般形式是

$$Y_i = \hat{\beta}_0 + \hat{\beta}_1 X_i + e_i \quad (i = 1, 2, \cdots, n) \tag{2-10}$$

其中,Y 为被解释变量;X 为解释变量;$\hat{\beta}_0$,$\hat{\beta}_1$ 为参数 β_0,β_1 的估计;e 为残差项;i 为观测值下标;n 为样本容量。

含有多个解释变量的线性样本回归模型称为多元线性样本回归模型,其一般形式是

$$Y_i = \hat{\beta}_0 + \hat{\beta}_1 X_{1i} + \hat{\beta}_2 X_{2i} + \cdots + \hat{\beta}_k X_{ki} + e_i \quad (i = 1, 2, \cdots, n) \tag{2-11}$$

其中,Y 为被解释变量;X_1,X_2,$\cdots$,X_k 为解释变量;$\hat{\beta}_0$,$\hat{\beta}_1$,$\hat{\beta}_2$,$\cdots$,$\hat{\beta}_k$ 为参数 β_0,β_1,β_2,$\cdots$,β_k 的估计;e 为残差项;i 为观测值下标;n 为样本容量。

第二节 一元线性回归模型的参数估计

一、一元线性回归模型的基本假设

线性回归模型的参数估计方法很多,但各种估计方法都是建立在一定的假设前提之下的,只有满足假设,才能保证参数估计结果的可靠性。为此,本节首先介绍模型的基本假设。

一元线性回归模型的基本假设包括对解释变量的假设、对随机误差项的假设、对模型设定的假设几个方面,主要内容如下:

(1) 解释变量是确定性变量,不是随机变量。

(2) 随机误差项具有零均值、同方差,且在不同样本点之间是独立的,不存在序列相关,即

$$\left.\begin{array}{l} E(\mu_i) = 0 \quad (i=1,2,\cdots,n) \\ \mathrm{var}(\mu_i) = \sigma^2 \quad (i=1,2,\cdots,n) \\ \mathrm{cov}(\mu_i,\mu_j) = 0 \quad (i \neq j; i,j=1,2,\cdots,n) \end{array}\right\}$$

(3) 随机误差项与解释变量不相关,即

$$\mathrm{cov}(X_i,\mu_i) = 0 \quad (i=1,2,\cdots,n)$$

(4) 随机误差项服从正态分布,即

$$\mu_i \sim N(0,\sigma^2) \quad (i=1,2,\cdots,n)$$

(5) 回归模型是正确设定的。

这5条假设中的前4条是线性回归模型的古典假设,也称为高斯假设,满足古典假设的线性回归模型称为古典线性回归模型(classical linear regression model)。

在这5条假设中,若前两条假设满足,第3条自然满足,因为前两条假设成立时有

$$\begin{aligned} \mathrm{cov}(X_i,\mu_i) &= E\{[X_i - E(X_i)][\mu_i - E(\mu_i)]\} \\ &= [X_i - E(X_i)]E[\mu_i - E(\mu_i)] \\ &= 0 \end{aligned}$$

且由第2条假设有

$$\left.\begin{array}{l} E(\mu_i^2) = \sigma^2 \quad (i=1,2,\cdots,n) \\ E(\mu_i\mu_j) = 0 \quad (i \neq j; i,j=1,2,\cdots,n) \end{array}\right\}$$

因为

$$\left.\begin{array}{l} \mathrm{var}(\mu_i) = E\{[\mu_i - E(\mu_i)]^2\} = E(\mu_i^2) \\ \mathrm{cov}(\mu_i,\mu_j) = E\{[\mu_i - E(\mu_i)][\mu_j - E(\mu_j)]\} = E(\mu_i\mu_j) \end{array}\right\}$$

二、参数的普通最小二乘估计

普通最小二乘法(ordinary least square, OLS)是最常用的参数估计方法,其基本思想是使样本回归函数尽可能好地拟合样本数据,反映在图上,就是要使样本散点偏离样本回归直线的距离总体上最小。在样本容量为 n 的情况下,就是要使 n 个样本点的被解释变量的估计值与实际观察值的偏差总体上最小。由于被解释变量的估计值 $\hat{Y}_i$ 与实际观察值 Y_i 的偏差 e_i 有正有负,被解释变量的估计值与实际观察值的偏差总体上最小,不能用

$$\min\sum_{i=1}^{n}e_i$$

表示,为避免残差的正负抵消,同时考虑计算处理上的方便,最小二乘法以

$$\min\sum_{i=1}^{n}e_i^2 \tag{2-12}$$

表示被解释变量的估计值与实际观察值的偏差总体上最小,称为最小二乘准则。

对于一元线性回归模型

$$\left.\begin{aligned}
Y_i &= \beta_0 + \beta_1 X_i + \mu_i \quad (i=1,2,\cdots,n)\\
e_i &= Y_i - \hat{Y}_i = Y_i - (\hat{\beta}_0 + \hat{\beta}_1 X_i)
\end{aligned}\right\}$$

最小二乘参数估计就是要求使

$$\sum_{i=1}^{n}[Y_i - (\hat{\beta}_0 + \hat{\beta}_1 X_i)]^2 \tag{2-13}$$

达到最小的参数 β_0, β_1 的估计 $\hat{\beta}_0, \hat{\beta}_1$。

根据微积分中求极限的原理,要使式(2-13)达到最小,式(2-13)对 $\hat{\beta}_0, \hat{\beta}_1$ 的一阶偏导数应等于 0,即

$$\left.\begin{aligned}
\sum_{i=1}^{n}-2[Y_i - (\hat{\beta}_0 + \hat{\beta}_1 X_i)] &= 0\\
\sum_{i=1}^{n}-2X_i[Y_i - (\hat{\beta}_0 + \hat{\beta}_1 X_i)] &= 0
\end{aligned}\right\} \tag{2-14}$$

整理得

$$\left.\begin{aligned}
n\hat{\beta}_0 + \hat{\beta}_1\sum_{i=1}^{n}X_i - \sum_{i=1}^{n}Y_i &= 0\\
\hat{\beta}_0\sum_{i=1}^{n}X_i + \hat{\beta}_1\sum_{i=1}^{n}X_i^2 - \sum_{i=1}^{n}X_iY_i &= 0
\end{aligned}\right\} \tag{2-15}$$

解得

$$\hat{\beta}_0 = \frac{\displaystyle\sum_{i=1}^{n} X_i^2 \sum_{i=1}^{n} Y_i - \sum_{i=1}^{n} X_i \sum_{i=1}^{n} X_i Y_i}{\displaystyle n\sum_{i=1}^{n} X_i^2 - \left(\sum_{i=1}^{n} X_i\right)^2}$$

$$\hat{\beta}_1 = \frac{\displaystyle n\sum_{i=1}^{n} X_i Y_i - \sum_{i=1}^{n} X_i \sum_{i=1}^{n} Y_i}{\displaystyle n\sum_{i=1}^{n} X_i^2 - \left(\sum_{i=1}^{n} X_i\right)^2}$$

$$(2\text{-}16)$$

这就是参数 β_0, β_1 的普通最小二乘估计量(ordinary least square estimator)。

方程组——式(2-14)或方程组——式(2-15)称为正规方程组。

记 $x_i = X_i - \overline{X}, y_i = Y_i - \overline{Y}$,由于

$$\sum_{i=1}^{n} x_i^2 = \sum_{i=1}^{n} (X_i - \overline{X})^2 = \sum_{i=1}^{n} X_i^2 - \frac{1}{n}\left(\sum_{i=1}^{n} X_i\right)^2$$

$$\sum_{i=1}^{n} x_i y_i = \sum_{i=1}^{n} (X_i - \overline{X})(Y_i - \overline{Y}) = \sum_{i=1}^{n} X_i Y_i - \frac{1}{n}\sum_{i=1}^{n} X_i \sum_{i=1}^{n} Y_i$$

式(2-16)可改写为

$$\hat{\beta}_0 = \overline{Y} - \hat{\beta}_1 \overline{X}$$

$$\hat{\beta}_1 = \frac{\displaystyle\sum_{i=1}^{n} x_i y_i}{\displaystyle\sum_{i=1}^{n} x_i^2}$$

$$(2\text{-}17)$$

称为参数 β_0, β_1 的普通最小二乘估计量的离差形式(deviation form)。

若一元线性回归模型中没有常数项,即模型为

$$Y_i = \beta_1 X_i + \mu_i \quad (i = 1, 2, \cdots, n)$$

可得普通最小二乘参数估计量为

$$\hat{\beta}_1 = \frac{\displaystyle\sum_{i=1}^{n} X_i Y_i}{\displaystyle\sum_{i=1}^{n} X_i^2}$$

$$(2\text{-}18)$$

这里需要明确两个概念——估计量(estimator)、估计值(estimate)。估计量指以公式表示的参数的估计,是随机变量,其随机性源于被解释变量 Y_i。因为 Y_i 等于其条件均值与随机误差项之和,是一个随机变量。估计值指把样本数据代入参数估计公式得到的参数估计的具体数值,是确定的数字。

例 2-3 以例 2-2 为例,求关于家庭消费支出与可支配收入关系的一元线性回归模型

$$Y_i = \beta_0 + \beta_1 X_i + \mu_i$$

的参数 β_0, β_1 的普通最小二乘估计值,写出样本回归函数。

由式(2-17)知,要计算参数 β_0, β_1 的普通最小二乘估计值,需要先求得解释变量和被

解释变量的均值、解释变量和被解释变量的离差的乘积之和、解释变量的离差平方和。为此,根据表 2-3 先计算相关数据,如表 2-4 所示。

表 2-4　消费函数参数估计相关数据计算表

i	Y_i	X_i	y_i	x_i	$x_i y_i$	x_i^2
1	1 126	1 300	−1 115.8	−2 250	2 510 550	5 062 500
2	1 327	1 800	−914.8	−1 750	1 600 900	3 062 500
3	1 439	2 300	−802.8	−1 250	1 003 500	1 562 500
4	1 886	2 800	−355.8	−750	266 850	562 500
5	2 206	3 300	−35.8	−250	8 950	62 500
6	2 398	3 800	156.2	250	39 050	62 500
7	2 677	4 300	435.2	750	326 400	562 500
8	2 893	4 800	651.2	1 250	814 000	1 562 500
9	3 065	5 300	823.2	1 750	1 440 600	3 062 500
10	3 401	5 800	1 159.2	2 250	2 608 200	5 062 500
求和	22 418	35 500			10 619 000	20 625 000
平均	2 241.8	3 550				

将相关数据代入式(2-17),得参数 β_0,β_1 的普通最小二乘估计值

$$\left.\begin{aligned}
\hat{\beta}_1 &= \frac{\sum_{i=1}^{n} x_i y_i}{\sum_{i=1}^{n} x_i^2} = \frac{10\ 619\ 000}{20\ 625\ 000} = 0.514\ 860\ 606 \approx 0.515 \\
\hat{\beta}_0 &= \overline{Y} - \hat{\beta}_1 \overline{X} = 2\ 241.8 - 0.514\ 860\ 606 \times 3\ 550 \approx 414.045
\end{aligned}\right\}$$

样本回归函数为

$$\hat{Y}_i = 414.045 + 0.515 X_i$$

注意,这里 $\hat{\beta}_1$ 是回归直线的斜率,当解释变量的样本观察数据整体较大时,$\hat{\beta}_1$ 的计算结果精确到小数点后面多少位,会对 $\hat{\beta}_0$ 的计算结果以及模型的整体拟合效果产生直接影响。本例中,若 $\hat{\beta}_1$ 精确到小数点后面两位,取 0.51,$\hat{\beta}_0$ 的计算结果是 431.3;若 $\hat{\beta}_1$ 精确到小数点后面三位,取 0.515,则 $\hat{\beta}_0$ 的计算结果是 413.55。所以,实际计算中,首先应将 $\hat{\beta}_1$ 的计算结果精确到小数点后面足够多的位数,然后根据具体情况进行四舍五入保留一定位数。在对 $\hat{\beta}_0$ 的计算中,使用尽可能精确的 $\hat{\beta}_1$。

三、参数的最大似然估计

最大似然法(maximum likelihood,ML),也称为最大或然法或极大似然法,是不同于普通最小二乘法的另外一种参数估计方法。最大似然法的应用虽然没有普通最小二乘法

普遍,但在计量经济学中占有重要位置,因为最大似然法比普通最小二乘法更本质地揭示了通过样本估计总体的内在机理,计量经济学理论的发展更多是以最大似然原理为基础的,一些特殊的计量经济学模型只有使用最大似然法才能取得理想的结果。

最大似然法的基本思想是使从模型中取得样本观察数据的概率最大,就是说把随机抽取得到的样本观察数据看做重复抽取中最容易得到的样本观察数据,即概率最大,参数估计结果应该反映这一情况,使得到的模型能以最大概率产生样本数据。

对于一元线性回归模型

$$Y_i = \beta_0 + \beta_1 X_i + \mu_i$$

若满足基本假设,则

$$\left. \begin{array}{l} \mu_i \sim N(0, \sigma^2) \quad (i = 1, 2, \cdots, n) \\ \mathrm{cov}(\mu_i, \mu_j) = 0 \quad (i \neq j; i, j = 1, 2, \cdots, n) \end{array} \right\}$$

且 X 为确定性变量,有

$$Y_i \sim N(\beta_0 + \beta_1 X_i, \sigma^2) \quad (i = 1, 2, \cdots, n)$$

且

$$\mathrm{cov}(Y_i, Y_j) = 0 \quad (i \neq j; i, j = 1, 2, \cdots, n)$$

$Y_1, Y_2, \cdots, Y_n$ 的联合概率密度函数是

$$f(Y_1, Y_2, \cdots, Y_n) = f(Y_1) f(Y_2) \cdots f(Y_n)$$

$$= \frac{1}{(\sqrt{2\pi\sigma^2})^n} e^{-\frac{1}{2\sigma^2} \sum\limits_{i=1}^{n} (Y_i - \beta_0 - \beta_1 X_i)^2} \tag{2-19}$$

对一组确定的样本,$Y_1, Y_2, \cdots, Y_n$ 的联合概率密度函数是关于 $\beta_0, \beta_1, \sigma^2$ 的函数,称为似然函数。

参数 β_0, β_1 的估计结果要使得到的模型能以最大概率产生样本数据,就是要使似然函数极大化,即

$$\max \frac{1}{(\sqrt{2\pi\sigma^2})^n} e^{-\frac{1}{2\sigma^2} \sum\limits_{i=1}^{n} (Y_i - \hat{\beta}_0 - \hat{\beta}_1 X_i)^2} \tag{2-20}$$

由于似然函数极大化等价于似然函数的对数

$$-n\ln(\sqrt{2\pi\sigma^2}) - \frac{1}{2\sigma^2} \sum_{i=1}^{n} (Y_i - \hat{\beta}_0 - \hat{\beta}_1 X_i)^2 \tag{2-21}$$

的极大化,所以,根据微积分中求极限的原理,分别求式(2-21)对 $\hat{\beta}_0, \hat{\beta}_1$ 的一阶偏导数,并令求偏导的结果等于 0,可得正规方程组

$$\left. \begin{array}{l} \dfrac{1}{\sigma^2} \sum\limits_{i=1}^{n} \left[Y_i - (\hat{\beta}_0 + \hat{\beta}_1 X_i) \right] = 0 \\ \dfrac{1}{\sigma^2} \sum\limits_{i=1}^{n} X_i \left[Y_i - (\hat{\beta}_0 + \hat{\beta}_1 X_i) \right] = 0 \end{array} \right\} \tag{2-22}$$

解得

$$\hat{\beta}_0 = \frac{\sum_{i=1}^{n} X_i^2 \sum_{i=1}^{n} Y_i - \sum_{i=1}^{n} X_i \sum_{i=1}^{n} X_i Y_i}{n \sum_{i=1}^{n} X_i^2 - \left(\sum_{i=1}^{n} X_i\right)^2}$$

$$\hat{\beta}_1 = \frac{n \sum_{i=1}^{n} X_i Y_i - \sum_{i=1}^{n} X_i \sum_{i=1}^{n} Y_i}{n \sum_{i=1}^{n} X_i^2 - \left(\sum_{i=1}^{n} X_i\right)^2} \right\} \tag{2-23}$$

这就是参数 β_0, β_1 的最大似然估计量(maximum likelihood estimator)。

记 $x_i = X_i - \overline{X}$, $y_i = Y_i - \overline{Y}$, 有

$$\hat{\beta}_0 = \overline{Y} - \hat{\beta}_1 \overline{X}$$

$$\hat{\beta}_1 = \frac{\sum_{i=1}^{n} x_i y_i}{\sum_{i=1}^{n} x_i^2} \right\} \tag{2-24}$$

可见,在满足模型基本假设条件下,参数 β_0, β_1 的最大似然估计量与普通最小二乘估计量相同。

四、普通最小二乘参数估计量的性质

参数估计是采用一定方法根据样本观察数据对模型参数所作的一种估计。受抽样波动以及参数估计方法的影响,一般情况下,得到的参数估计值与参数的真实值会存在一定的差距。在样本观察数据既定情况下,参数估计值与真实值的差距的大小主要取决于参数估计方法。评价特定估计方法的参数估计结果的优劣,主要是考察参数估计量的统计性质,包括线性性、无偏性和有效性三个小样本性质(small sample property),以及渐近无偏性、一致性和渐近有效性三个大样本或渐进性质(large sample or asymptotic property)。

线性性指参数估计量可以表示为被解释变量 Y_i 的线性组合;无偏性指参数估计量的数学期望等于参数的真实值;有效性也称最小方差性,指在所有的线性、无偏估计量中该参数估计量的方差最小;渐近无偏性指样本容量趋于无穷大时,参数估计量的数学期望趋于参数的真实值;一致性指样本容量趋于无穷大时,参数估计量依概率收敛于参数的真实值;渐近有效性指样本容量趋于无穷大时,在所有的一致估计量中该参数估计量具有最小的渐近方差。

满足线性性、无偏性、有效性三个小样本性质的参数估计量称为最佳线性无偏估计量(best linear unbiased estimator, BLUE)。满足小样本性质的参数估计量自然也满足大样本性质。在小样本性质不满足的情况下,应扩大样本容量,考察大样本性质。

在满足基本假设情况下,一元线性回归模型的普通最小二乘参数估计量是最佳线性无偏估计量。

1. 线性性

满足基本假设情况下,一元线性回归模型的普通最小二乘参数估计量 $\hat{\beta}_0,\hat{\beta}_1$ 满足线性性,因为

$$\hat{\beta}_1 = \frac{\sum\limits_{i=1}^{n}x_iy_i}{\sum\limits_{i=1}^{n}x_i^2} = \frac{\sum\limits_{i=1}^{n}x_i(Y_i-\overline{Y})}{\sum\limits_{i=1}^{n}x_i^2} = \frac{\sum\limits_{i=1}^{n}x_iY_i}{\sum\limits_{i=1}^{n}x_i^2} - \frac{\overline{Y}\sum\limits_{i=1}^{n}x_i}{\sum\limits_{i=1}^{n}x_i^2}$$

其中

$$\sum_{i=1}^{n}x_i = \sum_{i=1}^{n}(X_i-\overline{X}) = \sum_{i=1}^{n}X_i - n\overline{X} = 0$$

所以

$$\hat{\beta}_1 = \frac{\sum\limits_{i=1}^{n}x_iY_i}{\sum\limits_{i=1}^{n}x_i^2} = \sum_{i=1}^{n}\frac{x_iY_i}{\sum\limits_{i=1}^{n}x_i^2}$$

记 $v_i = \dfrac{x_i}{\sum\limits_{i=1}^{n}x_i^2}$,有

$$\hat{\beta}_1 = \sum_{i=1}^{n}v_iY_i \tag{2-25}$$

$$\hat{\beta}_0 = \overline{Y} - \hat{\beta}_1\overline{X} = \frac{1}{n}\sum_{i=1}^{n}Y_i - \overline{X}\sum_{i=1}^{n}v_iY_i = \sum_{i=1}^{n}\left(\frac{1}{n}-\overline{X}v_i\right)Y_i$$

记 $w_i = \dfrac{1}{n} - \overline{X}v_i$,有

$$\hat{\beta}_0 = \sum_{i=1}^{n}w_iY_i \tag{2-26}$$

2. 无偏性

满足基本假设情况下,一元线性回归模型的普通最小二乘参数估计量 $\hat{\beta}_0,\hat{\beta}_1$ 满足无偏性,因为

$$\hat{\beta}_1 = \sum_{i=1}^{n}v_iY_i = \sum_{i=1}^{n}v_i(\beta_0+\beta_1X_i+\mu_i) = \beta_0\sum_{i=1}^{n}v_i + \beta_1\sum_{i=1}^{n}v_iX_i + \sum_{i=1}^{n}v_i\mu_i$$

其中

$$\sum_{i=1}^{n}v_i = \sum_{i=1}^{n}\frac{x_i}{\sum\limits_{i=1}^{n}x_i^2} = \frac{\sum\limits_{i=1}^{n}x_i}{\sum\limits_{i=1}^{n}x_i^2} = 0 \tag{2-27}$$

$$\sum_{i=1}^{n}v_iX_i = \sum_{i=1}^{n}\frac{x_iX_i}{\sum\limits_{i=1}^{n}x_i^2} = \frac{\sum\limits_{i=1}^{n}x_iX_i}{\sum\limits_{i=1}^{n}x_i^2} = \frac{\sum\limits_{i=1}^{n}x_i(x_i+\overline{X})}{\sum\limits_{i=1}^{n}x_i^2} = 1 + \frac{\overline{X}\sum\limits_{i=1}^{n}x_i}{\sum\limits_{i=1}^{n}x_i^2} = 1 \tag{2-28}$$

有

$$\hat{\beta}_1 = \beta_1 + \sum_{i=1}^{n} v_i \mu_i \tag{2-29}$$

所以

$$E(\hat{\beta}_1) = E(\beta_1 + \sum_{i=1}^{n} v_i \mu_i) = \beta_1 + \sum_{i=1}^{n} v_i E(\mu_i) = \beta_1$$

$$\hat{\beta}_0 = \sum_{i=1}^{n} w_i(\beta_0 + \beta_1 X_i + \mu_i) = \beta_0 \sum_{i=1}^{n} w_i + \beta_1 \sum_{i=1}^{n} w_i X_i + \sum_{i=1}^{n} w_i \mu_i \Bigg\}$$

其中

$$\sum_{i=1}^{n} w_i = \sum_{i=1}^{n} \left(\frac{1}{n} - \overline{X} v_i \right) = 1 - \overline{X} \sum_{i=1}^{n} v_i = 1 \tag{2-30}$$

$$\sum_{i=1}^{n} w_i X_i = \sum_{i=1}^{n} \left(\frac{1}{n} - \overline{X} v_i \right) X_i = \sum_{i=1}^{n} \frac{X_i}{n} - \overline{X} \sum_{i=1}^{n} v_i X_i = \overline{X} - \overline{X} = 0 \tag{2-31}$$

有

$$\hat{\beta}_0 = \beta_0 + \sum_{i=1}^{n} w_i \mu_i \tag{2-32}$$

所以

$$E(\hat{\beta}_0) = E(\beta_0 + \sum_{i=1}^{n} w_i \mu_i) = \beta_0 + \sum_{i=1}^{n} w_i E(\mu_i) = \beta_0$$

3. 有效性

满足基本假设情况下,一元线性回归模型的普通最小二乘参数估计量 $\hat{\beta}_0, \hat{\beta}_1$ 满足有效性。由于有效性的证明较烦琐,这里只给出 $\hat{\beta}_0, \hat{\beta}_1$ 的方差,有效性的具体证明见附录 2.1。

$$\text{var}(\hat{\beta}_1) = E[\hat{\beta}_1 - E(\hat{\beta}_1)]^2 = E(\hat{\beta}_1 - \beta_1)^2$$

由于 $\hat{\beta}_1 = \beta_1 + \sum_{i=1}^{n} v_i \mu_i$,所以

$$\text{var}(\hat{\beta}_1) = E\left(\sum_{i=1}^{n} v_i \mu_i \right)^2 = \sigma^2 \sum_{i=1}^{n} v_i^2 \tag{2-33}$$

其中

$$\sum_{i=1}^{n} v_i^2 = \sum_{i=1}^{n} \left(\frac{x_i}{\sum_{i=1}^{n} x_i^2} \right)^2 = \frac{1}{\sum_{i=1}^{n} x_i^2}$$

有

$$\text{var}(\hat{\beta}_1) = \frac{\sigma^2}{\sum_{i=1}^{n} x_i^2}$$

$$\text{var}(\hat{\beta}_0) = E[\hat{\beta}_0 - E(\hat{\beta}_0)]^2 = E(\hat{\beta}_0 - \beta_0)^2 \Bigg\}$$

由于

$$\hat{\beta}_0 = \beta_0 + \sum_{i=1}^{n} w_i \mu_i$$

所以

$$\mathrm{var}(\hat{\beta}_0) = E\left(\sum_{i=1}^{n} w_i \mu_i\right)^2 = \sigma^2 \sum_{i=1}^{n} w_i^2$$

其中

$$\sum_{i=1}^{n} w_i^2 = \sum_{i=1}^{n} \left(\frac{1}{n} - \overline{X} v_i\right)^2 = \sum_{i=1}^{n} \left(\frac{1}{n^2} - \frac{2}{n} \overline{X} v_i + \overline{X}^2 v_i^2\right)$$

$$= \frac{1}{n} - \frac{2}{n} \overline{X} \sum_{i=1}^{n} v_i + \overline{X}^2 \sum_{i=1}^{n} v_i^2 = \frac{1}{n} + \overline{X}^2 \sum_{i=1}^{n} v_i^2 = \frac{1}{n} + \frac{\overline{X}^2}{\sum_{i=1}^{n} x_i^2}$$

$$= \frac{\sum_{i=1}^{n} x_i^2 + n\overline{X}^2}{n \sum_{i=1}^{n} x_i^2} = \frac{\sum_{i=1}^{n} X_i^2 - \frac{1}{n} \left(\sum_{i=1}^{n} X_i\right)^2 + n\overline{X}^2}{n \sum_{i=1}^{n} x_i^2}$$

$$= \frac{\sum_{i=1}^{n} X_i^2}{n \sum_{i=1}^{n} x_i^2}$$

有

$$\mathrm{var}(\hat{\beta}_0) = \frac{\sum_{i=1}^{n} X_i^2}{n \sum_{i=1}^{n} x_i^2} \sigma^2 \qquad (2\text{-}34)$$

五、普通最小二乘样本回归函数的性质

用普通最小二乘法估计得到的一元线性回归模型的样本回归函数具有如下性质。
(1) 样本回归线过样本均值点,即点 $(\overline{X}, \overline{Y})$ 满足样本回归函数 $\hat{Y}_i = \hat{\beta}_0 + \hat{\beta}_1 X_i$。
由参数估计公式

$$\hat{\beta}_0 = \overline{Y} - \hat{\beta}_1 \overline{X}$$

可得

$$\overline{Y} = \hat{\beta}_0 + \hat{\beta}_1 \overline{X}$$

(2) 被解释变量的估计的均值等于实际值的均值,即 $\overline{\hat{Y}} = \overline{Y}$。
由样本回归函数

$$\hat{Y}_i = \hat{\beta}_0 + \hat{\beta}_1 X_i$$

可得

$$\overline{\hat{Y}} = \hat{\beta}_0 + \hat{\beta}_1 \overline{X}$$

由于

$$\hat{\beta}_0 = \overline{Y} - \hat{\beta}_1 \overline{X}$$

所以

$$\overline{\hat{Y}} = \overline{Y} - \hat{\beta}_1 \overline{X} + \hat{\beta}_1 \overline{X} = \overline{Y}$$

（3）残差和为零，即 $\sum_{i=1}^{n} e_i = 0$。

据普通最小二乘估计的正规方程组，有

$$\sum_{i=1}^{n} -2[Y_i - (\hat{\beta}_0 + \hat{\beta}_1 X_i)] = 0$$

所以

$$\sum_{i=1}^{n} [Y_i - (\hat{\beta}_0 + \hat{\beta}_1 X_i)] = 0$$

即

$$\sum_{i=1}^{n} e_i = 0$$

（4）解释变量与残差的乘积之和为零，即 $\sum_{i=1}^{n} X_i e_i = 0$。

据普通最小二乘估计的正规方程组，有

$$\sum_{i=1}^{n} -2X_i[Y_i - (\hat{\beta}_0 + \hat{\beta}_1 X_i)] = 0$$

所以

$$\sum_{i=1}^{n} X_i[Y_i - (\hat{\beta}_0 + \hat{\beta}_1 X_i)] = 0$$

即

$$\sum_{i=1}^{n} X_i e_i = 0$$

（5）被解释变量的估计与残差的乘积之和为零，即 $\sum_{i=1}^{n} \hat{Y}_i e_i = 0$。

由样本回归函数

$$\hat{Y}_i = \hat{\beta}_0 + \hat{\beta}_1 X_i$$

有

$$\sum_{i=1}^{n} \hat{Y}_i e_i = \sum_{i=1}^{n} (\hat{\beta}_0 + \hat{\beta}_1 X_i) e_i = \hat{\beta}_0 \sum_{i=1}^{n} e_i + \hat{\beta}_1 \sum_{i=1}^{n} X_i e_i = 0$$

六、随机误差项方差的估计

随机误差项的随机性决定被解释变量的随机性，进而也决定模型结构参数的随机性。

例如,由式(2-33)、式(2-34)知,一元线性回归模型的结构参数 β_0, β_1 的普通最小二乘估计量的方差由解释变量的观察值和随机误差项的方差 σ^2 共同决定。所以,除模型结构参数的估计外,随机误差项分布参数的估计也是参数估计的任务。根据模型的基本假设,随机误差项服从零均值、同方差的正态分布,所以,对模型随机误差项分布参数的估计,主要是对随机误差项的方差 σ^2 的估计。

1. 随机误差项的方差的普通最小二乘估计量

随机误差项的方差的普通最小二乘估计的证明较烦琐,这里只给出结果,具体的证明过程见附录 2.2。

随机误差项的方差的普通最小二乘估计量为

$$\hat{\sigma}^2 = \frac{\sum_{i=1}^{n} e_i^2}{n-2} \tag{2-35}$$

是一个无偏估计量。

2. 随机误差项的方差的最大似然估计量

随机误差项的方差的最大似然估计量可通过对数似然函数

$$-n\ln(\sqrt{2\pi\sigma^2}) - \frac{1}{2\sigma^2}\sum_{i=1}^{n}(Y_i - \hat{\beta}_0 - \hat{\beta}_1 X_i)^2$$

求得。

按照最大似然法的基本思想,要求 $\hat{\sigma}^2$ 使对数似然函数

$$-n\ln(\sqrt{2\pi\hat{\sigma}^2}) - \frac{1}{2\hat{\sigma}^2}\sum_{i=1}^{n}(Y_i - \hat{\beta}_0 - \hat{\beta}_1 X_i)^2$$

极大化,求对数似然函数对 $\hat{\sigma}^2$ 的偏导数,并令求偏导的结果等于 0,得

$$-\frac{n}{2\hat{\sigma}^2} + \frac{1}{2\hat{\sigma}^4}\sum_{i=1}^{n}(Y_i - \hat{\beta}_0 - \hat{\beta}_1 X_i)^2 = 0$$

即

$$-n + \frac{1}{\hat{\sigma}^2}\sum_{i=1}^{n} e_i^2 = 0$$

由此可解得

$$\hat{\sigma}^2 = \frac{1}{n}\sum_{i=1}^{n} e_i^2 \tag{2-36}$$

与普通最小二乘估计量不同,随机误差项的方差的最大似然估计量是一个有偏估计量。

第三节 一元线性回归模型的拟合优度检验

顾名思义,拟合优度指样本回归线对样本数据拟合的精确程度,拟合优度检验就是检验样本回归线对样本数据拟合的精确程度。拟合优度检验是模型统计检验的主要内容之一,其检验方法是通过构造表征拟合优度的统计量,对模型的拟合效果做出评价。回顾普

通最小二乘参数估计的基本思想和估计过程,很容易让人想到,样本残差平方和是一个可用来描述模型拟合效果的指标,残差平方和越大,表明拟合效果越差;残差平方和越小,表明拟合效果越好。但残差平方和是一个绝对指标,不具有横向可比性,不能作为度量拟合优度的统计量。因为,残差平方和一方面会随样本容量的增大而增大;另一方面,会受到样本数据的整体数值大小的影响,若样本数据的整体数值较大,残差平方和等于 10 或许不算大,若样本数据的整体数值较小,残差平方和等于 1 就可能让人不能接受。

虽然残差平方和是一个绝对指标,不具有横向可比性,不能直接用于拟合优度的度量,但可以通过残差平方和构造反映模型拟合效果的相对指标。拟合优度检验就是通过残差平方和构造了拟合优度的度量指标——决定系数,其基础是被解释变量的离差分解。

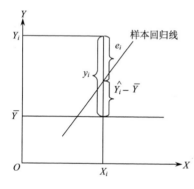

图 2-3　被解释变量的离差

一、离差分解

如图 2-3 所示,被解释变量的离差 y_i 可分解为两部分,一部分是被解释变量的真实值 Y_i 与估计值 $\hat{Y}_i$ 之差 e_i;另一部分是被解释变量的估计值 $\hat{Y}_i$ 与被解释变量的均值 $\overline{Y}$ 之差 $\hat{Y}_i - \overline{Y}$,即

$$y_i = Y_i - \overline{Y}$$
$$= (Y_i - \hat{Y}_i) + (\hat{Y}_i - \overline{Y})$$
$$= e_i + (\hat{Y}_i - \overline{Y})$$

总离差 y_i 与 e_i, $\hat{Y}_i - \overline{Y}$ 的关系很特殊,除在单个样本点 y_i 等于 e_i, $\hat{Y}_i - \overline{Y}$ 之和外,就所有样本点而言,y_i 的平方和还等于 e_i, $\hat{Y}_i - \overline{Y}$ 各自的平方和之和。因为

$$\sum_{i=1}^{n} y_i^2 = \sum_{i=1}^{n} [e_i + (\hat{Y}_i - \overline{Y})]^2 = \sum_{i=1}^{n} e_i^2 + \sum_{i=1}^{n} (\hat{Y}_i - \overline{Y})^2 + 2 \sum_{i=1}^{n} e_i(\hat{Y}_i - \overline{Y})$$

其中

$$\sum_{i=1}^{n} e_i(\hat{Y}_i - \overline{Y}) = \sum_{i=1}^{n} \hat{Y}_i e_i - \overline{Y} \sum_{i=1}^{n} e_i = 0 - 0 = 0$$

所以

$$\sum_{i=1}^{n} y_i^2 = \sum_{i=1}^{n} (\hat{Y}_i - \overline{Y})^2 + \sum_{i=1}^{n} e_i^2 \tag{2-37}$$

记

$$\sum_{i=1}^{n} y_i^2 = \text{TSS}$$

称为总体平方和或总离差平方和(total sum of square, TSS),反映样本观察值的总体离差的大小。记

$$\sum_{i=1}^{n} (\hat{Y}_i - \overline{Y})^2 = \text{ESS}$$

称为回归平方和(explained sum of square,ESS),反映模型中由解释变量解释的那部分离差的大小。记

$$\sum_{i=1}^{n} e_i^2 = \text{RSS}$$

称为残差平方和(residual sum of square,RSS),反映模型中解释变量未解释的那部分离差的大小。

这样,式(2-37)可表示为

$$\text{TSS} = \text{ESS} + \text{RSS} \tag{2-38}$$

二、决定系数

在式(2-38)的左右两边同除以总体平方和 TSS 可得

$$1 = \frac{\text{ESS}}{\text{TSS}} + \frac{\text{RSS}}{\text{TSS}} \tag{2-39}$$

其中

$$\frac{\text{ESS}}{\text{TSS}} = \frac{\sum\limits_{i=1}^{n}(\hat{Y}_i - \overline{Y})^2}{\sum\limits_{i=1}^{n} y_i^2} \tag{2-40}$$

是模型中由解释变量解释的那部分离差占总离差的比重,而

$$\frac{\text{RSS}}{\text{TSS}} = \frac{\sum\limits_{i=1}^{n} e_i^2}{\sum\limits_{i=1}^{n} y_i^2} \tag{2-41}$$

是模型中解释变量未解释的那部分离差占总离差的比重。显然,前者越大,后者越小,表明模型对样本数据的拟合效果越好;反之,前者越小,后者越大,表明模型对样本数据的拟合效果越差。所以,可用式(2-40)作为度量模型拟合优度的统计量,称为决定系数(coefficient of determination)或可决系数、判定系数,一般用 R^2 表示,即决定系数为

$$R^2 = \frac{\text{ESS}}{\text{TSS}} = 1 - \frac{\text{RSS}}{\text{TSS}} \tag{2-42}$$

与残差平方和不同,决定系数 R^2 是一个相对指标,具有横向可比性。R^2 介于 0 和 1 之间,越接近于 1,表明模型对样本数据的拟合效果越好。

例 2-4 以例 2-3 为例,求例 2-3 中建立的关于家庭消费支出与可支配收入关系的一元线性回归模型的拟合优度。

据式(2-42),拟合优度的计算,需要先求得 ESS 与 TSS 或者先求得 RSS 与 TSS,由例 2-3 中的数据,进一步列表计算相关数据如表 2-5 所示。

表 2-5　消费函数拟合优度检验相关数据计算表

i	Y_i	X_i	$\hat{Y}_i$	$(Y_i-\overline{Y})^2$	$(\hat{Y}_i-\overline{Y})^2$	$(Y_i-\hat{Y})^2$
1	1 126	1 300	1 083.363 636	1 245 009.64	1 341 974.809	1 817.859 51
2	1 327	1 800	1 340.793 939	836 859.04	811 811.921 4	190.272 761 4
3	1 439	2 300	1 598.224 242	644 487.84	414 189.755 9	25 352.359 34
4	1 886	2 800	1 855.654 545	126 593.64	149 108.312 2	920.846 620 9
5	2 206	3 300	2 113.084 848	1 281.64	16 567.590 28	8 633.225 415
6	2 398	3 800	2 370.515 151	24 398.44	16 567.590 17	755.416 908 1
7	2 677	4 300	2 627.945 454	189 399.04	149 108.311 9	2 406.348 454
8	2 893	4 800	2 885.375 757	424 061.44	414 189.755 4	58.129 076 75
9	3 065	5 300	3 142.806 06	677 658.24	811 811.920 7	6 053.783 019
10	3 401	5 800	3 400.236 363	1 343 744.64	1 341 974.808	0.583 141 01
求和	22 418	35 500		5 513 493.6	5 467 304.774	46 188.824 24
平均	2 241.8	3 550				

由 ESS 与 TSS 可求得

$$R^2 = \frac{\text{ESS}}{\text{TSS}} = \frac{\sum_{i=1}^{n}(\hat{Y}_i - \overline{Y})^2}{\sum_{i=1}^{n} y_i^2} = \frac{5\ 467\ 304.774}{5\ 513\ 493.6} \approx 0.992$$

或者，由 RSS 与 TSS 可求得

$$R^2 = 1 - \frac{\text{RSS}}{\text{TSS}} = 1 - \frac{46\ 188.824\ 24}{5\ 513\ 493.6} \approx 1 - 0.008 = 0.992$$

这说明，在例 2-3 中建立的关于消费支出与可支配收入关系的一元线性回归模型中，被解释变量的观察值的总离差有 99.2% 由解释变量做出了解释，模型的拟合效果较好。

三、决定系数与相关系数的关系

在一元线性回归模型中，决定系数 R^2 是被解释变量与解释变量样本相关系数 r_{XY} 的平方，因为

$$r_{XY} = \frac{\sum_{i=1}^{n}(X_i - \overline{X})(Y_i - \overline{Y})}{\sqrt{\sum_{i=1}^{n}(X_i - \overline{X})^2}\sqrt{\sum_{i=1}^{n}(Y_i - \overline{Y})^2}} = \frac{\sum_{i=1}^{n} x_i y_i}{\sqrt{\sum_{i=1}^{n} x_i^2}\sqrt{\sum_{i=1}^{n} y_i^2}}$$

所以

$$r_{XY}^2 = \left(\frac{\sum\limits_{i=1}^{n} x_i y_i}{\sqrt{\sum\limits_{i=1}^{n} x_i^2}\sqrt{\sum\limits_{i=1}^{n} y_i^2}}\right)^2 = \frac{\left(\sum\limits_{i=1}^{n} x_i y_i\right)^2}{\sum\limits_{i=1}^{n} x_i^2 \sum\limits_{i=1}^{n} y_i^2} = \frac{\hat{\beta}_1^2 \sum\limits_{i=1}^{n} x_i^2}{\sum\limits_{i=1}^{n} y_i^2}$$

其中

$$\hat{\beta}_1^2 \sum_{i=1}^{n} x_i^2 = \sum_{i=1}^{n} (\hat{\beta}_1 x_i)^2 = \sum_{i=1}^{n} (\hat{\beta}_1 X_i - \hat{\beta}_1 \overline{X})^2$$

$$= \sum_{i=1}^{n} (\hat{\beta}_0 + \hat{\beta}_1 X_i - \hat{\beta}_0 - \hat{\beta}_1 \overline{X})^2$$

$$= \sum_{i=1}^{n} (\hat{Y}_i - \overline{Y})^2$$

所以

$$r_{XY}^2 = \frac{\sum\limits_{i=1}^{n} (\hat{Y}_i - \overline{Y})^2}{\sum\limits_{i=1}^{n} y_i^2} = \frac{\text{ESS}}{\text{TSS}} = R^2$$

决定系数 R^2 与相关系数 r_{XY} 的这一关系也容易理解,因为相关系数 r_{XY} 是度量变量 X,Y 之间线性相关程度的指标,决定系数 R^2 是度量变量 X,Y 之间线性因果关系的程度的指标,两者衡量的变量关系的目标是一致的。只是 r_{XY} 度量变量 X,Y 之间的对称线性依从程度,不涉及变量之间的因果关系。R^2 度量解释变量 X 对被解释变量 Y 的解释程度,即变量 X,Y 之间单向因果关系的程度。

由于计量经济学主要研究经济变量之间存在的线性因果关系,通过设定理论模型、估计模型参数、检验模型、应用模型,研究发现和合理利用经济规律解决实际经济问题,在计量经济分析中,决定系数 R^2 比相关系数 r_{XY} 具有更直观的含义,应用更广泛。

第四节 一元线性回归模型的参数的统计推断

一、参数估计量的分布

满足基本假设条件下,一元线性回归模型

$$Y_i = \beta_0 + \beta_1 X_i + \mu_i \quad (i = 1, 2, \cdots, n)$$

的解释变量 X_i 是确定性变量,随机误差项 μ_i 在不同样本点相互独立且服从零均值、同方差 σ^2 的正态分布,因此被解释变量 Y_i 服从正态分布且在不同样本点相互独立。由于 β_0,β_1 的普通最小二乘估计量 $\hat{\beta}_0$,$\hat{\beta}_1$ 满足线性性,可表示为被解释变量 Y_i 的线性组合,所以 $\hat{\beta}_0$,$\hat{\beta}_1$ 也服从正态分布。已知

$$E(\hat{\beta}_0) = \beta_0, \qquad E(\hat{\beta}_1) = \beta_1$$

$$\text{var}(\hat{\beta}_0) = \frac{\sum\limits_{i=1}^{n} X_i^2}{n \sum\limits_{i=1}^{n} x_i^2} \sigma^2, \qquad \text{var}(\hat{\beta}_1) = \frac{\sigma^2}{\sum\limits_{i=1}^{n} x_i^2}$$

所以

$$\hat{\beta}_0 \sim N\left(\beta_0, \frac{\sum\limits_{i=1}^{n} X_i^2}{n \sum\limits_{i=1}^{n} x_i^2} \sigma^2 \right), \qquad \hat{\beta}_1 \sim N\left(\beta_1, \frac{\sigma^2}{\sum\limits_{i=1}^{n} x_i^2} \right)$$

记 $\hat{\beta}_0, \hat{\beta}_1$ 的标准差(standard error)分别为

$$\text{SE}(\hat{\beta}_0) = \sqrt{\frac{\sum\limits_{i=1}^{n} X_i^2}{n \sum\limits_{i=1}^{n} x_i^2} \sigma^2}, \qquad \text{SE}(\hat{\beta}_1) = \sqrt{\frac{\sigma^2}{\sum\limits_{i=1}^{n} x_i^2}}$$

进行标准化变换可得

$$\frac{\hat{\beta}_0 - \beta_0}{\text{SE}(\hat{\beta}_0)} = \frac{\hat{\beta}_0 - \beta_0}{\sqrt{\dfrac{\sum\limits_{i=1}^{n} X_i^2}{n \sum\limits_{i=1}^{n} x_i^2} \sigma^2}} \sim N(0,1) \tag{2-43}$$

$$\frac{\hat{\beta}_1 - \beta_1}{\text{SE}(\hat{\beta}_1)} = \frac{\hat{\beta}_1 - \beta_1}{\sqrt{\dfrac{\sigma^2}{\sum\limits_{i=1}^{n} x_i^2}}} \sim N(0,1) \tag{2-44}$$

其中,随机误差项 μ_i 的方差 σ^2 的真实值未知,只能用其无偏估计量

$$\hat{\sigma}^2 = \frac{\sum\limits_{i=1}^{n} e_i^2}{n-2}$$

替代。用无偏估计量 $\hat{\sigma}^2$ 替代 σ^2 后得到的 $\hat{\beta}_0, \hat{\beta}_1$ 的方差和标准差的估计量分别称为 $\hat{\beta}_0$,
$\hat{\beta}_1$ 的样本方差和样本标准差,样本方差和样本标准差可分别用 $\widehat{\text{var}}$,$\widehat{\text{SE}}$ 表示,即

$$\widehat{\text{var}}(\hat{\beta}_0) = \frac{\sum\limits_{i=1}^{n} X_i^2}{n \sum\limits_{i=1}^{n} x_i^2} \hat{\sigma}^2, \qquad \widehat{\text{var}}(\hat{\beta}_1) = \frac{\hat{\sigma}^2}{\sum\limits_{i=1}^{n} x_i^2}$$

$$\widehat{\text{SE}}(\hat{\beta}_0) = \sqrt{\frac{\sum\limits_{i=1}^{n} X_i^2}{n \sum\limits_{i=1}^{n} x_i^2} \hat{\sigma}^2}, \qquad \widehat{\text{SE}}(\hat{\beta}_1) = \sqrt{\frac{\hat{\sigma}_2}{\sum\limits_{i=1}^{n} x_i^2}}$$

用 $\hat{\sigma}^2$ 替代 σ^2 后,式(2-43)、式(2-44)中的统计量服从自由度为 $n-2$ 的 t 分布,将替

代后的统计量分别记为 t_0, t_1, 有

$$t_0 = \frac{\hat{\beta}_0 - \beta_0}{\widehat{SE}(\hat{\beta}_0)} = \frac{\hat{\beta}_0 - \beta_0}{\sqrt{\dfrac{\sum\limits_{i=1}^{n} X_i^2}{n\sum\limits_{i=1}^{n} x_i^2}\hat{\sigma}^2}} \sim t(n-2) \tag{2-45}$$

$$t_1 = \frac{\hat{\beta}_1 - \beta_1}{\widehat{SE}(\hat{\beta}_1)} = \frac{\hat{\beta}_1 - \beta_1}{\sqrt{\dfrac{\hat{\sigma}^2}{\sum\limits_{i=1}^{n} x_i^2}}} \sim t(n-2) \tag{2-46}$$

二、参数的区间估计

参数的区间估计，即是求参数的置信区间，是在给定显著性水平 α 之下，对参数的取值范围做出估计，参数的真实值落入这一区间的概率为 $1-\alpha$。

在已知参数的分布性质的情况下，可以很方便地求得参数的区间估计。

因为

$$\left.\begin{aligned} t_0 &= \frac{\hat{\beta}_0 - \beta_0}{\widehat{SE}(\hat{\beta}_0)} = \frac{\hat{\beta}_0 - \beta_0}{\sqrt{\dfrac{\sum\limits_{i=1}^{n} X_i^2}{n\sum\limits_{i=1}^{n} x_i^2}\hat{\sigma}^2}} \sim t(n-2) \\[3em] t_1 &= \frac{\hat{\beta}_1 - \beta_1}{\widehat{SE}(\hat{\beta}_1)} = \frac{\hat{\beta}_1 - \beta_1}{\sqrt{\dfrac{\hat{\sigma}^2}{\sum\limits_{i=1}^{n} x_i^2}}} \sim t(n-2) \end{aligned}\right\}$$

对于给定的显著性水平 α, t_0, t_1 以 $1-\alpha$ 的概率落入区间 $[-t_{\frac{\alpha}{2}}, t_{\frac{\alpha}{2}}]$，即

$$P(-t_{\frac{\alpha}{2}} < t_0 = \frac{\hat{\beta}_0 - \beta_0}{\widehat{SE}(\hat{\beta}_0)} < t_{\frac{\alpha}{2}}) = 1-\alpha$$

$$P(-t_{\frac{\alpha}{2}} < t_1 = \frac{\hat{\beta}_1 - \beta_1}{\widehat{SE}(\hat{\beta}_1)} < t_{\frac{\alpha}{2}}) = 1-\alpha$$

由此可得

$$\left.\begin{aligned} P(\hat{\beta}_0 - t_{\frac{\alpha}{2}}\widehat{SE}(\hat{\beta}_0) < \beta_0 < \hat{\beta}_0 + t_{\frac{\alpha}{2}}\widehat{SE}(\hat{\beta}_0)) = 1-\alpha \\ P(\hat{\beta}_1 - t_{\frac{\alpha}{2}}\widehat{SE}(\hat{\beta}_1) < \beta_1 < \hat{\beta}_1 + t_{\frac{\alpha}{2}}\widehat{SE}(\hat{\beta}_1)) = 1-\alpha \end{aligned}\right\}$$

所以，在 α 显著性水平下，参数 β_0, β_1 的置信区间分别为

$$\left[\hat{\beta}_0 - t_{\frac{\alpha}{2}}\widehat{SE}(\hat{\beta}_0), \hat{\beta}_0 + t_{\frac{\alpha}{2}}\widehat{SE}(\hat{\beta}_0)\right] \tag{2-47}$$

$$\left[\hat{\beta}_1 - t_{\frac{\alpha}{2}}\widehat{SE}(\hat{\beta}_1), \hat{\beta}_1 + t_{\frac{\alpha}{2}}\widehat{SE}(\hat{\beta}_1)\right] \tag{2-48}$$

参数的置信区间在一定显著性水平下给出了参数真实值的取值范围,因此,参数的置信区间越小越好。由式(2-47)、式(2-48)容易看出,增大样本容量、提高模型的拟合优度可以缩小参数的置信区间。因为样本容量 n 越大,t 分布临界值越小,参数估计量的标准差也越小;拟合优度越高,残差平方和越小,参数估计量的标准差越小。

例 2-5　以例 2-3 为例,求关于家庭消费支出与可支配收入关系的一元线性回归模型的参数 β_0,β_1 的 95% 的置信区间。

已知 $\hat{\beta}_0 = 414.045$,$\hat{\beta}_1 = 0.515$,且已知 $\sum\limits_{i=1}^{n} x_i^2 = 20\,625\,000$,$n = 10$,$\overline{X} = 3\,350$,$\sum\limits_{i=1}^{n} e_i^2 = 46\,188.824\,24$,可求得

$$\sum_{i=1}^{n} X_i^2 = \sum_{i=1}^{n} x_i^2 + n\overline{X}^2 = 20\,625\,000 + 10 \times 3\,550^2 = 146\,650\,000$$

$$\hat{\sigma}^2 = \frac{\sum\limits_{i=1}^{n} e_i^2}{n-2} = \frac{46\,188.824\,24}{10-2} = 5\,773.603$$

$$\widehat{SE}\,(\hat{\beta}_0) = \sqrt{\frac{\sum\limits_{i=1}^{n} X_i^2}{n\sum\limits_{i=1}^{n} x_i^2}\hat{\sigma}^2} = \sqrt{\frac{146\,650\,000}{10 \times 20\,625\,000} \times 5\,773.603} = 64.072$$

$$\widehat{SE}\,(\hat{\beta}_1) = \sqrt{\frac{\hat{\sigma}^2}{\sum\limits_{i=1}^{n} x_i^2}} = \sqrt{\frac{5\,773.603}{20\,625\,000}} = 0.016\,73$$

查 t 分布临界值表可得 $t_{0.025}(8) = 2.306$。

将相关数据代入式(2-47)可得 β_0 的 95% 的置信区间为

$$[414.045 - 2.306 \times 64.072,\quad 414.045 + 2.306 \times 64.072]$$

即

$$[266.295,\quad 561.795]$$

将相关数据代入式(2-48)可得 β_1 的 95% 的置信区间为

$$[0.515 - 2.306 \times 0.016\,73,\quad 0.515 + 2.306 \times 0.016\,73]$$

即

$$[0.476,\quad 0.554]$$

三、参数的假设检验

参数的假设检验是检验对模型参数所做的某一个假设是否成立,其基础是参数估计量的分布性质,采用的方法是统计学中的假设检验。

对模型参数所做的假设,可以是参数等于某一特定的数值,也可以是参数大于或小于

某一特定的数值。其中,设定参数等于某一特定的数值,如原假设和备择假设分别为 $H_0:\beta_1=\beta_1^*$,$H_1:\beta_1\neq\beta_1^*$,进行的是双边检验;设定参数大于或小于某一特定的数值,如原假设和备择假设分别为 $H_0:\beta_1\geqslant\beta_1^*$,$H_1:\beta_1<\beta_1^*$,进行的是单边检验。

针对参数的某一假设,检验的基本思想是由原假设和参数估计量构造一个小概率事件,判断在给定显著性水平下这一小概率事件是否发生,如果小概率事件发生了,则拒绝原假设,接受备择假设;如果小概率事件没有发生,则接受原假设,拒绝备择假设。因为小概率事件是一次抽样中几乎不可能发生的事件,小概率事件发生,说明原假设不真。

由式(2-45)、式(2-46),可利用 t 分布进行参数的假设检验,称为 t 检验。以 β_1 为例,因为

$$t_1=\frac{\hat{\beta}_1-\beta_1}{\widehat{\mathrm{SE}}(\hat{\beta}_1)}\sim t(n-2)$$

若针对原假设 $H_0:\beta_1=\beta_1^*$,备择假设 $H_1:\beta_1\neq\beta_1^*$ 进行检验,根据原假设

$$t_1=\frac{\hat{\beta}_1-\beta_1^*}{\widehat{\mathrm{SE}}(\hat{\beta}_1)}\sim t(n-2)$$

对于给定的显著性水平 α,查自由度为 $n-2$ 的 t 分布临界值,并计算 t_1 的值,如果

$$t_1\in\left[-t_{\frac{\alpha}{2}},t_{\frac{\alpha}{2}}\right]$$

接受原假设 $H_0:\beta_1=\beta_1^*$;反之,如果

$$|t_1|>t_{\frac{\alpha}{2}}$$

则拒绝原假设 $H_0:\beta_1=\beta_1^*$,接受备择假设 $H_1:\beta_1\neq\beta_1^*$。

若针对原假设 $H_0:\beta_1\geqslant\beta_1^*$,备择假设 $H_1:\beta_1<\beta_1^*$ 进行检验,根据原假设

$$t_1=\frac{\hat{\beta}_1-\beta_1^*}{\widehat{\mathrm{SE}}(\hat{\beta}_1)}\geqslant\frac{\hat{\beta}_1-\beta_1}{\widehat{\mathrm{SE}}(\hat{\beta}_1)}\sim t(n-2)$$

对于给定的显著性水平 α,查自由度为 $n-2$ 的 t 分布临界值,并计算 t_1 的值,如果

$$t_1\geqslant-t_\alpha$$

接受原假设 $H_0:\beta_1\geqslant\beta_1^*$;反之,如果

$$t_1<-t_\alpha$$

拒绝原假设 $H_0:\beta_1\geqslant\beta_1^*$,接受备择假设 $H_1:\beta_1<\beta_1^*$。

一元线性回归模型中,β_1 是否显著不为 0,反映解释变量对被解释变量的影响是否显著,所以常针对原假设 $H_0:\beta_1=0$,备择假设 $H_1:\beta_1\neq0$ 进行检验,称为变量显著性检验。原假设为 $H_0:\beta_1=0$,备择假设为 $H_1:\beta_1\neq0$ 时,根据原假设

$$t_1=\frac{\hat{\beta}_1}{\widehat{\mathrm{SE}}(\hat{\beta}_1)}\sim t(n-2)$$

对于给定的显著性水平 α,查自由度为 $n-2$ 的 t 分布临界值,并计算 t_1 的值,如果

$$t_1\in\left[-t_{\frac{\alpha}{2}},t_{\frac{\alpha}{2}}\right]$$

接受原假设 $H_0: \beta_1 = 0$，认为解释变量对被解释变量的影响不显著；反之，如果

$$| t_1 | > t_{\frac{\alpha}{2}}$$

则拒绝原假设 $H_0: \beta_1 = 0$，接受备择假设 $H_1: \beta_1 \neq 0$，认为解释变量对被解释变量的影响显著。

例 2-6　以例 2-3 为例，检验家庭可支配收入对消费支出的影响是否显著，显著性水平 α 取 0.01。

原假设 $H_0: \beta_1 = 0$，备择假设 $H_1: \beta_1 \neq 0$。

已知 $\hat{\beta}_1 = 0.514\,861$，$\widehat{SE}(\hat{\beta}_1) = 0.016\,73$，有

$$t_1 = \frac{\hat{\beta}_1}{\widehat{SE}(\hat{\beta}_1)} = \frac{0.514\,861}{0.016\,73} \approx 30.773$$

查 t 分布表可得 $t_{0.005}(8) = 3.355$，$|t_1| > t_{0.005}$，所以拒绝原假设 $H_0: \beta_1 = 0$，接受备择假设 $H_1: \beta_1 \neq 0$，得出可支配收入对消费支出的影响显著的结论。

事实上，计算得到参数 β_1 的 t 统计值 t_1 后，由 t 分布的概率密度函数可求得 t 统计量的绝对值大于 t_1 的绝对值的概率 $P(|t| > |t_1|)$，称为 $\hat{\beta}_1$ 的 P 值。若给定的显著性水平 α 大于 $\hat{\beta}_1$ 的 P 值，拒绝原假设 $H_0: \beta_1 = 0$，认为解释变量对被解释变量的影响显著；反之，接受原假设 $H_0: \beta_1 = 0$，认为解释变量对被解释变量的影响不显著。应用 EViews 软件进行回归分析时，会在给出参数估计结果的同时给出参数估计值的 P 值，为变量显著性检验带来了很大的方便。在例 2-6 中，$\hat{\beta}_1$ 的 P 值为 0.000 0，比给定的显著性水平 $\alpha = 0.01$ 小得多，由 P 值可得出拒绝原假设 $H_0: \beta_1 = 0$，可支配收入对消费支出的影响显著的结论。

四、参数估计与检验结果的表述

在对模型进行参数估计和假设检验的过程中，得到了一系列说明模型特征的有意义的数据，如参数估计值、拟合优度、t 统计值等，在对模型进行进一步的分析时，还会得到一系列的数据。为了清楚明了地显示这些数据，通常用一种规范格式表述模型的分析结果。以例 2-3～例 2-6 对消费函数模型的分析为例，可按规范格式将分析结果表述为

$$\hat{Y}_i = 414.045 + 0.515 X_i$$
$$(6.462) \quad (30.773)$$
$$R^2 = 0.992$$

其中，第一行是样本回归函数；第二行括号中的数据与第一行样本回归函数中的参数估计值上下对齐、一一对应，是对应参数估计值的 t 统计值，原假设分别是 $H_0: \beta_0 = 0, H_0: \beta_1 = 0$；第三行是模型的拟合优度，若还进行了其他分析，结果也在这一行显示。有时，第二行括号中的数据是对应参数估计值的标准差。由于参数估计值的标准差与上述 t 统计值之积等于参数估计值，无论第二行括号中的数据是参数估计值的 t 统计值和标准差中的哪一个，另一个都可以很方便地求得。

第五节 一元线性回归模型的预测

预测是计量经济研究的一个重要目的。在样本数据反映的经济变量之间的关系基本上没有变化的情况下,可利用经过参数估计和检验的模型,由已知或事先测定的解释变量的数值,预测被解释变量的数值,包括被解释变量的总体均值的点预测、被解释变量的总体均值的区间预测、被解释变量的个别值的区间预测三个方面。

一、总体均值 $E(Y/X_0)$ 的点预测

将已知或事先测定的样本观察数据以外的解释变量的观察值记为 X_0,对应的被解释变量的观察值记为 Y_0,由样本回归函数

$$\hat{Y}_i = \hat{\beta}_0 + \hat{\beta}_1 X_i$$

可得,对应于解释变量 X_0,被解释变量 Y_0 的预测值为

$$\hat{Y}_0 = \hat{\beta}_0 + \hat{\beta}_1 X_0 \tag{2-49}$$

这是被解释变量的总体均值 $E(Y/X_0)$ 的一个无偏估计,因为

$$\begin{aligned}
E(\hat{Y}_0) &= E(\hat{\beta}_0 + \hat{\beta}_1 X_0) \\
&= E(\hat{\beta}_0) + X_0 E(\hat{\beta}_1) \\
&= \beta_0 + \beta_1 X_0
\end{aligned}$$

由一元线性回归模型的总体回归函数

$$E(Y/X_i) = \beta_0 + \beta_1 X_i$$

解释变量为 X_0 时,被解释变量的总体均值为

$$E(Y/X_0) = \beta_0 + \beta_1 X_0$$

所以

$$E(\hat{Y}_0) = E(Y/X_0)$$

因此,可将 $\hat{Y}_0 = \hat{\beta}_0 + \hat{\beta}_1 X_0$ 作为被解释变量的总体均值 $E(Y/X_0)$ 的点预测。

例 2-7 以例 2-3 为例,利用例 2-3 建立的消费函数模型,求家庭可支配收入为 6 000 元时家庭平均消费支出的预测值。

将家庭可支配收入 $X_0 = 6\,000$ 代入样本回归函数 $\hat{Y}_i = 414.045 + 0.515 X_i$,可得家庭平均消费支出的预测值为

$$\hat{Y}_0 = 414.045 + 0.515 \times 6\,000 = 3\,504.045$$

二、总体均值 $E(Y/X_0)$ 的预测置信区间

因为

$$\hat{Y}_0 = \hat{\beta}_0 + \hat{\beta}_1 X_0$$

$\hat{\beta}_0,\hat{\beta}_1$ 满足线性性,所以,$\hat{Y}_0$ 也可以表示为 $Y_i(i=1,2,\cdots,n)$ 的线性组合,$\hat{Y}_0$ 服从正态分布。由于

$$E(\hat{Y}_0) = E(Y/X_0)$$

可以证明(证明过程见附录 2.3)

$$\mathrm{var}(\hat{Y}_0) = \sigma^2 \left[\frac{1}{n} + \frac{(X_0 - \overline{X})^2}{\sum_{i=1}^{n} x_i^2} \right], \quad \mathrm{SE}(\hat{Y}_0) = \sqrt{\sigma^2 \left[\frac{1}{n} + \frac{(X_0 - \overline{X})^2}{\sum_{i=1}^{n} x_i^2} \right]}$$

所以

$$\hat{Y}_0 \sim N\left\{ E(Y/X_0), \sigma^2 \left[\frac{1}{n} + \frac{(X_0 - \overline{X})^2}{\sum_{i=1}^{n} x_i^2} \right] \right\}$$

用 σ^2 的无偏估计量 $\hat{\sigma}^2$ 替代 σ^2,有

$$\frac{\hat{Y}_0 - E(Y/X_0)}{\widehat{\mathrm{SE}}(\hat{Y}_0)} \sim t(n-2)$$

其中

$$\widehat{\mathrm{SE}}(\hat{Y}_0) = \sqrt{\hat{\sigma}^2 \left[\frac{1}{n} + \frac{(X_0 - \overline{X})^2}{\sum_{i=1}^{n} x_i^2} \right]}$$

对于给定的显著性水平 α

$$P\left(-t_{\frac{\alpha}{2}} \leqslant \frac{\hat{Y}_0 - E(Y/X_0)}{\widehat{\mathrm{SE}}(\hat{Y}_0)} \leqslant t_{\frac{\alpha}{2}} \right) = 1 - \alpha$$

由此可得,总体均值 $E(Y/X_0)$ 的置信度为 $1-\alpha$ 的预测置信区间为

$$\left[\hat{Y}_0 - t_{\frac{\alpha}{2}} \widehat{\mathrm{SE}}(\hat{Y}_0), \hat{Y}_0 + t_{\frac{\alpha}{2}} \widehat{\mathrm{SE}}(\hat{Y}_0) \right] \tag{2-50}$$

例 2-8　以例 2-3 为例,利用例 2-3 建立的消费函数模型,求家庭可支配收入为 6 000 元时家庭平均消费支出的置信度为 95% 的预测置信区间。

已知

$$\hat{Y}_0 = 3\,504.045, \quad t_{0.025}(8) = 2.306$$

$$\hat{\sigma}^2 = 5\,773.603, \quad n = 10, \quad \overline{X} = 3\,550, \quad \sum_{i=1}^{n} x_i^2 = 20\,625\,000$$

可求得

$$\widehat{\mathrm{SE}}(\hat{Y}_0) = \sqrt{\hat{\sigma}^2 \left[\frac{1}{n} + \frac{(X_0 - \overline{X})^2}{\sum_{i=1}^{n} x_i^2} \right]}$$

$$= \sqrt{5\,773.603 \times \left[\frac{1}{10} + \frac{(6\,000 - 3\,550)^2}{20\,625\,000} \right]} = 47.515$$

所以,由式(2-50)可求得家庭平均消费支出的置信度为 95% 的预测置信区间为

$$[3\ 504.045 - 2.306 \times 47.515, 3\ 504.045 + 2.306 \times 47.515]$$

即

$$[3\ 394.475, 3\ 613.615]$$

三、个别值 Y_0 的预测置信区间

根据模型的基本假设,μ_0 与 $\mu_i(i=1,2,\cdots,n)$ 相互独立,由 $Y_0 = \beta_0 + \beta_1 X_0 + \mu_0$,$Y_i = \beta_0 + \beta_1 X_i + \mu_i$ 可知,Y_0 与 $Y_i(i=1,2,\cdots,n)$ 相互独立。由于 $\hat{Y}_0$ 可以表示为 $Y_i(i=1,2,\cdots,n)$ 的线性组合,所以,$\hat{Y}_0$ 与 Y_0 相互独立。由

$$Y_0 = \beta_0 + \beta_1 X_0 + \mu_0$$

知

$$Y_0 \sim N(\beta_0 + \beta_1 X_0, \sigma^2)$$

且已知

$$\hat{Y}_0 \sim N\left\{\beta_0 + \beta_1 X_0, \sigma^2 \left[\frac{1}{n} + \frac{(X_0 - \overline{X})^2}{\sum_{i=1}^{n} x_i^2}\right]\right\}$$

所以

$$E(e_0) = E(Y_0 - \hat{Y}_0) = E(Y_0) - E(\hat{Y}_0) = 0$$

$$\mathrm{var}(e_0) = \mathrm{var}(Y_0 - \hat{Y}_0) = \mathrm{var}(Y_0) + \mathrm{var}(\hat{Y}_0)$$

$$= \sigma^2 + \sigma^2 \left[\frac{1}{n} + \frac{(X_0 - \overline{X})^2}{\sum_{i=1}^{n} x_i^2}\right]$$

$$= \sigma^2 \left[1 + \frac{1}{n} + \frac{(X_0 - \overline{X})^2}{\sum_{i=1}^{n} x_i^2}\right]$$

$$e_0 \sim N\left\{0, \sigma^2 \left[1 + \frac{1}{n} + \frac{(X_0 - \overline{X})^2}{\sum_{i=1}^{n} x_i^2}\right]\right\}$$

用 σ^2 的无偏估计量 $\hat{\sigma}^2$ 替代 σ^2,有

$$\frac{e_0}{\widehat{\mathrm{SE}}(e_0)} = \frac{Y_0 - \hat{Y}_0}{\widehat{\mathrm{SE}}(e_0)} \sim t(n-2)$$

其中

$$\widehat{SE}(e_0) = \sqrt{\hat{\sigma}^2 \left[1 + \frac{1}{n} + \frac{(X_0 - \overline{X})^2}{\sum\limits_{i=1}^{n} x_i^2} \right]}$$

对于给定的显著性水平 α

$$P\left(-t_{\frac{\alpha}{2}} \leqslant \frac{Y_0 - \hat{Y}_0}{\widehat{SE}(e_0)} \leqslant t_{\frac{\alpha}{2}} \right) = 1 - \alpha$$

由此可得,个别值 Y_0 的置信度为 $1-\alpha$ 的预测置信区间为

$$[\hat{Y}_0 - t_{\frac{\alpha}{2}} \widehat{SE}(e_0), \hat{Y}_0 + t_{\frac{\alpha}{2}} \widehat{SE}(e_0)] \tag{2-51}$$

例 2-9　以例 2-3 为例,利用例 2-3 建立的消费函数模型,求家庭可支配收入为 6 000 元时家庭消费支出的个别值的置信度为 95% 的预测置信区间。

已知

$$\hat{Y}_0 = 3\,504.045, \quad t_{0.025}(8) = 2.306$$

$$\hat{\sigma}^2 = 5\,773.603, \quad n = 10, \quad \overline{X} = 3\,550, \quad \sum_{i=1}^{n} x_i^2 = 20\,625\,000$$

可求得

$$\widehat{SE}(e_0) = \sqrt{\hat{\sigma}^2 \left[1 + \frac{1}{n} + \frac{(X_0 - \overline{X})^2}{\sum\limits_{i=1}^{n} x_i^2} \right]}$$

$$= \sqrt{5\,773.603 \times \left[1 + \frac{1}{10} + \frac{(6\,000 - 3\,550)^2}{20\,625\,000} \right]} = 89.617$$

所以,由式(2-51)可求得家庭消费支出的个别值的置信度为 95% 的预测置信区间为

$$[3\,504.045 - 2.306 \times 89.617, 3\,504.045 + 2.306 \times 89.617]$$

即

$$[3\,297.388, 3\,710.702]$$

四、预测置信区间的特征

在给定显著性水平 α 下,如果对解释变量的每一个可能取值求被解释变量的总体均值、个别值的预测置信区间,可以得到被解释变量的总体均值、个别值的预测置信区间的置信域或称为置信带(confidence band),如图 2-4 所示。由图 2-4 结合式(2-50)、式(2-51),可以看出,预测置信区间有如下特征。

1. 被解释变量总体均值的预测置信区间窄于个别值的预测置信区间

被解释变量的总体均值 $E(Y/X_0)$ 的波动,主要取决于样本数据的抽样波动。被解释变量的个别值 Y_0 的波动,除受样本数据的抽样波动的影响外,还受随机误差项 μ_i 的影

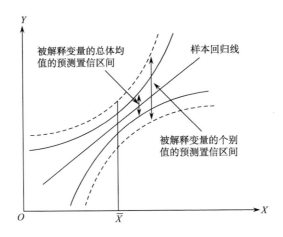

图 2-4 总体均值、个别值的预测置信区间

响。反映在式(2-50)、式(2-51)中,$\widehat{SE}(\hat{Y}_0) < \widehat{SE}(e_0)$,总体均值的预测置信区间窄于个别值的预测置信区间。

2. 解释变量 X 的取值偏离 $\overline{X}$ 的距离越大,预测置信区间的宽度越大

在解释变量的样本均值 $\overline{X}$ 处,样本观察数据的代表性往往较好,即抽样波动往往较小,被解释变量的总体均值 $E(Y/X_0)$ 和个别值 Y_0 的波动较小。反之,解释变量 X 的取值偏离 $\overline{X}$ 的距离越大,样本观察数据的代表性往往越差,即抽样波动往往越大,被解释变量的总体均值 $E(Y/X_0)$ 和个别值 Y_0 的波动越大。反映在式(2-50)、式(2-51)中,解释变量 X 的取值偏离 $\overline{X}$ 的距离越大,$(X_0 - \overline{X})^2$ 越大,$\widehat{SE}(\hat{Y}_0)$,$\widehat{SE}(e_0)$ 就越大,预测置信区间的宽度就越大。由此可见,用回归模型作预测时,解释变量的取值不宜偏离解释变量的样本均值 $\overline{X}$ 太大,否则预测精度会大大降低。

3. 样本容量越大、拟合优度越高,预测置信区间越小

样本容量越大,样本观察数据的代表性越好,被解释变量的总体均值 $E(Y/X_0)$ 和个别值 Y_0 的波动越小。拟合优度越高,回归直线对样本数据的拟合程度越好,模型的预测精度就越高。反映在式(2-50)、式(2-51)中,样本容量越大,t 分布临界值 $t_{\alpha/2}$ 越小,$\widehat{SE}(\hat{Y}_0)$,$\widehat{SE}(e_0)$ 越小。拟合优度越高,$\hat{\sigma}^2$ 越小,$\widehat{SE}(\hat{Y}_0)$,$\widehat{SE}(e_0)$ 越小。所以,样本容量越大、拟合优度越高,被解释变量的总体均值、个别值的预测置信区间越小。

第六节　案例分析

一、问题的提出

居民消费是国内生产总值中的一部分,在社会经济的健康持续发展中扮演着重要角色。只有形成合理的消费模式及适度的消费规模才能使经济朝着更健康的方向发展。改革开放以来,我国经济得到了快速发展,人民生活水平显著提高,城镇居民家庭消费支出

不断增加。以 1978 年为基期计算,我国城镇居民家庭人均消费支出的实际值从 1980 年的 376.66 元增长到了 2010 年的 2 337.58 元,大约翻了两番。毋庸置疑,改革开放以来,我国城镇居民家庭消费支出的快速增长与同期经济的快速增长密切相关,但什么原因直接带来了城镇居民家庭消费支出的迅速增长,值得研究。应当说,现实经济活动中,影响居民家庭消费支出的因素很多,如居民的可支配收入水平、消费品价格水平、利率水平、收入分配状况、居民的消费习惯等等。但凯恩斯理论认为,居民家庭的消费支出主要由可支配收入决定。为分析我国城镇居民家庭不同年份的消费支出是否主要由可支配收入决定,可以建立相应的计量经济学模型进行研究。

二、模型设定

要研究我国城镇居民家庭不同年份的消费支出是否主要由可支配收入决定,被解释变量和解释变量的设定较明确。为了剔除人口因素的影响,本例选取"城镇居民家庭人均消费支出"为被解释变量 Y,选取"城镇居民家庭人均可支配收入"为解释变量 X。

与变量的选择相对应,从 1981～2011 年各年的《中国统计年鉴》中选取了 1980～2010 年我国城镇居民家庭的人均消费支出与人均可支配收入数据,为剔除价格水平的影响,又进一步以 1978 年为基期,利用城镇居民消费价格指数,将所有名义数据调整为实际数据,如表 2-6 所示。

表 2-6   我国城镇居民家庭人均消费支出与人均可支配收入数据

年份	名义数据/元		城镇居民消费价格指数(1978 年为 100)	实际数据/元	
	人均消费支出	人均可支配收入		人均消费支出 Y	人均可支配收入 X
1980	412.44	477.6	109.5	376.66	436.16
1981	456.84	500.4	112.2	407.17	445.99
1982	471.00	535.3	114.4	411.71	467.92
1983	505.92	564.6	116.7	433.52	483.80
1984	559.44	652.1	119.9	466.59	543.87
1985	673.20	739.1	134.2	501.64	550.75
1986	798.96	900.9	143.6	556.38	627.37
1987	884.40	1 002.1	156.2	566.20	641.55
1988	1 103.98	1 180.2	188.5	585.67	626.10
1989	1 210.95	1 373.9	219.2	552.44	626.78
1990	1 278.89	1 510.2	222.0	576.08	680.27
1991	1 453.81	1 700.6	233.3	623.15	728.93
1992	1 671.73	2 026.6	253.4	659.72	799.76
1993	2 110.81	2 577.4	294.2	717.47	876.07
1994	2 851.34	3 496.2	367.8	775.24	950.57
1995	3 537.57	4 283.0	429.6	823.46	996.97
1996	3 919.47	4 838.9	467.4	838.57	1 035.28

续表

年份	名义数据/元		城镇居民消费价格指数(1978年为100)	实际数据/元	
	人均消费支出	人均可支配收入		人均消费支出 Y	人均可支配收入 X
1997	4 185.64	5 160.3	481.9	868.57	1 070.82
1998	4 331.60	5 425.1	479.0	904.30	1 132.59
1999	4 615.90	5 854.0	472.8	976.29	1 238.16
2000	4 998.00	6 280.0	476.6	1 048.68	1 317.67
2001	5 309.00	6 859.6	479.9	1 106.27	1 429.38
2002	6 029.88	7 702.8	475.1	1 269.18	1 621.30
2003	6 510.94	8 472.2	479.4	1 358.14	1 767.25
2004	7 182.10	9 421.6	495.2	1 450.34	1 902.58
2005	7 942.88	10 493.0	503.1	1 578.79	2 085.67
2006	8 696.55	11 759.5	510.6	1 703.20	2 303.07
2007	9 997.47	13 785.8	533.6	1 873.59	2 583.55
2008	11 242.85	15 780.8	563.5	1 995.18	2 800.50
2009	12 264.55	17 174.7	558.4	2 196.37	3 075.70
2010	13 471.45	19 109.4	576.3	2 337.58	3 315.88

　　为明确城镇居民家庭人均消费支出和城镇居民人均可支配收入的关系,确定模型形式,根据样本数据先做城镇居民家庭人均消费支出(Y)和城镇居民人均可支配收入(X)的散点图,如图 2-5 所示。

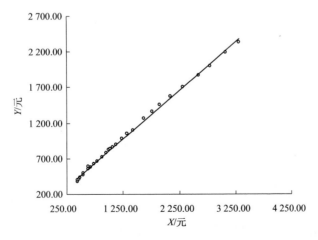

图 2-5　城镇居民家庭年人均消费支出(Y)与人均可支配收入(X)散点图

　　由图 2-5 可以看出,样本数据散点图近似于一条直线,即城镇居民家庭年人均消费支出(Y)和人均可支配收入(X)具有线性关系,因此可建立如下线性计量经济学模型:

$$Y_i = \beta_0 + \beta_1 X_i + \mu_i$$

完成了模型设定和样本数据的收集整理,利用 EViews 软件可以很方便地进行模型的参数估计、检验和预测。

三、参数估计

运用 EViews6.0 进行模型参数估计的一般步骤如下。

1. 建立工作文件

双击 EViews 图标,进入 EViews 主窗口,如图 2-6 所示。

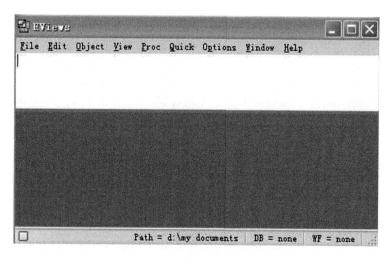

图 2-6　EViews 主窗口

在菜单栏中单击"File\New\Workfile",出现对话框"Workfile Create",如图 2-7 所示。

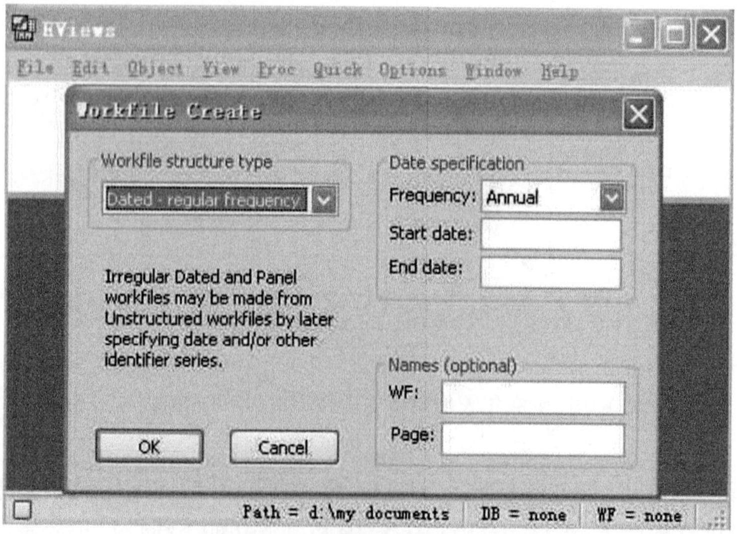

图 2-7　Workfile Create 对话框

在"Date specification"选项区的"Frequency"中选择数据频率。

Annual（年度） Weekly（周）

Semi-annual（半年） Daily[5 day weeks]（每周 5 天日数据）

Quarterly（季度） Daily[7 day weeks]（每周 7 天日数据）

Monthly（月度） Integer date（整序数）

本例中用的是年度时间序列数据，选择"Annual"，并在"Start date"中输入起始年份"1980"，在"End date"中输入终止年份"2010"，单击"OK"，工作文件创建完毕，出现工作文件窗口"Workfile：UNTITLED"，如图 2-8 所示。其中，已有对象"c"为截距项，"resid"为残差序列。

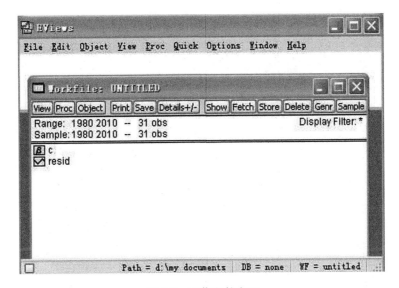

图 2-8 工作文件窗口

若要将工作文件存盘，单击窗口上方"Save"，在"Save As"对话框中给定文件名和保存类型，再单击"OK"，文件即被保存。

2. 输入数据

方法一：在"Objects"菜单中单击"New Object"，在出现的"New Object"对话框中选择"Series"，并在"Name for object"上定义序列名（变量名），单击"OK"即可创建一个空序列。一次只能创建一个新序列，重复可完成多个序列的创建。创建完两个空序列 Y 和 X 后，按住 Ctrl 键点击 Y，再点击 X，选定两个图表，并双击，在出现的对话框中选择"Open Group"，出现数据编辑窗口，如图 2-9 所示。可依顺序输入相应的数据。在数据编辑窗口的工具栏中选择"Edit＋/－"按钮，进入编辑状态，可输入或修改数据序列，录入或修改数据完毕后再次点击"Edit＋/－"按钮恢复到只读状态。

方法二：在 EViews 命令框中直接输入"data Y X"（模型为一元模型时）或"data Y X_1 X_2…"（模型为多元模型时），回车出现"Group"数据编辑窗口，在对应的"Y"，"X"下输入数据。

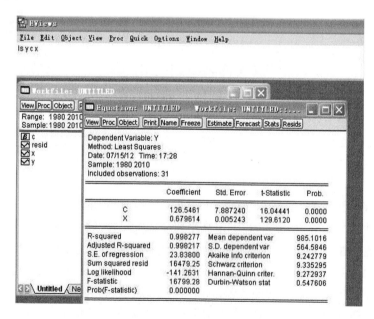

图 2-9　数据编辑窗口

3. 估计参数

方法一：在 EViews 命令框中直接输入"LS Y C X"，按回车，即出现如图 2-10 所示的回归分析结果。

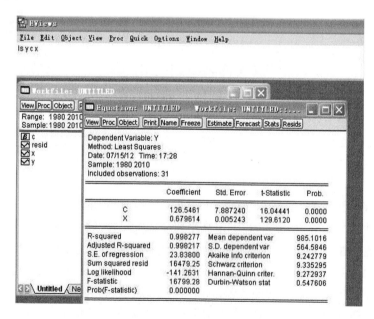

图 2-10　回归结果

方法二：在 EViews 主窗口界面点击"Quick"菜单，点击"Estimate Equation"，出现"Equation Specification"对话框，选 OLS 估计，即点击"Least Squares"，输入"Y C X"点击"OK"或回车。

方法三:在"Objects"菜单中单击"New Object",在出现的"New Object"对话框中选择"Equation",出现"Equation Specification"对话框,点击"Least Squares",输入"Y C X"点击"OK"或回车。

若要显示回归结果的图形,在"Equation"窗口中,点击"Resids",即出现残差值(Residual)、实际值(Actual)、拟合值(Fitted)的图形,如图 2-11 所示。

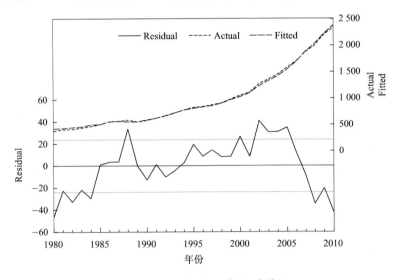

图 2-11 残差值、实际值、拟合值图

四、模型检验

1. 经济意义检验

参数 $\hat{\beta}_1 = 0.679\ 614$,说明城镇居民家庭人均可支配收入每增加 1 元,可引起城镇居民家庭人均消费支出增加 0.679 614 元。$\hat{\beta}_1 > 0$,且取值介于 0 和 1 之间,这与西方经济学中边际消费倾向的意义相符合。

2. 统计推断检验

用 EViews 得出回归模型参数估计结果的同时,也给出了用于模型检验的一系列相关数据。

1)拟合优度检验

由表 2-7 中可以看出,本例中的可决系数 $R^2 = 0.998\ 277$,接近于 1,说明所建立的模型整体上对样本数据拟合得较好,即解释变量"城镇居民人均可支配收入"对被解释变量"城镇居民人均消费支出"的绝大部分离差做出了解释。

2)变量显著性检验

针对原假设 $H_0: \beta_1 = 0$、备择假设 $H_1: \beta_1 \neq 0$ 进行检验。由表 2-7 可以看出,$\hat{\beta}_1$ 的 t 值为

$$t(\hat{\beta}_1) = 129.612\ 0$$

取 $\alpha = 0.05$,查 t 分布临界值表,得

$$t_{0.025}(29) = 2.045$$

所以

$$|t(\hat{\beta}_1)| > t_{0.025}(23)$$

所以拒绝原假设 $H_0 : \beta_1 = 0$，接受备择假设 $H_1 : \beta_1 \neq 0$。

这表明城镇居民人均可支配收入对消费支出有显著影响。

这里，由 EViews 得出参数估计结果知，$\hat{\beta}_1$ 的 P 值为 0.000 0，小于给定的显著性水平 $\alpha = 0.05$，可以不计算 $\hat{\beta}_1$ 的 t 值，由 P 值直接得出结论，拒绝原假设 $H_0 : \beta_1 = 0$，接受备择假设 $H_1 : \beta_1 \neq 0$。

本例中，参数估计与检验结果可表述为

$$\hat{Y}_i = 126.546\ 1 + 0.679\ 614 X_i$$
$$(16.044\ 41)(129.612\ 0)$$
$$R^2 = 0.998\ 277$$

五、预 测

假设测算出了以 1978 年为基期计算的 2011 年、2012 年我国城镇居民人均可支配收入实际值，分别为 3 606.7 元、3 885.2 元，要对 2011 年、2012 年城镇居民人均消费支出的情况做出预测，取显著性水平 $\alpha = 0.05$。

首先，可用 EViews 软件进行模型的点预测，步骤如下：

在"Workfile"窗口点击"Procs\Structure"，出现"Workfile Structure"窗口，将"End date"由"2010"改为"2012"，点击"OK"，在弹出的"EViews"对话框中选择"Yes"将原工作文件扩展为 1980～2012 年。

为了输入 $X_{2011} = 3\ 606.7$，$X_{2012} = 3\ 885.2$，在 EViews 命令框中输入"data X"之后回车，在 X 数据表中 2011 年的数据位置输入"3 606.7"、2012 年的数据位置输入"3 885.2"。

然后在"Equation"对话框中点击"Forecast"，打开对话框。在对话框中的"Forecast name"（预测值序列名）输入"Y0"，回车即得到模型估计值及标准误差的图形，如图 2-12 所示。

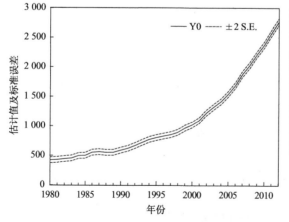

图 2-12　估计值及标准误差

双击"Workfile"窗口中出现的"Y0",在"Y0"数据表中的"2011"、"2012"的位置即显示预测值"2 577.710"、"2 766.982",这是当 $X_{2011} = 3\ 606.7$ 和 $X_{2012} = 3\ 885.2$ 时人均消费支出的点预测值 $\hat{Y}_{2011}$,$\hat{Y}_{2012}$。

为了做出区间预测,在 X 和 Y 的数据表中,点击"View",选"Descriptive Stats\Common Sample",得到 X 和 Y 的描述性统计结果,见表 2-7。

表 2-7 样本数据的描述性统计结果

变量	Y	X
Mean	985.101 6	1 263.299
Median	823.460 0	996.970 0
Maximum	2337.580	3 315.880
Minimum	376.660 0	436.160 0
Std. Dev.	564.584 6	830.026 9
Skewness	0.984 327	1.080 736
Kurtosis	2.844 847	3.060 447
Jarque-Bera	5.037 076	6.039 331
Probability	0.080 577	0.048 818
Sum	30 538.15	39 162.26
Sum Sq. Dev.	9 562 672	20 668 340
Observations	31	31

根据表 2-7 中的数据可以计算

$$\sum_{i=1}^{n} x_i^2 = \sum_{i=1}^{n} (X_i - \overline{X})^2 = \sigma_x^2 (n-1) = 830.026\ 9^2 \times (31-1) = 20\ 668\ 339.642$$

$$(X_{2011} - \overline{X})^2 = (3\ 606.7 - 1\ 263.299)^2 = 5\ 491\ 528.247$$

$$(X_{2012} - \overline{X})^2 = (3\ 885.2 - 1\ 263.299)^2 = 6\ 874\ 364.854$$

$$\widehat{SE}(\hat{Y}_{2011}) = \sqrt{\hat{\sigma}^2 \left[\frac{1}{n} + \frac{(X_{2011} - \overline{X})^2}{\sum_{i=1}^{n} x_i^2} \right]}$$

$$= \sqrt{23.838^2 \left(\frac{1}{31} + \frac{5\ 491\ 528.247}{20\ 668\ 339.642} \right)} = 13.012\ 047\ 47$$

$$\widehat{SE}(\hat{Y}_{2012}) = \sqrt{\hat{\sigma}^2 \left[\frac{1}{n} + \frac{(X_{2012} - \overline{X})^2}{\sum_{i=1}^{n} x_i^2} \right]}$$

$$= \sqrt{23.838^2 \left(\frac{1}{31} + \frac{6\ 874\ 364.854}{20\ 668\ 339.642} \right)} = 14.399\ 053\ 74$$

$$\widehat{SE}(e_{2011}) = \sqrt{\hat{\sigma}^2 \left[1 + \frac{1}{n} + \frac{(X_{2011} - \overline{X})^2}{\sum_{i=1}^{n} x_i^2}\right]}$$

$$= \sqrt{23.838^2 \left(1 + \frac{1}{31} + \frac{5\ 491\ 528.247}{20\ 668\ 339.642}\right)} = 27.158\ 122\ 6$$

$$\widehat{SE}(e_{2012}) = \sqrt{\hat{\sigma}^2 \left[1 + \frac{1}{n} + \frac{(X_{2012} - \overline{X})^2}{\sum_{i=1}^{n} x_i^2}\right]}$$

$$= \sqrt{23.838^2 \left(1 + \frac{1}{31} + \frac{6\ 874\ 364.854}{20\ 668\ 339.642}\right)} = 27.849\ 290\ 7$$

查 t 分布临界值表,得

$$t_{0.025}(29) = 2.045$$

所以,据式(2-50)、式(2-51)可得:

2011 年,我国城镇居民人均消费支出的总体均值的置信度 95% 的预测置信区间为

$$[2\ 577.710 - 2.045 \times 13.012\ 047\ 47, 2\ 577.710 + 2.045 \times 13.012\ 047\ 47]$$

即

$$[2\ 551.100, 2\ 604.320]$$

2011 年,我国城镇居民人均消费支出的个别值的置信度为 95% 的预测置信区间为

$$[2577.710 - 2.045 \times 27.158\ 122\ 6, 2\ 577.710 + 2.045 \times 27.158\ 122\ 6]$$

即

$$[2\ 522.172, 2\ 633.248]$$

2012 年,我国城镇居民人均消费支出的总体均值的置信度为 95% 的预测置信区间为

$$[2\ 766.982 - 2.045 \times 14.399\ 053\ 74, 2\ 677.982 + 2.045 \times 14.399\ 053\ 74]$$

即

$$[2\ 737.536, 2\ 796.428]$$

2012 年,我国城镇居民人均消费支出的个别值的置信度为 95% 的预测置信区间为

$$[2\ 766.982 - 2.045 \times 27.849\ 290\ 7, 2\ 766.982 + 2.045 \times 27.849\ 2907]$$

即

$$[2\ 710.030, 2\ 823.934]$$

➤ 本章小结

相关分析是研究变量之间的相关关系的形式和程度的一种统计分析方法,回归分析是研究不仅存在相关关系而且存在因果关系的变量之间的依存关系的一种分析理论与方

法,相关分析与回归分析既有联系又有区别。

含有随机误差项是计量经济学模型与数理经济模型的一大区别。随机误差项反映各种误差的综合影响。

给定解释变量条件下被解释变量的期望轨迹称为总体回归曲线或总体回归线,描述总体回归曲线的函数称为总体回归函数。总体回归函数的随机设定形式,称为总体回归模型。只含有一个解释变量的线性总体回归模型称为一元线性总体回归模型,简称一元线性回归模型或简单线性回归模型。含有多个解释变量的线性总体回归模型称为多元线性总体回归模型,简称多元线性回归模型。

根据样本数据对总体回归函数做出的估计称为样本回归函数,由样本回归函数绘制的曲线称为样本回归曲线或样本回归线。在样本回归函数中引入残差项后得到的随机方程,称为样本回归模型。

线性回归模型的参数估计方法很多,但各种估计方法都是建立在一定的假设前提之下的,一元线性回归模型的基本假设主要包括:解释变量是确定性变量;随机误差项与解释变量不相关,不存在序列相关,服从零均值、同方差的正态分布;回归模型是正确设定的。

普通最小二乘法是最常用的参数估计方法,其基本思想是使样本回归函数尽可能好地拟合样本数据。最大似然法的应用虽然没有普通最小二乘法普遍,但在计量经济学中占有重要位置。最大似然法的基本思想是使从模型中取得样本观察数据的概率最大。在满足模型基本假设条件下,参数 $\hat{\beta}_0$,$\hat{\beta}_1$ 的普通最小二乘估计量与最大似然估计量相同,为

$$
\left.
\begin{aligned}
\hat{\beta}_0 &= \overline{Y} - \hat{\beta}_1 \overline{X} \\
\hat{\beta}_1 &= \frac{\sum_{i=1}^{n} x_i y_i}{\sum_{i=1}^{n} x_i^2}
\end{aligned}
\right\}
$$

是最佳线性无偏估计量。

随机误差项的方差的普通最小二乘估计量为

$$
\hat{\sigma}^2 = \frac{\sum_{i=1}^{n} e_i^2}{n-2}
$$

是一个无偏估计量。随机误差项的方差的最大似然估计量

$$
\hat{\sigma}^2 = \frac{1}{n} \sum_{i=1}^{n} e_i^2
$$

是一个有偏估计量。

拟合优度指样本回归线对样本数据拟合的精确程度,拟合优度检验就是检验样本回归线对样本数据拟合的精确程度。决定系数

$$
R^2 = \frac{\text{ESS}}{\text{TSS}} = 1 - \frac{\text{RSS}}{\text{TSS}}
$$

反映被解释变量的总离差中由解释变量解释的那部分离差所占的比重,是度量模型拟合优度的统计量。R^2 介于 0 和 1 之间,越接近于 1,表明模型对样本数据的拟合效果越好。

满足基本假设条件下,一元线性回归模型的参数 β_0, β_1 的普通最小二乘估计量 $\hat{\beta}_0$, $\hat{\beta}_1$ 服从正态分布。

$$\hat{\beta}_0 \sim N\left(\beta_0, \frac{\sum\limits_{i=1}^{n} X_i^2}{n \sum\limits_{i=1}^{n} x_i^2} \sigma^2\right), \quad \hat{\beta}_1 \sim N\left(\beta_1, \frac{\sigma^2}{\sum\limits_{i=1}^{n} x_i^2}\right)$$

在已知参数的分布性质的情况下,可以很方便地求得参数的区间估计。在 α 显著性水平下,参数 β_0, β_1 的置信区间分别为

$$\left[\hat{\beta}_0 - t_{\frac{\alpha}{2}} \widehat{SE}(\hat{\beta}_0), \hat{\beta}_0 + t_{\frac{\alpha}{2}} \widehat{SE}(\hat{\beta}_0)\right]$$

$$\left[\hat{\beta}_1 - t_{\frac{\alpha}{2}} \widehat{SE}(\hat{\beta}_1), \hat{\beta}_1 + t_{\frac{\alpha}{2}} \widehat{SE}(\hat{\beta}_1)\right]$$

针对原假设 $H_0: \beta_1 = 0$,备择假设 $H_1: \beta_1 \neq 0$ 进行的检验,称为变量显著性检验。对于给定的显著性水平 α,如果

$$t_1 = \frac{\hat{\beta}_1}{\widehat{SE}(\hat{\beta}_1)} \in \left[-t_{\frac{\alpha}{2}}, t_{\frac{\alpha}{2}}\right]$$

接受原假设 $H_0: \beta_1 = 0$,认为解释变量对被解释变量的影响不显著;反之,拒绝原假设 $H_0: \beta_1 = 0$,接受备择假设 $H_1: \beta_1 \neq 0$,认为解释变量对被解释变量的影响显著。

$\hat{Y}_0 = \hat{\beta}_0 + \hat{\beta}_1 X_0$ 是被解释变量的总体均值 $E(Y/X_0)$ 的一个无偏估计,可作为被解释变量的总体均值 $E(Y/X_0)$ 的点预测。

被解释变量的总体均值 $E(Y/X_0)$ 的置信度为 $1 - \alpha$ 的预测置信区间为

$$\left[\hat{Y}_0 - t_{\frac{\alpha}{2}} \widehat{SE}(\hat{Y}_0), \hat{Y}_0 + t_{\frac{\alpha}{2}} \widehat{SE}(\hat{Y}_0)\right]$$

个别值 Y_0 的置信度为 $1 - \alpha$ 的预测置信区间为

$$\left[\hat{Y}_0 - t_{\frac{\alpha}{2}} \widehat{SE}(e_0), \hat{Y}_0 + t_{\frac{\alpha}{2}} \widehat{SE}(e_0)\right]$$

预测置信区间有如下特征:

(1) 被解释变量总体均值的预测置信区间窄于个别值的预测置信区间。

(2) 解释变量 X 的取值偏离 $\overline{X}$ 的距离越大,预测置信区间的宽度越大。

(3) 样本容量越大、拟合优度越高,预测置信区间越小。

➤ 思考与练习

1. 什么是相关分析? 什么是回归分析? 相关分析与回归分析的关系如何?

2. 随机误差项在计量经济学模型中的作用是什么?

3. 什么是总体回归函数? 什么是总体回归模型?

4. 什么是样本回归函数? 什么是样本回归模型?

5. 线性回归模型中"线性"的含义是什么?

6. 为什么要对模型提出假设？一元线性回归模型的基本假设有哪些？

7. 参数的普通最小二乘估计法和最大似然估计法的基本思想各是什么？

8. 普通最小二乘参数估计量和估计值各有哪些性质？

9. 随机误差项方差的普通最小二乘估计和最大似然估计各是什么？是否是无偏估计？

10. 什么是拟合优度？什么是拟合优度检验？拟合优度通过什么指标度量？为什么残差平方和不能作为拟合优度的度量指标？

11. 一元线性回归模型的普通最小二乘参数估计量的分布如何？

12. 什么是变量显著性检验？

13. 为什么被解释变量总体均值的预测置信区间比个别值的预测置信区间窄？

14. 由 1981～2005 年的样本数据估计得到反映某一经济活动的计量经济学模型,利用模型对 2050 年该经济活动的情况进行预测,是否合适？为什么？

15. 在一元线性回归模型 $Y_i = \beta_0 + \beta_1 X_i + \mu_i$ 中,用不为零的常数 δ 去乘每一个 X 值,对参数 β_0 与 β_1 的估计值、Y 的拟合值、残差会产生什么样的影响？如果用不为零的常数 δ 去加每一个 X 值,又会怎样？

16. 在一元线性回归模型 $Y_i = \beta_0 + \beta_1 X_i + \mu_i$ 中,用不为零的常数 δ 去乘每一个 Y 值,对参数 β_0, β_1 的估计值会产生什么样的影响？如果用不为零的常数 δ 去加每一个 Y 值,又会怎样？

17. 由某公司分布在 12 个地区的销售点的销售量(Y)和销售价格(X)数据得出如下结果:

$$\overline{X} = 621.3, \overline{Y} = 205.6$$

$$\sum_{i=1}^{12} X_i^2 = 5\,564\,218, \sum_{i=1}^{12} Y_i^2 = 529\,835, \sum_{i=1}^{12} X_i Y_i = 1\,396\,698$$

要求:

(1) 建立销售量对价格的一元线性回归方程;

(2) 求决定系数 R^2。

18. 华尔街日报某年年鉴公布的美国各航空公司业绩统计数据显示,各航空公司航班正点到达比率和每 10 万名乘客投诉次数如表 2-8 所示。

表 2-8　美国各航空公司航班正点到达比率和每 10 万名乘客投诉次数

航空公司名称	航班正点率/%	投诉率/(次/10 万乘客)
西南(Southwest)航空公司	81.8	0.21
大陆(Continental)航空公司	76.6	0.58
西北(Northwest)航空公司	76.6	0.85
美国(US Airways)航空公司	75.7	0.68
联合(United)航空公司	73.8	0.74
美洲(American)航空公司	72.2	0.93
德尔塔(Delta)航空公司	71.2	0.72
美国西部(Americawest)航空公司	70.8	1.22
环球(TWA)航空公司	68.5	1.25

要求:

(1) 画出这些数据的散点图;

(2) 根据散点图确定两变量之间存在什么关系;

(3) 求投诉率对航班正点到达比率的回归方程;

(4) 对回归方程的斜率的意义做出解释;

(5) 如果航班正点率为 80%,估计每 10 万名旅客投诉的次数是多少?

19. 我国 1979～2010 年的国内生产总值与财政收入数据如表 2-9 所示。

表 2-9　我国国内生产总值与财政收入数据　　　　　　　　单位:亿元

年份	财政收入 Y	国内生产总值 X	年份	财政收入 Y	国内生产总值 X
1979	1 146.38	4 038.2	1995	6 242.20	58 478.1
1980	1 159.93	4 517.8	1996	7 407.99	67 884.6
1981	1 175.79	4 862.4	1997	8 651.14	74 462.6
1982	1 212.33	5 294.7	1998	9 875.95	78 345.2
1983	1 366.95	5 934.5	1999	11 444.08	82 067.5
1984	1 642.86	7 171.0	2000	13 395.23	89 403.6
1985	2 004.82	8 964.4	2001	16 386.04	97 314.8
1986	2 122.01	10 202.2	2002	18 903.64	105 172.2
1987	2 199.35	11 962.5	2003	21 715.25	117 390.2
1988	2 357.24	14 928.3	2004	26 396.47	136 875.9
1989	2 664.90	16 909.2	2005	31 649.29	184 937.4
1990	2 937.10	18 547.9	2006	38 760.20	216 314.4
1991	3 149.48	21 617.8	2007	51 321.78	265 810.3
1992	3 483.37	26 638.1	2008	61 330.35	314 045.4
1993	4 348.95	34 634.4	2009	68 518.30	340 902.8
1994	5 218.10	46 759.4	2010	83 101.51	401 202.0

要求:

(1) 建立财政收入随国内生产总值变化的一元线性回归模型;

(2) 对模型进行检验;

(3) 若 2011 年的国内生产总值为 471 564 亿元,求 2011 年财政收入的预测值和预测置信区间(取 $\alpha=0.05$)。

■ 附录 2.1　普通最小二乘参数估计量的有效性的证明

已知参数 β_0,β_1 的普通最小二乘估计的方差为

$$\mathrm{var}(\hat{\beta}_0)=\frac{\sum\limits_{i=1}^{n}X_i^2}{n\sum\limits_{i=1}^{n}x_i^2}\sigma^2,\quad \mathrm{var}(\hat{\beta}_1)=\frac{\sigma^2}{\sum\limits_{i=1}^{n}x_i^2}$$

假设 b_0,b_1 分别是参数 β_0,β_1 的任一其他线性无偏估计,由线性,b_0,b_1 分别表示为

$$b_0=\sum_{i=1}^{n}q_iY_i,\quad b_1=\sum_{i=1}^{n}p_iY_i$$

其中

$$q_i \neq w_i \quad \left(w_1 = \frac{1}{n} - \frac{\overline{X}x_i}{\sum\limits_{i=1}^{n} x_i^2} \text{ 是 } \hat{\beta}_0 \text{ 的线性组合系数}\right)$$

$$p_i \neq v_i \quad \left(v_i = \frac{x_i}{\sum\limits_{i=1}^{n} x_i^2} \text{ 是 } \hat{\beta}_1 \text{ 的线性组合系数}\right)$$

有

$$E(b_0) = E\left(\sum_{i=1}^{n} q_i Y_i\right) = E\left[\sum_{i=1}^{n} q_i(\beta_0 + \beta_1 X_i + \mu_i)\right] = \beta_0 \sum_{i=1}^{n} q_i + \beta_1 \sum_{i=1}^{n} q_i X_i$$

$$E(b_1) = E\left(\sum_{i=1}^{n} p_i Y_i\right) = E\left[\sum_{i=1}^{n} p_i(\beta_0 + \beta_1 X_i + \mu_i)\right] = \beta_0 \sum_{i=1}^{n} p_i + \beta_1 \sum_{i=1}^{n} p_i X_i$$

由 b_0, b_1 满足无偏性知

$$\sum_{i=1}^{n} q_i = 1, \quad \sum_{i=1}^{n} q_i X_i = 0$$

$$\sum_{i=1}^{n} p_i = 0, \quad \sum_{i=1}^{n} p_i X_i = 1$$

b_0 的方差为

$$\begin{aligned}
\text{var}(b_0) &= \text{var}\left(\sum_{i=1}^{n} q_i Y_i\right) = \sum_{i=1}^{n} q_i^2 \text{var}(Y_i) \\
&= \sigma^2 \sum_{i=1}^{n} q_i^2 = \sigma^2 \sum_{i=1}^{n} (q_i - w_i + w_i)^2 \\
&= \sigma^2 \sum_{i=1}^{n} (q_i - w_i)^2 + \sigma^2 \sum_{i=1}^{n} w_i^2 + 2\sigma^2 \left(\sum_{i=1}^{n} w_i q_i - \sum_{i=1}^{n} w_i^2\right) \\
&= \sigma^2 \sum_{i=1}^{n} (q_i - w_i)^2 - \sigma^2 \sum_{i=1}^{n} w_i^2 + 2\sigma^2 \sum_{i=1}^{n} w_i q_i
\end{aligned}$$

其中

$$\sum_{i=1}^{n} w_i^2 = \frac{\sum\limits_{i=1}^{n} X_i^2}{n \sum\limits_{i=1}^{n} x_i^2}$$

$$\begin{aligned}
\sum_{i=1}^{n} w_i q_i &= \sum_{i=1}^{n} q_i \left(\frac{1}{n} - \overline{X} v_i\right) = \sum_{i=1}^{n} q_i \left(\frac{1}{n} - \frac{\overline{X} x_i}{\sum\limits_{i=1}^{n} x_i^2}\right) = \sum_{i=1}^{n} \frac{q_i \sum\limits_{i=1}^{n} x_i^2 - n\overline{X} q_i x_i}{n \sum\limits_{i=1}^{n} x_i^2} \\
&= \frac{\sum\limits_{i=1}^{n} q_i \sum\limits_{i=1}^{n} x_i^2 - n\overline{X} \sum\limits_{i=1}^{n} q_i x_i}{n \sum\limits_{i=1}^{n} x_i^2} = \frac{\sum\limits_{i=1}^{n} x_i^2 - n\overline{X} \sum\limits_{i=1}^{n} q_i (X_i - \overline{X})}{n \sum\limits_{i=1}^{n} x_i^2} \\
&= \frac{\sum\limits_{i=1}^{n} x_i^2 - n\overline{X} \sum\limits_{i=1}^{n} q_i X_i + n\overline{X}^2 \sum\limits_{i=1}^{n} q_i}{n \sum\limits_{i=1}^{n} x_i^2} = \frac{\sum\limits_{i=1}^{n} x_i^2 + n\overline{X}^2}{n \sum\limits_{i=1}^{n} x_i^2} \\
&= \frac{\sum\limits_{i=1}^{n} X_i^2}{n \sum\limits_{i=1}^{n} x_i^2}
\end{aligned}$$

所以

$$\mathrm{var}(b_0) = \sigma^2 \sum_{i=1}^{n}(q_i - w_i)^2 - \sigma^2 \frac{\sum_{i=1}^{n}X_i^2}{n\sum_{i=1}^{n}x_i^2} + 2\sigma^2 \frac{\sum_{i=1}^{n}X_i^2}{n\sum_{i=1}^{n}x_i^2}$$

$$= \sigma^2 \sum_{i=1}^{n}(q_i - w_i)^2 - \mathrm{var}(\hat{\beta}_0) + 2\mathrm{var}(\hat{\beta}_0)$$

$$= \sigma^2 \sum_{i=1}^{n}(q_i - w_i)^2 + \mathrm{var}(\hat{\beta}_0)$$

其中，$\sigma^2 \geqslant 0$。由于 $q_i \neq w_i$，$\sum_{i=1}^{n}(q_i - w_i)^2 > 0$，所以

$$\mathrm{var}(b_0) \geqslant \mathrm{var}(\hat{\beta}_0)$$

b_1 的方差为

$$\mathrm{var}(b_1) = \mathrm{var}\left(\sum_{i=1}^{n}p_i Y_i\right) = \sum_{i=1}^{n}p_i^2 \mathrm{var}(Y_i)$$

$$= \sigma^2 \sum_{i=1}^{n}p_i^2 = \sigma^2 \sum_{i=1}^{n}(p_i - v_i + v_i)^2$$

$$= \sigma^2 \sum_{i=1}^{n}(p_i - v_i)^2 + \sigma^2 \sum_{i=1}^{n}v_i^2 + 2\sigma^2 \left(\sum_{i=1}^{n}v_i p_i - \sum_{i=1}^{n}v_i^2\right)$$

$$= \sigma^2 \sum_{i=1}^{n}(p_i - v_i)^2 - \sigma^2 \sum_{i=1}^{n}v_i^2 + 2\sigma^2 \sum_{i=1}^{n}v_i p_i$$

其中

$$\sum_{i=1}^{n}v_i^2 = \frac{1}{\sum_{i=1}^{n}x_i^2}$$

$$\sum_{i=1}^{n}v_i p_i = \sum_{i=1}^{n}\frac{x_i p_i}{\sum_{i=1}^{n}x_i^2} = \frac{\sum_{i=1}^{n}(X_i - \overline{X})p_i}{\sum_{i=1}^{n}x_i^2}$$

$$= \frac{\sum_{i=1}^{n}X_i p_i - \overline{X}\sum_{i=1}^{n}p_i}{\sum_{i=1}^{n}x_i^2}$$

$$= \frac{1}{\sum_{i=1}^{n}x_i^2}$$

所以

$$\mathrm{var}(b_1) = \sigma^2 \sum_{i=1}^{n}(p_i - v_i)^2 - \sigma^2 \frac{1}{\sum_{i=1}^{n}x_i^2} + 2\sigma^2 \frac{1}{\sum_{i=1}^{n}x_i^2}$$

$$= \sigma^2 \sum_{i=1}^{n}(p_i - v_i)^2 - \mathrm{var}(\hat{\beta}_1) + 2\mathrm{var}(\hat{\beta}_1)$$

$$= \sigma^2 \sum_{i=1}^{n}(p_i - v_i)^2 + \mathrm{var}(\hat{\beta}_1)$$

其中，$\sigma^2 \geqslant 0$。由于 $p_i \neq v_i$，$\sum_{i=1}^{n}(p_i - v_i)^2 > 0$，所以

$$\mathrm{var}(b_1) \geqslant \mathrm{var}(\hat{\beta}_1)$$

由于 b_0, b_1 分别是参数 β_0, β_1 的任一其他线性无偏估计，所以普通最小二乘估计量 $\hat{\beta}_0, \hat{\beta}_1$ 具有最小方差性。

附录2.2　随机误差项的方差 σ^2 的普通最小二乘估计的证明

由于 $\overline{\hat{Y}} = \overline{Y}$，有

$$
\begin{aligned}
e_i &= Y_i - \hat{Y}_i = (Y_i - \overline{Y}) - (\hat{Y}_i - \overline{Y}) = (Y_i - \overline{Y}) - (\hat{Y}_i - \overline{\hat{Y}}) \\
&= [(\beta_0 + \beta_1 X_i + \mu_i) - (\beta_0 + \beta_1 \overline{X} + \overline{\mu})] - [(\hat{\beta}_0 + \hat{\beta}_1 X_i) - (\hat{\beta}_0 + \hat{\beta}_1 \overline{X})] \\
&= [\beta_1 x_i + (\mu_i - \overline{\mu})] - \hat{\beta}_1 x_i = (\beta_1 - \hat{\beta}_1) x_i + (\mu_i - \overline{\mu}) \\
\sum_{i=1}^{n} e_i^2 &= \sum_{i=1}^{n} [(\beta_1 - \hat{\beta}_1) x_i + (\mu_i - \overline{\mu})]^2 \\
&= (\beta_1 - \hat{\beta}_1)^2 \sum_{i=1}^{n} x_i^2 + \sum_{i=1}^{n} (\mu_i - \overline{\mu})^2 + 2(\beta_1 - \hat{\beta}_1) \sum_{i=1}^{n} x_i (\mu_i - \overline{\mu}) \\
E\left(\sum_{i=1}^{n} e_i^2\right) &= E\left[(\beta_1 - \hat{\beta}_1)^2 \sum_{i=1}^{n} x_i^2 + \sum_{i=1}^{n} (\mu_i - \overline{\mu})^2 + 2(\beta_1 - \hat{\beta}_1) \sum_{i=1}^{n} x_i (\mu_i - \overline{\mu})\right] \\
&= \sum_{i=1}^{n} x_i^2 E(\beta_1 - \hat{\beta}_1)^2 + E\left[\sum_{i=1}^{n} (\mu_i - \overline{\mu})^2\right] + 2E\left[(\beta_1 - \hat{\beta}_1) \sum_{i=1}^{n} x_i (\mu_i - \overline{\mu})\right]
\end{aligned}
$$

其中

$$
\sum_{i=1}^{n} x_i^2 E(\beta_1 - \hat{\beta}_1)^2 = \sum_{i=1}^{n} x_i^2 E\left(-\sum_{i=1}^{n} v_i \mu_i\right)^2 = \sum_{i=1}^{n} x_i^2 \frac{\sigma^2}{\sum\limits_{i=1}^{n} x_i^2} = \sigma^2
$$

$$
\begin{aligned}
E\left[\sum_{i=1}^{n} (\mu_i - \overline{\mu})^2\right] &= E\left(\sum_{i=1}^{n} \mu_i^2 - 2\overline{\mu} \sum_{i=1}^{n} \mu_i + n\overline{\mu}^2\right) \\
&= E\left(\sum_{i=1}^{n} \mu_i^2 - 2n\overline{\mu}^2 + n\overline{\mu}^2\right) = E\left(\sum_{i=1}^{n} \mu_i^2 - n\overline{\mu}^2\right) \\
&= E\left[\sum_{i=1}^{n} \mu_i^2 - \frac{1}{n}\left(\sum_{i=1}^{n} \mu_i\right)^2\right] = \sum_{i=1}^{n} E(\mu_i^2) - \frac{1}{n} E\left(\sum_{i=1}^{n} \mu_i\right)^2 \\
&= n\sigma^2 - \frac{n\sigma^2}{n} = (n-1)\sigma^2
\end{aligned}
$$

$$
\begin{aligned}
E\left[(\beta_1 - \hat{\beta}_1) \sum_{i=1}^{n} x_i (\mu_i - \overline{\mu})\right] &= E\left[\left(-\sum_{i=1}^{n} v_i \mu_i\right)\left(\sum_{i=1}^{n} x_i \mu_i - \overline{\mu} \sum_{i=1}^{n} x_i\right)\right] \\
&= E\left(-\sum_{i=1}^{n} v_i \mu_i \sum_{i=1}^{n} x_i \mu_i\right) = E\left(-\sum_{i=1}^{n} \frac{x_i \mu_i}{\sum\limits_{i=1}^{n} x_i^2} \sum_{i=1}^{n} x_i \mu_i\right) \\
&= E\left(-\frac{\sum\limits_{i=1}^{n} x_i \mu_i}{\sum\limits_{i=1}^{n} x_i^2} \sum_{i=1}^{n} x_i \mu_i\right) = E\left(-\frac{\left(\sum\limits_{i=1}^{n} x_i \mu_i\right)^2}{\sum\limits_{i=1}^{n} x_i^2}\right) \\
&= -\frac{E\left(\sum\limits_{i=1}^{n} x_i \mu_i\right)^2}{\sum\limits_{i=1}^{n} x_i^2} = -\frac{\sigma^2 \sum\limits_{i=1}^{n} x_i^2}{\sum\limits_{i=1}^{n} x_i^2} = -\sigma^2
\end{aligned}
$$

所以

$$E\left(\sum_{i=1}^{n}e_i^2\right) = \sigma^2 + (n-1)\sigma^2 - 2\sigma^2 = (n-2)\sigma^2$$

即

$$E\left[\frac{\sum\limits_{i=1}^{n}e_i^2}{n-2}\right] = \sigma^2$$

所以

$$\frac{\sum\limits_{i=1}^{n}e_i^2}{n-2}$$

是 σ^2 的一个无偏估计。

■ 附录 2.3　总体均值的点预测 $\hat{Y}_0$ 的方差的证明

因为

$$\hat{Y}_0 = \hat{\beta}_0 + \hat{\beta}_1 X_0$$

所以

$$\mathrm{var}(\hat{Y}_0) = \mathrm{var}(\hat{\beta}_0) + X_0^2 \mathrm{var}(\hat{\beta}_1) + 2X_0 \mathrm{cov}(\hat{\beta}_0, \hat{\beta}_1)$$

其中

$$\mathrm{var}(\hat{\beta}_0) = \frac{\sum\limits_{i=1}^{n}X_i^2}{n\sum\limits_{i=1}^{n}x_i^2}\sigma^2, \quad \mathrm{var}(\hat{\beta}_1) = \frac{\sigma^2}{\sum\limits_{i=1}^{n}x_i^2}$$

$$\begin{aligned}
\mathrm{cov}(\hat{\beta}_0, \hat{\beta}_1) &= E\{[\hat{\beta}_0 - E(\hat{\beta}_0)][\hat{\beta}_1 - E(\hat{\beta}_1)]\} \\
&= E\{[\overline{Y} - \hat{\beta}_1\overline{X} - E(\overline{Y} - \hat{\beta}_1\overline{X})][\hat{\beta}_1 - E(\hat{\beta}_1)]\} \\
&= E\{[\overline{Y} - \hat{\beta}_1\overline{X} - \overline{Y} + \overline{X}E(\hat{\beta}_1)][\hat{\beta}_1 - E(\hat{\beta}_1)]\} \\
&= -\overline{X}E\{[\hat{\beta}_1 - E(\hat{\beta}_1)][\hat{\beta}_1 - E(\hat{\beta}_1)]\} \\
&= -\overline{X}\mathrm{var}(\hat{\beta}_1) = -\frac{\overline{X}}{\sum\limits_{i=1}^{n}x_i^2}\sigma^2
\end{aligned}$$

所以

$$\begin{aligned}
\mathrm{var}(\hat{Y}_0) &= \frac{\sum\limits_{i=1}^{n}X_i^2}{n\sum\limits_{i=1}^{n}x_i^2}\sigma^2 + \frac{X_0^2}{\sum\limits_{i=1}^{n}x_i^2}\sigma^2 - \frac{2X_0\overline{X}}{\sum\limits_{i=1}^{n}x_i^2}\sigma^2 \\
&= \frac{\sigma^2}{\sum\limits_{i=1}^{n}x_i^2}\left(\frac{\sum\limits_{i=1}^{n}X_i^2}{n} + X_0^2 - 2X_0\overline{X}\right)
\end{aligned}$$

$$= \frac{\sigma^2}{\sum\limits_{i=1}^{n} x_i^2} \left(\frac{\sum\limits_{i=1}^{n} X_i^2 - n\overline{X}^2}{n} + \overline{X}^2 + X_0^2 - 2X_0\overline{X} \right)$$

$$= \frac{\sigma^2}{\sum\limits_{i=1}^{n} x_i^2} \left[\frac{\sum\limits_{i=1}^{n} x_i^2}{n} + (X_0 - \overline{X})^2 \right]$$

$$= \sigma^2 \left[\frac{1}{n} + \frac{(X_0 - \overline{X})^2}{\sum\limits_{i=1}^{n} x_i^2} \right]$$

第三章

多元线性回归模型

学习目的：理解多元线性回归模型的矩阵表示，掌握多元线性回归模型的参数估计、检验和预测。

基本要求：理解多元线性回归模型的矩阵表示，了解多元线性回归模型的基本假设；掌握多元线性回归模型的普通最小二乘参数估计方法，了解多元线性回归模型的普通最小二乘参数估计量与样本回归线的性质、多元线性回归模型的随机误差项方差的普通最小二乘参数估计；学会对多元线性回归模型进行拟合优度检验，对多元线性回归模型的参数进行区间估计，对多元线性回归模型进行变量显著性检验和方程显著性检验；学会用多元线性回归模型对被解释变量的总体均值和个别值进行预测；学会利用 EViews 软件进行多元线性回归模型的参数估计、检验和预测。

■ 第一节　多元线性回归模型的矩阵表示与基本假设

多元线性回归模型的一般形式是

$$Y_i = \beta_0 + \beta_1 X_{1i} + \beta_2 X_{2i} + \cdots + \beta_k X_{ki} + \mu_i \quad (i = 1, 2, \cdots, n)$$

其中，Y 为被解释变量；$X_1, X_2, \cdots, X_k$ 为解释变量；$\beta_0, \beta_1, \beta_2, \cdots, \beta_k$ 为待估参数，即回归系数；μ 为随机误差项；k 为解释变量个数；i 为观测值下标；n 为样本容量。待估参数 β_1，$\beta_2, \cdots, \beta_k$，反映其他解释变量保持不变的情况下，对应解释变量每变化一个单位引起的被解释变量的变化，也称为偏回归系数(partial regression coefficient)。

由于多元线性回归模型含有多个解释变量，参数估计与检验等计算过程较复杂，需要引入矩阵来简化。另外，同一元线性回归模型，由于各种参数估计方法都是建立在一定的假设前提之下的，为保证参数估计结果的可靠性，也需要对多元线性回归模型做出若干假设。所以，在介绍多元线性回归模型的参数估计之前，本节先介绍多元线性回归模型的矩阵表示与基本假设。

一、多元线性回归模型的矩阵表示

在多元线性回归模型中,对应于每一组观测值,都有一个方程。因此,多元线性回归模型可表示为如下方程组形式:

$$\left.\begin{array}{l} Y_1 = \beta_0 + \beta_1 X_{11} + \beta_2 X_{21} + \cdots + \beta_k X_{k1} + \mu_1 \\ Y_2 = \beta_0 + \beta_1 X_{12} + \beta_2 X_{22} + \cdots + \beta_k X_{k2} + \mu_2 \\ \vdots \\ Y_n = \beta_0 + \beta_1 X_{1n} + \beta_2 X_{2n} + \cdots + \beta_k X_{kn} + \mu_n \end{array}\right\} \tag{3-1}$$

可进一步写成矩阵形式

$$\begin{bmatrix} Y_1 \\ Y_2 \\ \vdots \\ Y_n \end{bmatrix} = \begin{bmatrix} 1 & X_{11} & X_{21} & \cdots & X_{k1} \\ 1 & X_{12} & X_{22} & \cdots & X_{k2} \\ \vdots & \vdots & \vdots & & \vdots \\ 1 & X_{1n} & X_{2n} & \cdots & X_{kn} \end{bmatrix} \begin{bmatrix} \beta_0 \\ \beta_1 \\ \vdots \\ \beta_k \end{bmatrix} + \begin{bmatrix} \mu_1 \\ \mu_2 \\ \vdots \\ \mu_n \end{bmatrix} \tag{3-2}$$

记

$$\boldsymbol{Y} = \begin{bmatrix} Y_1 \\ Y_2 \\ \vdots \\ Y_n \end{bmatrix}, \boldsymbol{X} = \begin{bmatrix} 1 & X_{11} & X_{21} & \cdots & X_{k1} \\ 1 & X_{12} & X_{22} & \cdots & X_{k2} \\ \vdots & \vdots & \vdots & & \vdots \\ 1 & X_{1n} & X_{2n} & \cdots & X_{kn} \end{bmatrix}$$

$$\boldsymbol{\beta} = \begin{bmatrix} \beta_0 \\ \beta_1 \\ \vdots \\ \beta_k \end{bmatrix}, \boldsymbol{\mu} = \begin{bmatrix} \mu_1 \\ \mu_2 \\ \vdots \\ \mu_n \end{bmatrix}$$

有

$$\boldsymbol{Y} = \boldsymbol{X\beta} + \boldsymbol{\mu} \tag{3-3}$$

这是多元线性总体回归模型的矩阵形式。

相应地,多元线性总体回归函数可用矩阵形式表示为

$$E(\boldsymbol{Y} \mid \boldsymbol{X}) = \boldsymbol{X\beta} \tag{3-4}$$

类似地,多元线性样本回归模型、多元线性样本回归函数可分别用矩阵形式表示为

$$\boldsymbol{Y} = \boldsymbol{X\hat{\beta}} + \boldsymbol{e} \tag{3-5}$$

$$\boldsymbol{\hat{Y}} = \boldsymbol{X\hat{\beta}} \tag{3-6}$$

其中

$$\hat{\boldsymbol{\beta}} = \begin{bmatrix} \hat{\beta}_0 \\ \hat{\beta}_1 \\ \vdots \\ \hat{\beta}_k \end{bmatrix}, \boldsymbol{e} = \begin{bmatrix} e_1 \\ e_2 \\ \vdots \\ e_n \end{bmatrix}, \hat{\boldsymbol{Y}} = \begin{bmatrix} \hat{Y}_1 \\ \hat{Y}_2 \\ \vdots \\ \hat{Y}_n \end{bmatrix}$$

二、多元线性回归模型的基本假设

与一元线性回归模型的基本假设类似,多元线性回归模型的基本假设也包括对解释变量的假设、对随机误差项的假设、对模型设定的假设几个方面。

(1) 解释变量是确定性变量,不是随机变量,解释变量之间不相关,即 $\boldsymbol{X}$ 矩阵是 $n \times (k+1)$ 阶非随机矩阵,$\boldsymbol{X}$ 矩阵列满秩:

$$\text{Rank}(\boldsymbol{X}) = k + 1$$

据此,有

$$\text{Rank}(\boldsymbol{X}'\boldsymbol{X}) = k + 1$$

矩阵 $\boldsymbol{X}'\boldsymbol{X}$ 非奇异。

(2) 随机误差项具有零均值、同方差,且在不同样本点相互独立,不存在序列相关性,即

$$\left. \begin{array}{l} E(\mu_i) = 0 \quad (i = 1, 2, \cdots, n) \\ \text{var}(\mu_i) = \sigma^2 \quad (i = 1, 2, \cdots, n) \\ \text{cov}(\mu_i, \mu_j) = 0 \quad (i \neq j, \quad i = 1, 2, \cdots, n) \end{array} \right\}$$

用矩阵形式表示为

$$E(\boldsymbol{\mu}) = E \begin{bmatrix} \mu_1 \\ \mu_2 \\ \vdots \\ \mu_n \end{bmatrix} = \begin{bmatrix} E(\mu_1) \\ E(\mu_2) \\ \vdots \\ E(\mu_n) \end{bmatrix} = 0$$

$$\text{cov}(\boldsymbol{\mu}) = E\{[\boldsymbol{\mu} - E(\boldsymbol{\mu})][\boldsymbol{\mu} - E(\boldsymbol{\mu})]'\} = E(\boldsymbol{\mu}\boldsymbol{\mu}')$$

$$= E \begin{bmatrix} \begin{bmatrix} \mu_1 \\ \mu_2 \\ \vdots \\ \mu_n \end{bmatrix} (\mu_1 \quad \mu_2 \quad \cdots \quad \mu_n) \end{bmatrix} = E \begin{bmatrix} \mu_1^2 & \mu_1\mu_2 & \cdots & \mu_1\mu_n \\ \mu_2\mu_1 & \mu_2^2 & \cdots & \mu_2\mu_n \\ \vdots & \vdots & & \vdots \\ \mu_n\mu_1 & \mu_n\mu_2 & \cdots & \mu_n^2 \end{bmatrix}$$

$$= \begin{bmatrix} \text{var}(\mu_1) & \text{cov}(\mu_1, \mu_2) & \cdots & \text{cov}(\mu_1, \mu_n) \\ \text{cov}(\mu_2, \mu_1) & \text{var}(\mu_2) & \cdots & \text{cov}(\mu_2, \mu_n) \\ \vdots & \vdots & & \vdots \\ \text{cov}(\mu_n, \mu_1) & \text{cov}(\mu_n, \mu_2) & \cdots & \text{var}(\mu_n) \end{bmatrix}$$

$$= \begin{bmatrix} \sigma^2 & 0 & \cdots & 0 \\ 0 & \sigma^2 & \cdots & 0 \\ \vdots & \vdots & & \vdots \\ 0 & 0 & \cdots & \sigma^2 \end{bmatrix} = \sigma^2 \boldsymbol{I}$$

（3）解释变量与随机误差项不相关，即

$$\mathrm{cov}(X_{ji}, \mu_i) = 0 \quad (j = 1, 2, \cdots, k, \quad i = 1, 2, \cdots, n)$$

（4）随机误差项服从正态分布，即

$$\mu_i \sim N(0, \sigma^2) \quad (i = 1, 2, \cdots, n)$$

用矩阵形式可表示为

$$\boldsymbol{\mu} \sim N(\boldsymbol{0}, \sigma^2 \boldsymbol{I})$$

（5）回归模型是正确设定的。

同一元线性回归模型，在这 5 条假设中，前 4 条假设是古典假设，若满足前两条假设，自然满足第 3 条假设，并且由第 2 条假设有

$$\left. \begin{array}{l} E(\mu_i^2) = \sigma^2 \quad (i = 1, 2, \cdots, n) \\ E(\mu_i \mu_j) = 0 \quad (i \neq j, \quad i, j = 1, 2, \cdots, n) \end{array} \right\}$$

第二节　多元线性回归模型的参数估计

同一元线性回归模型，多元线性回归模型参数估计的任务也包括模型结构参数 β_0，$\beta_1, \beta_2, \cdots, \beta_k$ 的估计和随机误差项的方差 σ^2 的估计两项，满足基本假设的条件下，可用普通最小二乘法、最大似然法、矩估计法等方法估计多元线性回归模型的参数，这里只介绍普通最小二乘法。

一、参数的普通最小二乘估计

对于多元线性回归模型

$$\left. \begin{array}{l} Y_i = \beta_0 + \beta_1 X_{1i} + \beta_2 X_{2i} + \cdots + \beta_k X_{ki} + \mu_i \quad (i = 1, 2, \cdots, n) \\ e_i = Y_i - \hat{Y}_i = Y_i - (\hat{\beta}_0 + \hat{\beta}_1 X_{1i} + \hat{\beta}_2 X_{2i} + \cdots + \hat{\beta}_k X_{ki}) \end{array} \right\}$$

按照最小二乘法的基本思想，求参数的普通最小二乘估计，就是要求使

$$\sum_{i=1}^{n} [Y_i - (\hat{\beta}_0 + \hat{\beta}_1 X_{1i} + \hat{\beta}_2 X_{2i} + \cdots + \hat{\beta}_k X_{ki})]^2 \tag{3-7}$$

达到最小的参数的估计 $\hat{\beta}_0, \hat{\beta}_1, \hat{\beta}_2, \cdots, \hat{\beta}_k$。

根据微积分中求极限的原理，分别求式(3-7)对 $\hat{\beta}_0, \hat{\beta}_1, \hat{\beta}_2, \cdots, \hat{\beta}_k$ 的一阶偏导数，并令求偏导的结果等于 0，可得正规方程组

$$\sum_{i=1}^{n} -2[Y_i - (\hat{\beta}_0 + \hat{\beta}_1 X_{1i} + \hat{\beta}_2 X_{2i} + \cdots + \hat{\beta}_k X_{ki})] = 0$$

$$\sum_{i=1}^{n} -2X_{1i}[Y_i - (\hat{\beta}_0 + \hat{\beta}_1 X_{1i} + \hat{\beta}_2 X_{2i} + \cdots + \hat{\beta}_k X_{ki})] = 0$$

$$\sum_{i=1}^{n} -2X_{2i}[Y_i - (\hat{\beta}_0 + \hat{\beta}_1 X_{1i} + \hat{\beta}_2 X_{2i} + \cdots + \hat{\beta}_k X_{ki})] = 0 \tag{3-8}$$

$$\vdots$$

$$\sum_{i=1}^{n} -2X_{ki}[Y_i - (\hat{\beta}_0 + \hat{\beta}_1 X_{1i} + \hat{\beta}_2 X_{2i} + \cdots + \hat{\beta}_k X_{ki})] = 0$$

由于

$$\hat{Y}_i = \hat{\beta}_0 + \hat{\beta}_1 X_{1i} + \hat{\beta}_2 X_{2i} + \cdots + \hat{\beta}_k X_{ki}$$

式(3-8)可整理为

$$\sum_{i=1}^{n} Y_i = \sum_{i=1}^{n} \hat{Y}_i$$

$$\sum_{i=1}^{n} X_{1i} Y_i = \sum_{i=1}^{n} X_{1i} \hat{Y}_i$$

$$\sum_{i=1}^{n} X_{2i} Y_i = \sum_{i=1}^{n} X_{2i} \hat{Y}_i \tag{3-9}$$

$$\vdots$$

$$\sum_{i=1}^{n} X_{ki} Y_i = \sum_{i=1}^{n} X_{ki} \hat{Y}_i$$

式(3-9)可用矩阵形式表示为

$$\begin{bmatrix} 1 & 1 & \cdots & 1 \\ X_{11} & X_{12} & \cdots & X_{1n} \\ X_{21} & X_{22} & \cdots & X_{2n} \\ \vdots & \vdots & & \vdots \\ X_{k1} & X_{k2} & \cdots & X_{kn} \end{bmatrix} \begin{bmatrix} Y_1 \\ Y_2 \\ \vdots \\ Y_n \end{bmatrix} = \begin{bmatrix} 1 & 1 & \cdots & 1 \\ X_{11} & X_{12} & \cdots & X_{1n} \\ X_{21} & X_{22} & \cdots & X_{2n} \\ \vdots & \vdots & & \vdots \\ X_{k1} & X_{k2} & \cdots & X_{kn} \end{bmatrix} \begin{bmatrix} \hat{Y}_1 \\ \hat{Y}_2 \\ \vdots \\ \hat{Y}_n \end{bmatrix}$$

即

$$\boldsymbol{X'Y} = \boldsymbol{X'\hat{Y}}$$

因为

$$\boldsymbol{\hat{Y}} = \boldsymbol{X\hat{\beta}}$$

可得矩阵形式的正规方程组

$$\boldsymbol{X'X\hat{\beta}} = \boldsymbol{X'Y} \tag{3-10}$$

根据模型的第 1 条基本假设,$\boldsymbol{X'X}$ 非奇异,可得多元线性回归模型的普通最小二乘估计为

$$\boldsymbol{\hat{\beta}} = (\boldsymbol{X'X})^{-1} \boldsymbol{X'Y} \tag{3-11}$$

对于只含有两个解释变量的多元线性回归模型

$$Y_i = \beta_0 + \beta_1 X_{1i} + \beta_2 X_{2i} + \mu_i, \quad i = 1, 2, \cdots, n$$

由式(3-8)可直接求得普通最小二乘估计量为

$$\hat{\beta}_2 = \frac{\sum_{i=1}^{n} y_i x_{2i} \sum_{i=1}^{n} x_{1i}^2 - \sum_{i=1}^{n} y_i x_{1i} \sum_{i=1}^{n} x_{1i} x_{2i}}{\sum_{i=1}^{n} x_{1i}^2 \sum_{i=1}^{n} x_{2i}^2 - \left(\sum_{i=1}^{n} x_{1i} x_{2i} \right)^2} \tag{3-12}$$

$$\hat{\beta}_1 = \frac{\sum_{i=1}^{n} y_i x_{1i} \sum_{i=1}^{n} x_{2i}^2 - \sum_{i=1}^{n} y_i x_{2i} \sum_{i=1}^{n} x_{1i} x_{2i}}{\sum_{i=1}^{n} x_{1i}^2 \sum_{i=1}^{n} x_{2i}^2 - \left(\sum_{i=1}^{n} x_{1i} x_{2i} \right)^2} \tag{3-13}$$

$$\hat{\beta}_0 = \overline{Y} - \hat{\beta}_1 \overline{X}_1 - \hat{\beta}_2 \overline{X}_2 \tag{3-14}$$

其中，$y_i = Y_i - \overline{Y}$，$x_{1i} = X_{1i} - \overline{X}_1$，$x_{2i} = X_{2i} - \overline{X}_2$。

另外，对于只含有两个解释变量的多元线性回归模型

$$Y_i = \beta_0 + \beta_1 X_{1i} + \beta_2 X_{2i} + \mu_i, \quad i = 1, 2, \cdots, n$$

$$\boldsymbol{X'X} = \begin{bmatrix} n & \sum_{i=1}^{n} X_{1i} & \sum_{i=1}^{n} X_{2i} \\ \sum_{i=1}^{n} X_{1i} & \sum_{i=1}^{n} X_{1i}^2 & \sum_{i=1}^{n} X_{1i} X_{2i} \\ \sum_{i=1}^{n} X_{2i} & \sum_{i=1}^{n} X_{1i} X_{2i} & \sum_{i=1}^{n} X_{2i}^2 \end{bmatrix}, \quad \boldsymbol{X'Y} = \begin{bmatrix} \sum_{i=1}^{n} Y_i \\ \sum_{i=1}^{n} X_{1i} Y_i \\ \sum_{i=1}^{n} X_{2i} Y_i \end{bmatrix}$$

可在求得 $\boldsymbol{X'X}$，$\boldsymbol{X'Y}$ 的基础上，通过解正规方程组——式(3-10)，求得 $\hat{\beta}_0, \hat{\beta}_1, \hat{\beta}_2$，避免求 $(\boldsymbol{X'X})^{-1}$ 的烦琐计算。

例 3-1 假设已获得了某商品的销售量、价格、售后服务支出数据，如表3-1所示，要通过多元线性回归模型

$$Y_i = \beta_0 + \beta_1 X_{1i} + \beta_2 X_{2i} + \mu_i$$

研究价格和售后服务支出对销售量的影响。

表 3-1 某商品的销售量、价格、售后服务支出数据

序号	销售量 Y/千个	价格 X_1/(元/个)	售后服务支出 X_2/万元
1	121	1 500	12
2	133	1 490	15
3	130	1 480	13
4	126	1 470	10
5	131	1 460	11
6	147	1 450	14
7	148	1 440	13

序号	销售量 Y/千个	价格 X_1/(元/个)	售后服务支出 X_2/万元
8	159	1 430	15
9	160	1 420	13
10	156	1 410	12
11	155	1 400	11
12	157	1 390	10
13	179	1 380	15
14	189	1 370	15
15	180	1 360	13
16	183	1 350	12
17	202	1 340	14
18	200	1 330	12
19	201	1 320	11
20	203	1 310	10
21	258	1 300	15
22	234	1 290	12

解：被解释变量、解释变量的矩阵分别为

$$Y = \begin{bmatrix} 121 \\ 133 \\ \vdots \\ 234 \end{bmatrix}, \quad X = \begin{bmatrix} 1 & 1\ 500 & 12 \\ 1 & 1\ 490 & 15 \\ \vdots & \vdots & \vdots \\ 1 & 1\ 290 & 12 \end{bmatrix}$$

可求得

$$X'X = \begin{bmatrix} 22 & 30\ 690 & 278 \\ 30\ 690 & 42\ 901\ 100 & 387\ 950 \\ 278 & 387\ 950 & 3\ 576 \end{bmatrix}, \quad X'Y = \begin{bmatrix} 3\ 752 \\ 5\ 187\ 570 \\ 47\ 635 \end{bmatrix}$$

由式(3-10)，有

$$\begin{bmatrix} 22 & 30\ 690 & 278 \\ 30\ 690 & 42\ 901\ 100 & 387\ 950 \\ 278 & 387\ 950 & 3\ 576 \end{bmatrix} \hat{\beta} = \begin{bmatrix} 3\ 752 \\ 5\ 187\ 570 \\ 47\ 635 \end{bmatrix}$$

解得

$$\left. \begin{aligned} \hat{\beta}_0 &= 853.376\ 7 \\ \hat{\beta}_1 &= -0.532\ 253 \\ \hat{\beta}_2 &= 4.721\ 426 \end{aligned} \right\}$$

可得样本回归方程为

$$\hat{Y}_i = 853.376\ 7 - 0.532\ 253X_{1i} + 4.721\ 426X_{2i}$$

二、参数的普通最小二乘估计量的性质

与一元线性回归模型类似,在满足基本假设的情况下,多元线性回归模型的参数估计量是最佳线性无偏估计量。

1. 线性性

在满足基本假设的情况下,多元线性回归模型的参数估计量 $\hat{\beta}_0, \hat{\beta}_1, \hat{\beta}_2, \cdots, \hat{\beta}_k$ 满足线性性,因为

$$\hat{\boldsymbol{\beta}} = (\boldsymbol{X}'\boldsymbol{X})^{-1}\boldsymbol{X}'\boldsymbol{Y}$$

记矩阵 $(\boldsymbol{X}'\boldsymbol{X})^{-1}\boldsymbol{X}'$ 的第 j 行第 i 列的元素为 a_{ji},则 $\hat{\beta}_j$ 是矩阵 $(\boldsymbol{X}'\boldsymbol{X})^{-1}\boldsymbol{X}'$ 的第 $j+1$ 行与列矩阵 $\boldsymbol{Y}$ 的乘积,即

$$\hat{\beta}_j = \sum_{i=1}^{n} a_{j+1i} Y_i \quad (j = 0, 1, 2, \cdots, k)$$

这就是说,$\hat{\beta}_0, \hat{\beta}_1, \hat{\beta}_2, \cdots, \hat{\beta}_k$ 中的任意一个都可以表示为被解释变量 Y_i 的线性组合,$\hat{\beta}_0, \hat{\beta}_1, \hat{\beta}_2, \cdots, \hat{\beta}_k$ 满足线性性。

2. 无偏性

在满足基本假设的情况下,多元线性回归模型的参数估计量 $\hat{\beta}_0, \hat{\beta}_1, \hat{\beta}_2, \cdots, \hat{\beta}_k$ 满足无偏性,因为

$$\begin{aligned}
\hat{\boldsymbol{\beta}} &= (\boldsymbol{X}'\boldsymbol{X})^{-1}\boldsymbol{X}'(\boldsymbol{X}\boldsymbol{\beta} + \boldsymbol{\mu}) \\
&= (\boldsymbol{X}'\boldsymbol{X})^{-1}\boldsymbol{X}'\boldsymbol{X}\boldsymbol{\beta} + (\boldsymbol{X}'\boldsymbol{X})^{-1}\boldsymbol{X}'\boldsymbol{\mu} \\
&= \boldsymbol{\beta} + (\boldsymbol{X}'\boldsymbol{X})^{-1}\boldsymbol{X}'\boldsymbol{\mu}
\end{aligned} \tag{3-15}$$

所以

$$E(\hat{\boldsymbol{\beta}}) = \boldsymbol{\beta} + (\boldsymbol{X}'\boldsymbol{X})^{-1}\boldsymbol{X}'E(\boldsymbol{\mu})$$

由第 2 条基本假设

$$E(\boldsymbol{\mu}) = \boldsymbol{0}$$

所以

$$E(\hat{\boldsymbol{\beta}}) = \boldsymbol{\beta}$$

即

$$\left.\begin{aligned}
E(\hat{\beta}_0) &= \beta_0 \\
E(\hat{\beta}_1) &= \beta_1 \\
E(\hat{\beta}_2) &= \beta_2 \\
&\vdots \\
E(\hat{\beta}_k) &= \beta_k
\end{aligned}\right\}$$

3. 有效性

在满足基本假设的条件下,多元线性回归模型的参数估计量 $\hat{\beta}_0, \hat{\beta}_1, \hat{\beta}_2, \cdots, \hat{\beta}_k$ 满足

有效性。由于有效性的证明较烦琐,这里只给出参数估计量的方差,有效性的具体证明见附录 3.1。

由于

$$\left.\begin{array}{r} \hat{\boldsymbol{\beta}} = \boldsymbol{\beta} + (\boldsymbol{X}'\boldsymbol{X})^{-1}\boldsymbol{X}'\boldsymbol{\mu} \\ E(\boldsymbol{\mu}\boldsymbol{\mu}') = \sigma^2 \boldsymbol{I} \end{array}\right\}$$

$\hat{\boldsymbol{\beta}}$ 的方差-协方差矩阵为

$$
\begin{aligned}
\mathrm{cov}(\hat{\boldsymbol{\beta}}) &= E\{[\hat{\boldsymbol{\beta}} - E(\hat{\boldsymbol{\beta}})][\hat{\boldsymbol{\beta}} - E(\hat{\boldsymbol{\beta}})]'\} \\
&= E[(\hat{\boldsymbol{\beta}} - \boldsymbol{\beta})(\hat{\boldsymbol{\beta}} - \boldsymbol{\beta})'] \\
&= E\{[(\boldsymbol{X}'\boldsymbol{X})^{-1}\boldsymbol{X}'\boldsymbol{\mu}][(\boldsymbol{X}'\boldsymbol{X})^{-1}\boldsymbol{X}'\boldsymbol{\mu}]'\} \\
&= E[(\boldsymbol{X}'\boldsymbol{X})^{-1}\boldsymbol{X}'\boldsymbol{\mu}\boldsymbol{\mu}'\boldsymbol{X}(\boldsymbol{X}'\boldsymbol{X})^{-1}] \\
&= (\boldsymbol{X}'\boldsymbol{X})^{-1}\boldsymbol{X}'E(\boldsymbol{\mu}\boldsymbol{\mu}')\boldsymbol{X}(\boldsymbol{X}'\boldsymbol{X})^{-1} \\
&= (\boldsymbol{X}'\boldsymbol{X})^{-1}\boldsymbol{X}'\sigma^2\boldsymbol{I}\boldsymbol{X}(\boldsymbol{X}'\boldsymbol{X})^{-1} \\
&= (\boldsymbol{X}'\boldsymbol{X})^{-1}\sigma^2
\end{aligned}
\tag{3-16}
$$

记矩阵 $(\boldsymbol{X}'\boldsymbol{X})^{-1}$ 的主对角线上的第 i 个元素为 c_{ii},则

$$\mathrm{var}(\hat{\beta}_j) = c_{j+1j+1}\sigma^2 \quad (j = 0, 1, 2, \cdots, k) \tag{3-17}$$

三、普通最小二乘样本回归函数的性质

用普通最小二乘法估计得到的多元线性回归模型的样本回归函数具有如下性质:

(1) 样本回归线通过样本均值点,即点 $(\overline{X}_1, \overline{X}_2, \cdots, \overline{X}_k, \overline{Y})$ 满足样本回归函数 $\hat{Y}_i = \hat{\beta}_0 + \hat{\beta}_1 X_{1i} + \hat{\beta}_2 X_{2i} + \cdots + \hat{\beta}_k X_{ki}$。

据普通最小二乘估计的正规方程组中的第一个方程,有

$$\sum_{i=1}^{n}[Y_i - (\hat{\beta}_0 + \hat{\beta}_1 X_{1i} + \hat{\beta}_2 X_{2i} + \cdots + \hat{\beta}_k X_{ki})] = 0$$

所以

$$\sum_{i=1}^{n} Y_i = n\hat{\beta}_0 + \hat{\beta}_1 \sum_{i=1}^{n} X_{1i} + \hat{\beta}_2 \sum_{i=1}^{n} X_{2i} + \cdots + \hat{\beta}_k \sum_{i=1}^{n} X_{ki}$$

所以

$$\overline{Y} = \hat{\beta}_0 + \hat{\beta}_1 \overline{X}_1 + \hat{\beta}_2 \overline{X}_2 + \cdots + \hat{\beta}_k \overline{X}_k$$

(2) 被解释变量的估计的均值等于被解释变量的均值,即 $\overline{\hat{Y}} = \overline{Y}$。

已知

$$\overline{Y} = \hat{\beta}_0 + \hat{\beta}_1 \overline{X}_1 + \hat{\beta}_2 \overline{X}_2 + \cdots + \hat{\beta}_k \overline{X}_k$$

由样本回归函数

$$\hat{Y}_i = \hat{\beta}_0 + \hat{\beta}_1 X_{1i} + \hat{\beta}_2 X_{2i} + \cdots + \hat{\beta}_k X_{ki}$$

有

$$\overline{\hat{Y}} = \hat{\beta}_0 + \hat{\beta}_1 \overline{X}_1 + \hat{\beta}_2 \overline{X}_2 + \cdots + \hat{\beta}_k \overline{X}_k$$

所以

$$\overline{\hat{Y}} = \overline{Y}$$

（3）残差和为零，即 $\sum\limits_{i=1}^{n} e_i = 0$。

据普通最小二乘估计的正规方程组中的第一个方程，有

$$\sum_{i=1}^{n} [Y_i - (\hat{\beta}_0 + \hat{\beta}_1 X_{1i} + \hat{\beta}_2 X_{2i} + \cdots + \hat{\beta}_k X_{ki})] = 0$$

即

$$\left. \begin{array}{l} \sum\limits_{i=1}^{n} [Y_i - \hat{Y}_i] = 0 \\[2ex] \sum\limits_{i=1}^{n} e_i = 0 \end{array} \right\}$$

（4）各解释变量与残差的乘积之和为零，即 $\sum\limits_{i=1}^{n} X_{ji} e_i = 0 (j = 1, 2, \cdots, k)$。

据普通最小二乘估计的正规方程组中的第 2 到第 $k+1$ 个方程，有

$$\left. \begin{array}{l} \sum\limits_{i=1}^{n} X_{1i} [Y_i - (\hat{\beta}_0 + \hat{\beta}_1 X_{1i} + \hat{\beta}_2 X_{2i} + \cdots + \hat{\beta}_k X_{ki})] = 0 \\[2ex] \sum\limits_{i=1}^{n} X_{2i} [Y_i - (\hat{\beta}_0 + \hat{\beta}_1 X_{1i} + \hat{\beta}_2 X_{2i} + \cdots + \hat{\beta}_k X_{ki})] = 0 \\[2ex] \vdots \\[2ex] \sum\limits_{i=1}^{n} X_{ki} [Y_i - (\hat{\beta}_0 + \hat{\beta}_1 X_{1i} + \hat{\beta}_2 X_{2i} + \cdots + \hat{\beta}_k X_{ki})] = 0 \end{array} \right\}$$

即

$$\left. \begin{array}{l} \sum\limits_{i=1}^{n} X_{1i} (Y_i - \hat{Y}_i) = 0 \\[2ex] \sum\limits_{i=1}^{n} X_{2i} (Y_i - \hat{Y}_i) = 0 \\[2ex] \vdots \\[2ex] \sum\limits_{i=1}^{n} X_{ki} (Y_i - \hat{Y}_i) = 0 \end{array} \right\}$$

即

$$\left. \begin{array}{l} \sum\limits_{i=1}^{n} X_{1i} e_i = 0 \\[2ex] \sum\limits_{i=1}^{n} X_{2i} e_i = 0 \\[2ex] \vdots \\[2ex] \sum\limits_{i=1}^{n} X_{ki} e_i = 0 \end{array} \right\}$$

（5）被解释变量的估计与残差的乘积之和为零，即 $\sum\limits_{i=1}^{n} \hat{Y}_i e_i = 0$。

由样本回归函数

$$\hat{Y}_i = \hat{\beta}_0 + \hat{\beta}_1 X_{1i} + \hat{\beta}_2 X_{2i} + \cdots + \hat{\beta}_k X_{ki}$$

有

$$\sum_{i=1}^{n} \hat{Y}_i e_i = \sum_{i=1}^{n} (\hat{\beta}_0 + \hat{\beta}_1 X_{1i} + \hat{\beta}_2 X_{2i} + \cdots + \hat{\beta}_k X_{ki}) e_i$$

$$= \hat{\beta}_0 \sum_{i=1}^{n} e_i + \hat{\beta}_1 \sum_{i=1}^{n} X_{1i} e_i + \hat{\beta}_2 \sum_{i=1}^{n} X_{2i} e_i + \cdots + \hat{\beta}_k \sum_{i=1}^{n} X_{ki} e_i$$

$$= 0$$

四、随机误差项的方差的普通最小二乘估计

多元线性回归模型的随机误差项的方差的普通最小二乘估计的证明较烦琐，这里只给出结果，具体的证明过程见附录 3.2。

多元线性回归模型的随机误差项的方差的普通最小二乘估计量为

$$\hat{\sigma}^2 = \frac{\sum\limits_{i=1}^{n} e_i^2}{n-k-1} \tag{3-18}$$

是一个无偏估计量。

容易看出，多元线性回归模型的随机误差项的方差的普通最小二乘估计量，与一元线性回归模型的随机误差项的方差的普通最小二乘估计量一致，因为在一元线性回归模型中，$k=1$。

由于

$$\boldsymbol{e} = \begin{bmatrix} e_1 \\ e_2 \\ \vdots \\ e_n \end{bmatrix}$$

所以，残差平方和可用矩阵表示为

$$\sum_{i=1}^{n} e_i^2 = \boldsymbol{e}' \boldsymbol{e} \tag{3-19}$$

五、样本容量问题

计量经济研究主要通过参数估计来从样本观测数据中寻找隐含在经济活动中的经济规律，样本观测数据本身是否全面客观地反映了经济活动的信息，直接决定计量经济研究是否能较好地把握客观经济规律。显然，样本容量越大，样本观测数据对经济活动的反映

越全面,从样本观测数据中发现规律的可能性就越大,计量经济研究的结果就越可靠。

由求解多元线性回归模型的普通最小二乘估计的过程可以知道,能够进行参数估计的最小样本容量要求是

$$n \geqslant k+1$$

因为求解多元线性回归模型的普通最小二乘估计的正规方程组是

$$X'X\hat{\beta} = X'Y$$

要得到唯一确定的参数估计结果,必须要求矩阵 $X'X$ 非奇异,即矩阵 $X'X$ 满秩,

$$\text{Rank}(X'X) = k+1$$

由于矩阵乘积的秩小于等于各个因子矩阵的秩,有

$$\text{Rank}(X'X) \leqslant \min[\text{Rank}(X'), \text{Rank}(X)]$$

即

$$\text{Rank}(X) \geqslant \text{Rank}(X'X)$$

这就要求

$$\text{Rank}(X) \geqslant k+1$$

由于 X 矩阵是一个 $n \times (k+1)$ 阶矩阵,所以要求

$$n \geqslant k+1$$

$n \geqslant k+1$ 是参数估计的最小样本容量要求。容易理解,若样本容量不够大,样本观测数据对经济活动的反映不全面,即使是满足了参数估计的要求,参数估计结果的可靠性也得不到保证。而且,参数估计之后,若样本容量不够大,建立模型所必需的一些后续工作也无法进行。例如,模型的检验要求有足够大的样本容量,z 检验在 $n < 30$ 时不能使用,因为 $n < 30$ 时构造不出用于检验的服从标准正态分布的统计量;t 检验在 $n \geqslant k+8$ 时才比较有效,因为 $n \geqslant k+8$ 时,t 分布才比较稳定。

一般经验认为,当

$$n \geqslant 30$$

或者至少

$$n \geqslant 3(k+1)$$

时,才能满足基本要求。

数据收集较困难,样本容量不能满足基本要求时,需要引入非样本信息,采用贝叶斯(Bayes)估计等其他方法估计参数,本教材不作介绍。

第三节 多元线性回归模型的拟合优度检验

一、离差分解

根据多元线性回归模型的普通最小二乘估计样本回归函数的性质,在多元线性回归模型中,依然有

$$\sum_{i=1}^{n} e_i(\hat{Y}_i - \overline{Y}) = \sum_{i=1}^{n} \hat{Y}_i e_i - \overline{Y}\sum_{i=1}^{n} e_i = 0 - 0 = 0$$

所以,在多元线性回归模型中,依然有

$$\sum_{i=1}^{n} y_i^2 = \sum_{i=1}^{n} \left[(\hat{Y}_i - \overline{Y}) + e_i \right]^2$$

$$= \sum_{i=1}^{n} (\hat{Y}_i - \overline{Y})^2 + \sum_{i=1}^{n} e_i^2 + 2\sum_{i=1}^{n} e_i(\hat{Y}_i - \overline{Y})$$

$$= \sum_{i=1}^{n} (\hat{Y}_i - \overline{Y})^2 + \sum_{i=1}^{n} e_i^2 \tag{3-20}$$

即

$$\text{TSS} = \text{ESS} + \text{RSS} \tag{3-21}$$

二、决定系数

在多元线性回归模型中,依然有决定系数

$$R^2 = \frac{\text{ESS}}{\text{TSS}} = 1 - \frac{\text{RSS}}{\text{TSS}}$$

反映模型中由解释变量解释的那部分离差占总离差的比重,可作为度量模型拟合优度的统计量。

但可以证明(证明过程见附录 3.3),决定系数 R^2 随解释变量数目的增加而增大(或至少不变)。而在多元线性回归模型中,解释变量的数目有多有少,所以不能利用决定系数 R^2 进行解释变量数目不同模型的拟合优度的比较。同时,若以决定系数 R^2 度量模型的拟合优度,还会造成通过增加解释变量数目提高模型拟合优度的倾向,而事实上,解释变量的数目并非越多越好,若增加的解释变量不是被解释变量的重要影响因素,甚至是被解释变量的不相关因素,反而会对模型产生负面影响。正是由于存在这样的缺陷,决定系数 R^2 在多元线性回归模型拟合优度评价方面的作用受到了很大的限制。

克服决定系数 R^2 的上述缺陷的方法,是对决定系数 R^2 进行适当的调整,得到调整的决定系数(adjusted coefficient of determination)。

三、调整的决定系数

调整的决定系数,记为 $\overline{R}^2$,通过用自由度调整决定系数 R^2 中的残差平方和与总体平方和得到,计算公式为

$$\overline{R}^2 = 1 - \frac{\text{RSS}/(n-k-1)}{\text{TSS}/(n-1)} \tag{3-22}$$

其中,$n-k-1$ 为残差平方和 RSS 的自由度;$n-1$ 为总体平方和 TSS 的自由度。

随着解释变量数目的增加,残差平方和 RSS 的自由度 $n-k-1$ 减小,而总体平方和

TSS 的自由度 $n-1$ 不变。用自由度调整决定系数 R^2 中的残差平方和与总体平方和得到的调整的决定系数,在一定程度上,抵消了随着解释变量数目增加,残差平方和减小带来的决定系数的增大。

由 $\bar{R}^2$ 的计算公式,可得到调整的决定系数 $\bar{R}^2$ 与决定系数 R^2 之间的关系为

$$\bar{R}^2 = 1 - (1-R^2)\frac{n-1}{n-k-1} \tag{3-23}$$

例 3-2　求例 3-1 建立的多元线性回归模型的决定系数 R^2 与调整的决定系数 $\bar{R}^2$。

为求决定系数 R^2 与调整的决定系数 $\bar{R}^2$,首先列表计算总体平方和 TSS、回归平方和 ESS 与残差平方和 RSS,如表 3-2 所示。

表 3-2　TSS、ESS、RSS 计算表

i	Y_i	X_{1i}	X_{2i}	$\hat{Y}_i$	$(Y_i-\bar{Y})^2$	$(\hat{Y}_i-\bar{Y})^2$	$(Y_i-\hat{Y}_i)^2$
1	121	1 500	12	111.654 3	2 454.757	3 468.172	87.342
2	133	1 490	15	131.141 1	1 409.665	1 552.705	3.455
3	130	1 480	13	127.020 8	1 643.938	1 894.400	8.876
4	126	1 470	10	118.179 1	1 984.302	2 742.245	61.167
5	131	1 460	11	128.223 0	1 563.847	1 791.193	7.712
6	147	1 450	14	147.709 8	554.391	521.469	0.504
7	148	1 440	13	148.310 9	508.300	494.377	0.097
8	159	1 430	15	163.076 3	133.299	55.789	16.616
9	160	1 420	13	158.956 0	111.208	134.317	1.090
10	156	1 410	12	159.557 1	211.572	120.745	12.653
11	155	1 400	11	160.158 2	241.663	107.896	26.607
12	157	1 390	10	160.759 3	183.481	95.770	14.132
13	179	1 380	15	189.689 0	71.479	366.472	114.253
14	189	1 370	15	195.011 5	340.569	598.584	36.138
15	180	1 360	13	190.891 2	89.388	413.946	118.617
16	183	1 350	12	191.492 3	155.115	438.767	72.119
17	202	1 340	14	206.257 6	989.386	1 275.357	18.128
18	200	1 330	12	202.137 3	867.568	998.043	4.568
19	201	1 320	11	202.738 4	927.477	1 036.384	3.022
20	203	1 310	10	203.339 5	1 053.295	1 075.448	0.115
21	258	1 300	15	232.269 2	7 648.290	3 809.814	662.075
22	234	1 290	12	223.427 4	4 026.474	2 796.500	111.779
求和	3 752				27 169.454	25 788.393	1 381.065
平均	170.545 5						

解:据表 3-2 可计算决定系数为

$$R^2 = \frac{\text{ESS}}{\text{TSS}} = \frac{25\ 788.393}{27\ 169.454} \approx 0.949\ 168$$

调整的决定系数为

$$\bar{R}^2 = 1 - \frac{\text{RSS}/(n-k-1)}{\text{TSS}/(n-1)} = 1 - \frac{1\ 381.065/(22-2-1)}{27\ 169.454/(22-1)} \approx 0.943\ 818$$

显然,决定系数 R^2 与调整的决定系数 $\bar{R}^2$ 越大,表明模型的拟合优度越好。但实际应用中,$\bar{R}^2$ 达到多大才算模型通过了检验,并没有明确的标准,因为决定系数 R^2 与调整的决定系数 $\bar{R}^2$ 较大,只是说明模型中解释变量对被解释变量的联合影响较大,不能说明模型中每个解释变量对被解释变量的影响都大。实际应用中,不仅要模型的拟合优度高,更重要的是要模型能客观反映经济变量之间的内在联系,所以,选择模型时,不能单纯凭决定系数 R^2 与调整的决定系数 $\bar{R}^2$ 的高低来判断模型的优劣,为了模型的可靠度和经济意义,可适当降低对拟合优度的要求。

■ 第四节　多元线性回归模型的统计推断

一、参数估计量的分布

与一元线性回归模型类似,在满足基本假设的条件下,多元线性回归模型参数的普通最小二乘估计量 $\hat{\beta}_0, \hat{\beta}_1, \hat{\beta}_2, \cdots, \hat{\beta}_k$ 服从正态分布。已知

$$E(\hat{\beta}_j) = \beta_j$$
$$\text{var}(\hat{\beta}_j) = c_{j+1j+1}\sigma^2 \qquad (j = 0, 1, 2, \cdots, k)$$

其中,c_{j+1j+1} 为矩阵 $(X'X)^{-1}$ 的主对角线上的第 $j+1$ 个元素。所以

$$\hat{\beta}_j \sim N(\beta_j, c_{j+1j+1}\sigma^2)$$

记 $\hat{\beta}_j$ 的标准差为

$$\text{SE}(\hat{\beta}_j) = \sqrt{c_{j+1j+1}\sigma^2}$$

进行标准化变换可得

$$\frac{\hat{\beta}_j - \beta_j}{\text{SE}(\hat{\beta}_j)} = \frac{\hat{\beta}_j - \beta_j}{\sqrt{c_{j+1j+1}\sigma^2}} \sim N(0,1) \qquad (3\text{-}24)$$

其中,随机误差项 μ_i 的方差 σ^2 的真实值未知,只能用其无偏估计量

$$\hat{\sigma}^2 = \frac{\sum\limits_{i=1}^{n} e_i^2}{n - k - 1}$$

替代。用无偏估计量 $\hat{\sigma}^2$ 替代 σ^2 后得到的 $\hat{\beta}_j$ 的样本方差和样本标准差分别为

$$\left.\begin{array}{l} \widehat{\text{var}}(\hat{\beta}_j) = c_{j+1j+1}\hat{\sigma}^2 \\ \widehat{\text{SE}}(\hat{\beta}_j) = \sqrt{c_{j+1j+1}\hat{\sigma}^2} \end{array}\right\}$$

用 $\hat{\sigma}^2$ 替代 σ^2 后,式(3-24)中的统计量服从自由度为 $n-k-1$ 的 t 分布,将替代后的统计量记为 t_j,有

$$t_j = \frac{\hat{\beta}_j - \beta_j}{\widehat{\text{SE}}(\hat{\beta}_j)} = \frac{\hat{\beta}_j - \beta_j}{\sqrt{c_{j+1j+1}\hat{\sigma}^2}} \sim t(n - k - 1) \qquad (3\text{-}25)$$

二、参数的区间估计

参数的区间估计,即是求参数的置信区间,是在给定显著性水平 α 之下,对参数的取值范围做出估计,参数的真实值落入这一区间的概率为 $1-\alpha$。

在已知参数的分布性质的情况下,可以很方便地求得参数的区间估计。

对于多元线性回归模型的参数 $\beta_j(j=0,1,2,\cdots,k)$,因为

$$t_j = \frac{\hat{\beta}_j - \beta_j}{\widehat{SE}(\hat{\beta}_j)} = \frac{\hat{\beta}_j - \beta_j}{\sqrt{c_{j+1j+1}\hat{\sigma}^2}} \sim t(n-k-1)$$

对于给定的显著性水平 α,t_j,以 $1-\alpha$ 的概率落入区间 $(-t_{\frac{\alpha}{2}}, t_{\frac{\alpha}{2}})$,即

$$P(-t_{\frac{\alpha}{2}} < t_j = \frac{\hat{\beta}_j - \beta_j}{\widehat{SE}(\hat{\beta}_j)} < t_{\frac{\alpha}{2}}) = 1-\alpha$$

由此可得

$$P(\hat{\beta}_j - t_{\frac{\alpha}{2}}\widehat{SE}(\hat{\beta}_j) < \beta_j < \hat{\beta}_j + t_{\frac{\alpha}{2}}\widehat{SE}(\hat{\beta}_j)) = 1-\alpha$$

所以,在 α 显著性水平下,参数 $\beta_j(j=0,1,2,\cdots,k)$ 的置信区间为

$$\left[\hat{\beta}_j - t_{\frac{\alpha}{2}}\widehat{SE}(\hat{\beta}_j), \hat{\beta}_j + t_{\frac{\alpha}{2}}\widehat{SE}(\hat{\beta}_j)\right] \tag{3-26}$$

容易看出,同一元线性回归模型,增大样本容量、提高模型的拟合优度可以缩小多元线性回归模型参数的置信区间。

例 3-3 求例 3-1 建立的多元线性回归模型的参数 $\beta_0, \beta_1, \beta_2$ 的 95% 的置信区间。

解:已知 $\hat{\beta}_0 = 853.376\ 7, \hat{\beta}_1 = -0.532\ 3, \hat{\beta}_2 = 4.721\ 4, n = 22, k = 2$,且 $\sum\limits_{i=1}^{n} e_i^2 = \sum\limits_{i=1}^{n}(Y_i - \hat{Y}_i)^2 = 1\ 381.065$,$\boldsymbol{X'X} = \begin{bmatrix} 22 & 30\ 690 & 278 \\ 30\ 690 & 42\ 901\ 100 & 387\ 950 \\ 278 & 387\ 950 & 3\ 576 \end{bmatrix}$。

可求得

$$\hat{\sigma}^2 = \frac{\sum\limits_{i=1}^{n} e_i^2}{n-k-1} = \frac{1\ 381.065}{22-2-1} \approx 72.687\ 6$$

$$(\boldsymbol{X'X})^{-1} = \begin{bmatrix} 23.752\ 62 & -0.015\ 491\ 5 & -0.165\ 912\ 234 \\ -0.015\ 49 & 1.133\ 28E-05 & -2.514\ 77E-05 \\ -0.165\ 91 & -2.514\ 77E-05 & 0.015\ 905\ 947 \end{bmatrix}$$

$$\widehat{SE}(\hat{\beta}_0) = \sqrt{c_{11}\hat{\sigma}^2} = \sqrt{23.752\ 62 \times 72.687\ 6} = 41.551\ 425\ 26$$

$$\widehat{SE}(\hat{\beta}_1) = \sqrt{c_{22}\hat{\sigma}^2} = \sqrt{1.133\ 28E-05 \times 72.687\ 6} = 0.028\ 701\ 116$$

$$\widehat{SE}(\hat{\beta}_2) = \sqrt{c_{33}\hat{\sigma}^2} = \sqrt{0.015\ 905\ 947 \times 72.687\ 6} = 1.075\ 251\ 186$$

查 t 分布临界值表可得 $t_{0.025}(19) = 2.093$。

将相关数据代入式(3-26)可得 β_0 的 95% 的置信区间为

$$[853.376\ 7 - 2.093 \times 41.551\ 425\ 26, 853.376\ 7 + 2.093 \times 41.551\ 425\ 26]$$

即

$$[766.409\ 6, 940.343\ 8]$$

β_1 的 95% 的置信区间为

$$[-0.532\ 3 - 2.093 \times 0.028\ 701\ 116, -0.532\ 3 + 2.093 \times 0.028\ 701\ 116]$$

即

$$[-0.592\ 4, -0.472\ 2]$$

β_2 的 95% 的置信区间为

$$[4.721\ 4 - 2.093 \times 1.075\ 251\ 186, 4.721\ 4 + 2.093 \times 1.075\ 251\ 186]$$

即

$$[2.470\ 9, 6.971\ 9]$$

三、参数的假设检验

与一元线性回归模型类似,在多元线性回归模型中,也可以根据参数估计量的分布性质,采用统计学中的假设检验方法,进行参数的假设检验,检验对模型参数所做的某一假设是否成立。

在多元线性回归模型中,参数 $\beta_1, \beta_2, \cdots, \beta_k$ 是否显著不为 0,反映解释变量 $X_1, X_2, \cdots, X_k$ 对被解释变量 Y 的影响是否显著,所以常针对参数 $\beta_1, \beta_2, \cdots, \beta_k$ 是否为 0 的假设进行检验,包括变量显著性检验(t 检验)和方程显著性检验(F 检验)。其中,变量显著性检验是针对单个解释变量对被解释变量的影响是否显著所做的检验,检验被检验变量的参数为 0 是否显著成立;方程显著性检验是针对所有解释变量对被解释变量的联合影响是否显著所做的检验,检验 $\beta_1, \beta_2, \cdots, \beta_k$ 都为 0 是否显著成立。

1. 变量显著性检验(t 检验)

由式(3-25),可利用 t 分布进行变量显著性检验,称为 t 检验。

对第 j 个解释变量 $X_j (j = 1, 2, \cdots, k)$ 的显著性进行检验,原假设为 $H_0 : \beta_j = 0$,备择假设为 $H_1 : \beta_j \neq 0$,因为

$$t_j = \frac{\hat{\beta}_j - \beta_j}{\widehat{SE}(\hat{\beta}_j)} \sim t(n-k-1)$$

根据原假设,有

$$t_j = \frac{\hat{\beta}_j}{\widehat{SE}(\hat{\beta}_j)} \sim t(n-k-1) \tag{3-27}$$

对于给定的显著性水平 α,查自由度为 $n-k-1$ 的 t 分布临界值,并计算 t_j 的值,如果

$$t_j \in \left[-t_{\frac{\alpha}{2}}, t_{\frac{\alpha}{2}}\right]$$

接受原假设 $H_0 : \beta_j = 0$,认为解释变量 X_j 对被解释变量的影响不显著;反之,如果

$$|t_j| > t_{\frac{\alpha}{2}}$$

则拒绝原假设 $H_0 : \beta_j = 0$，接受备择假设 $H_1 : \beta_j \neq 0$，认为解释变量 X_j 对被解释变量的影响显著。

例 3-4 对例 3-1 建立的多元线性回归模型进行变量显著性检验，显著性水平 α 取 0.01。

解：首先检验解释变量 X_1 的显著性。

原假设 $H_0 : \beta_1 = 0$，备择假设 $H_1 : \beta_1 \neq 0$。

已知 $\hat{\beta}_1 = -0.532\,3$，$\widehat{SE}(\hat{\beta}_1) = 0.028\,7$，有

$$t_1 = \frac{\hat{\beta}_1}{\widehat{SE}(\hat{\beta}_1)} = \frac{-0.532\,3}{0.028\,70} \approx -18.547$$

查 t 分布表可得 $t_{0.005}(19) = 2.861$，$|t_1| > t_{0.005}(19)$，所以拒绝原假设 $H_0 : \beta_1 = 0$，接受备择假设 $H_1 : \beta_1 \neq 0$，得出解释变量 X_1 对被解释变量的影响显著的结论。

接下来检验解释变量 X_2 的显著性。

原假设 $H_0 : \beta_2 = 0$，备择假设 $H_1 : \beta_2 \neq 0$。

已知 $\hat{\beta}_2 = 4.721\,4$，$\widehat{SE}(\hat{\beta}_2) = 1.075\,3$，有

$$t_2 = \frac{\hat{\beta}_2}{\widehat{SE}(\hat{\beta}_2)} = \frac{4.721\,4}{1.075\,3} \approx 4.391$$

$|t_2| > t_{0.005}(19)$，所以拒绝原假设 $H_0 : \beta_2 = 0$，接受备择假设 $H_1 : \beta_2 \neq 0$，得出解释变量 X_2 对被解释变量的影响显著的结论。

当然，也可以通过比较显著性水平 α 和参数估计值的 P 值，判断对应解释变量的显著性。在例 3-4 中，应用 EViews 软件，可以很方便地得到 $\hat{\beta}_1$ 的 P 值为 0.000 0，$\hat{\beta}_2$ 的 P 值为 0.000 3，都比给定的显著性水平 $\alpha = 0.01$ 小得多，由 P 值可得出解释变量 X_1, X_2 对被解释变量的影响显著的结论。

2. 方程显著性检验（F 检验）

方程显著性检验是针对所有解释变量对被解释变量的联合影响是否显著所做的检验，旨在对模型中被解释变量与解释变量之间的线性关系在总体上是否显著成立做出判断。

方程显著性检验利用 F 分布进行，称为 F 检验，基础是离差分解

$$\text{TSS} = \text{ESS} + \text{RSS}$$

在离差分解的基础上，通过构造 F 统计量，针对原假设

$$H_0 : \beta_1 = 0, \beta_2 = 0, \cdots, \beta_k = 0$$

备择假设

$$H_1 : \beta_1, \beta_2, \cdots, \beta_k \text{ 不全为 } 0$$

做出检验。

由于 $Y_i (i = 1, 2, \cdots, n)$ 服从正态分布，且在不同的样本点之间相互独立，所以

$$\frac{\sum_{i=1}^{n}(Y_i-\overline{Y})^2}{\sigma^2}=\frac{\text{TSS}}{\sigma^2}\sim\chi^2(n-1)$$

由 χ^2 分布的可分解性,有

$$\left.\begin{array}{l}\dfrac{\text{ESS}}{\sigma^2}\sim\chi^2(k)\\[3mm]\dfrac{\text{RSS}}{\sigma^2}\sim\chi^2(n-k-1)\end{array}\right\}$$

因此,可构造出 F 统计量

$$F=\frac{\dfrac{\text{ESS}}{\sigma^2}/k}{\dfrac{\text{RSS}}{\sigma^2}/(n-k-1)}\sim F(k,n-k-1)$$

即

$$F=\frac{\text{ESS}/k}{\text{RSS}/(n-k-1)}\sim F(k,n-k-1) \tag{3-28}$$

显然,原假设 $H_0:\beta_1=0,\beta_2=0,\cdots,\beta_k=0$ 不成立,备择假设 $H_1:\beta_1,\beta_2,\cdots,\beta_k$ 不全为 0 成立时,被解释变量与解释变量之间的线性关系在总体上显著,回归平方和 ESS 较大,残差平方和 RSS 较小,求得的 F 统计值较大;反之,原假设 $H_0:\beta_1=0,\beta_2=0,\cdots,\beta_k=0$ 成立时,被解释变量与解释变量之间的线性关系在总体上不显著,回归平方和 ESS 较小,残差平方和 RSS 较大,求得的 F 统计值较小。所以,对于给定的显著性水平 α,可通过比较 F 统计值与 F 临界值 $F_\alpha(k,n-k-1)$ 的大小,判断模型的线性关系在总体上是否显著成立。若

$$F>F_\alpha(k,n-k-1)$$

则拒绝原假设 H_0,得出模型的线性关系在总体上显著成立的结论。若

$$F\leqslant F_\alpha(k,n-k-1)$$

则接受原假设 H_0,得出模型的线性关系在总体上不显著的结论。

例 3-5　对例 3-1 建立的多元线性回归模型进行方程显著性检验,显著性水平 α 取0.01。

解:原假设 $H_0:\beta_1=0,\beta_2=0$,备择假设 $H_1:\beta_1,\beta_2$ 不全为 0。

已知 $\text{ESS}=\sum_{i=1}^{n}(\hat{Y}-\overline{Y})^2=25\ 788.39$,$\text{RSS}=\sum_{i=1}^{n}(Y-\hat{Y})^2=1\ 381.065$,$n=22$,$k=2$,得

$$F=\frac{\text{ESS}/k}{\text{RSS}/(n-k-1)}=\frac{25\ 788.39/2}{1\ 381.065/(22-2-1)}=177.392$$

查 F 分布表得

$$F_{0.01}(2,19)=5.93$$

显然

$$F > F_{0.01}(2,19)$$

所以,拒绝原假设 $H_0 : \beta_1 = 0, \beta_2 = 0$,接受备择假设 $H_1 : \beta_1, \beta_2$ 不全为 0,得出解释变量与被解释变量的线性关系在总体上显著的结论。

同样,计算得到 F 统计值后,由 F 分布的概率密度函数可求得 F 统计量大于该 F 统计值的概率,称为 F 统计值的 P 值。若给定的显著性水平 α 大于 F 统计值的 P 值,拒绝原假设 $H_0 : \beta_1 = 0, \beta_2 = 0, \cdots, \beta_k = 0$,认为解释变量与被解释变量的线性关系在总体上显著;反之,接受原假设 $H_0 : \beta_1 = 0, \beta_2 = 0, \cdots, \beta_k = 0$,认为解释变量与被解释变量的线性关系在总体上不显著。应用 EViews 软件进行回归分析时,会在给出参数估计结果的同时给出方程显著性检验的 F 统计值及其 P 值,为方程显著性检验带来了很大的方便。在例 3-5 中,F 统计值的 P 值为 0.000 000,比给定的显著性水平 $\alpha = 0.01$ 小得多,由 P 值可以得出解释变量与被解释变量的线性关系在总体上显著的结论。

3. 变量显著性检验与方程显著性检验的关系

变量显著性检验是针对单个解释变量对被解释变量的影响是否显著所做的检验,方程显著性检验是针对所有解释变量对被解释变量的联合影响是否显著所做的检验。

在多元线性回归模型中,变量显著性检验与方程显著性检验都要进行,不能相互替代。因为单个解释变量对被解释变量的影响都显著,不代表所有解释变量对被解释变量的联合影响也显著;所有解释变量对被解释变量的联合影响显著,也不代表单个解释变量对被解释变量的影响都显著。若被解释变量的重要影响因素有多个,只选择了其中的几个作为解释变量,就可能出现单个解释变量对被解释变量的影响都显著,而所有解释变量对被解释变量的联合影响不显著的情况;若除将被解释变量的重要影响因素引入模型作为解释变量外,还误将被解释变量的非重要影响因素甚至不相关因素引入模型作为解释变量,就可能出现所有解释变量对被解释变量的联合影响显著,而单个解释变量对被解释变量的影响不都显著的情况。

在一元线性回归模型中,变量显著性检验(t 检验)与方程显著性检验(F 检验)是一致的。一方面,原假设相同,都是 $H_0 : \beta_1 = 0$;另一方面,两个统计量之间有如下关系:

$$F = t^2$$

因为,在一元线性回归模型中

$$F = \frac{\text{ESS}/k}{\text{RSS}/(n-k-1)} = \frac{\left[\sum_{i=1}^{n}(\hat{Y}_i - \overline{Y})^2\right]/1}{\left(\sum_{i=1}^{n} e_i^2\right)/(n-2)}$$

$$= \frac{\sum_{i=1}^{n}(\hat{Y}_i - \overline{\hat{Y}})^2}{\hat{\sigma}^2} = \frac{\sum_{i=1}^{n}(\hat{\beta}_1 x_i)^2}{\hat{\sigma}^2} = \frac{\hat{\beta}_1^2 \sum_{i=1}^{n} x_i^2}{\hat{\sigma}^2}$$

$$= \left(\frac{\hat{\beta}_1}{\sqrt{\dfrac{\hat{\sigma}^2}{\sum_{i=1}^{n} x_i^2}}}\right)^2 = t^2$$

所以,在一元线性回归模型中,一般只进行变量显著性检验。

4. 拟合优度检验与方程显著性检验的关系

拟合优度检验与方程显著性检验都是在把总离差平方和 TSS 分解为回归平方和 ESS 与残差平方和 RSS 的基础上构造统计量进行检验的,所以,拟合优度检验与方程显著性检验的联系十分密切。拟合优度检验的决定系数 R^2 和调整的决定系数 $\bar{R}^2$ 与方程显著性检验的 F 统计量关系如下:

$$R^2 = \frac{kF}{n-k-1+kF} \tag{3-29}$$

$$\bar{R}^2 = 1 - \frac{n-1}{n-k-1+kF} \tag{3-30}$$

$$F = \frac{(n-k-1)R^2}{k(1-R^2)} \tag{3-31}$$

$$F = \frac{k+(n-k-1)\bar{R}^2}{k(1-\bar{R}^2)} \tag{3-32}$$

可见,R^2,$\bar{R}^2$ 与 F 同方向变化,R^2,$\bar{R}^2$ 越大,F 越大,即模型对样本数据的拟合程度越高,模型总体线性关系的显著性越强。特别地,当 R^2 的取值达到最小,为 0 时,F 的取值也达到最小,为 0;当 R^2 取值达到最大,为 1 时,F 的取值也达到最大,为无穷大。

拟合优度检验与方程显著性检验的主要区别在于:拟合优度检验只是通过决定系数 R^2 和调整的决定系数 $\bar{R}^2$ 提供了对模型拟合优度的度量,并没有提供模型是否通过检验的明确界限,即决定系数 R^2 和调整的决定系数 $\bar{R}^2$ 究竟达到多大才算模型通过了检验,没有明确的界限;方程显著性检验可在给定显著性水平下,给出模型总体线性关系是否显著成立的统计意义上的严格的结论。正因为如此,实际应用中,对决定系数 R^2 和调整的决定系数 $\bar{R}^2$ 不能过分苛求,重要的是看模型的总体线性关系是否显著成立,看模型的经济关系是否合理。以例 3-5 为例,给定显著性水平 $\alpha=0.01$,查 F 临界值表,得 $F_{0.01}(2, 19)=5.93$,就是说,只要 F 统计量的值大于 5.93,模型的总体线性关系就在 99% 的置信度下显著成立。将 $F=5.93$ 代入式(3-29)、式(3-30),计算得 $R^2=0.3843$,$\bar{R}^2=0.3195$,这就是说,只要决定系数 R^2 大于 0.3843、调整的决定系数 $\bar{R}^2$ 大于 0.3195,模型的总体线性关系就在 99% 的置信度下显著成立。若给定的显著性水平较高,如 $\alpha=0.05$,则方程显著性检验中对 F 统计量的要求会更低,对应的能使模型通过方程显著性检验的决定系数 R^2 和调整的决定系数 $\bar{R}^2$ 也会更低。

■ 第五节   多元线性回归模型的预测

多元线性回归模型的预测,也包括被解释变量的总体均值的点预测、被解释变量的总体均值的区间预测、被解释变量的个别值的区间预测三个方面。

一、总体均值 $E(Y|X_{10}, X_{20}, \cdots, X_{k0})$ 的点预测

将已知或事先测定的样本观察数据以外的解释变量的观察值记为 $\boldsymbol{X}_0=(1, X_{10},$

$X_{20}, \cdots, X_{k0})$，对应的被解释变量的观察值记为 Y_0，由样本回归函数

$$\hat{Y}_i = \hat{\beta}_0 + \hat{\beta}_1 X_{1i} + \hat{\beta}_2 X_{2i} + \cdots + \hat{\beta}_k X_{ki}$$

可得，对应于解释变量 $\boldsymbol{X}_0 = (1, X_{10}, X_{20}, \cdots, X_{k0})$，被解释变量 Y_0 的预测值为

$$\hat{Y}_0 = \boldsymbol{X}_0 \hat{\boldsymbol{\beta}} = \hat{\beta}_0 + \hat{\beta}_1 X_{10} + \hat{\beta}_2 X_{20} + \cdots + \hat{\beta}_k X_{k0} \tag{3-33}$$

这是被解释变量的总体均值 $E(Y | X_{10}, X_{20}, \cdots, X_{k0})$ 的一个无偏估计，因为

$$E(\hat{Y}_0) = E(\boldsymbol{X}_0 \hat{\boldsymbol{\beta}}) = E(\hat{\beta}_0 + \hat{\beta}_1 X_{10} + \hat{\beta}_2 X_{20} + \cdots + \hat{\beta}_k X_{k0})$$
$$= E(\hat{\beta}_0) + X_{10} E(\hat{\beta}_1) + X_{20} E(\hat{\beta}_2) + \cdots + X_{k0} E(\hat{\beta}_k)$$
$$= \beta_0 + \beta_1 X_{10} + \beta_2 X_{20} + \cdots + \beta_k X_{k0}$$

由多元线性回归模型的总体回归函数

$$E(Y | X_{1i}, X_{2i}, \cdots, X_{ki}) = \beta_0 + \beta_1 X_{1i} + \beta_2 X_{2i} + \cdots + \beta_k X_{ki}$$

解释变量为 $\boldsymbol{X}_0 = (1, X_{10}, X_{20}, \cdots, X_{k0})$ 时，被解释变量的总体均值为

$$E(Y | X_{10}, X_{20}, \cdots, X_{k0}) = \beta_0 + \beta_1 X_{10} + \beta_2 X_{20} + \cdots + \beta_k X_{k0}$$

所以

$$E(\hat{Y}_0) = E(Y | X_{10}, X_{20}, \cdots, X_{k0})$$

因此，可将 $\hat{Y}_0 = \boldsymbol{X}_0 \hat{\boldsymbol{\beta}} = \hat{\beta}_0 + \hat{\beta}_1 X_{10} + \hat{\beta}_2 X_{20} + \cdots + \hat{\beta}_k X_{k0}$ 作为被解释变量的总体均值 $E(Y | X_{10}, X_{20}, \cdots, X_{k0})$ 的点预测。

例 3-6　以例 3-1 为例，利用例 3-1 建立的关于价格和售后服务支出对销售量的影响的模型，求价格为 1 250 元/个、售后服务支出为 16 万元时销售量的预测值。

解：这里，$\boldsymbol{X}_0 = (1, 1\,250, 16)$，将解释变量 $\boldsymbol{X}_0 = (1, 1\,250, 16)$ 代入样本回归函数 $\hat{Y}_i = 853.376\,7 - 0.532\,253 X_{1i} + 4.721\,426 X_{2i}$，可得销售量的预测值为

$$\hat{Y}_0 = 853.376\,7 - 0.532\,253 \times 1\,250 + 4.721\,426 \times 16 = 263.603(千个)$$

二、总体均值 $E(Y | X_{10}, X_{20}, \cdots, X_{k0})$ 的预测置信区间

因为

$$\hat{Y}_0 = \boldsymbol{X}_0 \hat{\boldsymbol{\beta}} = \hat{\beta}_0 + \hat{\beta}_1 X_{10} + \hat{\beta}_2 X_{20} + \cdots + \hat{\beta}_k X_{k0}$$

$\hat{\beta}_0, \hat{\beta}_1, \hat{\beta}_2, \cdots, \hat{\beta}_k$ 满足线性性，所以，$\hat{Y}_0$ 也可以表示为 $Y_i (i = 1, 2, \cdots, n)$ 的线性组合，$\hat{Y}_0$ 服从正态分布。由于

$$E(\hat{Y}_0) = E(Y | X_{10}, X_{20}, \cdots, X_{k0})$$
$$\mathrm{var}(\hat{Y}_0) = \mathrm{var}(\boldsymbol{X}_0 \hat{\boldsymbol{\beta}})$$
$$= E\{[\boldsymbol{X}_0 \hat{\boldsymbol{\beta}} - E(\boldsymbol{X}_0 \hat{\boldsymbol{\beta}})]^2\}$$
$$= E[(\boldsymbol{X}_0 \hat{\boldsymbol{\beta}} - \boldsymbol{X}_0 \boldsymbol{\beta})^2]$$
$$= E\{[\boldsymbol{X}_0 (\hat{\boldsymbol{\beta}} - \boldsymbol{\beta})]^2\}$$

$$= E[\mathbf{X}_0(\hat{\boldsymbol{\beta}} - \boldsymbol{\beta})(\hat{\boldsymbol{\beta}} - \boldsymbol{\beta})'\mathbf{X}'_0]$$

$$= \mathbf{X}_0 E[(\hat{\boldsymbol{\beta}} - \boldsymbol{\beta})(\hat{\boldsymbol{\beta}} - \boldsymbol{\beta})']\mathbf{X}'_0$$

$$= \mathbf{X}_0 \sigma^2 (\mathbf{X}'\mathbf{X})^{-1}\mathbf{X}'_0$$

$$= \sigma^2 \mathbf{X}_0 (\mathbf{X}'\mathbf{X})^{-1}\mathbf{X}'_0$$

所以

$$\hat{Y}_0 \sim N(E(Y \mid X_{10}, X_{20}, \cdots, X_{k0}), \sigma^2 \mathbf{X}_0 (\mathbf{X}'\mathbf{X})^{-1}\mathbf{X}'_0)$$

用 σ^2 的无偏估计量 $\hat{\sigma}^2$ 替代 σ^2，有

$$\frac{\hat{Y}_0 - E(Y \mid X_{10}, X_{20}, \cdots, X_{k0})}{\widehat{SE}(\hat{Y}_0)} \sim t(n - k - 1)$$

其中

$$\widehat{SE}(\hat{Y}_0) = \sqrt{\hat{\sigma}^2 \mathbf{X}_0 (\mathbf{X}'\mathbf{X})^{-1}\mathbf{X}'_0}$$

对于给定的显著性水平 α，

$$P\left(-t_{\frac{\alpha}{2}} \leqslant \frac{\hat{Y}_0 - E(Y \mid X_{10}, X_{20}, \cdots, X_{k0})}{\widehat{SE}(\hat{Y}_0)} \leqslant t_{\frac{\alpha}{2}}\right) = 1 - \alpha$$

由此可得，总体均值 $E(Y \mid X_{10}, X_{20}, \cdots, X_{k0})$ 的置信度为 $1 - \alpha$ 的预测置信区间为

$$\left[\hat{Y}_0 - t_{\frac{\alpha}{2}} \widehat{SE}(\hat{Y}_0), \hat{Y}_0 + t_{\frac{\alpha}{2}} \widehat{SE}(\hat{Y}_0)\right] \tag{3-34}$$

例 3-7　以例 3-1 为例，利用例 3-1 建立的关于价格和售后服务支出对销售量的影响的模型，求价格为 1 250 元/个、售后服务支出为 16 万元时销售量的均值的置信度为 95% 的预测置信区间。

解：这里，$\mathbf{X}_0 = (1, 1\,250, 16)$，已知

$$\hat{Y}_0 = 263.603, \quad t_{0.025}(19) = 2.093, \quad \hat{\sigma}^2 = 72.687\,6$$

$$(X'X)^{-1} = \begin{bmatrix} 23.752\,62 & -0.015\,491\,5 & -0.165\,912\,234 \\ -0.015\,49 & 1.133\,28 \times 10^{-5} & -2.514\,77 \times 10^{-5} \\ -0.165\,91 & -2.514\,77 \times 10^{-5} & 0.015\,905\,947 \end{bmatrix}$$

可求得

$$\widehat{SE}(\hat{Y}_0) = \sqrt{\hat{\sigma}^2 \mathbf{X}_0 (\mathbf{X}'\mathbf{X})^{-1}\mathbf{X}'_0}$$

$$= \sqrt{72.687\,6 \times \begin{bmatrix} 1 & 1\,250 & 16 \end{bmatrix} \begin{bmatrix} 23.752\,62 & -0.015\,491\,5 & -0.165\,912\,234 \\ -0.015\,49 & 1.133\,28 \times 10^{-5} & -2.514\,77 \times 10^{-5} \\ -0.165\,91 & -2.514\,77 \times 10^{-5} & 0.015\,905\,947 \end{bmatrix} \begin{bmatrix} 1 \\ 1\,250 \\ 16 \end{bmatrix}}$$

$$= 5.957\,0$$

所以，由式 (3-34) 可求得销售量的均值的置信度为 95% 的预测置信区间为

$$[263.603 - 2.093 \times 5.957\,0, \quad 263.603 + 2.093 \times 5.957\,0]$$

即

$$[251.135, \quad 276.071]$$

三、个别值 Y_0 的预测置信区间

根据模型的基本假设，μ_0 与 $\mu_i(i=1,2,\cdots,n)$ 相互独立，由

$$\left.\begin{array}{l} Y_0 = \beta_0 + \beta_1 X_{10} + \beta_2 X_{20} + \cdots + \beta_k X_{k0} + \mu_0 \\ Y_i = \beta_0 + \beta_1 X_{1i} + \beta_2 X_{2i} + \cdots + \beta_k X_{ki} + \mu_i \end{array}\right\}$$

可知，Y_0 与 $Y_i(i=1,2,\cdots,n)$ 相互独立。由于 $\hat{Y}_0$ 可以表示为 $Y_i(i=1,2,\cdots,n)$ 的线性组合，所以，$\hat{Y}_0$ 与 Y_0 相互独立。由

$$Y_0 = E(Y \mid X_{10}, X_{20}, \cdots, X_{k0}) + \mu_0$$

知

$$Y_0 \sim N(E(Y \mid X_{10}, X_{20}, \cdots, X_{k0}), \sigma^2)$$

且已知

$$\hat{Y}_0 \sim N(E(Y \mid X_{10}, X_{20}, \cdots, X_{k0}), \sigma^2 \boldsymbol{X}_0 (\boldsymbol{X}'\boldsymbol{X})^{-1} \boldsymbol{X}'_0)$$

所以

$$E(e_0) = E(Y_0 - \hat{Y}_0) = E(Y_0) - E(\hat{Y}_0) = 0$$

$$\mathrm{var}(e_0) = \mathrm{var}(Y_0 - \hat{Y}_0) = \mathrm{var}(Y_0) + \mathrm{var}(\hat{Y}_0)$$

$$= \sigma^2 + \sigma^2 \boldsymbol{X}_0 (\boldsymbol{X}'\boldsymbol{X})^{-1} \boldsymbol{X}'_0$$

$$= \sigma^2 [1 + \boldsymbol{X}_0 (\boldsymbol{X}'\boldsymbol{X})^{-1} \boldsymbol{X}'_0]$$

$$e_0 \sim N(0, \sigma^2 [1 + \boldsymbol{X}_0 (\boldsymbol{X}'\boldsymbol{X})^{-1} \boldsymbol{X}'_0])$$

用 σ^2 的无偏估计量 $\hat{\sigma}^2$ 替代 σ^2，有

$$\frac{e_0}{\widehat{\mathrm{SE}}(e_0)} = \frac{Y_0 - \hat{Y}_0}{\widehat{\mathrm{SE}}(e_0)} \sim t(n-k-1)$$

其中

$$\widehat{\mathrm{SE}}(e_0) = \sqrt{\hat{\sigma}^2 [1 + \boldsymbol{X}_0 (\boldsymbol{X}'\boldsymbol{X})^{-1} \boldsymbol{X}'_0]}$$

对于给定的显著性水平 α

$$P\left(-t_{\frac{\alpha}{2}} \leqslant \frac{Y_0 - \hat{Y}_0}{\widehat{\mathrm{SE}}(e_0)} \leqslant t_{\frac{\alpha}{2}}\right) = 1 - \alpha$$

由此可得，个别值 Y_0 的置信度为 $1-\alpha$ 的预测置信区间为

$$\left[\hat{Y}_0 - t_{\frac{\alpha}{2}} \widehat{\mathrm{SE}}(e_0), \hat{Y}_0 + t_{\frac{\alpha}{2}} \widehat{\mathrm{SE}}(e_0)\right] \tag{3-35}$$

例 3-8　以例 3-1 为例，利用例 3-1 建立的关于价格和售后服务支出对销售量的影响的模型，求价格为 1 250 元/个、售后服务支出为 16 万元时销售量的置信度为 95% 的预测置信区间。

解：这里，$\boldsymbol{X}_0 = (1, 1\ 250, 16)$，已知

$$\hat{Y}_0 = 263.603, \quad t_{0.025}(19) = 2.093, \quad \hat{\sigma}^2 = 72.687\ 6$$

$$(X'X)^{-1} = \begin{bmatrix} 23.752\ 62 & -0.015\ 491\ 5 & -0.165\ 912\ 234 \\ -0.015\ 49 & 1.133\ 28 \times 10^{-5} & -2.514\ 77 \times 10^{-5} \\ -0.165\ 91 & -2.514\ 77 \times 10^{-5} & 0.015\ 905\ 947 \end{bmatrix}$$

可求得

$$\widehat{SE}(e_0) = \sqrt{\hat{\sigma}^2 [1 + X_0 (X'X)^{-1} X'_0]}$$

$$= \sqrt{72.687\ 6 \times \left\{ 1 + [1\ \ 1\ 250\ \ 16] \begin{bmatrix} 23.752\ 62 & -0.015\ 491\ 5 & -0.165\ 912\ 234 \\ -0.015\ 49 & 1.133\ 28 \times 10^{-5} & -2.514\ 77 \times 10^{-5} \\ -0.165\ 91 & -2.514\ 77 \times 10^{-5} & 0.015\ 905\ 947 \end{bmatrix} \begin{bmatrix} 1 \\ 1\ 250 \\ 16 \end{bmatrix} \right\}}$$

$$= 10.400\ 6$$

所以,由式(3-35)可求得销售量的置信度为 95% 的预测置信区间为

$$[263.603 - 2.093 \times 10.400\ 6, 263.603 + 2.093 \times 10.400\ 6]$$

即

$$[241.835, 285.371]$$

四、预测置信区间的特征

同一元线性回归模型,多元线性回归模型的预测置信区间依然有如下特征。

1. 被解释变量总体均值的预测置信区间窄于个别值的预测置信区间

被解释变量的总体均值 $E(Y|X_{10}, X_{20}, \cdots, X_{k0})$ 的波动,主要取决于样本数据的抽样波动。被解释变量的个别值 Y_0 的波动,除受样本数据的抽样波动的影响外,还受随机误差项 μ_i 的影响。反映在式(3-34)、式(3-35)中,$\widehat{SE}(\hat{Y}_0) < \widehat{SE}(e_0)$,总体均值的预测置信区间窄于个别值的预测置信区间。

2. 解释变量 X 的取值偏离 $\overline{X}$ 的距离越大,预测置信区间的宽度越大

在解释变量的样本均值 $\overline{X}$ 处,样本观察数据的代表性往往较好,即抽样波动往往较小,被解释变量的总体均值 $E(Y|X_{10}, X_{20}, \cdots, X_{k0})$ 和个别值 Y_0 的波动较小。反之,解释变量 X 的取值偏离 $\overline{X}$ 的距离越大,样本观察数据的代表性往往越差,即抽样波动往往越大,被解释变量的总体均值 $E(Y|X_{10}, X_{20}, \cdots, X_{k0})$ 和个别值 Y_0 的波动越大。由此可见,用回归模型作预测时,解释变量的取值不宜偏离解释变量的样本均值 $\overline{X}$ 太大,否则预测精度会大大降低。

3. 样本容量越大、拟合优度越高,预测置信区间越小

样本容量越大,样本观察数据的代表性越好,被解释变量的总体均值 $E(Y|X_0)$ 和个别值 Y_0 的波动越小。拟合优度越高,回归直线对样本数据的拟合程度越好,模型的预测精度就越高。反映在式(3-34)、式(3-35)中,样本容量越大,t 分布临界值 $t_{\alpha/2}$ 越小。拟合优度越高,$\hat{\sigma}^2$ 越小,$\widehat{SE}(\hat{Y}_0)$、$\widehat{SE}(e_0)$ 越小。

另外,在多元线性回归模型中,解释变量之间的线性相关程度越严重,预测置信区间

越大。因为解释变量之间的线性相关程度越严重，$X'X$ 矩阵越接近奇异，$(X'X)^{-1}$ 矩阵中的元素越大，$X_0(X'X)^{-1}X'_0$ 越大，反映在式(3-34)、式(3-35)中，$\widehat{SE}(\hat{Y}_0)$、$\widehat{SE}(e_0)$ 越大。

第六节　案例分析

一、问题的提出

失业与通货膨胀是短期宏观经济运行中的两个主要问题。如果经济决策者的目标是低失业和低通货膨胀，则会发现低失业和低通货膨胀目标往往是冲突的。利用总需求-总供给模型来解释，假设决策者用扩张的财政政策或货币政策扩大总需求，达到低失业的目标，会使经济沿着短期总供给曲线变动到更高产出和更高物价水平的一点上，这在增加产出、降低失业的同时，导致了较高的物价水平，较高的物价水平意味着较高的通货膨胀。反之，假设用紧缩的财政政策或货币政策缩减总需求，达到低通货膨胀的目标，则会导致较低的产出，较低的产出意味着较高的失业。在宏观经济学中，失业与通货膨胀之间的这种负相关关系可以用菲利普斯曲线来说明，包括简单菲利普斯曲线、附加预期的菲利普斯曲线。其中，简单菲利普斯曲线只描述了失业与通货膨胀之间的负相关关系，如式(3-36)所示：

$$\pi = -\varepsilon(u - u^*) \tag{3-36}$$

其中，π 为通货膨胀率；u 为失业率；u^* 为自然失业率；ε 为参数。附加预期的菲利普斯曲线除考虑了失业与通货膨胀之间的负相关关系外，还考虑了通货膨胀预期对通货膨胀的影响，如式(3-37)所示：

$$\pi = \pi^e - \varepsilon(u - u^*) \tag{3-37}$$

其中，π^e 为预期通货膨胀率。

无论简单菲利普斯曲线，还是附加预期的菲利普斯曲线，反映的都是经济变量之间的线性关系，可以建立线性计量经济学模型进行研究，这里应用多元线性回归模型对附加预期的菲利普斯曲线进行实证研究。

二、模型与数据

1. 模型设定

式(3-37)可化为

$$\pi = \varepsilon u^* - \varepsilon u + \pi^e$$

所以，可将模型设定为

$$Y_i = \beta_0 + \beta_1 X_{1i} + \beta_2 X_{2i} + \mu_i$$

其中，被解释变量 Y 为"实际通货膨胀率"，解释变量 X_1 为"失业率"，解释变量 X_2 为"预期通货膨胀率"。

2. 样本数据

与变量的选择相对应,选取某国 1995～2010 年的实际通货膨胀率、失业率、预期通货膨胀率数据,如表 3-3 所示。

表 3-3　1995～2010 年某国实际通货膨胀率、失业率和预期通货膨胀率　　　单位:%

年份	实际通货膨胀率 Y	失业率 X_1	预期通货膨胀率 X_2
1995	13.46	7.1	10.12
1996	6.12	9.8	8.02
1997	10.21	7.5	10.83
1998	5.99	5.1	4.79
1999	4.33	5.8	3.85
2000	3.29	5.6	3.32
2001	6.23	4.9	3.43
2002	9.98	4.8	6.79
2003	9.11	8.4	9.51
2004	5.78	7.8	6.53
2005	6.51	7.2	5.86
2006	7.68	6.2	6.12
2007	8.89	7.5	9.38
2008	9.15	8.6	9.52
2009	10.98	5.7	6.93
2010	11.48	5.9	7.99

三、参数估计

运用 EViews 软件进行模型参数估计,有以下步骤。

1. 建立工作文件

双击 EViews 图标,进入 EViews 主窗口。在菜单栏中依次单击"File\New\Workfile",在对话框"Workfile Create"中"Date specification"选项区的"Frequency"中选择"Annual"(年度),并在"Start date"中输入起始年份"1995",在"End date"中输入终止年份"2010",单击"OK",出现"Workfile UNTITLED"工作框。

2. 输入数据

在 EViews 命令框中输入"data Y X1 X2",回车,出现数据编辑窗口,在数据编辑窗口中依顺序输入相应的数据。在数据编辑窗口的工具栏中选择"Edit＋/－"按钮,进入编辑状态即可输入或修改序列观测值,录入或修改数据完毕后再次点击"Edit＋/－"按钮恢复到只读状态。其他方法同第二章第六节案例分析。

3. 估计参数

在 EViews 主窗口界面点击"Quick"菜单,点击"Estimate Equation",出现"Equation Specification"对话框,选"LS-Least Squares"(最小二乘估计),输入"Y C X1 X2",回车或点击"OK",即出现回归结果,见表 3-4。其他方法同第二章第六节案例分析。

表 3-4　回归分析结果

Dependent Variable：Y

Method：Least Squares

Date：07/11/12　Time：16：04

Sample：1995 2010

Included observations：16

	Coefficient	Std. Error	t-Statistic	Prob.
C	7. 113 945	1. 398 664	5. 086 244	0. 000 2
X1	−1. 300 848	0. 264 774	−4. 913 042	0. 000 3
X2	1. 378 710	0. 160 571	8. 586 267	0. 000 0
R-squared	0. 851 170	Mean dependent var		8. 074 375
Adjusted R-squared	0. 828 274	S. D. dependent var		2. 786 592
S. E. of regression	1. 154 760	Akaike info criterion		3. 293 023
Sum squared resid	17. 335 13	Schwarz criterion		3. 437 884
Log likelihood	−23. 344 19	Hannan-Quinn criter.		3. 300 441
F-statistic	37. 174 12	Durbin-Watson stat		1. 353 544
Prob(F-statistic)	0. 000 004			

若要显示回归结果的图形，在"Equation"窗口中，点击"Resids"，即出现残差值(Residual)、实际值(Actual)、拟合值(Fitted)的图形，如图 3-1 所示。

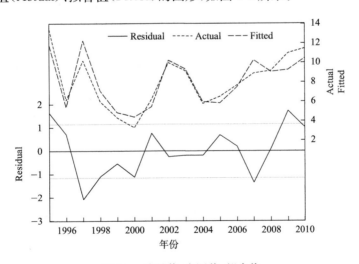

图 3-1　残差值、实际值、拟合值

根据表 3-4，模型估计结果为

$$\hat{Y}_i = 7.113\ 945 - 1.300\ 848X_{1i} + 1.378\ 710X_{2i}$$

$$(5.086\ 244)\quad(-4.913\ 042)\quad(8.586\ 267)$$

$$\overline{R}^2 = 0.828\ 274, F = 37.174\ 12$$

四、模型检验

1. 经济意义检验

根据回归结果,参数 $\hat{\beta}_1=-1.300\,848$,说明在其他变量不变的条件下,失业率每下降 1% ,就会使实际通货膨胀率上升 1.300 848% ,与理论模型中描述的失业率与通货膨胀率之间存在负相关关系,失业与通货膨胀之间存在替代关系,是一致的;参数 $\hat{\beta}_2=$ 1.378 710,说明在其他变量不变的条件下,预期通货膨胀率上升 1% ,就会使实际通货膨胀率上升 1.378 710% ,与理论模型中描述的实际通货膨胀率与预期通货膨胀率之间存在正相关关系是一致的。但按理论模型, $\beta_2=1$,这里 $\hat{\beta}_2=1.378\,710$,说明预期对通货膨胀的影响比理论模型中设定的还要强。

2. 统计推断检验

1) 拟合优度检验

由表中数据可以看出,本例中的决定系数 $R^2=0.885\,117\,0$,调整的决定系数为 $\bar{R}^2=$ 0.828 274,说明模型对样本的拟合效果较好,解释变量能对被解释变量 83% 的离差做出解释。

2) 方程显著性检验——F 检验

给定显著性水平 $\alpha=0.05$,针对原假设 $H_0:\beta_1=\beta_2=0$,备择假设 $H_1:\beta_1,\beta_2$ 不全为 0, 进行检验。由表中可以看出, F 统计量值为 $F=37.174\,12$,查 F 分布表中自由度分别为 $k=2,n-k-1=16-2-1=13$(其中, k 为解释变量个数, n 为观测值个数)的临界值为 $F_{0.05}(2,13)=3.81$,由于 $F>F_{0.05}(2,13)$,所以拒绝原假设 $H_0:\beta_1=\beta_2=0$,接受备择假设 $H_1:\beta_1,\beta_2$ 不全为 0,认为在 5% 的显著性水平下, Y 对 X_1、X_2 有显著的线性关系,回归方程是显著的,即解释变量"失业率"和"预期通货膨胀率"联合起来对被解释变量"实际通货膨胀率"有显著影响。

在 EViews 回归结果中,直接给出了拒绝原假设犯错误(第一类错误或 α 错误)的概率 P 值[Prob(F-statistic)],若 P 值小于给定的显著性水平 α ,则拒绝原假设,反之则不能拒绝原假设。本例中 P 值$=0<\alpha=0.05$,则拒绝原假设,即回归方程显著,模型对样本数据的整体拟合效果较好。

3) 变量显著性检验——t 检验

给定显著性水平 $\alpha=0.05$,分别针对 $H_0:\beta_1=0,H_1:\beta_1\neq0$ 和 $H_0:\beta_2=0,H_1:\beta_2\neq0$ 进行检验。由表中可以看出, $\hat{\beta}_1$、$\hat{\beta}_2$ 的 t 值分别为

$$t(\hat{\beta}_1)=-4.913\,042,t(\hat{\beta}_2)=8.586\,267$$

查 t 分布表得自由度为 13 的临界值为

$$t_{0.025}(13)=2.160$$

可见

$$|t(\hat{\beta}_1)|>t_{0.025}(13),t(\hat{\beta}_2)>t_{0.025}(13)$$

所以拒绝原假设,接受备择假设 $H_1:\beta_1\neq0,H_1:\beta_2\neq0$ 。

这表明解释变量"失业率"和"预期通货膨胀率"都在 95% 的置信水平下对被解释变量"实际通货膨胀率"影响显著,都通过了变量的显著性检验。

➤ 本章小结

多元线性总体回归模型、多元线性总体回归函数、多元线性样本回归模型、多元线性样本回归函数,可分别用矩阵形式表示为 $Y=X\beta+\mu,E(Y|X)=X\beta,Y=X\hat{\beta}+e,\hat{Y}=X\hat{\beta}$。

多元线性回归模型的基本假设主要包括:解释变量是确定性变量,解释变量之间不相关;随机误差项与解释变量不相关,不存在序列相关性,服从零均值、同方差的正态分布;回归模型是正确设定的。

多元线性回归模型的普通最小二乘估计为

$$\hat{\boldsymbol{\beta}} = (\boldsymbol{X}'\boldsymbol{X})^{-1}\boldsymbol{X}'\boldsymbol{Y}$$

是最佳线性无偏估计量。

多元线性回归模型的随机误差项的方差的普通最小二乘估计量为

$$\hat{\sigma}^2 = \frac{\sum\limits_{i=1}^{n} e_i^2}{n-k-1}$$

是一个无偏估计量。

能够进行参数估计的最小样本容量要求是 $n \geqslant k+1$,一般经验认为,当 $n \geqslant 30$ 或者至少 $n \geqslant 3(k+1)$ 时,才能满足基本要求。

在多元线性回归模型中,依然有决定系数

$$R^2 = \frac{\text{ESS}}{\text{TSS}} = 1 - \frac{\text{RSS}}{\text{TSS}}$$

可作为度量模型拟合优度的统计量。但决定系数 R^2 随解释变量数目的增加而增大(或至少不变),在多元线性回归模型拟合优度评价方面的作用受到了很大的限制。克服决定系数 R^2 的上述缺陷的方法,是对决定系数 R^2 进行适当的调整,得到调整的决定系数

$$\bar{R}^2 = 1 - \frac{\text{RSS}/(n-k-1)}{\text{TSS}/(n-1)}$$

满足基本假设条件下,多元线性回归模型的普通最小二乘估计量 $\hat{\beta}_0, \hat{\beta}_1, \hat{\beta}_2, \cdots, \hat{\beta}_k$ 服从正态分布。对于 $\beta_j (j=0,1,2,\cdots,k)$,用 c_{j+1j+1} 表示矩阵 $(\boldsymbol{X}'\boldsymbol{X})^{-1}$ 的主对角线上的第 $j+1$ 个元素,有

$$\hat{\beta}_j \sim N(\beta_j, c_{j+1j+1}\sigma^2)$$

在已知参数的分布性质的情况下,可以很方便地求得参数的区间估计。在 α 显著性水平下,参数 $\beta_j (j=0,1,2,\cdots,k)$ 的置信区间为

$$\left[\hat{\beta}_j - t_{\frac{\alpha}{2}} \widehat{\text{SE}}(\hat{\beta}_j), \quad \hat{\beta}_j + t_{\frac{\alpha}{2}} \widehat{\text{SE}}(\hat{\beta}_j) \right]$$

在多元线性回归模型中,参数的假设检验包括变量显著性检验(t 检验)和方程显著性检验(F 检验)。

对第 j 个解释变量 $X_j(j=1,2,\cdots,k)$ 进行变量显著性检验,原假设为 $H_0:\beta_j=0$,备择假设为 $H_1:\beta_j\neq0$,对于给定的显著性水平 α,如果

$$t_j \in \left[-t_{\frac{\alpha}{2}},t_{\frac{\alpha}{2}}\right]$$

则接受原假设 $H_0:\beta_j=0$,认为解释变量 X_j 对被解释变量的影响不显著;反之,则拒绝原假设 $H_0:\beta_j=0$,接受备择假设 $H_1:\beta_j\neq0$,认为解释变量 X_j 对被解释变量的影响显著。

方程显著性检验的原假设为

$$H_0:\beta_1 = 0,\beta_2 = 0,\cdots,\beta_k = 0$$

备择假设为

$$H_1:\beta_1,\beta_2,\cdots,\beta_k \text{ 不全为 } 0$$

对于给定的显著性水平 α,若

$$F > F_\alpha(k,n-k-1)$$

则拒绝原假设 H_0,得出模型的线性关系在总体上显著成立的结论。反之,则接受原假设 H_0,得出模型的线性关系在总体上不显著的结论。

在多元线性回归模型中,变量显著性检验与方程显著性检验都要进行,不能相互替代。在一元线性回归模型中,变量显著性检验与方程显著性检验一致。所以,在一元线性回归模型中,一般只进行变量显著性检验。

拟合优度检验与方程显著性检验的联系十分密切,决定系数 R^2 和调整的决定系数 $\bar{R}^2$ 与方程显著性检验的 F 统计量同方向变化,即模型对样本数据的拟合程度越高,模型总体线性关系的显著性越强。拟合优度检验与方程显著性检验的主要区别在于,拟合优度检验只是通过决定系数 R^2 和调整的决定系数 $\bar{R}^2$ 提供了对模型拟合优度的度量,并没有提供模型是否通过检验的明确界限,而方程显著性检验可在给定显著性水平下,给出模型总体线性关系是否显著成立的统计意义上的严格的结论。

$\hat{Y}_0=X_0\hat{\boldsymbol{\beta}}=\hat{\beta}_0+\hat{\beta}_1X_{10}+\hat{\beta}_2X_{10}+\cdots+\hat{\beta}_kX_{k0}$ 是被解释变量的总体均值 $E(Y\mid X_{10},X_{20},\cdots,X_{k0})$ 的一个无偏估计,可作为被解释变量的总体均值的点预测。

总体均值 $E(Y\mid X_{10},X_{20},\cdots,X_{k0})$ 的置信度为 $1-\alpha$ 的预测置信区间为

$$\left[\hat{Y}_0-t_{\frac{\alpha}{2}}\widehat{SE}(\hat{Y}_0),\hat{Y}_0+t_{\frac{\alpha}{2}}\widehat{SE}(\hat{Y}_0)\right]$$

个别值 Y_0 的置信度为 $1-\alpha$ 的预测置信区间为

$$\left[\hat{Y}_0-t_{\frac{\alpha}{2}}\widehat{SE}(e_0),\hat{Y}_0+t_{\frac{\alpha}{2}}\widehat{SE}(e_0)\right]$$

多元线性回归模型的预测置信区间依然有如下特征:
(1) 被解释变量总体均值的预测置信区间窄于个别值的预测置信区间。
(2) 解释变量 X 的取值偏离 $\bar{X}$ 的距离越大,预测置信区间的宽度越大。
(3) 样本容量越大、拟合优度越高,预测置信区间越小。
(4) 解释变量之间的线性相关程度越严重,预测置信区间越大。

➤ 思考与练习

1. 多元线性回归模型的基本假设有哪些?在多元线性回归模型的参数估计量的无偏性、有效性的

证明中各用了哪些?

2. 对于多元线性回归模型 $Y_i = \beta_0 + \beta_1 X_{1i} + \beta_2 X_{2i} + \cdots + \beta_k X_{ki} + \mu_i$,证明:

(1) $E(Y_i) = \beta_0 + \beta_1 X_{1i} + \beta_2 X_{2i} + \cdots + \beta_k X_{ki}$。

(2) $\text{var}(Y_i) = \sigma^2$。

(3) $\text{cov}(Y_i, Y_j) = 0, \quad i \neq j$。

3. 在多元模型中,为何要对决定系数进行调整? 调整的决定系数 $\bar{R}^2$ 与 F 的关系如何?

4. t 检验、F 检验的关系如何?

5. 对于多元线性回归模型 $Y_i = \beta_1 X_{1i} + \beta_2 X_{2i} + \cdots + \beta_k X_{ki} + \mu_i$,请回答以下问题:

(1) 求参数的普通最小二乘估计量。

(2) 对于该模型,参数的普通最小二乘估计量是否依然满足线性性、无偏性、有效性?

(3) 对于该模型,是否依然有

$$\sum_{i=1}^{n} e_i = 0, \sum_{i=1}^{n} e_i X_{1i} = 0 (j = 1, 2, \cdots, k), \quad \sum_{i=1}^{n} e_i \hat{Y}_i = 0$$

6. 证明:在 α 显著性水平下,当 $|t_i| > t_{\frac{\alpha}{2}}$ 时,β_i 的置信度为 $1 - \alpha$ 的置信区间不包括 0。

7. 为研究某地家庭书刊消费与家庭收入、户主受教育程度之间的关系,建立了家庭书刊年消费支出 Y(元)、家庭月平均收入 X_1(元)、户主受教育年数 X_2(年)的模型,用抽样得到的 35 个家庭的数据估计得

$$\hat{Y}_i = 8.261\ 7 + 0.020\ 8 X_{1i} + 1.269\ 8 X_{2i}$$

$$t = (3.356\ 763)(-4.237\ 629)(2.965\ 781)$$

$$R^2 = 0.961\ 542, \bar{R}^2 = 0.936\ 783, F = 98.523\ 926, n = 35$$

(1) 从经济意义上考察模型的合理性。

(2) 在 5% 的显著性水平上,进行变量显著性检验。

(3) 在 5% 的显著性水平上,进行方程总体显著性检验。

8. 一个二元线性回归模型的回归结果如表 3-5 所示。

表 3-5 回归分析结果

方差来源	平方和	自由度
来自回归	17 058	
来自残差		
来自总离差	26 783	32

(1) 求样本容量 n,残差平方和 RSS,回归平方和 ESS 的自由度,残差平方和 RSS 的自由度。

(2) 求决定系数 R^2 和调整的决定系数 $\bar{R}^2$。

(3) 根据以上信息,在给定显著性水平下,可否检验两个解释变量对被解释变量的联合影响是否显著? 为什么?

(4) 根据以上信息,在给定显著性水平下,可否检验两个解释变量各自对被解释变量的影响是否显著? 为什么?

9. 某地 1986~2011 年国内生产总值 Y、生产资金 K、从业人数 L 的统计数据如表 3-6 所示。

表 3-6   某地 1986～2011 年的国内生产总值及相关数据

年份	GDP /亿元	时间变量	生产资金 /亿元	从业人数 /万人	年份	GDP /亿元	时间变量	生产资金 /亿元	从业人数 /万人
1986	123.6	1	486.7	386.4	1999	406.2	14	1 500.8	456.3
1987	125.8	2	512.5	391.2	2000	421.3	15	1 523.7	461.1
1988	128.5	3	521.8	396.1	2001	563.5	16	1 657.8	465.4
1989	132.3	4	532.9	401.9	2002	710.6	17	2 378.5	470.2
1990	138.3	5	550.3	406.3	2003	867.9	18	2 903.7	473.9
1991	140.7	6	581.9	410.8	2004	910.3	19	3 106.7	479.4
1992	147.2	7	589.3	414.9	2005	1 025.4	20	3 218.5	483.5
1993	155.4	8	601.8	419.5	2006	1 287.5	21	3 827.6	489.1
1994	167.0	9	631.5	421.0	2007	1 328.1	22	4 057.1	483.1
1995	180.1	10	655.1	425.6	2008	1 409.1	23	4 355.2	490.2
1996	213.7	11	667.3	429.7	2009	1 582.3	24	4 633.6	498.4
1997	309.9	12	1 083.3	435.6	2010	1 790.5	25	4 897.4	510.1
1998	385.8	13	1 358.9	451.2	2011	1 925.7	26	5 721.3	516.2

(1) 估计 C-D 生产函数

$$Y = A_0(1+r)^t L^\alpha K^\beta e^\varepsilon$$

(2) 估计线性化后的 CES 生产函数

$$\ln Y = \ln A_0 + t\ln(1+r) + m\delta\ln L + m(1-\delta)\ln K - \frac{1}{2}\rho m\delta(1-\delta)\left(\ln\frac{K}{L}\right)^2 + \varepsilon$$

其中,各个参数的含义如下:

A_0——基期技术水平;

r——技术进步率;

t——时间变量;

α——劳动的贡献份额;

β——资本的贡献份额;

m——规模效益参数;

δ——分布系数,反映劳动要素的密集程度,$0<\delta<1$;

ρ——替代参数,$\rho\geq1$。

推算各个参数的估计值。

10. 某商品的需求函数为

$$\widehat{\ln Y_i} = 92.3 + 0.46\ln X_{1i} - 0.18\ln X_{2i}$$
$$(0.126) \qquad (0.032)$$
$$(3.651) \qquad (-5.625)$$
$$R^2 = 0.983, \quad \bar{R}^2 = 0.976, \quad F = 581$$

其中,Y 为需求量,X_1 为消费者收入,X_2 为该商品价格。

(1) 解释参数的经济意义。

(2) 若价格上涨 10%,将导致需求如何变化?

(3) 在价格上涨 10%的情况下,收入增加多少才能保持需求不变?

(4) 解释模型中各个统计量的含义。

11. 表 3-7 给出了 1960～1982 年 7 个 OECD 国家的能源需求指数 Y、实际 GDP 指数 X_1、能源价格指数 X_2，所有价格指数均以 1973 年为基准(1973 年为 100)。

表 3-7　1960～1982 年 7 个 OECD 国家的能源需求指数及相关数据

年份	能源需求指数	实际GDP指数	能源价格指数	年份	能源需求指数	实际GDP指数	能源价格指数
1960	54.1	54.1	111.9	1972	97.2	94.3	98.6
1961	55.4	56.4	112.4	1973	100.0	100.0	100.0
1962	58.5	59.4	111.1	1974	97.3	101.4	120.1
1963	61.7	62.1	110.2	1975	93.5	100.5	131.0
1964	63.6	65.9	109.0	1976	99.1	105.3	129.6
1965	66.8	69.5	108.3	1977	100.9	109.9	137.7
1966	70.3	73.2	105.3	1978	103.9	114.4	133.7
1967	73.5	75.7	105.4	1979	106.9	118.3	144.5
1968	78.3	79.9	104.3	1980	101.2	119.6	179.0
1969	83.3	83.8	101.7	1981	98.1	121.1	189.4
1970	88.9	86.2	97.7	1982	95.6	120.6	190.9
1971	91.8	89.8	100.3				

资料来源：Organization for Economic Co-operation and Development

(1) 建立能源需求的对数函数模型 $\ln Y_i = \beta_0 + \beta_1 \ln X_{1i} + \beta_2 \ln X_{2i} + \mu_i$，解释各回归系数的意义，用 P 值检验各解释变量是否显著、方程是否显著。

(2) 建立能源需求的线性函数模型 $Y_i = \beta_0 + \beta_1 X_{1i} + \beta_2 X_{2i} + \mu_i$，解释各回归系数的意义，用 P 值检验各解释变量是否显著、方程是否显著。

(3) 比较所建立的两个模型，如果两个模型的结论不同，你将选择哪个模型？为什么？根据你选定的模型，估计实际 GDP 指数为 98.6，能源价格指数为 121.5 时能源需求指数的数值，构造该估计值的 95% 的置信区间。

12. 设定模型 $Y_i = \beta_0 + \beta_1 X_{1i} + \beta_2 X_{2i} + \beta_3 X_{3i} + \mu_i$，研究我国"税收收入 Y"受"国内生产总值 X_1"、"财政支出 X_2"、"商品零售价格指数 X_3"的影响，据《中国统计年鉴》得到的样本数据如表 3-8 所示。

表 3-8　我国税收收入及相关数据

年份	税收收入/亿元	国内生产总值/亿元	财政支出/亿元	商品零售价格指数/%
1978	519	3 645	1 122	100.7
1979	538	4 063	1 282	102.0
1980	572	4 546	1 229	106.0
1981	630	4 892	1 138	102.4
1982	700	5 323	1 230	101.9
1983	776	5 963	1 410	101.5
1984	947	7 208	1 701	102.8
1985	2 041	9 016	2 004	108.8
1986	2 091	10 275	2 205	106.0
1987	2 140	12 059	2 262	107.3

续表

年份	税收收入 /亿元	国内生产 总值/亿元	财政支出 /亿元	商品零售价格 指数/%
1988	2 390	15 043	2 491	118.5
1989	2 727	16 992	2 824	117.8
1990	2 822	18 668	3 084	102.1
1991	2 990	21 782	3 387	102.9
1992	3 297	26 924	3 742	105.4
1993	4 255	35 334	4 642	113.2
1994	5 127	48 198	5 793	121.7
1995	6 038	60 794	6 824	114.8
1996	6 910	71 177	7 938	106.1
1997	8 234	78 973	9 234	100.8
1998	9 263	84 402	10 798	97.4
1999	10 683	88 677	13 188	97.0
2000	12 582	99 215	15 887	98.5
2001	15 301	10 955	18 903	99.2
2002	17 636	120 333	22 053	98.7
2003	20 017	135 823	24 650	99.9
2004	24 166	159 878	28 487	102.8
2005	28 779	184 937	33 930	100.8
2006	34 804	216 314	40 423	101.0
2007	45 622	265 810	49 781	103.8
2008	54 224	314 045	62 593	105.9
2009	59 522	340 903	76 300	98.8
2010	73 211	401 202	89 874	103.1

（1）估计模型参数、随机误差项的方差。

（2）检验模型，包括经济意义检验、拟合优度检验、变量显著性检验、方程显著性检验。

附录 3.1　普通最小二乘参数估计量的有效性的证明

假设

$$\boldsymbol{B} = \begin{bmatrix} b_0 \\ b_1 \\ b_2 \\ \vdots \\ b_k \end{bmatrix}$$

是多元线性回归模型

$$Y_i = \beta_0 + \beta_1 X_{1i} + \beta_2 X_{2i} + \cdots + \beta_k X_{ki} + \mu_i, \quad i = 1, 2, \cdots, n$$

的参数的不同于普通最小二乘估计

$$\hat{\boldsymbol{\beta}} = \begin{bmatrix} \hat{\beta}_0 \\ \hat{\beta}_1 \\ \hat{\beta}_2 \\ \vdots \\ \hat{\beta}_k \end{bmatrix}$$

的任一其他线性无偏估计。

由线性性知，$\boldsymbol{B}$ 可以表示为

$$\boldsymbol{B} = \boldsymbol{AY}$$

其中，$\boldsymbol{A}$ 为 $(k+1) \times n$ 阶非随机矩阵。

$$\begin{aligned} E(\boldsymbol{B}) &= E(\boldsymbol{AY}) \\ &= E[\boldsymbol{A}(\boldsymbol{X\beta} + \boldsymbol{\mu})] \\ &= \boldsymbol{AX\beta} + \boldsymbol{A}E(\boldsymbol{\mu}) \\ &= \boldsymbol{AX\beta} \end{aligned}$$

由无偏性知

$$E(\boldsymbol{B}) = \boldsymbol{\beta}$$

所以，必然有

$$\boldsymbol{AX} = \boldsymbol{I}$$

要证明普通最小二乘参数估计 $\hat{\boldsymbol{\beta}}$ 的方差最小，只需要证明

$$\mathrm{var}(\boldsymbol{B}) - \mathrm{var}(\hat{\boldsymbol{\beta}})$$

为半正定矩阵，因为 $\mathrm{var}(\boldsymbol{B}) - \mathrm{var}(\hat{\boldsymbol{\beta}})$ 的主对角线上的元素依次是 b_0，$\hat{\beta}_0$ 的方差之差，b_1，$\hat{\beta}_1$ 的方差之差，b_2，$\hat{\beta}_2$ 的方差之差，$\cdots$，b_k，$\hat{\beta}_k$ 的方差之差，半正定矩阵主对角线上的元素都大于等于 0。

由于

$$\left. \begin{aligned} \boldsymbol{B} &= \boldsymbol{AY} \\ \boldsymbol{AX} &= \boldsymbol{I} \end{aligned} \right\}$$

有

$$\begin{aligned} \mathrm{var}(\boldsymbol{B}) &= E\{[\boldsymbol{B} - E(\boldsymbol{B})][\boldsymbol{B} - E(\boldsymbol{B})]'\} \\ &= E[(\boldsymbol{AY} - \boldsymbol{\beta})(\boldsymbol{AY} - \boldsymbol{\beta})'] \\ &= E\{[\boldsymbol{A}(\boldsymbol{X\beta} + \boldsymbol{\mu}) - \boldsymbol{\beta}][\boldsymbol{A}(\boldsymbol{X\beta} + \boldsymbol{\mu}) - \boldsymbol{\beta}]'\} \\ &= E[\boldsymbol{A\mu}(\boldsymbol{A\mu})'] \\ &= E(\boldsymbol{A\mu\mu}'\boldsymbol{A}') \\ &= \boldsymbol{A}E(\boldsymbol{\mu\mu}')\boldsymbol{A}' \\ &= \boldsymbol{A}\sigma^2 \boldsymbol{I} \boldsymbol{A}' \\ &= \boldsymbol{AA}'\sigma^2 \end{aligned}$$

已知

$$\mathrm{var}(\hat{\boldsymbol{\beta}}) = (\boldsymbol{X}'\boldsymbol{X})^{-1}\sigma^2$$

所以

$$\mathrm{var}(\boldsymbol{B}) - \mathrm{var}(\hat{\boldsymbol{\beta}}) = [\boldsymbol{AA}' - (\boldsymbol{X}'\boldsymbol{X})^{-1}]\sigma^2$$

由线性代数知，对任一非奇异矩阵 $\boldsymbol{C}$，$\boldsymbol{CC}'$ 为半正定矩阵，而

$$[A-(X'X)^{-1}X'][A-(X'X)^{-1}X']'=[A-(X'X)^{-1}X'][A'-X(X'X)^{-1}]$$
$$=AA'-AX(X'X)^{-1}-(X'X)^{-1}X'A'$$
$$+(X'X)^{-1}X'X(X'X)^{-1}$$
$$=AA'-(X'X)^{-1}-(X'X)^{-1}+(X'X)^{-1}$$
$$=AA'-(X'X)^{-1}$$

所以

$$AA'-(X'X)^{-1}$$

为半正定矩阵,所以

$$[AA'-(X'X)^{-1}]\sigma^2$$

为半正定矩阵,所以

$$\mathrm{var}(B)-\mathrm{var}(\hat{\pmb{\beta}})$$

为半正定矩阵。

■ 附录3.2　随机误差项的方差 σ^2 的普通最小二乘估计的证明

因为

$$e=Y-\hat{Y}$$
$$=X\pmb{\beta}+\pmb{\mu}-X\hat{\pmb{\beta}}$$
$$=X\pmb{\beta}+\pmb{\mu}-X[(X'X)^{-1}X'Y]$$
$$=X\pmb{\beta}+\pmb{\mu}-X[(X'X)^{-1}X'(X\pmb{\beta}+\pmb{\mu})]$$
$$=X\pmb{\beta}+\pmb{\mu}-X\pmb{\beta}-X(X'X)^{-1}X'\pmb{\mu}$$
$$=[I-X(X'X)^{-1}X']\pmb{\mu}$$

记

$$M=I-X(X'X)^{-1}X'$$

有

$$e=M\pmb{\mu}$$

所以

$$\sum_{i=1}^{n}e_i^2=e'e=\pmb{\mu}'M'M\pmb{\mu}$$

其中,M 是一个对称幂等矩阵,即 $M'=M,M^n=M$,因为

$$M'=[I-X(X'X)^{-1}X']'$$
$$=I-X(X'X)^{-1}X'$$
$$=M$$
$$M^2=[I-X(X'X)^{-1}X'][I-X(X'X)^{-1}X']$$
$$=I-X(X'X)^{-1}X'-X(X'X)^{-1}X'+X(X'X)^{-1}X'$$
$$=I-X(X'X)^{-1}X'$$
$$=M$$
$$M^n=M^{n-2}M^2=M^{n-2}M=M^{n-1}=\cdots=M$$

所以

$$\sum_{i=1}^{n} e_i^2 = \boldsymbol{\mu}'\boldsymbol{M}'\boldsymbol{M}\boldsymbol{\mu} = \boldsymbol{\mu}'\boldsymbol{M}\boldsymbol{M}\boldsymbol{\mu} = \boldsymbol{\mu}'\boldsymbol{M}\boldsymbol{\mu}$$

其中，$\boldsymbol{\mu}'\boldsymbol{M}\boldsymbol{\mu}$ 是一个标量，有

$$\boldsymbol{\mu}'\boldsymbol{M}\boldsymbol{\mu} = \mathrm{tr}(\boldsymbol{\mu}'\boldsymbol{M}\boldsymbol{\mu})$$

所以

$$\sum_{i=1}^{n} e_i^2 = \mathrm{tr}(\boldsymbol{\mu}'\boldsymbol{M}\boldsymbol{\mu})$$

分别以 $\boldsymbol{I}_n, \boldsymbol{I}_{k+1}$ 表示 n 阶，$k+1$ 阶单位阵，有

$$\begin{aligned}
E\left(\sum_{i=1}^{n} e_i^2\right) &= E[\mathrm{tr}(\boldsymbol{\mu}'\boldsymbol{M}\boldsymbol{\mu})] = E[\mathrm{tr}(\boldsymbol{\mu}\boldsymbol{\mu}'\boldsymbol{M})] \\
&= \mathrm{tr}[E(\boldsymbol{\mu}'\boldsymbol{\mu})\boldsymbol{M}] = \sigma^2\,\mathrm{tr}(\boldsymbol{M}) \\
&= \sigma^2\,\mathrm{tr}[\boldsymbol{I} - \boldsymbol{X}(\boldsymbol{X}'\boldsymbol{X})^{-1}\boldsymbol{X}'] \\
&= \sigma^2\{\mathrm{tr}(\boldsymbol{I}_n) - \mathrm{tr}[\boldsymbol{X}(\boldsymbol{X}'\boldsymbol{X})^{-1}\boldsymbol{X}']\} \\
&= \sigma^2\{\mathrm{tr}(\boldsymbol{I}_n) - \mathrm{tr}[(\boldsymbol{X}'\boldsymbol{X})^{-1}\boldsymbol{X}'\boldsymbol{X}]\} \\
&= \sigma^2[\mathrm{tr}(\boldsymbol{I}_n) - \mathrm{tr}(\boldsymbol{I}_{k+1})] \\
&= \sigma^2(n-k-1)
\end{aligned}$$

即

$$E\left(\frac{\sum_{i=1}^{n} e_i^2}{n-k-1}\right) = \sigma^2$$

所以

$$\frac{\sum_{i=1}^{n} e_i^2}{n-k-1}$$

是 σ^2 的一个无偏估计。

附录3.3　R^2 随解释变量数目增加而增大（或至少不变）的证明

我们比较含有 k 个解释变量和 $k-1$ 个解释变量的情形。

对于多元线性回归模型

$$Y_i = \beta_0 + \beta_1 X_{1i} + \beta_2 X_{2i} + \cdots + \beta_k X_{ki} + \mu_i, \quad i = 1, 2, \cdots, n$$

其样本回归模型的矩阵形式为

$$\begin{bmatrix} Y_1 \\ Y_2 \\ \vdots \\ Y_n \end{bmatrix} = \begin{bmatrix} 1 & X_{11} & X_{21} & \cdots & X_{k1} \\ 1 & X_{12} & X_{22} & \cdots & X_{k2} \\ \vdots & \vdots & \vdots & & \vdots \\ 1 & X_{1n} & X_{2n} & \cdots & X_{kn} \end{bmatrix} \begin{bmatrix} \hat{\beta}_0 \\ \hat{\beta}_1 \\ \vdots \\ \hat{\beta}_k \end{bmatrix} \begin{bmatrix} e_1 \\ e_2 \\ \vdots \\ e_n \end{bmatrix}$$

即

$$\boldsymbol{Y} = \boldsymbol{X}\hat{\boldsymbol{\beta}} + \boldsymbol{e}$$

现去掉解释变量 X_k，并将去掉解释变量 X_k 的模型表示为

$$Y_i = \beta_0^* + \beta_1^* X_{1i} + \beta_2^* X_{2i} + \cdots + \beta_{k-1}^* X_{k-1i} + \mu_i^*, \quad i = 1, 2, \cdots, n$$

对应的样本回归模型可用矩阵形式表示为

$$\begin{bmatrix} Y_1 \\ Y_2 \\ \vdots \\ Y_n \end{bmatrix} = \begin{bmatrix} 1 & X_{11} & X_{21} & \cdots & X_{k-11} \\ 1 & X_{12} & X_{22} & \cdots & X_{k-12} \\ \vdots & \vdots & \vdots & & \vdots \\ 1 & X_{1n} & X_{2n} & \cdots & X_{k-1n} \end{bmatrix} \begin{bmatrix} \hat{\beta}_0^* \\ \hat{\beta}_1^* \\ \vdots \\ \hat{\beta}_{k-1}^* \end{bmatrix} \begin{bmatrix} e_1^* \\ e_2^* \\ \vdots \\ e_n^* \end{bmatrix}$$

由于

$$\begin{bmatrix} 1 & X_{11} & X_{21} & \cdots & X_{k-11} \\ 1 & X_{12} & X_{22} & \cdots & X_{k-12} \\ \vdots & \vdots & \vdots & & \vdots \\ 1 & X_{1n} & X_{2n} & \cdots & X_{k-1n} \end{bmatrix} \begin{bmatrix} \hat{\beta}_0^* \\ \hat{\beta}_1^* \\ \vdots \\ \hat{\beta}_{k-1}^* \end{bmatrix} = \begin{bmatrix} 1 & X_{11} & X_{21} & \cdots & X_{k-11} & X_{k1} \\ 1 & X_{12} & X_{22} & \cdots & X_{k-12} & X_{k2} \\ \vdots & \vdots & \vdots & & \vdots & \vdots \\ 1 & X_{1n} & X_{2n} & \cdots & X_{k-1n} & X_{kn} \end{bmatrix} \begin{bmatrix} \hat{\beta}_0^* \\ \hat{\beta}_1^* \\ \vdots \\ \hat{\beta}_{k-1}^* \\ 0 \end{bmatrix}$$

有

$$\begin{bmatrix} Y_1 \\ Y_2 \\ \vdots \\ Y_n \end{bmatrix} = \begin{bmatrix} 1 & X_{11} & X_{21} & \cdots & X_{k1} \\ 1 & X_{12} & X_{22} & \cdots & X_{k2} \\ \vdots & \vdots & \vdots & & \vdots \\ 1 & X_{1n} & X_{2n} & \cdots & X_{kn} \end{bmatrix} \begin{bmatrix} \hat{\beta}_0^* \\ \hat{\beta}_1^* \\ \vdots \\ \hat{\beta}_{k-1}^* \\ 0 \end{bmatrix} + \begin{bmatrix} e_1^* \\ e_2^* \\ \vdots \\ e_n^* \end{bmatrix}$$

记

$$\hat{\boldsymbol{\beta}}^* = \begin{bmatrix} \hat{\beta}_0^* \\ \hat{\beta}_1^* \\ \vdots \\ \hat{\beta}_{k-1}^* \\ 0 \end{bmatrix}, \quad \boldsymbol{e}^* = \begin{bmatrix} e_1^* \\ e_2^* \\ \vdots \\ e_n^* \end{bmatrix}$$

有

$$\boldsymbol{Y} = \boldsymbol{X}\hat{\boldsymbol{\beta}}^* + \boldsymbol{e}^*$$
$$\boldsymbol{e}^{*\prime}\boldsymbol{e}^* = (\boldsymbol{Y} - \boldsymbol{X}\hat{\boldsymbol{\beta}}^*)'(\boldsymbol{Y} - \boldsymbol{X}\hat{\boldsymbol{\beta}}^*)$$
$$= (\boldsymbol{X}\hat{\boldsymbol{\beta}} + \boldsymbol{e} - \boldsymbol{X}\hat{\boldsymbol{\beta}}^*)'(\boldsymbol{X}\hat{\boldsymbol{\beta}} + \boldsymbol{e} - \boldsymbol{X}\hat{\boldsymbol{\beta}}^*)$$
$$= [\boldsymbol{X}(\hat{\boldsymbol{\beta}} - \hat{\boldsymbol{\beta}}^*) + \boldsymbol{e}]'[\boldsymbol{X}(\hat{\boldsymbol{\beta}} - \hat{\boldsymbol{\beta}}^*) + \boldsymbol{e}]$$
$$= [(\hat{\boldsymbol{\beta}} - \hat{\boldsymbol{\beta}}^*)'\boldsymbol{X}' + \boldsymbol{e}'][\boldsymbol{X}(\hat{\boldsymbol{\beta}} - \hat{\boldsymbol{\beta}}^*) + \boldsymbol{e}]$$
$$= (\hat{\boldsymbol{\beta}} - \hat{\boldsymbol{\beta}}^*)'\boldsymbol{X}'\boldsymbol{X}(\hat{\boldsymbol{\beta}} - \hat{\boldsymbol{\beta}}^*) + \boldsymbol{e}'\boldsymbol{e} + (\hat{\boldsymbol{\beta}} - \hat{\boldsymbol{\beta}}^*)'\boldsymbol{X}'\boldsymbol{e} + \boldsymbol{e}'\boldsymbol{X}(\hat{\boldsymbol{\beta}} - \hat{\boldsymbol{\beta}}^*)$$

其中

$$(\hat{\boldsymbol{\beta}} - \hat{\boldsymbol{\beta}}^*)'\boldsymbol{X}'\boldsymbol{X}(\hat{\boldsymbol{\beta}} - \hat{\boldsymbol{\beta}}^*) \geqslant 0$$
$$(\hat{\boldsymbol{\beta}} - \hat{\boldsymbol{\beta}}^*)'\boldsymbol{X}'\boldsymbol{e} = \boldsymbol{e}'\boldsymbol{X}(\hat{\boldsymbol{\beta}} - \hat{\boldsymbol{\beta}}^*) = 0$$

因为

$$(\hat{\boldsymbol{\beta}} - \hat{\boldsymbol{\beta}}^*)'\boldsymbol{X}'\boldsymbol{X}(\hat{\boldsymbol{\beta}} - \hat{\boldsymbol{\beta}}^*)$$

是一个平方和,根据多元线性回归模型的样本回归函数的性质

$$\boldsymbol{X}'\boldsymbol{e} = \boldsymbol{0}, \quad \boldsymbol{e}'\boldsymbol{X} = \boldsymbol{0}$$

所以

$$e^{*'}e^{*} \geqslant e'e$$

由于 k 是大于等于 2 的任意整数,即原模型中的解释变量的个数是任意的,可以得出结论:对于任一模型,减少一个解释变量,可使残差平方和增大(或至少不变)。反过来就是,对于任一模型,增加一个解释变量,可使残差平方和减小(或至少不变)。这就是说,随着解释变量数目的增加,残差平方和 RSS 会减少(或至少不变)。所以,决定系数

$$R^2 = \frac{\text{ESS}}{\text{TSS}} = \frac{1 - \text{RSS}}{\text{TSS}}$$

随着解释变量数目的增加而增大(或至少不变)。

第四章

随机解释变量问题

学习目的:了解随机解释变量问题的概念、产生的原因及造成的后果、克服的方法。

基本要求:认识到随机解释变量问题是计量经济学建模经常会遇到的问题,了解随机解释变量问题的概念、产生的原因及造成的后果,掌握存在随机解释变量问题时的计量经济学建模方法及应用。

■ 第一节　随机解释变量问题及其产生原因

一、随机解释变量问题

单方程线性计量经济学模型假设解释变量是确定性变量,即在反复抽样过程中解释变量总是取固定数值,并且与随机干扰项互不相关。但在很多情况下,我们不能假定解释变量全部是确定性变量,因为实际上它们有的是随机变量,我们把违背这一基本假设的问题称为随机解释变量问题,即对于模型

$$Y_i = \beta_0 + \beta_1 X_{1i} + \beta_2 X_{2i} + \cdots + \beta_k X_{ki} + \mu_i \quad (i = 1, 2, \cdots, n) \tag{4-1}$$

其基本假设之一是解释变量 $X_1, X_2, \cdots, X_k$ 都是确定性变量。如果存在一个或多个解释变量为随机变量,则称原模型存在随机解释变量问题。为讨论方便,假设式(4-1)中 X_1 为随机解释变量。对于随机解释变量 X_1,由于它和随机扰动项 μ_i 的关系不同,会使模型参数估计量的特性发生不同变化,所以又可分三种不同情况。

(1) 随机解释变量与随机干扰项独立(independence),即

$$\mathrm{cov}(X_1, \mu_i) = E(x_1 \mu_i) = E(x_1) E(\mu_i) = 0 \tag{4-2}$$

(2) 随机解释变量与随机干扰项同期无关(contemporaneously uncorrelated)但异期相关,即

$$\mathrm{cov}(X_{1i},\mu_i) = E(x_{1i}\mu_i) = 0 \tag{4-3}$$

$$\mathrm{cov}(X_{1i},\mu_j) = E(x_{1i}\mu_j) \neq 0 \quad (i \neq j) \tag{4-4}$$

（3）随机解释变量与随机干扰项同期相关（contemporaneously correlated），即

$$\mathrm{cov}(X_{1i},\mu_i) = E(x_{1i}\mu_i) \neq 0 \tag{4-5}$$

二、随机解释变量问题产生的原因

在实际经济问题中，经济变量往往都具有随机性。但是在单方程计量经济学模型中，凡是外生变量都被认为是确定性的，于是随机解释变量问题主要表现为用滞后被解释变量作为模型的解释变量的情况。由于经济活动具有连续性，使得这类模型在以时间序列数据作样本的模型中占据较大份额。例如，消费不仅受收入的影响，还受前期消费水平的影响；投资不仅受收入的影响，还受前期投资水平的影响，等等。但是，并不是所有包含滞后被解释变量的模型都带来"随机解释变量问题"，下面通过两个例子简单予以说明。

例 4-1　耐用品存量调整模型。著名的"耐用品存量调整模型"可表示为

$$Q_t = \beta_0 + \beta_1 Y_t + \beta_2 Q_{t-1} + \mu_t \quad (t = 1,2,\cdots,T) \tag{4-6}$$

该模型表示，耐用品的存量 Q_t 由前一个时期的存量 Q_{t-1} 和当期收入 Y_t 共同决定。这是一个滞后被解释变量作为解释变量的模型。但是，如果模型不存在随机干扰项的序列相关性，那么随机解释变量 Q_{t-1} 只与 μ_{t-1} 相关，而与 μ_t 不相关，属于随机解释变量与随机干扰项同期无关，但异期相关的情况。

例 4-2　合理预期的消费函数模型。合理预期理论认为消费 C_t 是由对收入的预期 Y_t^e 所决定的：

$$C_t = \beta_0 + \beta_1 Y_t^e + \mu_t \tag{4-7}$$

在预期收入 Y_t^e 与实际收入 Y_t 之间存在假设

$$Y_t^e = (1-\lambda)Y_t + \lambda Y_{t-1}^e \tag{4-8}$$

的情况下，容易推出合理预期消费函数模型

$$\begin{aligned}
C_t &= \beta_0 + \beta_1(1-\lambda)Y_t + \beta_1\lambda Y_{t-1}^e + \mu_t \\
&= \beta_0 + \beta_1(1-\lambda)Y_t + \lambda(C_{t-1} - \beta_0 - \mu_{t-1}) + \mu_t \\
&= \beta_0(1-\lambda) + \beta_1(1-\lambda)Y_t + \lambda C_{t-1} + \mu_t - \lambda\mu_{t-1}
\end{aligned} \tag{4-9}$$

在该模型中，作为解释变量的 C_{t-1} 不仅是一个随机解释变量，而且与模型的随机干扰项 $\mu_t - \lambda\mu_{t-1}$ 高度相关（因为 C_{t-1} 与 μ_{t-1} 高度相关），属于随机解释变量与随机干扰项同期相关的情况。

第二节　随机解释变量的影响

计量经济学模型一旦出现随机解释变量，且与随机干扰项相关的话，如果仍采用普通最小二乘法估计模型参数，则不同性质的随机解释变量问题会产生不同的后果。下面以

一元线性回归模型为例进行说明。

从图 4-1 来看，如果随机解释变量与随机干扰项正相关，则在抽取样本时，容易出现 X 值较小的点在总体回归线下方，而 X 值较大的点在总体回归线上方的情况，因此，拟合的样本回归线则可能低估(underestimate)了截距项，而高估(overestimate)了斜率项。反之，如果随机解释变量与随机干扰项负相关，则往往导致拟合的样本回归线高估了截距项，而低估了斜率项。

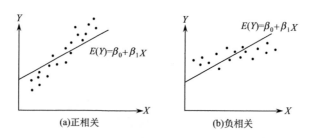

图 4-1 随机解释变量与随机干扰项相关图

对一元线性回归模型

$$Y_t = \beta_0 + \beta_1 X_t + \mu_t \tag{4-10}$$

在第二章曾得到如下最小二乘估计量

$$\hat{\beta}_1 = \frac{\sum x_t y_t}{\sum x_t^2} = \beta_1 + \frac{\sum x_t \mu_t}{\sum x_t^2} \tag{4-11}$$

随机解释变量 X 与随机干扰项 μ 的关系不同，参数 OLS 估计量的统计性质也会不同。这也可分三种不同情况。

(1) 如果 X 与 μ 相互独立，得到的参数 OLS 估计量仍然是无偏一致估计量。由式 (4-11) 易知

$$E(\hat{\beta}_1) = \beta_1 + E\left(\sum \frac{x_t}{\sum x_t^2} \mu_t\right) = \beta_1 + \sum E(v_t \mu_t) \tag{4-12}$$

而 $E(v_t \mu_t) = E(v_t) E(\mu_t) = 0$，所以

$$E(\hat{\beta}_1) = \beta_1 \tag{4-13}$$

同理，$E(\hat{\beta}_0) = \beta_0$，

$$\begin{aligned}
P \lim_{n \to \infty} \hat{\beta}_1 &= P \lim_{n \to \infty}\left(\beta_1 + \frac{\sum x_t \mu_t}{\sum x_t^2}\right) = \beta_1 + \frac{P \lim\left(\frac{1}{n}\sum x_t \mu_t\right)}{P \lim\left(\frac{1}{n}\sum x_t^2\right)} \\
&= \beta_1 + \text{cov}(X_t, \mu_t)/\text{var}(X_t) \\
&= \beta_1
\end{aligned} \tag{4-14}$$

所以参数 OLS 估计量 $\hat{\beta}_0, \hat{\beta}_1$ 仍然是无偏一致估计量。

(2) 如果 X 与 μ 同期不相关而异期相关，得到的参数 OLS 估计量有偏，但却是一致

的。由式(4-12)易知,尽管 X_t 与 μ_t 同期无关,但对任一 μ_t,v_t 的分母中一定包含不同期的 X,由异期相关性知 v_t 与 μ_t 相关,因此 $E(v_t\mu_t)\neq 0$,于是

$$E(\hat{\beta}_1) \neq \beta_1 \tag{4-15}$$

即参数 OLS 估计量是有偏的。但是由式(4-14)可看出 $\hat{\beta}_1$ 是 β_1 的一致估计。

(3) 如果 X 与 μ 同期相关,得到的参数估计量有偏且非一致。这时 $\text{cov}(X_t,\mu_t)=E$ $(x_t\mu_t)\neq 0$,由式(4-12)、式(4-14)容易看出参数 OLS 估计量有偏且非一致。

需要说明的是,如果模型中带有滞后被解释变量作为解释变量,则当该滞后被解释变量与随机干扰项同期相关时,普通最小二乘估计量是有偏的且非一致的。即使同期无关,其普通最小二乘估计量也是有偏的,因为此时肯定出现异期相关。这在第九章将详细讨论。

第三节 随机解释变量问题的修正

模型中出现随机解释变量并且与随机干扰项相关时,普通最小二乘估计量是有偏的。如果随机解释变量与随机干扰项异期相关,则可以通过增大样本容量的办法来得到一致的估计量;但如果是同期相关,即使增大样本容量也无济于事。这时,最常用的方法是工具变量(instrument variable)法。

一、工具变量的选取

工具变量,顾名思义是在模型估计过程中被作为工具使用的变量,用以替代与随机干扰项相关的随机解释变量。被选择为工具变量的变量必须满足以下条件:

(1) 工具变量 Z 与所替代的随机解释变量 X 高度相关,即

$$\text{cov}(Z_i,X_i) \neq 0 \tag{4-16}$$

(2) 工具变量 Z 与随机干扰项 μ 不相关,即

$$\text{cov}(Z_i,\mu_i) = 0 \tag{4-17}$$

(3) 工具变量 Z 与模型中其他解释变量不相关,以避免出现多重共线性。

二、工具变量的应用

工具变量法是克服解释变量与随机干扰项相关影响的一种参数估计方法。下面以一元回归模型为例说明。

记一元线性回归模型为

$$Y_i = \beta_0 + \beta_1 X_i + \mu_i \tag{4-18}$$

用普通最小二乘法估计模型式(4-18),相当于分别用 1 与 X_i 去乘模型两边,对 i 求和,再略去 $\sum \mu_i$ 与 $\sum X_i\mu_i$ 项后得到一个关于参数估计量的正规方程组

$$\left.\begin{array}{l} \sum Y_i = n\hat{\beta}_0 + \hat{\beta}_1 \sum X_i \\ \sum X_i Y_i = \hat{\beta}_0 \sum X_i + \hat{\beta}_1 \sum X_i^2 \end{array}\right\} \qquad (4\text{-}19)$$

求解该正规方程组,得到

$$\hat{\beta}_1 = \frac{\sum x_i y_i}{\sum x_i^2}$$

由于

$$E(\mu_i) = 0, \quad \mathrm{cov}(X_i, \mu_i) = E(x_i \mu_i) = 0$$

意味着在大样本下

$$\frac{1}{n} \sum \mu_i \to 0, \quad \frac{1}{n} \sum x_i \mu_i \to 0$$

因此,式(4-19)在大样本下是成立的。然而,如果 X_i 与 μ_i 相关,即使在大样本下,也不存在

$$\frac{1}{n} \sum x_i \mu_i \to 0$$

即式(4-19)在大样本下也不成立,OLS 估计量不具有一致性。

如果按照工具变量的选择条件选择 Z 为 X 的工具变量,那么在上述估计过程中不用 X 而改用 Z 乘以模型的两边,并对 i 求和。利用工具变量与随机干扰项不相关的性质,在大样本下可略去 $\sum \mu_i$ 与 $\sum Z_i \mu_i$,得到正规方程组

$$\left.\begin{array}{l} \sum Y_i = n\tilde{\beta}_0 + \tilde{\beta}_1 \sum X_i \\ \sum Z_i Y_i = \tilde{\beta}_0 \sum Z_i + \tilde{\beta}_1 \sum Z_i X_i \end{array}\right\} \qquad (4\text{-}20)$$

于是

$$\tilde{\beta}_1 = \frac{\sum z_i y_i}{\sum z_i x_i} \qquad (4\text{-}21)$$

$$\tilde{\beta}_0 = \overline{Y} - \tilde{\beta}_1 \overline{X}$$

这种求模型参数估计量的方法称为工具变量法(instrumental variable method),$\tilde{\beta}_0, \tilde{\beta}_1$ 称为工具变量法估计量(instrumental variable estimator)。

对于多元线性回归模型,其矩阵形式为

$$\boldsymbol{Y} = \boldsymbol{X}\boldsymbol{\beta} + \boldsymbol{\mu}$$

采用工具变量法(假设 X_1 与随机干扰项相关,用工具变量 Z 替代)得到的正规方程组为

$$\boldsymbol{Z}'\boldsymbol{Y} = \boldsymbol{Z}'\boldsymbol{X}\tilde{\boldsymbol{\beta}}$$

参数估计量为

$$\tilde{\boldsymbol{\beta}} = (\boldsymbol{Z}'\boldsymbol{X})^{-1}\boldsymbol{Z}'\boldsymbol{Y} \qquad (4\text{-}22)$$

其中

$$\mathbf{Z}' = \begin{pmatrix} 1 & 1 & \cdots & 1 \\ Z_1 & Z_2 & \cdots & Z_n \\ X_{21} & X_{22} & \cdots & X_{2n} \\ \vdots & \vdots & & \vdots \\ X_{k1} & X_{k2} & \cdots & X_{kn} \end{pmatrix}$$

通常,对于没有选择另外的变量作为工具变量的解释变量,可以认为用自身作为工具变量。于是 $\mathbf{Z}$ 称为工具变量矩阵。

三、工具变量法估计量的性质

1. 工具变量法估计量是有偏估计量

用工具变量法所求的参数估计量 $\tilde{\beta}_1$ 与总体参数真值 β_1 之间的关系为

$$
\begin{aligned}
\tilde{\beta}_1 &= \frac{\sum z_i y_i}{\sum z_i x_i} \\
&= \frac{\sum z_i(\beta_1 x_i + \mu_i)}{\sum z_i x_i} \\
&= \beta_1 + \frac{\sum z_i \mu_i}{\sum z_i x_i}
\end{aligned}
\tag{4-23}
$$

于是

$$E(\tilde{\beta}_1) = \beta_1 + E\left(\frac{\sum z_i \mu_i}{\sum z_i x_i}\right) \tag{4-24}$$

因 Z 和 X 都是随机变量,在一般情况下 $E\left(\dfrac{\sum z_i \mu_i}{\sum z_i x_i}\right) \neq 0$,故

$$E(\tilde{\beta}_1) \neq \beta_1 \tag{4-25}$$

上式说明工具变量法估计量一般不具有无偏性。

2. 工具变量法估计量是一致估计量

如果工具变量 Z 选取恰当,则由式(4-16)、式(4-17)有

$$\left. \begin{aligned} P\lim\frac{1}{n}\sum z_i x_i &= \mathrm{cov}(Z_i, X_i) \neq 0 \\ P\lim\frac{1}{n}\sum z_i \mu_i &= \mathrm{cov}(Z_i, \mu_i) = 0 \end{aligned} \right\}$$

因此,对式(4-23)两边取概率极限得

$$P\lim(\tilde{\beta}_1) = \beta_1 + \frac{P\lim\dfrac{1}{n}\sum z_i \mu_i}{P\lim\dfrac{1}{n}\sum z_i x_i} = \beta_1 \tag{4-26}$$

这说明工具变量法估计量具一致性。

对工具变量法,有三点需要特别指出。

第一,经常产生一种误解,以为采用工具变量法是将原模型中的随机解释变量换成工具变量,即改变了原来的模型。实际上,从上面一元线性回归模型的例子中可以看出,工具变量法并没有改变原模型,只是在原模型的参数估计过程用工具变量"替代"随机解释变量。或者说,上述工具变量法估计过程可等价地分解成下面的两步 OLS 回归:

第一步,用 OLS 法进行 X 关于工具变量 Z 的回归

$$\hat{X}_i = \hat{\alpha}_0 + \hat{\alpha}_1 Z_i \tag{4-27}$$

第二步,以第一步得到的 $\hat{X}_i$ 为解释变量,进行如下 OLS 回归

$$\hat{Y}_i = \tilde{\beta}_0 + \tilde{\beta}_1 \hat{X}_i \tag{4-28}$$

容易验证,式(4-28)中的参数 $\tilde{\beta}_1$ 与式(4-21)相同。式(4-28)表明,工具变量法仍是 Y 对 X 的回归,而不是对 Z 的回归。

第二,如果一个随机解释变量可以找到多个相互独立的工具变量,人们希望充分利用这些工具变量的信息,这就形成了广义矩方法(generalized method of moment,GMM)。在 GMM 中,矩条件大于待估参数的数量,于是如何求解成为它的核心问题。GMM 是近 20 年计量经济学理论方法发展的重要方向之一。工具变量法是 GMM 的一个特例,同样,OLS 法也可看成是工具变量法的特例。

第三,要找到与随机干扰项不相关而又与随机解释变量相关的工具变量并不是一件很容易的事,但如果考虑到随机解释变量与随机干扰项相关的主要来源是由于同期测量误差引起的,就可以用滞后一期的随机解释变量作为原解释变量的工具变量。

■ 第四节　案例分析

考察中国居民收入与消费支出的关系。表 4-1 给出的两组数据是以当年价计算的中国居民人均国内生产总值(X)与人均消费支出(Y)。

表 4-1　中国居民人均消费支出(Y)与人均 GDP(X)　　　　单位:元/人

年份	人均居民消费 Y	人均 GDP X	年份	人均居民消费 Y	人均 GDP X
1978	184	381	1987	565	1 112
1979	208	419	1988	714	1 366
1980	238	463	1989	788	1 519
1981	264	492	1990	833	1 644
1982	288	528	1991	932	1 893
1983	316	583	1992	1 116	2 311
1984	361	695	1993	1 393	2 998
1985	446	858	1994	1 833	4 044
1986	497	963	1995	2 355	5 046

续表

年份	人均居民 消费 Y	人均 GDP X	年份	人均居民 消费 Y	人均 GDP X
1996	2 789	5 846	2004	5 032	12 336
1997	3 002	6 420	2005	5 573	14 185
1998	3 159	6 796	2006	6 263	16 500
1999	3 346	7 159	2007	7 255	20 169
2000	3 632	7 858	2008	8 349	23 708
2001	3 887	8 622	2009	9 098	25 608
2002	4 144	9 398	2010	9 968	29 992
2003	4 475	10 542			

采用 OLS 法估计下列模型：

$$Y_t = \beta_0 + \beta_1 X_t + \mu_t \tag{4-29}$$

可得出回归分析结果：

$$\hat{Y}_t = 381.457\ 5 + 0.347\ 2X_t$$
$$(4.84)\quad (46.83) \tag{4-30}$$
$$R^2 = 0.986$$

从回归分析结果看，决定系数 $R^2 = 0.986$，表明模型在整体上拟合得比较好，截距项与斜率项的 t 检验值均大于 5% 显著性水平下自由度 $n - 2 = 31$ 的临界值 $t_{0.025}(31) = 2.04$，且斜率项 $\hat{\beta}_1 = 0.347\ 2 \in (0, 1)$，符合经济理论中边际消费倾向在 0 与 1 之间的绝对收入假说。

然而，如果考虑到居民人均消费支出由人均 GDP 决定的同时，人均 GDP 又反过来受同期居民人均消费支出的影响，那么，就容易判断人均 GDP 与随机干扰项同期相关，从而 OLS 估计量有偏并且是非一致的。由于测量误差等原因，易知人均 GDP 与随机干扰项 μ 往往呈现正相关，即随着人均 GDP 的增加，随机干扰项 μ 倾向于增大。这样，OLS 估计量可能会低估截距项而高估斜率项。为了修正随机解释变量问题，如果用滞后一期人均 GDP 作为工具变量，可得如下工具变量法估计结果。EViews 软件操作如下："EViews\Quick\Estimate Equation\在 Equation specification"对话框中"Y　C　X"，"Method"选择"TSLS"，出现新对话框，在"Instrument list"中输入工具变量 X(-1)，确定即可。

$$\hat{Y}_t = 393.942\ 3 + 0.346\ 9X_i$$
$$(4.86)\quad (46.19) \tag{4-31}$$
$$R^2 = 0.986$$

尽管不知道中国居民人均消费函数的真实参数，但正如所期望的那样，工具变量法估计，对 OLS 估计对截距项的低估和斜率项的高估均做出了修正。

➢ 本章小结

对于线性回归模型

$$Y_i = \beta_0 + \beta_1 X_{1i} + \beta_2 X_{2i} + \cdots + \beta_k X_{ki} + \mu_i \quad (i = 1, 2, \cdots, n)$$

其基本假设之一是解释变量 $X_1, X_2, \cdots, X_n$ 都是确定性变量。如果存在一个或多个解释变量为随机变量，则称原模型存在随机解释变量问题。一般地，随机解释变量问题可分三种不同情况：①随机解释变量与随机干扰项独立；②随机解释变量与随机干扰项同期无关但异期相关；③随机解释变量与随机干扰项同期相关。

随机解释变量问题产生的原因主要是，在实际经济问题中，经济变量往往都具有随机性。但是在单方程计量经济学模型中，凡是外生变量都被认为是确定性的，于是随机解释变量问题主要表现为用滞后被解释变量作为模型的解释变量的情况。

计量经济学模型一旦出现随机解释变量问题，如果仍采用普通最小二乘法估计模型参数，则不同性质的随机解释变量问题会产生不同的后果：①如果 X 与 μ 相互独立，得到的参数 OLS 估计量仍然是无偏一致估计量；②如果 X 与 μ 同期不相关而异期相关，得到的参数 OLS 估计量有偏，但却是一致的；③如果 X 与 μ 同期相关，得到的参数估计量有偏且非一致。

模型中出现随机解释变量并且与随机干扰项相关时，普通最小二乘估计量是有偏的。如果随机解释变量与随机干扰项异期相关，则可以通过增大样本容量的办法来得到一致的估计量；但如果是同期相关，即使增大样本容量也无济于事。这时，最常用的方法是工具变量法。

工具变量，顾名思义是在模型估计过程中被作为工具使用的变量，用以替代与随机干扰项相关的随机解释变量。被选择为工具变量的变量必须满足以下条件：①工具变量 Z 与所替代的随机解释变量 X 高度相关；②工具变量 Z 与随机干扰项 μ 不相关；③工具变量 Z 与模型中其他解释变量不相关，以避免出现多重共线性。

工具变量法是克服解释变量与随机干扰项相关影响的一种参数估计方法。对于多元线性回归模型，其矩阵形式为

$$Y = X\boldsymbol{\beta} + \boldsymbol{\mu}$$

采用工具变量法（假设 X_1 与随机干扰项相关，用工具变量 Z 替代）得到的正规方程组为

$$Z'Y = Z'X\boldsymbol{\beta}$$

参数估计量为

$$\tilde{\boldsymbol{\beta}} = (Z'X)^{-1} Z'Y$$

其中

$$\boldsymbol{Z}' = \begin{pmatrix} 1 & 1 & \cdots & 1 \\ Z_1 & Z_2 & \cdots & Z_n \\ X_{21} & X_{22} & \cdots & X_{2n} \\ \vdots & \vdots & & \vdots \\ X_{k1} & X_{k2} & \cdots & X_{kn} \end{pmatrix}$$

通常，对于没有选择另外的变量作为工具变量的解释变量，可以认为用自身作为工具变

量。于是 Z 称为工具变量矩阵。

可以证明工具变量法估计量是有偏估计量,但是是一致估计量。

➤ 思考与练习

1.随机解释变量的来源有哪些?

2.随机解释变量有几种情形? 分情形说明随机解释变量对最小二乘估计的影响。

3.选择作为工具变量的变量必须满足哪些条件?

4.对模型

$$Y_t = \beta_0 + \beta_1 X_{1t} + \beta_2 X_{2t} + \beta_3 Y_{t-1} + \mu_t$$

假设 Y_{t-1} 与 μ_t 相关。为了消除该相关性,采用工具变量法,先求 Y_t 关于 X_{1t} 与 X_{2t} 回归,得到 $\hat{Y}_t$,再做回归

$$Y_t = \beta_0 + \beta_1 X_{1t} + \beta_2 X_{2t} + \beta_3 \hat{Y}_{t-1} + \mu_t$$

试问:这一方法能否消除原模型中 Y_{t-1} 与 μ_t 的相关性? 为什么?

5.对于一元回归模型

$$Y_t = \beta_0 + \beta_1 X_t^* + \mu_t$$

假设解释变量 X_t^* 的实测值 X_t 与之有偏误:$X_t = X_t^* + e_t$。其中,e_t 是具有零均值、无序列相关,且与 X_t^* 及 μ_t 不相关的随机变量。试问:

(1) 能否将 $X_t = X_t^* + e_t$ 代入原模型,使之变换成 $Y_t = \beta_0 + \beta_1 X_t + v_t$ 后进行估计? 其中,v_t 为变换后模型的随机干扰项。

(2) 进一步假设 μ_t 与 e_t 之间以及它们与 X_t^* 之间无异期相关,那么 $E(X_{t-1} v_t) = 0$ 成立吗? X_t 与 X_{t-1} 相关吗?

(3) 由(2)的结论,你能寻找什么样的工具变量对变换后的模型进行估计?

6.一个对某地区大学生就业增长影响的简单模型可描述如下:

$$g\text{EMP}_t = \beta_0 + \beta_1 g\text{MINI}_t + \beta_2 g\text{POP}_t + \beta_3 g\text{GDP1}_t + \beta_4 g\text{GDP}_t + \mu_t$$

其中,EMP 为新就业的大学生人数;MINI 为该地区最低限度工资;POP 为新毕业的大学生人数;GDP1 为该地区国内生产总值;GDP 为该国国内生产总值;g 为年增长率。

(1) 如果该地区政府以多多少少不易观测的却对新毕业大学生就业有影响的因素作为基础来选择最低限度工资,则 OLS 估计将会存在什么问题?

(2) 令 MIN 为该国的最低限度工资,它与随机扰动项相关吗?

(3) 按照法律,各地区最低限度工资不得低于国家最低工资,那么,gMIN 能成为 gMINI 的工具变量吗?

第五章

多重共线性

学习目的:了解多重共线性的概念,掌握在建立计量经济学模型时如何避免发生多重共线性以及在存在多重共线性情况下,如何正确建立计量经济学模型。

基本要求:了解多重共线性的概念及多重共线性产生的原因,存在多重共线性对计量经济学模型的危害,掌握多重共线性的检验方法以及修正多重共线性的方法,学会利用EViews 软件进行逐步回归分析,建立正确的计量经济学模型。

■ 第一节　多重共线性及其产生原图

一、多重共线性的概念

所谓多重共线性(multicollinearity),就是指模型解释变量之间存在完全线性或近似线性相关的一类问题,即对模型

$$Y_i = \beta_0 + \beta_1 X_{1i} + \beta_2 X_{2i} + \cdots + \beta_k X_{ki} + \mu_i \quad (i = 1, 2, \cdots, n) \tag{5-1}$$

如果存在不全为零的 $\alpha_i (i = 1, 2, \cdots, k)$,使得

$$\alpha_1 X_{1i} + \alpha_2 X_{2i} + \cdots + \alpha_k X_{ki} = 0 \tag{5-2}$$

成立,则称解释变量之间存在完全共线性(perfect multicollinearity);如果

$$\alpha_1 X_{1i} + \alpha_2 X_{2i} + \cdots + \alpha_k X_{ki} \approx 0 \tag{5-3}$$

则称解释变量之间存在近似共线性(approximate multicollinearity)。

在矩阵表示的线性回归模型

$$Y = X\beta + \mu$$

中,完全共线性指矩阵 X 的秩 $R(X) < k + 1$ 即 $|X'X| = 0$;近似共线性意味着 $|X'X| \approx 0$。

一般来说,解释变量之间的关系可概括为三种情况:第一种情况是完全相关,即解释

变量之间的相关系数为1;第二种情况是完全不相关,即解释变量之间的相关系数为0;第三种情况是不完全相关,即解释变量之间的相关系数介于0和1之间。在建立的计量经济学模型中,大量的问题是属于第三种情况。

需要强调,解释变量之间不存在线性关系,并非不存在非线性关系,当解释变量之间存在非线性关系时,并不违反多重共线性假定。

二、产生多重共线性的主要原因

一般地,产生多重共线性的主要原因有以下四个方面。

(1) 经济变量之间的内在联系,是产生多重共线性的根本原因。在经济系统中,各要素之间是相互依存、互相制约的,因此在数量关系上就表现出一定的相关关系。例如,影响需求量变化的收入、价格、人口等要素,它们之间就有某种内在联系,所以反映这三个要素的变量之间就存在着一定的相关关系。生产函数也是如此,影响产量的资金和劳动力之间也有某种相关性,等等。这也说明,多重共线性是建立计量经济学模型不可避免的问题。

(2) 经济变量在时间上有同方向变动的趋势,这也是造成多重共线性的重要原因。许多经济变量在时间序列上都有同向变化的趋势。例如,影响消费量的收入、人口等要素就有同向增长或减少的趋势,影响供给量的资金、劳动力、价格等要素也有同向变动的趋势,等等。又如,经济繁荣时期,各基本经济变量(收入、消费、投资、价格等)都趋于增长,而经济衰退时又同时趋于下降。这些现象,其实质还是经济系统内部联系的一种反映,因此也会造成模型解释变量之间的多重共线问题。

(3) 模型中滞后变量的引入,也是造成解释变量多重共线的原因之一。例如,我们在研究消费函数中,影响消费量的收入,既有现时收入也有过去的收入;在研究生产函数中,影响产量的投资,既有现期投资也有过去的投资,等等。这些变量的前后期之值必然是相互联系的,因此包含滞后变量的模型,其解释变量之间也必然会存在某种程度的多重共线问题。

(4) 在模型参数的估计过程中,样本之间的相关是不可避免的,这是造成多重共线性的客观原因。我们在用样本值建立回归模型时,要对各解释变量的样本值多次进行交叉计算,这就会使样本之间产生某些多重共线问题(数值上)。因此,解释变量即使在本质上不存在线性相关,在它们的样本值之间也可能有某种程度的相关关系。

■ 第二节 多重共线性的影响

多重共线性的存在,使得模型式(5-1)不满足最小二乘法假定的条件,即 $X_1, X_2, \cdots,$ X_k 不是线性无关的了。因此,对存在多重共线性的模型直接用普通最小二乘法估计参数,就会给模型带来严重的不良后果。

(1) 如果解释变量存在完全共线性,则模型的参数 $\boldsymbol{\beta}$ 无法估计。多元回归模型

$$\boldsymbol{Y} = \boldsymbol{X\beta} + \boldsymbol{\mu} \qquad (5\text{-}4)$$

的 OLS 估计量为

$$\hat{\boldsymbol{\beta}} = (\boldsymbol{X'X})^{-1}\boldsymbol{X'Y} \tag{5-5}$$

如果出现完全共线性,则 $(\boldsymbol{X'X})^{-1}$ 不存在,无法得到参数 $\boldsymbol{\beta}$ 的估计量。

(2) 如果解释变量之间存在近似共线性,则参数 OLS 估计量的方差随着多重共线程度的提高而增加。在近似共线性下,虽然可以由式(5-5)得到参数 OLS 估计量,但

$$\text{cov}(\hat{\boldsymbol{\beta}}) = \sigma^2 (\boldsymbol{X'X})^{-1}$$

由于此时 $|\boldsymbol{X'X}| \approx 0$,引起 $(\boldsymbol{X'X})^{-1}$ 主对角线元素较大,且随着 $|\boldsymbol{X'X}|$ 逼近于 0 而增大,这就使得参数估计量的方差增大,从而不能对总体参数做出准确推断。

以二元回归模型 $Y = \beta_0 + \beta_1 X_1 + \beta_2 X_2 + \mu$ 为例, $\hat{\beta}_1$ 的方差为

$$\text{var}(\hat{\beta}_1) = \frac{\sigma^2 \sum x_{2i}^2}{\sum x_{1i}^2 \sum x_{2i}^2 - \left(\sum x_{1i} x_{2i}\right)^2}$$

$$= \frac{\sigma^2 \big/ \sum x_{1i}^2}{1 - \left(\sum x_{1i} x_{2i}\right)^2 \big/ \sum x_{1i}^2 \sum x_{2t}^2} = \frac{\sigma^2}{\sum x_{1i}^2} \cdot \frac{1}{1 - r^2} \tag{5-6}$$

其中, $r^2 = \left(\sum x_{1i} x_{2i}\right)^2 \big/ \sum x_{1i}^2 \sum x_{2i}^2$ 是 X_1 与 X_2 线性相关系数的平方, $r^2 \leqslant 1$。

当 X_1 与 X_2 线性无关时

$$r^2 = 0, \quad \text{var}(\hat{\beta}_1) = \frac{\sigma^2}{\sum x_{1i}^2}$$

当 X_1 与 X_2 近似共线时

$$0 < r < 1, \ \text{var}(\hat{\beta}_1) = \frac{\sigma^2}{\sum x_{1i}^2} \cdot \frac{1}{1 - r^2} > \frac{\sigma^2}{\sum x_{1i}^2}$$

可以看出, $|r|$ 越大, $\text{var}(\hat{\beta}_1)$ 越大,多重共线性使得参数估计量方差增大,称 $\frac{1}{1 - r^2}$ 为方差膨胀因子,其增大趋势如表 5-1 所示。

表 5-1　方差膨胀因子的增大趋势

相关系数平方	0	0.5	0.8	0.9	0.95	0.96	0.97	0.98	0.99	0.999
方差膨胀因子	1	2	5	10	20	25	33	50	100	1 000

当完全共线性时

$$r^2 = 1, \quad \text{var}(\hat{\beta}_1) = \infty$$

(3) 变量的显著性检验和模型的预测功能失去意义。首先,存在多重共线性的模型,其参数估计量方差的变大,使得计算的 t 统计量变小,从而检验接受原假设 $H_0 : \beta_i = 0$ 的可能性增大,这样会使本来影响很大的重要因素误判为不显著,结果使模型失去可靠性。其次,由于参数估计量的方差变大,因而对样本值的反应十分敏感,即当样本观测值稍有

变化时,模型参数就有很大差异,致使模型难以应用。另外,由于参数估计量的方差增大,使模型的精度大大下降,求出的预测值难以置信。

(4) 参数估计量经济意义不合理。如果模型中两个解释变量 X_1 和 X_2 具有线性相关性,那么它们中的一个变量就可以由另一个变量表征。这时 X_1 和 X_2 的参数并不反映各自与被解释变量之间的结构关系,而是反映它们对被解释变量的共同影响,所以各自的参数已失去了应有的经济意义,于是经常表现出似乎反常的现象。例如,估计结果本来应该是正的,结果却是负的。经验告诉我们,在多元线性回归模型的估计中,如果出现参数估计值的经济意义明显不合理的情况,应该首先怀疑是否存在多重共线性。

综上所述,严重的多重共线性常常会导致下列情形出现:使得用普通最小二乘法得到的回归参数估计值很不稳定,回归系数的方差随着多重共线性强度的增加而加速增长,对参数难以做出精确的估计;造成回归方程高度显著的情况下,有些回归系数通不过显著性检验,甚至可能出现回归系数的正负号得不到合理的经济解释。但是应注意,如果研究的目的仅在于预测被解释变量 Y,而各个解释变量 X 之间的多重共线性关系的性质在未来将继续保持,这时虽然无法精确估计个别的回归系数,但可估计这些系数的某些线性组合,因此多重共线性可能并不是严重问题。

第三节　多重共线性的检验

多重共线性的情况如何,直接关系到模型的构造和应用。因此,在建立计量经济学模型时,检验解释变量之间的多重共线性是十分重要的。多重共线性检验的任务是:①检验多重共线性是否存在;②估计多重共线性的范围,即判断哪些变量之间存在共线性。

一、检验多重共线性是否存在

1. 简单相关系数检验法

简单相关系数检验法是利用解释变量之间的线性相关程度去判断是否存在严重多重共线性的一种简便方法。解释变量的相关矩阵中,解释变量之间的相关系数较大时,可能会存在多重共线性问题。一般而言,如果每两个解释变量的简单相关系数都比较高,如大于 0.8,则可认为存在着较严重的多重共线性。

但要注意,较高的简单相关系数只是多重共线性存在的充分条件,而不是必要条件。特别是在多于两个解释变量的回归模型中,有时较低的简单相关系数也可能存在多重共线性。因此并不能简单地依据相关系数进行多重共线性的准确判断。

2. 直观判断法

根据经验,通常以下情况的出现提示可能存在多重共线性的影响:

(1) 当增加或删除一个解释变量或者改变一个观测值时,回归参数的估计值发生较大变化,回归方程可能存在严重的多重共线性。

(2) 从定性分析认为,一些重要的解释变量的回归系数的标准误差较大,在回归方程中没有通过显著性检验时,可初步判断可能存在严重的多重共线性。

（3）有些解释变量的回归系数所带正负号与定性分析结果违背时，很可能存在多重共线性。

3. 行列式检验法

由于回归模型参数估计量的方差-协方差矩阵为

$$\text{cov}(\hat{\boldsymbol{\beta}}) = \sigma^2 (\boldsymbol{X}'\boldsymbol{X})^{-1}$$

而

$$(\boldsymbol{X}'\boldsymbol{X})^{-1} = \frac{1}{\mid \boldsymbol{X}'\boldsymbol{X} \mid}(\boldsymbol{X}'\boldsymbol{X})^*$$

所以

$$\text{cov}(\hat{\boldsymbol{\beta}}) = \sigma^2 \frac{1}{\mid \boldsymbol{X}'\boldsymbol{X} \mid}(\boldsymbol{X}'\boldsymbol{X})^*$$

这说明：

（1）当 $\mid \boldsymbol{X}'\boldsymbol{X} \mid$ 较大时，$\text{var}(\hat{\beta}_j)$ 较小，说明参数估计的精度较高，因而多重共线性不严重。

（2）当 $\mid \boldsymbol{X}'\boldsymbol{X} \mid$ 较小时，$\text{var}(\hat{\beta}_j)$ 较大，则说明参数估计的误差较大，因此表明模型的多重共线性严重。

（3）当 $\mid \boldsymbol{X}'\boldsymbol{X} \mid = 0$ 时，$\text{var}(\hat{\beta}_j) \to \infty$，这说明模型的解释变量之间完全相关，因而多重共线性最为严重，即存在完全多重共线性。

这种方法虽然简便易行，但是由于无法找到 $\mid \boldsymbol{X}'\boldsymbol{X} \mid$ 值大小的标准，这样就使检验精度受到影响。因此，这种方法常被用来检验和比较两个或两个以上含有相同个数解释变量模型的多重共线性问题，为选择建模的样本观测值提供信息。

4. 综合统计检验法

对于多个解释变量（2 个以上）的回归模型，若在 OLS 法下：R^2 与 F 值较大，但各参数估计量的 t 检验值较小，说明各解释变量对 Y 的联合线性作用显著，但各解释变量间存在共线性而使得它们对 Y 的独立作用不能分辨，故 t 检验不显著。

二、估计多重共线性的范围

如果存在多重共线性，需进一步确定多重共线性究竟由哪些变量引起。

1. 决定系数检验法

如设多元回归模型的解释变量为 $X_1, X_2, \cdots, X_k$，为分析研究它们之间的相关关系，需将每个解释变量与其他解释变量进行回归，可得出 k 个回归方程式

$$X_{ji} = \alpha_0 + \alpha_1 X_{1i} + \cdots + \alpha_{j-1} X_{j-1i} + \alpha_{j+1} X_{j+1i} + \cdots + \alpha_k X_{ki} + \varepsilon_i$$
$$(i = 1, 2, \cdots, n, \quad j = 1, 2, \cdots, k)$$

并计算相应的拟合优度，即决定系数 R_j^2。如果某一回归方程的决定系数 R_j^2 较大（接近于 1），说明 X_j 与其他解释变量 X 间存在多重共线性。也就是说，在回归模型中，由于引进了解释变量 X_j，因而造成了回归模型的多重共线性。如果求出的决定系数 R_j^2 都比较小，

没有一个是接近于 1 的，则可认为模型的解释变量之间不存在严重的多重共线问题。

可进一步对上述出现较大决定系数 R_j^2 的回归方程做 F 检验，有

$$F_j = \frac{R_j^2/(k-1)}{(1-R_j^2)/(n-k)} \sim F(k-1, n-k) \tag{5-7}$$

若存在较强的共线性，则 R_j^2 较大且接近于 1，这时 $(1-R_j^2)$ 较小，从而 F_j 的值较大。因此，可以给定显著性水平 α，通过计算 F_j 的值，并与相应的临界值比较来进行检验，判定是否存在相关性。此时，$H_0: X_j$ 与其他解释变量 X 间不存在显著的共线性。如果 $F_j >$ $F_\alpha(k-1, n-k)$，拒绝 H_0，即认为 X_j 与其他解释变量 X 间存在多重共线性；否则，接受 H_0，即认为 X_j 与其他解释变量 X 间不存在多重共线性。

另一等价的检验是，在模型中排除某一个解释变量 X_j，估计模型，如果拟合优度与包含 X_j 时十分接近，则说明 X_j 与其他解释变量之间存在共线性。

2. 方差膨胀（扩大）因子法

对于多元线性回归模型来说，如果分别以每个解释变量为被解释变量，做对其他解释变量的回归，这称为辅助回归。以 X_j 为被解释变量做对其他解释变量辅助线性回归的决定系数，用 R_j^2 表示，则可以证明（证明过程从略），解释变量 X_j 参数估计量 $\hat{\beta}_j$ 的方差可表示为

$$\mathrm{var}(\hat{\beta}_j) = \frac{\sigma^2}{\sum x_{ji}^2} \cdot \frac{1}{1-R_j^2} = \frac{\sigma^2}{\sum x_{ji}^2} \mathrm{VIF}_j$$

其中，VIF_j 是变量 X_j 的方差膨胀因子，即

$$\mathrm{VIF}_j = \frac{1}{1-R_j^2}$$

注意：这里的 VIF_j 是多个解释变量辅助回归确定多重决定系数 R_j 的基础上计算的方差膨胀因子，是式（5-6）中只有两个解释变量情况的拓展。

由于 R_j 度量了 X_j 与其他解释变量的线性相关程度，这种相关程度越强，说明变量间多重共线性越严重，VIF_j 也就越大。反之，X_j 与其他解释变量的线性相关程度越弱，说明变量间的多重共线性越弱，VIF_j 也就越接近于 1。由此可见，VIF_j 的大小反映了解释变量之间是否存在多重共线性，可用它来度量多重共线性的严重程度。经验表明，$\mathrm{VIF}_j \geqslant 10$ 时，说明解释变量 X_j 与其余解释变量之间有严重的多重共线性，且这种多重共线性可能会过度影响最小二乘估计。

在 EViews 中，当解释变量之间存在完全或高度共线性时，将不能给出回归模型的参数估计结果，在其"Equation specification"窗口中会显示错误提示的信息"Nearly singular matrix"。在 EViews 中，不能直接计算解释变量的方差膨胀因子，而是需要根据 VIF_j 的定义式计算得到。

3. 逐步回归法

以 Y 为被解释变量，逐个引入解释变量，构成回归模型，进行模型估计。根据拟合优度的变化决定新引入的变量是否可以用其他变量的线性组合代替，而不是作为独立的解释变量。如果拟合优度变化显著，则说明新引入的变量是一个独立的解释变量；如果拟合

优度变化很不显著,则说明新引入的变量不是一个独立的解释变量,它可以用其他变量的线性组合代替,也就是说它与其他变量之间存在多重共线性。

第四节　多重共线性的修正

经过检验,如果认为解释变量之间存在多重共线性问题,在建立模型时必须加以修正,否则会对模型的精度和应用造成严重影响。下面对一般常用的几种修正多重共线性的方法作一简单介绍。

一、省略变量法

找出引起多重共线性的解释变量,将其省略掉,是最为有效的修正多重共线问题的方法。需要特别注意的是,当省略了某个或某些变量后,保留在模型中的变量的系数的估计值及其经济意义均将发生变化。

这种方法虽然简单,但是当解释变量较多时,往往很难选准在模型中比较次要的解释变量以便省略。因此,在用这种方法克服多重共线问题时,又可能会犯遗漏重要解释变量的错误,以致使模型出现新的问题。所以,在从模型中去掉某一解释变量时,一定要全面考虑、慎重从事,避免顾此失彼。

二、利用已知信息克服多重共线性

所谓已知信息,就是指在建模之前根据经济理论、统计资料或经验分析,已知的解释变量之间存在的某种关系。为了克服多重共线性,可将解释变量按已知关系加以合并。如设消费函数

$$Y_i = \beta_0 + \beta_1 X_{1i} + \beta_2 X_{2i} + \mu_i \quad (i = 1, 2, \cdots, n) \tag{5-8}$$

其中,Y 为消费支出;X_1 为消费者的年平均收入;X_2 为消费者的年平均储蓄额。显然,X_1 和 X_2 都是消费者可以支配的个人收入,因而高度相关,这样式(5-8)必然会有多重共线性。为了克服这一问题,可以通过省略一个解释变量的办法来解决,但是 X_1 和 X_2 对 Y 的影响及贡献很难分清,以致无法确定对解释变量的取舍。在这种情况下,经过对解释变量的进一步分析研究,发现消费者的收入和储蓄对消费的影响及贡献呈3∶2的关系,即

$$\beta_2 = \frac{2}{3}\beta_1 \tag{5-9}$$

这样,把式(5-9)代入式(5-8),就可将二元线性回归模型转换成一元线性回归模型,即

$$Y_i = \beta_0 + \beta_1\left(X_{1i} + \frac{2}{3}X_{2i}\right) + \mu_i \quad (i = 1, 2, \cdots, n) \tag{5-10}$$

这时,用普遍最小二乘法对式(5-10)进行参数估计,求出 $\hat{\beta}_0$ 和 $\hat{\beta}_1$,再将 $\hat{\beta}_1$ 代入式(5-9)求出 $\hat{\beta}_2$,就可得到克服了多重共线性问题的消费函数,即

$$\hat{Y}_i = \hat{\beta}_0 + \hat{\beta}_1 X_{1i} + \hat{\beta}_2 X_{2i} \quad (i = 1, 2, \cdots, n) \tag{5-11}$$

三、通过变换模型形式克服多重共线性

对于不需要分析每个解释变量对被解释变量影响大小的这类模型,如果解释变量存在多重共线性,则可通过改变模型形式的办法来加以克服。如设需求函数为

$$Y_i = \beta_0 + \beta_1 X_{1i} + \beta_2 X_{2i} + \beta_3 X_{3i} + \mu_i \quad (i = 1, 2, \cdots, n) \tag{5-12}$$

其中,Y 为需求量;X_1 为居民收入;X_2 为商品价格;X_3 为代用品价格。因为商品价格 X_2 和代用品价格 X_3 密切相关,所以式(5-12)存在多重共线性。但是,如果知道这两种商品的比价 X_2/X_3,而且模型只作预测应用,不需要分析 X_1, X_2, X_3 对 Y 的影响大小,这时只要将式(5-12)的形式加以改变就可达到克服多重共线性的目的。即将模型式(5-12)变为

$$Y_i = \alpha_0 + \alpha_1 X_{1i} + \alpha_2 (X_{2i}/X_{3i}) + \mu_i \quad (i = 1, 2, \cdots, n) \tag{5-13}$$

的形式,再用普通最小二乘法进行参数估计。这样,式(5-13)即为所求之需求函数,它不仅克服了 X_2 和 X_3 的多重共线性问题,而且还减少了解释变量的个数,既能简化计算过程又能提高预测精度。

对于以时间序列数据为样本,以直接线性关系为模型关系形式的计量经济学模型,把模型变为一阶差分的形式

$$\Delta Y_i = \beta_1 \Delta X_{1i} + \beta_2 \Delta X_{2i} + \cdots + \beta_k \Delta X_{ki} + \mu_i - \mu_{i-1} \quad (i = 1, 2, \cdots, n) \tag{5-14}$$

一般可以有效地消除存在于原模型中的多重共线性。这是由经济时间序列数据的内在性质决定的。一般讲,增量间的线性关系远比总量之间的线性关系弱一些。

以一阶差分的形式——式(5-14)来进行参数估计,可以克服解释变量多重共线性问题。但是,如果原模型的随机扰动项是同方差的,则经一阶差分变换后的模型其随机扰动项可能出现异方差问题。因此,在把原模型变换为差分形式时,要注意防止新模型的异方差性,这是用一阶差分形式来克服多重共线性的不足之处。

四、用增加样本容量来克服多重共线性

多重共线性可能是一种样本现象。同一个模型在一个样本下可能表现出多重共线性,而在另一个样本下可能就不存在多重共线性,因此,增加样本容量 n 就有可能消除多重共线性。

另外,多重共线性的主要问题在于使参数估计量的方差变大,而从式(5-6)可知,随机干扰项的方差、变量的变异程度与方差膨胀因子一起决定着参数估计量的方差。如果存在多重共线性,但随机干扰项的方差很小,或变量的变异程度很大,都可能得到较小的参数估计量的方差。这时,即使有较严重的多重共线性,也不会带来不良后果。因此,只要回归方程估计的参数标准差较小,t 统计值较大,就没有必要过于关心是否存在多重共线性的问题。

五、逐步回归法

依据前述逐步回归的思想,可通过逐步回归筛选并剔除引起严重多重共线性的变量。其具体步骤是,先用被解释变量对每一个所考虑的解释变量做简单回归,然后以对被解释变量贡献最大(即 R^2 最大)的解释变量所对应的回归方程为基础,再逐个引入其余的解释变量。这个过程会出现三种情形:①若新变量的引入改进了 R^2 值和 F 检验,且其他回归参数的 t 检验在统计上仍是显著的,则可考虑在模型中保留该变量。②若新变量的引入未能明显改进 R^2 值和 F 检验,且对其他回归参数估计值的 t 检验也未带来什么影响,则认为该变量是多余的。③若新变量的引入未能明显改进 R^2 值和 F 检验,且显著地影响了其他回归参数估计值的数值或符号,致使某些回归系数通不过 t 检验,则说明新引入变量与模型中原解释变量之间出现了严重的多重共线性。经过对各个引入新变量模型多方面的综合比较,保留 R^2 值改进最大,新变量影响显著且不影响原有变量显著性的模型。经逐步回归,使得最后留在模型中的解释变量既是重要的,又没有严重的多重共线性。

逐步回归法的好处是将统计上不显著的解释变量剔除,最后保留在模型中的解释变量之间多重共线性不明显,而且对被解释变量有较好的解释贡献。

■ 第五节　案例分析

表 5-2 给出了天津市 1974～1987 年粮食需求的有关数据。

表 5-2　天津市 1974～1987 年粮食需求有关数据

年份	粮食销售量 Y/(万吨/年)	市常住人口数 X_1/万人	人均收入 X_2/(元/年)	肉销售量 X_3/(万吨/年)	蛋销售量 X_4/(万吨/年)	鱼虾销售量 X_5/(万吨/年)
1974	98.45	560.20	153.20	6.53	1.23	1.89
1975	100.70	603.11	190.00	9.12	1.30	2.03
1976	102.80	668.05	240.30	8.10	1.80	2.71
1977	133.95	715.47	301.12	10.10	2.09	3.00
1978	140.13	724.27	361.00	10.93	2.39	3.29
1979	143.11	736.13	420.00	11.85	3.90	5.24
1980	146.15	748.91	491.76	12.28	5.13	6.83
1981	144.60	760.32	501.00	13.5	5.47	8.36
1982	148.94	774.92	529.20	15.29	6.09	10.07
1983	158.55	785.30	552.70	18.10	7.97	12.57
1984	169.68	795.50	771.16	19.61	10.18	15.12
1985	162.14	804.80	811.80	17.22	11.79	18.25
1986	170.09	814.94	988.43	18.60	11.54	20.59
1987	178.69	828.73	1 094.65	23.53	11.68	23.37

现考虑粮食需求函数

$$Y_t = \beta_0 + \beta_1 X_{1t} + \beta_2 X_{2z} + \beta_3 X_{3t} + \beta_4 X_{4t} + \beta_5 X_{5t} + \mu_t$$

分析以下问题：

(1) 用普通最小二乘法估计此模型。

(2) 根据(1)的结果，能否初步判定模型存在多重共线性？说明原因。

(3) 求5个解释变量的简单相关系数矩阵，能得出什么结果？

(4) 根据逐步回归法，确定一个较好的粮食需求模型。

解：对于这一案例，应用本章所学知识，借助 EViews 软件可解答如下。

(1) 应用 EViews 软件，得出回归模型为

$$\hat{Y}_t = -3.50 + 0.13X_{1t} + 0.07X_{2t} + 2.68X_{3t} + 3.45X_{4t} - 4.49X_{5t}$$
$$(-0.12) \quad (2.12) \quad (1.94) \quad (2.13) \quad (1.41) \quad (-2.03)$$
$$R^2 = 0.9704, \quad F = 52.588, \quad DW = 19727$$

(2) 从估计结果来看，模型可能存在多重共线性。原因如下：在5%的显著性水平下，查分布的临界值表可得，$t_{0.025}(14-5-1) = t_{0.025}(8) = 2.31$，可以看出所有回归系数的 t 统计量值均小于临界值；但 F 统计量的值52.588大于临界值 $F_{0.05}(5, 14-5-1) = 3.69$，表明回归方程是呈显著线性的，即至少有一个系数是显著为零的。t 检验和 F 检验出现矛盾。此外 $R^2 = 0.9704$，说明拟合优度很高，解释变量应该对被解释变量有显著解释能力。

(3) 应用 EViews，选择"Quick\Group Statistics\Correlations"，在出现的对话框中输入"X1 X2 X3 X4 X5"，点击"OK"，得到如图5-1所示的相关系数矩阵。

可以看出五个解释变量之间两两简单相关系数都在0.80以上，甚至有的在0.95以上。并且 X_5 与 X_2，X_4 的相关系数超过了样本判决系数 R^2，这都表明模型存在严重的多重共线性。

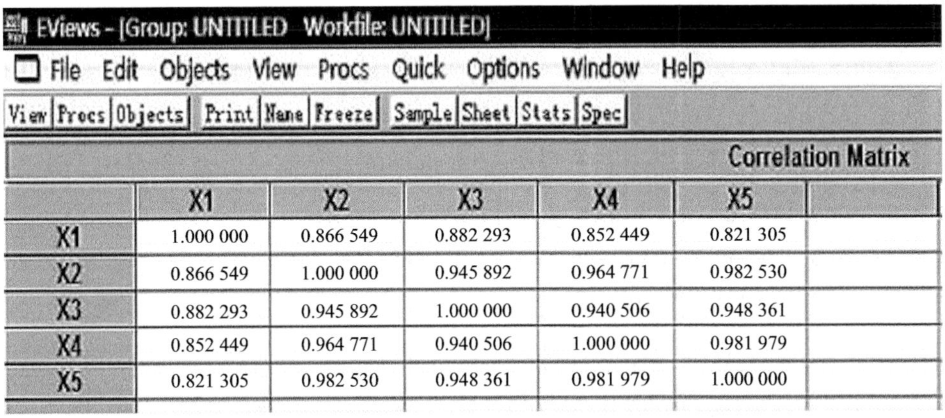

EViews - [Group: UNTITLED   Workfile: UNTITLED]

File　Edit　Objects　View　Procs　Quick　Options　Window　Help

View Procs Objects | Print Name Freeze | Sample Sheet Stats Spec

Correlation Matrix

	X1	X2	X3	X4	X5
X1	1.000 000	0.866 549	0.882 293	0.852 449	0.821 305
X2	0.866 549	1.000 000	0.945 892	0.964 771	0.982 530
X3	0.882 293	0.945 892	1.000 000	0.940 506	0.948 361
X4	0.852 449	0.964 771	0.940 506	1.000 000	0.981 979
X5	0.821 305	0.982 530	0.948 361	0.981 979	1.000 000

图 5-1　各解释变量之间的相关系数

(4) 根据逐步回归法确定回归模型的步骤如下。

第一步，用每个解释变量分别对被解释变量做简单回归，得到

$$\hat{Y}_t = -90.9 + 0.32X_{1t}$$
$$(12.0)$$
$$R^2 = 0.92, \quad F = 147.6$$
$$\hat{Y}_t = 99.6 + 0.08X_{2t}$$
$$(7.6)$$
$$R^2 = 0.82, \quad F = 57.6$$
$$\hat{Y}_t = 74.6 + 4.89X_{3t}$$
$$(8.6)$$
$$R^2 = 0.86, \quad F = 75.4$$
$$\hat{Y}_t = 108.8 + 5.75X_{4t}$$
$$(6.8)$$
$$R^2 = 0.79, \quad F = 46.8$$
$$\hat{Y}_t = 113.4 + 3.08X_{5t}$$
$$(12.0)$$
$$R^2 = 0.75, \quad F = 36.1$$

根据 R^2 统计量的大小排序,可见解释变量的重要程度依次为 X_1, X_3, X_2, X_4, X_5。

第二步,以 $Y_t = -90.9 + 0.32X_{1t}$ 为基础,依次引入 X_3, X_2, X_4, X_5。

首先把 X_3 引入模型进行回归得

$$\hat{Y}_t = -39.78 + 0.21X_{1t} + 1.91X_{3t}$$
$$(4.6) \quad (2.6)$$
$$R^2 = 0.95, \quad F = 114$$

因为 R^2 从 0.92 增至 0.95,且 X_3 的系数通过显著性检验($2.6 > t_{0.025}(14-2-1) = t_{0.025}(11) = 2.20$),所以在模型中保留 X_3。再把 X_2 引入模型进行回归得

$$\hat{Y}_t = 1.45 + 0.21X_{1t} + 0.009X_{2t} + 1.45X_{3t}$$
$$(4.6) \quad (2.6) \quad (1.2)$$
$$R^2 = 0.95, \quad F = 70.8$$

因为 X_2 的引入没有使 R^2 得到改善,同时还使各回归系数的 t 值下降,所以 X_2 不应引入模型,而应剔除。接着把 X_4 引入模型

$$\hat{Y}_t = -39.78 + 0.21X_{1t} + 1.75X_{3t} + 0.23X_{4t}$$
$$(4.6) \quad (2.6) \quad (0.18)$$
$$R^2 = 0.95, \quad F = 69$$

同理,应剔除 X_4,把 X_5 引入模型

$$\hat{Y}_t = -40.8 + 0.21X_{1t} + 2.14X_{3t} - 0.16X_{5t}$$
$$(4.6) \quad (2.6) \quad (-0.2)$$

$$R^2 = 0.95, \quad F = 69$$

同理,应剔除 X_5。

最后确定的模型形式为

$$\hat{Y}_t = -39.78 + 0.21X_{1t} + 1.91X_{3t}$$

$$(4.6) \qquad (2.6)$$

$$R^2 = 0.95, \quad F = 114$$

▶ 本章小结

多重共线性就是指模型解释变量之间存在完全线性或近似线性相关的一类问题。如果解释变量之间完全线性相关,则称解释变量之间存在完全共线性;如果解释变量之间存在近似线性相关,则称解释变量之间存在近似共线性。在矩阵表示的线性回归模型

$$\boldsymbol{Y} = \boldsymbol{X\beta} + \boldsymbol{\mu}$$

中,完全共线性指矩阵 $\boldsymbol{X}$ 的秩 $R(\boldsymbol{X}) < k+1$ 即 $|\boldsymbol{X}'\boldsymbol{X}| = 0$;近似共线性意味着 $|\boldsymbol{X}'\boldsymbol{X}| \approx 0$。

产生多重共线性的原因有很多,一般主要原因可概括为以下四个方面:①经济变量之间往往存在内在联系;②经济变量在时间上有同方向变动的趋势;③模型中滞后变量的引入;④在模型参数的估计过程中,样本之间往往具有一定的相关性。

对存在多重共线性的模型,如果直接用普通最小二乘法估计参数,就会给模型带来严重的不良后果:①如果解释变量存在完全共线性,则模型的参数 β 无法估计;②如果解释变量之间存在近似共线性,则参数 OLS 估计量的方差随着多重共线程度的提高而增加;③变量的显著性检验和模型的预测功能失去意义;④参数估计量经济意义不合理。

多重共线性的情况如何,直接关系到模型的构造和应用。因此,在建立计量经济学模型时,检验解释变量之间的多重共线性是十分重要的。多重共线性检验的任务是:①检验多重共线性是否存在;②估计多重共线性的范围,即判断哪些变量之间存在共线性。

检验多重共线性是否存在的标准:①一般而言,如果每两个解释变量的简单相关系数比较高,如大于 0.8,则可认为存在着较严重的多重共线性;②对于多个解释变量(2个以上)的回归模型,若在 OLS 法下 R^2 与 F 值较大,但各参数估计量的 t 检验值较小,说明各解释变量对 Y 的联合线性作用显著,但各解释变量间存在共线性而使得它们对 Y 的独立作用不能分辨,故 t 检验不显著。

如果存在多重共线性,需进一步确定多重共线性究竟由哪些变量引起。常用检验方法有:

(1) 决定系数检验法。对解释变量为 $X_1, X_2, \cdots, X_k$,分别做 k 个回归方程:

$$X_{ji} = \alpha_0 + \alpha_1 X_{1i} + \cdots + \alpha_{j-1} X_{j-1,i} + \alpha_{j+1} X_{j+1,i} + \cdots + \alpha_k X_k + \varepsilon_i$$

$$(i = 1, 2, \cdots, n, \quad j = 1, 2, \cdots, k)$$

并计算相应的拟合优度,即决定系数 R_j^2。如果某一回归方程的决定系数 R_j^2 较大,说明 X_j 与其他解释变量 X 间存在共线性,如果求出的决定系数 R_j^2 都比较小,没有一个是接

近于 1 的,则可认为模型的解释变量之间不存在严重的多重共线问题。可进一步对上述出现较大决定系数 R_j^2 的回归方程做 F 检验。计算 $F_j = \dfrac{R_j^2/(k-1)}{(1-R_j^2)/(n-k)}$,如果 $F_j > F_\alpha$ $(k-1, n-k)$,拒绝 H_0,即认为 X_j 与其他解释变量 X 间存在多重共线性;否则,接受 H_0,即认为 X_j 与其他解释变量 X 间不存在多重共线性。另一等价的检验是,在模型中排除某一个解释变量 X_j,估计模型,如果拟合优度与包含 X_j 时十分接近,则说明 X_j 与其他解释变量之间存在共线性。

(2) 方差膨胀因子检验。经验表明,如果变量 X_j 的方差膨胀因子 $\text{VIF}_j \geqslant 10$,说明解释变量 X_j 与其余解释变量之间有严重的多重共线性,且这种多重共线性可能会过度地影响最小二乘估计。

(3) 逐步回归法。以 Y 为被解释变量,逐个引入解释变量,构成回归模型,进行模型估计。根据拟合优度的变化决定新引入的变量是否可以用其他变量的线性组合代替,而不是作为独立的解释变量。如果拟合优度变化显著,则说明新引入的变量是一个独立的解释变量;如果拟合优度变化很不显著,则说明新引入的变量不是一个独立的解释变量,它可以用其他变量的线性组合代替,也就是说它与其他变量之间存在多重共线性。

经过检验,如果认为解释变量之间存在多重共线问题,那么在建立模型时必须加以修正,否则会对模型的精度和应用造成严重影响。下面是常用的几种修正方法:①省略引起多重共线性的解释变量;②利用已知信息;③变换模型形式;④增加样本容量;⑤逐步回归法。

➤ 思考与练习

1. 什么是多重共线性?产生多重共线性的经济背景是什么?
2. 多重共线性的危害是什么?为什么会造成这些危害?
3. 检验多重共线性的方法思路是什么?有哪些克服方法?
4. 在研究生产函数时,得到以下两种结果:

$$\widehat{\ln Y}_t = -5.04 + 0.887\ln K_t + 0.893\ln L_t \tag{5-15}$$

$$\text{SE} = (1.40) \quad (0.087) \quad (0.137)$$

$$R^2 = 0.878, \quad n = 21$$

$$\widehat{\ln Y}_t = -5.04 + 0.0272t + 0.4601\ln K_t + 1.285\ln L_t \tag{5-16}$$

$$\text{SE} = (2.99) \quad (0.020) \quad (0.333) \quad (0.324)$$

$$R^2 = 0.889, \quad n = 21$$

其中,Y 为产量;K 为资本;L 为劳动;t 为时间;n 为样本容量。

请回答:

(1) 验证模型式(5-15)中所有的系数在统计上都是显著的(5%)。

(2) 验证模型式(5-16)中 t 和 $\ln K$ 的系数在统计上不显著(5%)。

(3) 是什么原因造成了式(5-16)中 $\ln K$ 的系数不显著?

(4) 如果 t 与 $\ln K$ 的相关系数为 0.98,你将如何判断并能得出什么结论?

5.某地区供水部门利用最近 15 年的用水年度数据得出如下估计模型：

$$\hat{W} = -326.9 + 0.305\text{HO} + 0.363\text{PO} - 0.005\text{RE} - 17.87\text{PR} - 1.123\text{RA}$$

$$(-1.7) \quad (0.9) \quad (1.4) \quad (-0.6) \quad (-1.2) \quad (-0.8)$$

$$\bar{R}^2 = 0.939, \quad F = 38.9$$

其中，W(water)为用水总量(10^6m^3)；HO(house)为住户总数（千户）；PO(population)为总人口（千人）；RE(revenue)为人均收入（元）；PR(price)为价格（元/100m^3）；RA(rain)为降雨量(mm)。

(1) 根据经济理论和直觉，预计回归系数的符号是什么（不包括常量）？为什么？观察符号与你的直觉相符吗？

(2) 在 10% 的显著性水平下，请进行变量的 t 检验与方程的 F 检验。t 检验与 F 检验结果有相矛盾的现象吗？

(3) 你认为估计值是有偏的、无效的还是不一致的？详细阐述理由。

第六章

异方差性

学习目的:通过本章的学习,你可以知道什么是异方差性,异方差性是如何形成的,异方差性导致什么样的后果,怎样检验和处理具有异方差性的模型。

基本要求:掌握异方差性的概念、异方差性的后果和几种常见的检验方法。了解加权最小二乘法原理,并能运用加权最小二乘法估计线性回归模型。了解异方差稳健推断原理。

■ 第一节　异方差性及其产生原因

一、异方差性的含义

对于多元线性回归模型

$$Y_i = \beta_0 + \beta_1 X_{1i} + \beta_2 X_{2i} + \cdots + \beta_k X_{ki} + \mu_i \quad (i = 1, 2, \cdots, n) \tag{6-1}$$

同方差性假设为

$$\text{var}(\mu_i) = \sigma^2 \quad (i = 1, 2, \cdots, n)$$

如果出现

$$\text{var}(\mu_i) = \sigma_i^2 \quad (i = 1, 2, \cdots, n)$$

即对于不同的样本点,随机干扰项的方差不再是常数,而是互不相同,则认为出现了异方差性(heteroskedasticity)。

二、异方差的类型

同方差性假定是指回归模型中不可观察的随机误差项 μ_i 以解释变量 X 为条件的方差是一个常数,因此每个 μ_i 的条件方差不随 X 的变化而变化,即有

$$\sigma_i^2 = 常数 \neq f(X_i)$$

在异方差的情况下,总体中的随机误差项 μ_i 的方差 σ_i^2 不再是常数,通常它随解释变量值的变化而变化,即

$$\sigma_i^2 = f(X_i)$$

根据 σ_i^2 与解释变量 X 的关系,异方差一般可归结为三种类型(图 6-1)。

(1) 单调递增型:σ_i^2 随 X 的增大而增大。

(2) 单调递减型:σ_i^2 随 X 的增大而减小。

(3) 复杂型:σ_i^2 随 X 的变化呈复杂形式。

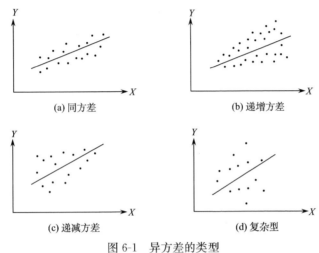

图 6-1 异方差的类型

三、异方差产生的原因

一般经验认为,采用截面数据作样本的模型,由于不同样本点上解释变量之外的因素的差异较大,容易产生异方差性。例如:

1. 居民储蓄模型

在截面资料下研究居民家庭的储蓄行为,假定储蓄行为模型为

$$S_i = \beta_0 + \beta_1 Y_i + \mu_i$$

其中,S_i 为第 i 个家庭的储蓄额;Y_i 为第 i 个家庭的可支配收入。在该模型中,假定 μ_i 的方差为常数往往不符合实际情况。对于高收入家庭来说,储蓄的差异较大;低收入家庭的储蓄则更有规律性(如为某一特定的目的而储蓄),差异较小。因此 μ_i 的方差往往随着 Y_i 增加而增加,这属于递增型异方差。

2. 干中学模型

人们在学习的过程中,其行为误差随时间而减少。在这种情况下,可以预料 μ_i 的方差 σ_i^2 会减小。例如,考虑一次打字测验,在给定的一段时间里,打字出错个数与用于打字练习的小时数有关系。随着打字练习小时数增加,不仅平均打错字个数下降,而且打错字

个数的方差也下降,这属于递减型的异方差。

资料收集技术的改进可能会使 σ_i^2 减小。例如,相较于没有先进设备的银行,那些拥有先进数据处理设备的银行,在他们对账户的每月或每季财务报告中,会出现更少的差错。

3. 股票价格和消费者价格

异常值的出现往往带来异方差。所谓异常值或超越正常范围的观测值,是指和其他观测值相比相差很多(很大或很小)的观察值。包括或不包括这样的观察值,尤其是样本较小时,会在很大程度上改变回归分析的结果。例如,考虑美国、英国、德国等 20 个国家在第二次世界大战后直至 1969 年的股票价格(Y)和消费者价格(X)的百分比变化散点图(图 6-2)。在图 6-2 中,对智利的观测值 Y 和 X 远大于对其他国家的观测值,故可视为一个异常值,在这种情况下,同方差性的假定就难以维持了。

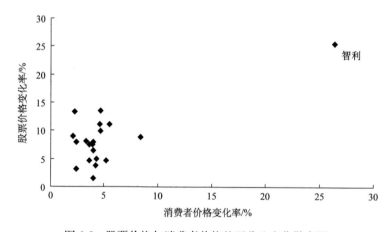

图 6-2 股票价格与消费者价格的百分比变化散点图

4. 假性异方差

如果回归模型设定不正确就会出现所谓的假性异方差问题。通常我们关心的异方差是随机误差项波动幅度的变化,但有时在其他一些情况下,如在解释变量的缺失、函数形式不正确或参数变化等情况下,也会出现与异方差问题相似的特征,很容易与纯粹的随机误差异方差相混淆。

例如,两个变量有真实关系

$$Y_i = \beta_0 + \beta_1 X_i^2 + \mu_i$$

其中,μ_i 满足线性回归模型的假定,即满足零均值和不变方差的假定。如果我们误以为 Y 和 X 之间的关系为

$$Y_i = \alpha_0 + \alpha_1 X_i + \varepsilon_i$$

并认为 $E(\varepsilon_i)=0$,那么

$$\text{var}(\varepsilon_i) = E(\varepsilon_i^2) = E[\mu_i + (\beta_0 - \alpha_0) + (\beta_1 X_i^2 - \alpha_1 X_i)]^2$$

记 $f(X_i) = (\beta_0 - \alpha_0) + (\beta_1 X_i^2 - \alpha_1 X_i)$,则

$$\text{var}(\varepsilon_i) = E(\varepsilon_i^2) = E(\mu_i + f(X_i))^2 = \sigma^2 + f^2(X_i)$$

因此 $\text{var}(\varepsilon_i)$ 是 X_i 的函数,即我们建立的模型具有异方差。这种形式的异方差本质上与随机误差项波动增大的真正的异方差是不同的,它实际上存在的是模型误差项均值非零的系统偏差,我们称这种异方差为假性异方差。假性异方差会随着引起误差项均值非零的系统偏差的校正而消失,并不需要另外的处理。对于假性异方差,更重要的是识别和确定。

第二节　异方差性的影响

计量经济学模型一旦出现异方差,如果仍然用普通最小二乘法估计模型参数,会产生一系列不良后果。

一、参数估计量非有效

根据前面有关 OLS 参数估计量的无偏性和有效性的证明过程,可以看到,当计量经济学模型出现异方差时,其普通最小二乘法参数估计量仍然具有无偏性和一致性,因为同方差假设在证明无偏性和一致性时并没有起作用。但在异方差情况下 OLS 估计量不再具有有效性,因为在有效性证明中利用了

$$E(\boldsymbol{\mu}\boldsymbol{\mu}') = \sigma^2 \boldsymbol{I}$$

而且在大样本情况下,OLS 估计量也不具有渐进有效性。

为详细说明异方差使 OLS 参数估计量的无效性,我们考虑一元回归模型

$$Y_i = \beta_0 + \beta_1 X_i + \mu_i \tag{6-2}$$

对于该模型,我们假定除同方差假设外,其他的基本假设都成立。如果模型随机误差项包含异方差,那么有

$$\text{var}(\mu_i) = \sigma_i^2$$

这一异方差取决于 X_i 的值。

该模型参数 β_1 的 OLS 估计量可以写为

$$\hat{\beta}_1 = \frac{\sum x_i y_i}{\sum x_i^2}$$

在上述给定的异方差情况下,容易证明 $\hat{\beta}_1$ 的方差为

$$\text{var}(\hat{\beta}_1) = \frac{\displaystyle\sum_{i=1}^{n} x_i^2 \sigma_i^2}{\left(\displaystyle\sum_{i=1}^{n} x_i^2\right)^2} \tag{6-3}$$

而同方差假设下,$\hat{\beta}_1$ 的 OLS 估计方差为

$$\text{var}(\hat{\beta}_1) = \frac{\sigma^2}{\sum x_i^2} \tag{6-4}$$

显然,式(6-3)与式(6-4)不同,只有在 $\sigma_i^2 = \sigma^2$ 时两者才是相同的。

因此在异方差出现时,尽管 β_1 的 OLS 估计量满足无偏性,但由式(6-4)表示的 β_1 的方差却不是由式(6-3)表示的 β_1 的方差的无偏估计。换言之,前者在平均水平上不是高估就是低估了后者,而且一般地说,我们无法知道这个偏误是高估了还是低估了。此外式(6-3)本身也仅在大样本下才是有用的,事实上我们后面将证明当存在异方差时只有用加权最小二乘法估计得到的方差才是最小的。

二、OLS 估计的随机干扰项的方差不再是无偏的

异方差时 OLS 估计的随机误差项的方差不再是真实随机干扰项方差的无偏估计,正是因为这一点才使得 OLS 估计的参数不再是有效的,这可从式(6-3)中直接看出来。

三、基于 OLS 估计的各种统计检验非有效

由于 OLS 参数估计量的标准差是基于随机误差项方差估计量得到的,在随机误差项存在异方差性时,OLS 估计的参数的方差不再是最小的。因此 OLS 参数估计量的标准差对于构建参数置信区间和 t 统计量也就不再是可靠的,因为此时基于通常的 OLS 参数估计量标准差构建的 t 统计量不再服从 t 分布,而且在大样本下这一问题也不能解决。类似地,F 统计量也不再有 F 分布,LM 统计量也不再有渐近 χ^2 分布。总而言之,在异方差情况下,我们建立在基本假设基础上的用来检验各种假设的统计量都不再是有效的,因为 OLS 估计量不再是最佳线性无偏估计量(即不具有 BLUE 性质)。

四、模型的预测失效

当模型出现异方差时,一方面,由于上述后果,使得 OLS 估计不再具有良好的统计性质;另一方面,由于在被解释变量预测值的置信区间中也包含有参数估计量的标准差,所以,如果仍然使用 OLS 估计量,将导致预测区间产生偏差,预测功能失效。

■ 第三节　异方差性检验

异方差的检验方法有很多种,如图示检验法、等级相关系数法、戈里瑟(Gleiser)检验、巴特列特检验、G-Q 检验等,很难说哪一种方法是最好的。这些方法尽管各不相同,但存在一个共同的思路。正如前面所指出的,异方差性,即指对于不同的样本点,也就是对于不同的解释变量的观测值,随机扰动项具有不同的方差,那么检验异方差性,也就是检验随机干扰项的方差和解释变量观测值之间的相关性。各种检验方法就是在这个思路下发展起来的。

问题在于用什么来表示随机干扰项的方差。一般的处理方法是首先采用普通最小二乘法估计模型,以求得随机干扰项的估计量 e_i。这样我们有

$$\left.\begin{array}{l} \text{var}(\mu_i) = E(\mu_i^2) \approx e_i^2 \\ e_i = Y_i - \hat{Y}_i \end{array}\right\}$$

即用 e_i^2 来表示随机干扰项的方差。

对于某一个解释变量引起的异方差,我们可以用图示检验法、帕克(Park)检验与戈里瑟检验、G-Q(Goldfeld-Quandt)检验等方法来检验异方差。对于由多个解释变量引起的异方差,我们可以用更一般的 F 检验、LM 检验、怀特检验等方法。

一、图示检验法

可以用 Y 与 X 的观察值做散点图,也可以用 e_i^2 与 X 的观察值做散点图。对前者观察是否存在明显的散点扩大、缩小或复杂趋势,如图 6-1 所示;对后者看是否形成一斜率为零的直线,如图 6-3 所示。图示检验法只能进行大概的判断,其他方法则更为正式。

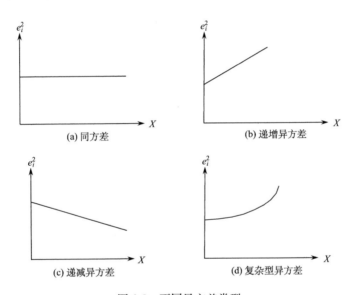

图 6-3 不同异方差类型

二、帕克检验与戈里瑟检验

帕克检验与戈里瑟检验的基本思想是,以 e_i^2 或 $|e_i|$ 为被解释变量,以原模型的某一个解释变量 X_j 为解释变量,建立如下回归方程:

$$e_i^2 = f(X_{ji}) + \varepsilon_i \text{ 或 } |e_i| = f(X_{ji}) + \varepsilon_i$$

选择关于变量 X_j 的不同函数形式,对方程进行估计并进行显著性检验。如果存在某一种函数形式,使得方程显著成立,则说明原模型存在异方差性。例如,帕克检验常用

$$\ln e_i^2 = \beta + \alpha \ln X_{ji} + \varepsilon_i$$

进行检验,若 α 在统计上显著异于零,表明存在异方差。当然,由于 $f(X_j)$ 的具体形式未知,因此需要进行各种形式的检验。

三、G-Q 检验

帕克检验与戈里瑟检验的困难在于需要选择不同的解释变量,尝试各种不同的函数形式,进行多次反复试验,并且在进行试验的回归模型中,其随机干扰项本身可能不满足 OLS 的经典假设。G-Q 检验可以同时克服这两大困难。

G-Q 检验以 F 检验为基础,适用于样本容量较大、异方差递增或递减的情况。其基本思想是,先按某一个解释变量对样本排序,再将排序后的样本一分为二,对子样本①和子样本②分别作 OLS 回归,然后利用两个子样本的残差平方和之比构造 F 统计量进行异方差检验。G-Q 检验的步骤可描述如下。

(1) 将 n 组样本观察值按某一被认为可能引起异方差的解释变量的观察值大小排序。

(2) 将序列中间的 c 个观察值除去,并将剩下的观察值划分为较小与较大的相同的两个子样本,每个子样本样本容量均为 $(n-c)/2$,这样做主要是为了突出小方差样本和大方差样本之间的差异。

(3) 对每个子样本分别进行 OLS 回归,并计算各自的残差平方和。分别用 $\sum e_{1i}^2$,$\sum e_{2i}^2$ 表示较小的与较大的残差平方和 $\left[\text{自由度均为} \dfrac{n-c}{2}-k-1\right]$。

(4) 在同方差性假定下,构造如下满足 F 分布的统计量

$$F = \frac{\sum e_{2i}^2 \Big/ \left(\dfrac{n-c}{2}-k-1\right)}{\sum e_{1i}^2 \Big/ \left(\dfrac{n-c}{2}-k-1\right)} \sim F\left(\dfrac{n-c}{2}-k-1, \dfrac{n-c}{2}-k-1\right)$$

(5) 给定显著性水平 α,确定临界值 $F_\alpha(v_1, v_2)$。若 $F > F_\alpha(v_1, v_2)$,则拒绝同方差性假设,表明原模型随机干扰项存在异方差性。当然,还可根据两个残差平方和对应的子样本的顺序判断是递增型异方差还是递减型异方差。

G-Q 检验结果有时要依赖于省略的样本个数 c 的大小。根据蒙特卡洛试验结果和实际经验,Judge 等建议,若 n 为 30 左右,c 取 4;若 n 为 60 左右,c 取 10。

G-Q 检验需要按照某一被认为有可能引起异方差的解释变量观察值的大小排序,因此,可能需要对各个解释变量进行轮流试验,而且它只适合检验单调递增或递减型异方差。

四、F 检验

考虑多元线性回归模型

$$Y_i = \beta_0 + \beta_1 X_{1i} + \beta_2 X_{2i} + \cdots + \beta_k X_{ki} + \mu_i \quad (i=1,2,\cdots,n) \tag{6-5}$$

假定该模型满足基本假设,特别地,我们假设

$$E(\mu_i) = 0$$

这样 OLS 估计是无偏的和一致的。同方差假定意味着如下假设成立:

$$H_0 : \text{var}(\mu_i) = \sigma^2 \tag{6-6}$$

这样,我们可以假定同方差假设成立,然后通过数据来检查该假设。如果不能在一个足够小的置信水平上拒绝式(6-6),我们通常会得出异方差不会成为问题的结论。然而请记住,我们永远不可能接受 H_0,只是不能拒绝它而已。

由于我们假设 μ 具有零条件期望,因此有 $\text{var}(\mu_i) = E(\mu_i^2)$,这样同方差假设等价于

$$H_0 : E(\mu_i^2) = \sigma^2$$

这表明为检验是否违背同方差假设,我们只要检验 $E(\mu_i^2)$ 是否与一个或多个解释变量相关。如果 H_0 是错的,则在给定的自变量值的条件下,$E(\mu_i^2)$ 可能是 X_j 的某种函数,一个简单的方法是假设如下线性函数:

$$E(\mu_i^2) = \delta_0 + \delta_1 X_{1i} + \delta_2 X_{2i} + \cdots + \delta_k X_{ki} + v_i \quad (i = 1, 2, \cdots, n) \tag{6-7}$$

其中,v_i 是在既定的 X_{ji} 下均值为零的误差项。仔细观察该模型中的被解释变量,它是原模型式(6-5)中随机误差项的平方。同方差性的零假设是

$$H_0 : \delta_1 = \delta_2 = \cdots \delta_k = 0 \tag{6-8}$$

在零假设下,假设式(6-7)中的误差 v_i 独立于 $X_{1i}, X_{2i}, \cdots, X_{ki}$ 是合理的,这样 F 统计量或 LM 统计量就可以用来检验式(6-8)。如果我们能观察到 μ_i^2 的样本值,那么我们能用 μ_i^2 对 $X_{1i}, X_{2i}, \cdots, X_{ki}$ 进行 OLS 回归,这样很容易地计算出这两个统计量。

正如前面说过,我们并不知道 μ_i^2,但可以用 OLS 估计得到的残差 e_i^2 来近似估计 μ_i^2。这样,可以估计如下方程

$$e_i^2 = \delta_0 + \delta_1 X_{1i} + \delta_2 X_{2i} + \cdots + \delta_k X_{ki} + v_i \quad (i = 1, 2, \cdots, n) \tag{6-9}$$

然后,计算检验 $X_1, X_2, \cdots, X_k$ 的联合显著性的 F 统计量(LM 统计量的计算另作介绍)。结果表明,用 OLS 残差来代替 μ 并不影响 F 统计量的大样本分布性质,尽管要证明这一点很复杂。

F 统计量依赖于对式(6-9)回归得到的拟合优度,我们用 $R_{e^2}^2$ 表示该拟合优度,以便和式(6-5)的回归拟合优度区别。这样相应的 F 统计量就是

$$F = \frac{R_{e^2}^2 / k}{(1 - R_{e^2}^2)/(n - k - 1)} \tag{6-10}$$

其中,k 是式(6-9)中解释变量的个数,与式(6-5)中解释变量个数是一样多的。这个 F 统计量在同方差假设下服从 $F_{k, n-k-1}$ 分布。

五、拉格朗日乘子检验

对于由多个解释变量引起的异方差,我们也可通过拉格朗日乘子 LM 统计量来进行检验。用于检验异方差的 LM 统计量可以通过下式得到

$$LM = nR_{e^2}^2 \sim \chi^2(k) \tag{6-11}$$

在零假设下,LM 统计量服从自由度为解释变量个数的渐近 χ^2 分布。

LM 检验也称 Breusch-Pagan 异方差检验(BP 检验),BP 异方差检验步骤如下:

(1) 用 OLS 估计模型式(6-5),得到 OLS 回归残差平方 e_i^2 序列。

(2) 对式(6-9)进行回归,记下回归得到的拟合优度 $R_{e^2}^2$。

(3) 计算 LM 统计量相应的 P 值(查 χ^2 分布表得到的概率),如果 P 值足够小,即小于给定的显著性水平的话,那么我们就拒绝同方差的零假设。

(4) 如果 BP 检验的 P 值很小,那就应该采取一些纠正的措施,一个可能的措施就是用异方差稳健标准差和前面讨论过的检验统计量。

六、怀特检验

前面的 F 检验或 LM 检验只检验了随机误差项方差近似量 e_i^2 与各个解释变量 X 之间的线性关系是否成立,当 e_i^2 与多个解释变量可能存在非线性关系时,这时我们可以用怀特检验来检验这种比较复杂的异方差形式。怀特检验适合于任何形式的异方差,也不需要排序。下面以两个解释变量的回归模型为例来说明怀特检验的基本思想与步骤。

对于二元回归模型

$$Y_i = \beta_0 + \beta_1 X_{1i} + \beta_2 X_{2i} + \mu_i \quad (i = 1, 2, \cdots, n) \tag{6-12}$$

可先对该模型做 OLS 回归,得到 e_i^2,然后做如下辅助回归(辅助回归中必须包含截距):

$$e_i^2 = a_0 + a_1 X_{1i} + a_2 X_{2i} + a_3 X_{1i}^2 + a_4 X_{2i}^2 + a_5 X_{1i} X_{2i} + v_i \tag{6-13}$$

对式(6-13)进行 OLS 回归得到拟合优度 $R_{e^2}^2$,相应的 LM 统计量为

$$LM = nR_{e^2}^2$$

因此可在大样本下,对 LM 统计量进行相应的 χ^2 检验,当然也可以用 F 统计量来做怀特检验。

需要注意的是,辅助回归方程式(6-13)仍然是检验 e_i^2 与解释变量可能的组合的显著性,因此回归方程还可引入解释变量的更高次方。如果存在异方差性,则表明 e_i^2 确实与解释变量的某种组合有显著的相关,这时往往显示出较高的拟合优度 $R_{e^2}^2$,并且某一参数的 t 检验值较大。

当回归模型的解释变量个数比较多时,怀特检验中的辅助回归方程可能会有太多的解释变量,从而使自由度减少。例如,在上面的二元回归方程中,怀特检验用到的辅助回归方程中有五个解释变量,对于三元回归方程而言,怀特检验中的辅助回归方程就会有九个解释变量,这使自由度大大减少。这时可以采取几种方法来避免辅助回归方程自由度减少的问题。一种方法是去掉辅助回归方程中的解释变量的交叉项,另一种方法是用原来模型 OLS 回归得到的被解释变量的预测值作为辅助回归方程中的解释变量来达到增加自由度的目的。例如,考虑回归方程

$$\hat{Y}_i = \hat{\beta}_0 + \hat{\beta}_1 X_{1i} + \hat{\beta}_2 X_{2i} + \cdots + \hat{\beta}_k X_{ki} \quad (i = 1, 2, \cdots, n)$$

在进行怀特异方差检验时,可以建立辅助回归方程

$$e_i^2 = \alpha_0 + \alpha_1 \hat{Y}_i + \alpha_2 \hat{Y}_i^2 + \varepsilon_i \quad (i = 1, 2, \cdots, n)$$

进而再计算 LM 统计量,这样就避免了自由度减少的问题。

例 6-1 一个异方差检验的说明性例子。我们通过对中国农村居民人均消费函数的估计来说明异方差性的检验方法。给定农村居民人均消费函数回归模型

$$\ln Y_i = b_0 + b_1 \ln X_{1i} + b_2 \ln X_{2i} + \mu_i \tag{6-14}$$

其中,Y 为农村家庭人均消费支出;X_1 为从事农业经营的收入;X_2 为其他收入。相关数据见表 6-1。

表 6-1　中国 2001 年各地区农村居民家庭人均纯收入与消费支出　　　　单位:元

地区	人均消费支出 Y	农业经营收入 X_1	其他收入 X_2	地区	人均消费支出 Y	农业经营收入 X_1	其他收入 X_2
北京	3 552.1	579.1	4 446.4	湖北	1 649.2	1 352.0	1 000.1
天津	2 050.9	1 314.6	2 633.1	湖南	1 990.3	908.2	1 391.3
河北	1 429.8	928.8	1 674.8	广东	2 703.36	1 242.9	2 526.9
山西	1 221.6	609.8	1 346.2	广西	1 550.62	1 068.4	875.6
内蒙古	1 554.6	1 492.8	480.5	海南	1 357.43	1 386.7	839.8
辽宁	1 786.3	1 254.3	1 303.3	重庆	1 475.16	883.2	1 088
吉林	1 661.7	1 634.6	547.6	四川	1 497.52	919.3	1 067.7
黑龙江	1 604.5	1 684.1	596.2	贵州	1 098.39	764	647.8
上海	4 753.2	652.5	5 218.4	云南	1 336.25	889.4	644.3
江苏	2 374.7	1 177.6	2 607.2	西藏	1 123.71	589.6	814.4
浙江	3 479.2	985.8	3 596.6	陕西	1 331.03	614.8	876
安徽	1 412.4	1 013.1	1 006.9	甘肃	1 127.37	621.6	887
福建	2 503.1	1 053	2 327.7	青海	1 330.45	803.8	753.5
江西	1 720	1 027.8	1 203.8	宁夏	1 388.79	859.6	963.4
山东	1 905	1 293	1 511.6	新疆	1 350.23	1 300.1	410.3
河南	1 375.6	1 083.8	1 014.1				

资料来源:鲜祖德,国家统计局农村社会经济调查总队.中国农村住户调查年鉴.北京:中国统计出版社,2002;国家统计局.中国统计年鉴(2002).转引自:李子奈,潘文卿.计量经济学.第二版.北京:高等教育出版社,2005

下面利用表 6-1 中中国 2001 年各地区农村居民家庭人均纯收入与消费支出的相关数据对式(6-14)进行 OLS 估计,然后再进行异方差性检验。

打开 EViews 软件,在菜单栏中点击"File\New\Workfile",出现工作文件创建对话框。在工作文件数据结构类型(Workfile structure type)下拉菜单中选择"Unstructured/Undated",在右边的"Data range"下方的"Observation"中输入样本观测值个数 31,再点击"OK"就创建好了工作文件。

接下来输入数据,在 EViews 命令栏中输入命令"data y x1 x2"(在 EViews 命令中不用区分大小写字母),回车后出现"Group"窗口数据编辑框,在对应的"Y","X1"和"X2"等

变量名下输入相应的数据,这样完成了数据输入工作。

在 EViews 命令栏中输入命令"ls log(y) c log(x1) log(x2)",回车后得到表 6-2 的 EViews 输出结果(点击该输出结果上方工具栏中的"Name",可以把该回归结果保存为 eq01)。

表 6-2　模型式(6-14)OLS 回归得到的 EViews 输出结果

Dependent Variable：LOG(Y)
Method：Least Squares
Date：06/16/12 Time：08：13
Sample：1 31
Included observations：31

	Coefficient	Std. Error	t-Statistic	Prob.
C	1. 654 822	0. 886 268	1. 867 180	0. 072 4
LOG(X1)	0. 316 559	0. 104 700	3. 023 483	0. 005 3
LOG(X2)	0. 508 388	0. 050 615	10. 044 28	0. 000 0
R-squared	0. 783 059	Mean dependent var		7. 440 815
Adjusted R-squared	0. 767 563	S. D. dependent var		0. 355 636
S. E. of regression	0. 171 458	Akaike info criterion		−0. 597 189
Sum squared resid	0. 823 141	Schwarz criterion		−0. 458 416
Log likelihood	12. 256 43	Hannan-Quinn criter.		−0. 551 953
F-statistic	50. 533 65	Durbin-Watson stat		1. 890 547
Prob(F-statistic)	0. 000 000			

由表 6-2 得到模型式(6-14)的 OLS 估计结果：

$$\widehat{\ln Y}_i = 1.6\,548 + 0.316\,6\ln X_{1i} + 0.508\,4\ln X_{2i} \tag{6-15}$$
$$(1.867) \qquad (3.023) \qquad\qquad (10.044)$$
$$\overline{R}^2 = 0.767\,6 \quad F = 50.533\,7, \quad RSS = 0.823\,1$$

估计结果表明,其他收入的增长对人均消费支出增长的影响大于农业收入增长对人均消费支出的增长的影响。由于模型所用数据为截面数据,可能存在异方差。接下来我们进行异方差性检验。

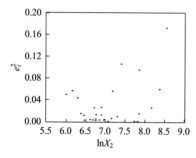

图 6-4　残差平方项 e_i^2 与 $\ln X_2$ 的散点图

可以认为,不同地区农村人均消费支出的差别主要来源于非农经营收入及其他收入的差别,因此如果存在异方差,则可能是 X_2 引起的。模型 OLS 回归得到的残差平方项 e_i^2 与 $\ln X_2$ 的散点图(图 6-4)表明可能存在单调递增型异方差。

要得到图 6-4,可以在表 6-2 输出结果的上方工具栏中点击"Proc\Make Residual Series",在弹出的"Make Residuals"对话框中选中"Ordinary",在下方的序列命名框中输入字母"e",这样就得到了残差序列。然后在 EViews 命令栏中输入命令"genr e2＝e∧2",这样生成残差平方序列。再在 EViews 命令栏中输入命令"genr lnx2＝log(x2)",这样得到 X2 的对数序列。点击选中刚生成的 lnx2 序列,再按住 Ctrl 键选中刚生成的残差平方序列 e2,再按鼠标右键以组的形式打开这两个数据序列,在数据序列上方的工具栏中点击"View\Graph",在"Specifi"选项中选取"Scatter",再点击确定即可。

接下来进行 G-Q 检验。将原始数据按 X_2 排成升序(在 EViews 命令栏中输入"sort X_2"),去掉中间的 5 个数据,得到两个容量各为 13 的子样本。对两个子样本分别做 OLS 回归(以对子样本 1 的回归为例,EViews 操作如下:首先在命令栏中输入命令"smpl 1 13",回车得到子样本 1,再在命令栏中输入命令" ls log(y) c log(x1) log(x2)",回车即可),得到各自的残差平方和 RSS_1 和 RSS_2。

子样本 1 的回归结果为
$$\widehat{\ln Y}_i = 3.9213 + 0.3481 \ln X_{1i} + 0.1364 \ln X_{2i}$$
$$(3.401) \quad (4.449) \quad\quad (1.212)$$
$$R^2 = 0.7037, \quad RSS_1 = 0.0656$$

子样本 2 的回归结果为
$$\widehat{\ln Y}_i = 1.2280 + 0.1249 \ln X_{1i} + 0.7331 \ln X_{2i}$$
$$(0.693) \quad (0.665) \quad\quad (6.629)$$
$$R^2 = 0.8241, \quad RSS_2 = 0.3097$$

计算 F 统计量
$$F = RSS_2/RSS_1 = 0.3097/0.0656 = 4.7210$$

在 5% 的显著性水平下,自由度为(10,10)的 F 分布临界值为 $F_{0.05}(10,10)＝2.98$,因此 G-Q 检验在 5% 的显著性水平下拒绝两组样本存在同方差的假定,原模型中 $\ln X_2$ 可能带来递增型的异方差。

再进行 F 检验和 LM 检验。在模型式(6-14)OLS 回归的 EViews 输出结果表 6-2 上方的工具栏中,点击"View\Residual Tests\Heteroskedasticity Tests",会弹出异方差检验的对话框,在检验类型中选择"Breusch-Pagan-Godfrey",再点击"OK"就可得到用于 F 检验和 LM 检验的回归结果,如表 6-3 所示。

表 6-3　模型式(6-14)OLS 回归的异方差性检验:F 检验和 LM 检验

Heteroskedasticity Test: Breusch-Pagan-Godfrey

F-statistic	2.630360	Prob. F(2,28)	0.0898
Obs*R-squared	4.903150	Prob. Chi-Square(2)	0.0862
Scaled explained SS	3.984955	Prob. Chi-Square(2)	0.1364

Test Equation:

Dependent Variable: RESID^2

Method: Least Squares

Date: 06/16/12　Time: 08:58

Sample: 1 31

Included observations: 31

续表

	Coefficient	Std. Error	t-Statistic	Prob.
C	−0. 153 070	0. 187 037	−0. 818 396	0. 420 0
LOG(X1)	0. 001 544	0. 022 096	0. 069 891	0. 944 8
LOG(X2)	0. 023 839	0. 010 682	2. 231 741	0. 033 8
R-squared	0. 158 166	Mean dependent var		0. 026 553
Adjusted R-squared	0. 098 035	S. D. dependent var		0. 038 100
S. E. of regression	0. 036 184	Akaike info criterion		−3. 708 615
Sum squared resid	0. 036 661	Schwarz criterion		−3. 569 842
Log likelihood	60. 483 54	Hannan-Quinn criter.		−3. 663 379
F-statistic	2. 630 360	Durbin-Watson stat		1. 510 880
Prob(F-statistic)	0. 089 778			

  表 6-3 显示,F 统计值为 2. 630 36,对应的 P 值为 0. 089 8;LM 统计值为 4. 903 15,对应的 P 值为 0. 086 2。由此可见,在 5% 的显著水平下,F 检验和 LM 检验的结果都是不存在异方差。在 10% 的显著水平下,F 检验和 LM 检验的结果则都是存在异方差。

  进一步进行怀特检验。在模型式(6-14)OLS 回归的 EViews 输出结果表 6-2 上方的工具栏中,点击"View\Residual Tests\Heteroskedasticity Tests",会弹出异方差检验的对话框,在检验类型中选择"White",同时勾选右边的"Include White cross terms",再点击"OK"就可得到用于怀特检验的回归结果,如表 6-4 所示。

表 6-4 模型式(6-14)OLS 回归的异方差性检验:怀特检验(包含交叉项)

Heteroskedasticity Test:White

F-statistic	4. 324 625	Prob. F(5,25)	0. 005 7
Obs * R-squared	14. 377 35	Prob. Chi-Square(5)	0. 013 4
Scaled explained SS	11. 684 95	Prob. Chi-Square(5)	0. 039 4

Test Equation:

Dependent Variable:RESID^2

Method:Least Squares

Date:06/16/12 Time:09:07

Sample:1 31

Included observations:31

	Coefficient	Std. Error	t-Statistic	Prob.
C	−0. 173 278	4. 576 151	−0. 037 866	0. 970 1
LOG(X1)	0. 102 285	1. 076 261	0. 095 038	0. 925 0
(LOG(X1))^2	0. 014 591	0. 069 268	0. 210 643	0. 834 9
(LOG(X1)) * (LOG(X2))	−0. 043 277	0. 039 001	−1. 109 634	0. 277 7
LOG(X2)	−0. 055 497	0. 476 727	−0. 116 412	0. 908 3
(LOG(X2))^2	0. 025 787	0. 017 602	1. 465 040	0. 155 4

续表

R-squared	0.463 785	Mean dependent var	0.026 553
Adjusted R-squared	0.356 542	S. D. dependent var	0.038 100
S. E. of regression	0.030 562	Akaike info criterion	−3.966 115
Sum squared resid	0.023 351	Schwarz criterion	−3.688 569
Log likelihood	67.474 79	Hannan-Quinn criter.	−3.875 642
F-statistic	4.324 625	Durbin-Watson stat	2.390 463
Prob(F-statistic)	0.005 679		

由表 6-4 可知,含交叉项的怀特异方差检验表明原回归模型存在异方差,因为 LM 统计值为 14.38,对应的 P 值为 0.013 382。读者自己可以进一步在 EViews 中操作验证,不含交叉项的怀特异方差检验(LM=13.56,概率 $P=0.008\,845$)也表明原回归模型存在异方差。

第四节 异方差性的修正

一、异方差稳健推断

由于假设检验很重要,而在异方差时通常的 OLS 推断又是无效的,那这是否意味着应该完全放弃 OLS 估计? 幸运的是,即使存在异方差,但普通最小二乘估计仍然是有用的,最近的 20 年来,计量经济学家已经知道如何调整标准差、t 统计量、F 统计量、LM 统计量以使得它们在存在未知形式的异方差时仍然有用。这就意味着我们可以报告新的有用统计量,这种方法就是异方差稳健推断(heteroskedasticity robust inference)。异方差稳健估计量是有用的——至少在大样本时是这样的——而且不用管误差项方差是否为常数,也不必知道是什么类型的异方差。

我们先看看在异方差情况下,怎样推断参数估计量的方差 $\text{var}(\beta_i)$。这一理论的详细推导超出本书范围,但异方差稳健推断的运用却很容易,因为现在很多统计和计量软件包都能够很容易计算这一统计量。

仍然考虑第二节中的一元线性回归模型,把它重写为

$$Y_i = \beta_0 + \beta_1 X_i + \mu_i \tag{6-16}$$

对于该模型,我们假定除同方差假设外,其他的基本假设都成立。如果模型随机误差项包含异方差,那么有

$$\text{var}(\mu_i) = \sigma_i^2 \tag{6-17}$$

这一异方差取决于 X_i 的值。

该模型参数 β_1 的 OLS 估计量可以写为

$$\hat{\beta}_1 = \beta_1 + \frac{\sum_{i=1}^{n}(X_i - \overline{X})\mu_i}{\sum_{i=1}^{n}(X_i - \overline{X})^2} \tag{6-18}$$

在异方差下,容易证明 β_1 的方差为

$$\text{var}(\hat{\beta}_1) = \frac{\sum_{i=1}^{n}(X_i - \overline{X})^2 \sigma_i^2}{\left(\sum_{i=1}^{n}(X_i - \overline{X})^2\right)^2} \tag{6-19}$$

当 $\sigma_i^2 = \sigma^2$ 时,式(6-19)就是满足同方差假设下 OLS 估计的 $\hat{\beta}_1$ 的方差。式(6-19)表明,即使是简单的一元回归,同方差假设下导出的 OLS 参数估计量的方差在模型存在异方差时也不再是恰当的。由于 $\hat{\beta}_1$ 的标准差直接基于 $\text{var}(\hat{\beta}_1)$,因此我们需要在异方差情况下估计式(6-19)。怀特于 1980 年解决了这一问题。让 e_i 表示初始的 Y 对 X 进行 OLS 回归后得到的残差,那么对于任何形式的异方差(包括同方差)而言,$\text{var}(\hat{\beta}_1)$ 的估计量为

$$\widehat{\text{var}}(\hat{\beta}_1) = \frac{\sum_{i=1}^{n}(X_i - \overline{X})^2 e_i^2}{\left(\sum_{i=1}^{n}(X_i - \overline{X})^2\right)^2} \tag{6-20}$$

这一方差可以在 OLS 回归后方便地用相应的数据计算得到。

式(6-20)是否为 $\text{var}(\hat{\beta}_1)$ 的恰当估计量呢? 可以证明式(6-20)乘上样本容量 n 在概率上会收敛到 $E[(X_i - \mu_x)^2 \mu_i^2]/(\sigma_x^2)^2$,这恰是 n 乘上式(6-19)的概率极限。具体证明可查阅怀特的原始论文。

对于一般的多元回归模型

$$Y_i = \beta_0 + \beta_1 X_{1i} + \beta_2 X_{2i} + \cdots + \beta_k X_{ki} + \mu_i \quad (i = 1, 2, \cdots, n) \tag{6-21}$$

假定随机误差项除了是异方差外,其他的基本假设满足,那么 $var(\beta_j)$ 的恰当估计量为

$$\widehat{\text{var}}(\hat{\beta}_j) = \frac{\sum_{i=1}^{n} r_{ij}^2 e_i^2}{\text{RSS}_j^2} \tag{6-22}$$

这里 r_{ij} 为来自用 X_j 对所有其他的解释变量进行回归得到的第 i 个残差,RSS_j 是该回归的残差平方和。式(6-22)的证明超出了本书范围,它的平方根就是所谓的 $\hat{\beta}_1$ 的异方差稳健标准差。在应用上这些稳健标准差有时称为怀特异方差性一致标准差,我们这里把它称为异方差稳健标准差,或稳健标准差,它是用与异方差相一致的 OLS 回归残差的方差-协方差矩阵调整过的估计量。有时在式(6-22)右边常乘以 $n/(n-k-1)$,以作为自由度的修正。这样调整后,在同方差的情况下我们就得到通常的 OLS 标准差。

一旦获得了异方差稳健标准差,那么构建异方差稳健 t 统计量就很简单了。一般形式的 t 统计量为

$$t = \frac{\hat{\beta}_j - \beta_i}{S_{\hat{\beta}_j}}$$

由于我们仍然用 OLS 估计,而且事先选择好了假设的 β_i 的值,因此,一般的基于 OLS 估计构建的 t 统计量和异方差 t 统计量的差别仅是标准差如何计算而已。

稳健标准差可能大于也可能小于通常的 *OLS* 标准差,但二者通常相差并不很大。从经验上来看,常常发现稳健标准差比通常的标准差要大些。稳健标准差的使用优势在于我们不需要知道总体模型中是否存在异方差以及存在何种形式的异方差,因此异方差稳健标准差比通常的 *OLS* 标准差更有用。但我们为什么仍然广泛使用 *OLS* 标准差呢? 一个理由是 *OLS* 标准差在同方差假设成立且误差项服从正态分布时,具有准确的 t 分布而不用考虑样本规模的大小。稳健标准差和稳健 t 统计量仅在大样本下更有效,对于小的样本,稳健 t 统计量的分布并不很接近 t 分布,而准确的 t 分布容易让我们做出推断。

在大样本时,在截面数据分析中我们可以只报告异方差稳健标准差,这种做法在应用实践中越来越多。当然,同时报告两种标准差也很常见,这样读者在使用时可以决定结论是否对这些标准差敏感。

例 6-2　异方差稳健估计。接着例 6-1 的回归模型,现在我们不去检验回归模型式(6-14)是否具有异方差。我们仍然采用 OLS 方法来估计式(6-14),但现在在回归结果中不是报告通常的 OLS 回归系数的标准差,而是报告异方差稳健标准差。要进行异方差稳健估计,只要在 EViews 窗口输出通常的 OLS 回归结果对话框中点击"Estimate",在弹出的方程估计的对话框中点击"Options",在 LS&TSLS 选项中选取"Heteroskedasticity consistent coefficient\White",然后点击确定就可以得到怀特异方差稳健估计结果,见表6-5。

表 6-5　怀特异方差稳健估计

Dependent Variable：LOG(Y)
Method：Least Squares
Date：06/16/12　Time：09：18
Sample：1 31
Included observations：31
White Heteroskedasticity-Consistent Standard Errors & Covariance

	Coefficient	Std. Error	t-Statistic	Prob.
C	1. 654 822	0. 759 761	2. 178 083	0. 038 0
LOG(X1)	0. 316 559	0. 104 490	3. 029 579	0. 005 2
LOG(X2)	0. 508 388	0. 068 352	7. 437 826	0. 000 0
R-squared	0. 783 059	Mean dependent var		7. 440 815
Adjusted R-squared	0. 767 563	S. D. dependent var		0. 355 636
S. E. of regression	0. 171 458	Akaike info criterion		-0. 597 189
Sum squared resid	0. 823 141	Schwarz criterion		-0. 458 416
Log likelihood	12. 256 43	Hannan-Quinn criter.		-0. 551 953
F-statistic	50. 533 65	Durbin-Watson stat		1. 008 236
Prob(F-statistic)	0. 000 000			

为了和通常的 OLS 回归系数标准差进行比较,我们在异方差稳健估计回归方程中同时列出 OLS 回归标准差和异方差稳健标准差:

$$\widehat{\ln Y_i} = 1.654\ 8 + 0.316\ 6 \ln X_{1i} + 0.508\ 4 \ln X_{2i}$$

异方差稳健标准差　　　　(0.760)　(0.104)　　　　(0.068)

通常的 OLS 标准差	(0.886)	(0.105)	(0.051)
异方差稳健 t 值	(2.178)	(3.030)	(7.438)

比较一下 $\ln X_1$ 和 $\ln X_2$ 的回归系数两种估计标准差,可以看到,$\ln X_1$ 的回归系数的两种估计标准差近似相等,$\ln X_2$ 的回归系数的异方差稳健标准差大于通常的 OLS 标准差,相应的异方差稳健估计的参数的 t 统计量值变小了。

对于未知的任意形式的异方差,除了可以计算异方差稳健标准差和相应的 t 统计量外,我们还可以计算相应的 F 和 LM 统计量,对异方差稳健估计的 F 统计量和 LM 统计量的构建可以参考其他相关文献,这里不再阐述。

二、加权最小二乘法

如果模型被证明存在异方差,那么我们自然的反应是采用异方差稳健推断方法来估计模型。但在异方差稳健推断方法之前,人们通常是建立某一特定的方法来处理异方差,这样处理后的模型参数估计量比 OLS 估计量更有效。最常用的异方差模型处理方法是加权最小二乘法(weighted least square,WLS)。

加权最小二乘法是对原模型加权,使之变成一个新的不存在异方差性的模型,然后采用 OLS 法估计其参数。加权的基本思想是:在采用 OLS 方法时,对较小的残差平方 e_i^2 赋予较大的权重,对较大的 e_i^2 赋予较小的权重,以对残差提供的信息的重要程度作一番修正,提高参数估计的精确程度。

在存在异方差时,加权最小二乘法估计比 OLS 估计更有效。但加权最小二乘法要求我们了解异方差的形式是怎么样的,不同形式的异方差要求用不同的加权方法来处理。

1. 异方差为已知的解释变量的某一函数形式时的加权最小二乘估计

对于多元回归模型

$$Y_i = \beta_0 + \beta_1 X_{1i} + \beta_2 X_{2i} + \cdots + \beta_k X_{ki} + \mu_i \quad (i=1,2,\cdots,n) \tag{6-23}$$

用 X 代表所有的解释变量,我们假定从总体中随机抽取一个样本,第 i 个随机误差 μ_i 的方差为如下形式:

$$\sigma_i^2 = \mathrm{var}(\mu_i) = E(\mu_i^2) = f(X_i)\sigma^2$$

其中,$f(X_i) > 0$ 是某些导致异方差的解释变量观察值的函数。该式表明随机干扰项的方差与某些解释变量之间存在相关性,那么我们可以用 $\sqrt{f(X_i)}$ 去除原模型,使之变成如下形式的新模型:

$$\frac{1}{\sqrt{f(X_i)}} Y_i = \beta_0 \frac{1}{\sqrt{f(X_i)}} + \beta_1 \frac{1}{\sqrt{f(X_i)}} X_{1i} + \beta_2 \frac{1}{\sqrt{f(X_i)}} X_{2i}$$
$$+ \cdots + \beta_k \frac{1}{\sqrt{f(X_i)}} X_{ki} + \frac{1}{\sqrt{f(X_i)}} \mu_i$$

进一步改写为

$$Y_i^* = \beta_0 X_{0i}^* + \beta_1 X_{1i}^* + \beta_2 X_{2i}^* + \cdots + \beta_k X_{ki}^* + v_i \tag{6-24}$$

其中，$X_{0i}^* = \dfrac{1}{\sqrt{f(X_i)}}$，$X_{1i}^* = \dfrac{1}{\sqrt{f(X_i)}} X_{1i}$，…，其余类似。

在式(6-24)中，随机误差项方差 v_i 的方差为

$$\text{var}(v_i) = \text{var}\left(\frac{\mu_i}{\sqrt{f(X_i)}}\right) = \left[\frac{1}{\sqrt{f(X_i)}}\right]^2 \text{var}(\mu_i)$$

$$= \frac{1}{f(X_i)} f(X_i)\sigma^2 = \sigma^2$$

因此式(6-24)满足同方差性，可以用 OLS 法估计其参数，得到参数 $\beta_0, \beta_1, \cdots, \beta_k$ 的无偏有效估计量。这就是加权最小二乘法，在这里权重为 $\dfrac{1}{\sqrt{f(X_i)}}$。

上面的加权最小二乘例子实际上就是对加了权的残差平方和实施 OLS 估计，即求解

$$\min \sum (w_i e_i)^2 = \min \sum \left\{\frac{1}{\sqrt{f(X_i)}}[Y_i - (\hat{\beta}_0 + \hat{\beta}_1 X_{1i} + \cdots + \hat{\beta}_k X_{ki})]\right\}^2$$

如果直接用 $w_i = \dfrac{1}{\sigma_i} = \dfrac{1}{\sigma\sqrt{f(X_i)}}$ 作为权数，则容易验证变换后的模型的随机干扰项的方差等于1，它也满足同方差性，此时加权最小二乘法就是对如下加了权的模型进行 OLS 回归：

$$\min \sum \left(\frac{1}{\sigma_i} e_i\right)^2 = \min \sum \left\{\frac{1}{\sigma_i}[Y_i - (\hat{\beta}_0 + \hat{\beta}_1 X_{1i} + \cdots + \hat{\beta}_k X_{ki})]\right\}^2$$

要得到加权最小二乘估计的权重有时是很烦琐的事，而且有可能出现错误。幸运的是，大多数现代回归软件包都能运行加权最小二乘估计。典型的情况是针对原模型，我们只需要定义好权重函数，除了较少犯错外，这还可以让我们能在原模型中解释加权最小二乘估计。事实上可以用同样的方式写出估计方程。加权最小二乘参数估计值和标准差将与 OLS 估计不同，但对这些估计值、标准差和检验统计量的解释是一样的。

2. 异方差形式未知时的估计——可行的加权最小二乘法

前面的例子中我们看到异方差是以乘积形式出现的，但大多数情况下，异方差准确的形式并不知道，换句话说，我们很难知道权重函数 $f(X_i)$ 是什么形式。然而很多情况下，可以模型化 $f(X_i)$，然后用数据来估计 $f(X_i)$ 中的参数，我们把估计的 $f(X_i)$ 记为 $\hat{f}(X_i)$，用 $\hat{f}(X_i)$ 而不是用 $f(X_i)$ 作为 WLS 估计中的权重函数得到的估计量称为可行的加权最小二乘估计量(FWLS)。

有很多方法来模型化异方差形式，这里介绍一种具有相当弹性的模型化异方差形式的方法。假定随机误差 μ_i 的方差为

$$\text{var}(\mu_i) = \sigma^2 \exp(\delta_0 + \delta_1 X_{1i} + \delta_2 X_{2i} + \cdots + \delta_k X_{ki}) \tag{6-25}$$

这里 $X_1, X_2, \cdots, X_k$ 是原回归模型中的解释变量，δ_i 是未知的参数，也可以用其他形式的解释变量，但这里我们只讨论式(6-25)。如果用前面的异方差表达式，那么这里 $f(X_i) = \exp(\delta_0 + \delta_1 X_{1i} + \delta_2 X_{2i} + \cdots + \delta_k X_{ki})$。

你也许对形如式(6-25)的异方差形式设定感到奇怪，因为当我们用 BP 检验来检验异方差时，通常用如式(6-9)的线性异方差模型来检验异方差性。但是当用加权最小二

乘法来纠正异方差时,式(6-9)就会成为问题,因为线性异方差形式的模型并不能确保预测的方差为正数(而方差必为正数)。

如果 δ_j 已知,那么只需运行 WLS 估计。但实际上我们不知道 δ_j,因此用数据来估计 δ_j 是更好的,然后再用这些估计的 δ_j 构建权重函数,那怎么估计 δ_j 呢? 我们可以先把式 (6-25)转化为线性形式,然后再用 OLS 来估计 δ_j。

具体而言,把式(6-25)改写为

$$E(\mu_i^2) = \sigma^2 \exp(\delta_0 + \delta_1 X_{1i} + \delta_2 X_{2i} + \cdots + \delta_k X_{ki}) v_i = f(X_i) v_i$$

其中,v_i 是独立于 X 且均值为 1 的干扰项,然后把它转为

$$\ln[E(\mu_i^2)] = \alpha_0 + \delta_1 X_{1i} + \delta_2 X_{2i} + \cdots + \delta_k X_{ki} + \eta_i \tag{6-26}$$

其中,η_i 的均值为零且独立于 X。利用 μ_i 的 OLS 估计值 e_i,我们可以用 OLS 法把式 (6-26)中的参数估计出来,这样得到

$$\widehat{f(X_i)} = \exp(\hat{\alpha}_0 + \hat{\delta}_1 X_{1i} + \hat{\delta}_2 X_{2i} + \cdots + \hat{\delta}_k X_{ki}) \tag{6-27}$$

该式就是可行的加权最小二乘法所用的权重函数。

当我们知道 $f(X_i)$ 的具体形式,那么用 $f(X_i)$ 而不是用 $\widehat{f(X_i)}$ 作为权重函数得到的参数估计量显然是有效无偏估计的(从而也是 BLUE 的)。如果不知道 $f(X_i)$ 的形式而用估计的 $\widehat{f(X_i)}$ 作为权重函数而得到的可行的 WLS 估计量就不再是无偏的(因而也不再是 BLUE),但它却是一致的,而且比 OLS 估计更渐近有效。

加权最小二乘法也可以用矩阵的形式来表示。对于矩阵形式的多元回归模型

$$Y = X\beta + \mu \tag{6-28}$$

若有

$$\left.\begin{array}{l} E(\mu) = 0 \\ \mathrm{cov}(\mu) = E(\mu\mu') = \sigma^2 W \\ W = \begin{bmatrix} W_1 & & & \\ & W_2 & & \\ & & \ddots & \\ & & & W_n \end{bmatrix} \end{array}\right\}$$

即存在异方差。由于 W 矩阵是一正定矩阵,因此存在一可逆矩阵 D 使得

$$W = DD'$$

用 D^{-1} 左乘式(6-28)得到一个新模型:

$$D^{-1}Y = D^{-1}X\beta + D^{-1}\mu$$

即

$$Y_* = X_*\beta + \mu_* \tag{6-29}$$

该模型具有同方差性。因为

$$E(\mu_*\mu_*') = E(D^{-1}\mu\mu'D^{-1'}) = D^{-1}E(\mu\mu')D^{-1'}$$
$$= D^{-1}\sigma^2 W D^{-1'} = D^{-1}\sigma^2 DD'D^{-1'} = \sigma^2 I$$

因此可用 OLS 法估计模型式(6-29),记参数估计量向量为 $\hat{\boldsymbol{\beta}}_*$,则

$$\begin{aligned}
\hat{\boldsymbol{\beta}}_* &= (\boldsymbol{X}'_*\boldsymbol{X}_*)^{-1}\boldsymbol{X}'_*\boldsymbol{Y}_* \\
&= (\boldsymbol{X}'\boldsymbol{D}^{-1}{}'\boldsymbol{D}^{-1}\boldsymbol{X})^{-1}\boldsymbol{X}'\boldsymbol{D}^{-1}{}'\boldsymbol{D}^{-1}\boldsymbol{Y} \\
&= (\boldsymbol{X}'\boldsymbol{W}^{-1}\boldsymbol{X})^{-1}\boldsymbol{X}'\boldsymbol{W}^{-1}\boldsymbol{Y}
\end{aligned}$$

这就是原模型式(6-28)的加权最小二乘估计量,它是无偏有效的估计量。

如何得到权重矩阵 $\boldsymbol{D}^{-1}$? 从上面推导过程来看,它来自于原模型随机干扰项 $\boldsymbol{\mu}$ 的方差-协方差矩阵 $\sigma^2\boldsymbol{W}$,因此仍然可以对原模型首先采用 OLS 回归,得到随机干扰项的近似估计量,以此构建的 $\sigma^2\boldsymbol{W}$ 估计量,即

$$\sigma^2\hat{\boldsymbol{W}} = \begin{bmatrix} e_1^2 & & \\ & \ddots & \\ & & e_n^2 \end{bmatrix}$$

这时可直接以 $\boldsymbol{D}^{-1}=\mathrm{diag}\left(\dfrac{1}{|e_1|},\dfrac{1}{|e_2|},\cdots,\dfrac{1}{|e_n|}\right)$ 作为权矩阵,此时相当于认为变换后的模型的随机干扰项的方差为 1。

如果我们确实知道回归模型随机干扰项是异方差的,而且知道异方差形式,那么应该用加权最小二乘法。但是有时候即使模型随机干扰项满足同方差假设,我们可能仍然需要用加权最小二乘来估计模型。例如,当我们估计个体水平模型中的参数时,尽管个体水平模型中的干扰项满足基本假设,但如果个体水平的资料不能得到,而只能得到个体平均水平的资料,这时估计模型就必须用加权最小二乘法(权重为个体规模数),因为用平均水平的资料来估计个体水平的模型,必然会出现异方差性的问题。

用个体规模作为权重进行加权最小二乘估计的前提是个体水平的回归模型误差项是同方差的假设。如果个体水平模型随机误差项是异方差的,那么正确的权重应取决于异方差的形式。这就是为什么越来越多的研究者在用人均资料估计模型时只简单计算稳健标准差和相应的统计量。另一个变通的方法是根据个体规模来加权但只报告 WLS 估计中异方差稳健统计量。这样可以确保在个体水平资料满足基本假设时,估计是有效的;在个体水平资料存在异方差时通过稳健推断来描述,估计是有用的。

3. 异方差的处理——可行的加权最小二乘估计

继续接着例 6-1,我们已经检验到原回归模型式(6-14)中 $\ln X_2$ 带来了随机干扰项的异方差性,接下来我们用可行的加权最小二乘估计来处理模型的异方差问题。由于我们不知道随机干扰项的方差和 $\ln X_2$ 之间存在什么样的函数形式,因此需要对加权最小二乘方法中的权重函数进行估计,这就是上面所说的可行的加权最小二乘法。为确保根据权重函数预测的方差为正数,我们采用更一般的方法来估计权重函数。假设原模型中随机干扰项的方差和解释变量 $\ln X_1$ 与 $\ln X_2$ 之间的关系式为

$$\mathrm{var}(\mu_i) = E(\mu_i^2) = \sigma^2\exp(\delta_0 + \delta_1\ln X_{1i} + \delta_2\ln X_{2i})$$

因此我们通过估计如下模型来求权重函数 $f(X_i)$

$$\ln[E(\mu_i^2)] = \alpha_0 + \delta_1 \ln X_{1i} + \delta_2 \ln X_{2i} + \zeta_i$$

其中，ζ 为服从 OLS 估计的基本假设的随机干扰项。由于真实的随机干扰项方差不知道，故我们用对原模型式(6-14)进行 OLS 回归得到的残差平方 e_i^2 序列作为原模型中随机干扰项方差序列的近似估计。这样可以用 OLS 法估计下式来得到权函数的估计

$$\ln(e_i^2) = \alpha_0 + \delta_1 \ln X_{1i} + \delta_2 \ln X_{2i} + \zeta_i$$

OLS 回归结果为

$$\widehat{\ln(e_i^2)} = -6.971\,6 + 0.043\,6 \ln X_{1i} + 0.262\,2 \ln X_{2i}$$
$$(-0.671) \qquad (0.036) \qquad\qquad (0.442)$$
$$R^2 = 0.007\,2, \quad F = 0.100\,9$$

这样估计的权函数为

$$\widehat{f(X_i)} = \exp(-6.971\,6 + 0.043\,6 \ln X_{1i} + 0.262\,2 \ln X_{2i})$$

接下来以 $1/\sqrt{\widehat{f(X_i)}}$ 为权重乘以原模型式(6-14)两边得到加权的回归模型

$$\frac{\ln Y_i}{\sqrt{\widehat{f(X_i)}}} = \frac{\beta_0}{\sqrt{\widehat{f(X_i)}}} + \beta_1 \frac{\ln X_{1i}}{\sqrt{\widehat{f(X_i)}}} + \beta_2 \frac{\ln X_{2i}}{\sqrt{\widehat{f(X_i)}}} + \frac{\mu_i}{\sqrt{\widehat{f(X_i)}}}$$

即

$$Y_i^* = \beta_0 X_{0i}^* + \beta_1 X_{1i}^* + \beta_0 X_{2i}^* + v_i$$

这是一个无截距的回归模型，对该模型进行 OLS 回归，在 EViews 命令栏中输入"ls log(y)/@sqrt(fxi) 1/@sqrt(fxi) log(x1)/@sqrt(fxi) log(x2)/@sqrt(fxi)"，可得 EViews 输出结果见表 6-6。

表 6-6 EViews 输出结果

Dependent Variable：LOG(Y)/@SQRT(FXI)
Method：Least Squares
Date：06/16/12 Time：09:46
Sample：1 31
Included observations：31

	Coefficient	Std. Error	t-Statistic	Prob.
1/@SQRT(FXI)	1.551 615	0.840 552	1.845 948	0.075 5
LOG(X1)/@SQRT(FXI)	0.362 949	0.097 922	3.706 494	0.000 9
LOG(X2)/@SQRT(FXI)	0.477 587	0.050 658	9.427 618	0.000 0
R-squared	0.813 097	Mean dependent var		82.540 75
Adjusted R-squared	0.799 747	S. D. dependent var		4.051 975
S. E. of regression	1.813 244	Akaike info criterion		4.119 878
Sum squared resid	92.059 92	Schwarz criterion		4.258 651
Log likelihood	−60.858 11	Hannan-Quinn criter.		4.165 114
Durbin-Watson stat	1.028 203			

相应的回归方程为：

$$\widehat{Y_i^*} = 1.551\ 6X_{0i}^* + 0.362\ 9X_{1i}^* + 0.477\ 6X_{2i}^*$$
$$(1.846) \qquad (3.706) \qquad (9.428) \tag{6-30}$$
$$\overline{R}^2 = 0.799\ 7$$

用 $\sqrt{\widehat{f(X_i)}}$ 乘式(6-30)两边得到原模型的加权最小二乘估计结果为

$$\widehat{\ln Y_i} = 1.551\ 6 + 0.362\ 9\ln X_{1i} + 0.477\ 6\ln X_{2i}$$
$$(1.846) \qquad (3.706) \qquad (9.428) \tag{6-31}$$
$$\overline{R}^2 = 0.761\ 2$$

要得到回归方程式(6-31)，在模型式(6-14)ols 回归得到的 EViews 输出结果表 6-2 界面上点击"Estimate"，在弹出的"Estimate Equation"对话框中点击"Options"，勾选 "Weighted LS\TSLS"，在"Weight"中输入权重函数"1/@sqrt(fxi)"，点确定即可，输出结果见表 6-7。

表 6-7　可行加权最小二乘(FWLS)估计结果

Dependent Variable：LOG(Y)
Method：Least Squares
Date：06/16/12 Time：10：00
Sample：1 31
Included observations：31
Weighting series：1/@SQRT(FXI)

	Coefficient	Std. Error	t-Statistic	Prob.
C	1.551 615	0.840 552	1.845 948	0.075 5
LOG(X1)	0.362 949	0.097 922	3.706 494	0.000 9
LOG(X2)	0.477 587	0.050 658	9.427 618	0.000 0
Weighted Statistics				
R-squared	0.763 969	Mean dependent var		7.417 402
Adjusted R-squared	0.747 110	S. D. dependent var		0.364 125
S. E. of regression	0.162 944	Akaike info criterion		−0.699 048
Sum squared resid	0.743 425	Schwarz criterion		−0.560 276
Log likelihood	13.835 25	Hannan-Quinn criter.		−0.653 812
F-statistic	45.314 30	Durbin-Watson stat		1.028 203
Prob(F-statistic)	0.000 000			
Unweighted Statistics				
R-squared	0.777 159	Mean dependent var		7.440 815
Adjusted R-squared	0.761 242	S. D. dependent var		0.355 636
S. E. of regression	0.173 774	Sum squared resid		0.845 527
Durbin-Watson stat	1.002 155			

　　将表 6-7 列出的回归结果与式 (6-15) 相比较,可以发现 FWLS 方法得到的估计在拟合优度上比 OLS 方法的拟合优度略低。这主要是因为 FWLS 估计的参数是有偏误的,尽管如此,它却是一致的,而且比 OLS 估计的更渐近有效,因为它减轻了异方差的程度。

　　如果我们以 OLS 估计的残差绝对值的倒数,即 $\frac{1}{|e_i|}$ 作为权重,可以提高拟合优度。

作为比较,我们在表 6-8 给出用 $\frac{1}{|e_i|}$ 作为权重的 EViews 输出的 FWLS 估计结果。

表 6-8　用 $\frac{1}{|e_i|}$ 作为权重的 FWLS 估计结果

Dependent Variable: LOG(Y)
Method: Least Squares
Date: 06/16/12 Time: 10:43
Sample: 1 31
Included observations: 31
Weighting series: 1/@ABS(E)

	Coefficient	Std. Error	t-Statistic	Prob.
C	1.496 979	0.292 449	5.118 775	0.000 0
LOG(X1)	0.319 140	0.053 711	5.941 743	0.000 0
LOG(X2)	0.527 261	0.018 221	28.937 67	0.000 0
Weighted Statistics				
R-squared	0.988 475	Mean dependent var		7.494 585
Adjusted R-squared	0.987 652	S. D. dependent var		12.469 59
S. E. of regression	0.050 214	Akaike info criterion		−3.053 275
Sum squared resid	0.070 601	Schwarz criterion		−2.914 502
Log likelihood	50.325 77	Hannan-Quinn criter.		−3.008 039
F-statistic	1 200.734	Durbin-Watson stat		1.360 151
Prob(F-statistic)	0.000 000			
Unweighted Statistics				
R-squared	0.781 617	Mean dependent var		7.440 815
Adjusted R-squared	0.766 018	S. D. dependent var		0.355 636
S. E. of regression	0.172 027	Sum squared resid		0.828 614
Durbin-Watson stat	0.988 880			

　　最后我们在表 6-9 给出了用 OLS 方法以及基于本节列出的几种权重进行可行加权最小二乘估计得到的参数估计值和标准差的比较。

表 6-9　OLS 估计结果与两种不同权重的可行加权最小二乘估计结果比较

解释标量	OLS 法	式 (6-31) 的结果	以 OLS 残差倒数为权重
常数项	1.654 8(0.886)	1.551 6(0.841)	1.497 0(0.292)
$\ln X_1$	0.316 6(0.105)	0.362 9(0.098)	0.319 1(0.054)
$\ln X_2$	0.508 4(0.051)	0.477 6(0.051)	0.527 3(0.018)
$\bar{R}^2$	0.767 6	0.761 2	0.766 0

第五节 案例分析

这一节我们再用古扎拉蒂的一个例子来说明探察异方差的一些方法以及对它的一些补救措施。

例 6-3 表 6-10 是 1988 年美国 18 个工业群体的研究与开发支出数据。

表 6-10   1988 年美国研究与开发（R&D）费用支出   单位：百万美元

工业群体	销售额 S	R&D 费用	利润 π
容器与包装	6 375.3	62.5	185.1
非银行业金融	11 626.4	92.9	1 569.5
服务行业	14 655.1	178.3	276.8
金属与采矿	21 869.2	258.4	2 828.1
住房与建筑	26 408.3	494.7	225.9
一般制造业	32 405.6	1 083.0	3 751.9
休闲娱乐	35 107.7	1 620.6	2 884.1
纸张与林木产品	40 295.4	421.7	4 645.7
食品	70 761.6	509.2	5 036.4
卫生保健	80 552.8	6 620.1	13 869.9
宇航	95 294.0	3 918.6	4 487.8
消费者用品	101 314.1	1 595.3	10 278.9
电气与电子产品	116 141.3	6 107.5	8 787.3
化工产品	122 315.7	4 454.1	16 438.8
五金	141 649.9	3 163.8	9 761.4
办公设备与计算机	175 025.8	13 210.7	19 774.5
燃料	230 614.5	1 703.8	22 626.6
汽车	293 454.3	9 528.2	18 415.4

注：工业群体按销售量递增顺序排列

资料来源：古扎拉蒂. 计量经济学（第 3 版）. 林少宫译. 北京：中国人民大学出版社，2000

现在要研究销售额（S）或利润额（π）对研究开发支出（R&D）的影响，即估计如下回归模型：

$$R\&D_i = \beta_0 + \beta_1 S_i + \mu_i \qquad (6\text{-}32)$$

由于表 6-10 中给出的横截面数据差异性很大，在 R&D 对销售（或利润）的回归中异方差性很可能出现。EViews 给出的 R&D 对销售的 OLS 回归结果如下：

$$\widehat{R\&D_i} = 192.68 + 0.031\ 9S_i \qquad (6\text{-}33)$$

$$\text{SE} \qquad (991.05)\quad (0.008\ 3)$$

$$t\ \text{值} \qquad (0.194\ 4)\quad (3.83)$$

$$R^2 = 0.478\ 3$$

OLS 回归结果表明，R&D 支出与销售量是正相关的。计算的 t 值在 0.05 的显著水平上是统计上显著的。但如果原回归模型式(6-32)有异方差异性，我们就不能相信 OLS 所估计的标准差或所估计的 t 值。下面我们用前面介绍的几种方法进行异方差性检验。

1. 帕克检验

采用帕克检验，用式(6-33)回归方程得到的残差平方的对数对销售量对数进行 OLS 回归，得到如下结果：

$$\widehat{\ln e_i^2} = 5.778 + 0.692\,6\ln S_i \tag{6-34}$$

标准差　　(6.687 7)　(0.608)

t 值　　　(0.86)　　(1.14)

$$R^2 = 0.077\,9$$

由于回归方程中的 t 值较小且不显著，我们没有理由拒绝同方差性假设。

2. 戈里瑟检验

采用戈里瑟检验，用式(6-33)回归方程的残差的绝对值对销售量的戈里瑟建议的几种函数形式进行回归，得到如下结果（括号中为 t 值）：

$$\widehat{|e_i|} = 578.12 + 0.011\,94S_i \tag{6-35}$$

$$(0.858\,2)\quad(2.093\,1)$$

$$R^2 = 0.215\,0$$

$$\widehat{|e_i|} = -507.44 + 7.973\sqrt{S_i} \tag{6-36}$$

$$(-0.503\,2)\quad(2.370\,4)$$

$$R^2 = 0.259\,9$$

$$\widehat{|e_i|} = 2\,273.57 - 19\,925\,532\frac{1}{S_i} \tag{6-37}$$

$$(3.760\,1)\quad(-1.617\,5)$$

$$R^2 = 0.140\,5$$

方程式(6-35)和式(6-36)表明原回归模型式(6-32)可能存在异方差性，因此式(6-33)回归结果所示的标准差及相应的 t 值不可信。

进一步我们可以对表 6-10 中的数据应用拉格朗日乘子检验和怀特异方差检验。用式(6-33)回归方程得到的残差平方序列对销售额回归，得到如下结果：

$$\widehat{e_i^2} = -977\,768.2 + 86.27S_i$$

$$(-0.20)\quad(2.137)$$

$$R^2 = 0.222$$

由该回归的拟合优度计算拉格朗日乘子统计量值为 $nR^2 = 18 \times 0.222 = 3.996$，它超过了 0.05 显著性水平下自由度为 1 的卡方分布的临界值 3.84，因此拒绝原回归模型式(6-32)为同方差的假设，表明回归模型式(6-32)存在异方差性。

用于怀特检验的回归结果为

$$\widehat{e_i^2} = -6\,216\,589 + 229.25S_i - 0.000\,537S_i^2$$

$$R^2 = 0.289\,565$$

由此回归的拟合优度计算的 LM 统计量值为 $18 \times 0.289\,565 = 5.212\,167$，对应卡方分布概率值为 $0.073\,8$，是个较小的概率水平，因此也拒绝原回归模型式(6-32)为同方差的假设。

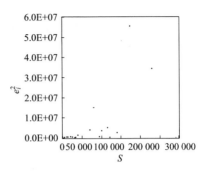

图 6-5　式(6-32)回归残差平方 e_i^2 序列与销售额 S 序列的散点图

既然检验到回归模型式(6-32)存在异方差性，我们就应该设法来处理它。我们可以通过数据变换以减少异方差的严重性，即使不能将它全部排除。观察由回归方程式(6-32)得到的残差平方序列与销售量序列的散点图(图 6-5)，可以发现二者呈正比关系。因此，我们利用销售额平方根 $\sqrt{S_i}$ 去除原回归模型式(6-32)，然后进行 OLS 回归得到以下结果：

$$\frac{\widehat{R\&D}}{\sqrt{S_i}} = -246.749\,5\,\frac{1}{\sqrt{S_i}} + 0.036\,8\,\sqrt{S_i} \tag{6-38}$$

$$(-0.647\,4) \qquad (5.172)$$

$$R^2 = 0.364\,9$$

如果用 $\sqrt{S_i}$ 乘式(6-38)的两边，可以得到对原始回归模型式(6-32)的加权最小二乘估计(权函数为 $1/\sqrt{S_i}$)，加权最小二乘回归结果为

$$\widehat{R\&D} = -246.749\,5 + 0.036\,8S_i \tag{6-39}$$

$$\text{SE} \qquad (381.13) \qquad (0.007\,1)$$

$$t\ \text{值} \qquad (-0.647\,4) \qquad (5.172)$$

$$R^2 = 0.625\,8$$

如前所述，式(6-38)与式(6-39)的拟合优度不同的原因在于前者是无截距回归模型，而后者是带截距的回归，两者的拟合优度是不可比的。

比较式(6-33)与式(6-39)的回归结果可以看出，两者的斜率系数相差较小，但式(6-39)的结果斜率系数的标准差较小，表明原始模型的 OLS 回归确实高估了标准差。如前所述，在有异方差性的情形下，标准差的 OLS 估计量是有偏误的，并且我们无法预知偏误的方向，在本例中偏误是高估了标准差。

➤ 本章小结

本章介绍了异方差的概念和形成原因、存在异方差时 OLS 估计带来的后果，还介绍了检验异方差性的几种常用方法以及处理异方差性的方法。下面我们对本章的基本内容作一小结。

1. 异方差概念及类型

异方差是指在经典线性回归模型中，对于不同的样本点而言，随机干扰项的方差不再

是常数,而是互不相同,这样出现了异方差性。随机干扰项的异方差通常与回归模型中的解释变量观测值的变化有关,根据异方差与解释变量观测值之间的关系,通常可以把异方差性分为递增型、递减型和复杂型异方差。

2. 异方差形成原因

个体行为的差异、技术或经验的进步、异常的观测值及模型设定的错误等方面都可能带来异方差,通常利用截面数据进行回归的模型容易出现异方差性问题。

3. 异方差性后果

如果回归模型随机干扰项存在异方差性,那么 OLS 回归通常会带来不良后果,主要表现为异方差时 OLS 估计的参数非有效、随机误差项的方差估计不再是无偏的,t 统计量、F 统计量、LM 统计量等检验统计量不再有效,因此 OLS 估计量不再具有 BLUE 性质。

4. 异方差性检验方法

异方差的检验方法有很多种,尽管这些方法各不相同,但存在一个共同的思路。因为随机干扰项的异方差性与模型中的解释变量密切相关,因此检验异方差性,通常是通过检验随机干扰项的方差和解释变量观测值之间的相关性来实现的,各种检验方法就是在这个思路下发展起来的。一般的处理方法是首先采用普通最小二乘法估计模型,以求得随机干扰项的估计量 $\hat{\mu}_i$;然后可以通过图示检验法来观察残差平方或绝对值与某个解释变量是否有相关性;更严格的检验是把残差平方或绝对值对解释变量进行各种模型形式的回归,然后根据回归结果计算相关的统计量来判断原回归模型是否存在异方差性。根据这种思路我们介绍了帕克检验与戈里瑟检验、G-Q 检验、F 检验和 LM 检验、怀特检验等检验方法。在实际应用过程中,各种检验结论有时会出现矛盾,这时就要根据综合检验的结果来判断原模型是否存在异方差性。

5. 异方差性处理与修正

尽管在异方差性出现时 OLS 估计会带来很多不良后果,但由于此时 OLS 估计量仍然是线性无偏的,因此我们仍然可以应用 OLS 方法来估计存在异方差的模型。只是这时在进行统计推断和检验时,必须对相应的参数的标准差、t 统计量、F 统计量或 LM 统计量进行调整,这种处理方法就是异方差稳健推断。异方差稳健估计量是有效的——至少在大样本时是这样的——而且不用管误差项方差是否为常数,也不必知道是什么类型的异方差,因此在实践中得到越来越广泛的应用。

尽管异方差稳健估计量是有效的,但当样本规模较小时异方差稳健统计量应用起来不是很准确,因此对于小样本规模的异方差性模型,通常采用加权最小二乘方法来估计模型。加权最小二乘估计的思想就是在用样本数据回归具有异方差性的模型时,对那些方差(残差平方)比较大的观测点赋予较小的权重而对方差较小的观测点赋予较大的权重,从而使得加权后的残差平方和最小。用加权最小二乘方法得到的参数估计量具有 BLUE 性质,因此克服了异方差性问题。

加权最小二乘估计的过程中,权重函数的选择对参数回归值的准确性有很大影响。由于我们不知道实际的异方差是什么样的形式,通常把原模型 OLS 回归得到的残差平方作为真实异方差的近似估计,在此基础上,可以进行权重函数的模拟估计。用估计的权重函数进行加权最小二乘估计又称为可行的加权最小二乘估计(FWLS),FWLS方法得到的参数估计量通常情况下是有偏的,但比 OLS 估计量更有效,因为它减轻了异方差程度。要得到更为准确的参数估计,我们可以直接以原模型 OLS 回归残差的绝对值的倒数或残差平方的倒数作为权重进行加权最小二乘估计,这样处理后的模型的随机干扰项的方差为 1 或接近 1,也具有同方差性。

▷思考与练习

1. 判断下面的说法的正误,并说明理由。

(1) 当异方差性出现时,OLS 估计量是有偏误的和非有效的。

(2) 如果异方差出现,则常用的 t 和 F 检验无效。

(3) 在异方差出现时,常用的 OLS 法必定高估了估计量的标准差。

(4) 如果 OLS 回归的残差表现出系统模式,这就说明数据中有异方差性。

(5) 没有一般性的异方差性检验能独立于误差项和某一变量相关的假定。

(6) 如果一个回归模型设定有误差,则 OLS 残差必定表现出明显的模式。

2. 简述异方差对下述各项有何影响:

(1) OLS 估计量及其方差;

(2) 置信区间;

(3) 显著性 t 检验和 F 检验。

3. 在对一个含有 30 个企业的随机样本做的平均薪酬(W)对职工人数(N)的回归中,得到如下的回归结果:

$$\hat{W} = 7.5 + 0.009N$$
$$(16.10)$$
$$R^2 = 0.90$$
(6-40)

$$\widehat{W/N} = 0.008 + 7.8(1/N)$$
$$(14.43) \quad (76.58)$$
$$R^2 = 0.99$$
(6-41)

(1) 你怎样解释这两个回归?

(2) 从方程式(6-40)到式(6-41)作者做了什么假定? 他是否担心过异方差性? 你怎么知道的?

(3) 怎样能把这两个模型的截距和斜率联系起来?

(4) 你能比较这两个回归的 R^2 值吗? 为什么?

4. 对一元回归模型

$$Y_i = \beta_0 + \beta_1 X_i + \mu_i$$

假如除同方差假设外,其他的高斯-马尔可夫假设都成立。

(1) 假定异方差形式为 $\text{var}(\mu_i | X_i) = \sigma_i^2$,试证明模型的 OLS 估计量 $\hat{\beta}_1$ 仍然是无偏的,但其方差变为

$$\text{var}(\hat{\beta}_1) = \frac{\sum x_i^2 \sigma_i^2}{\left(\sum x_i^2\right)^2}$$

(2) 如果 $\text{var}(\mu_i | X_i) = \sigma_i^2 K_i$,试证明上述方差的表达式为

$$\mathrm{var}(\hat{\beta}_1) = \frac{\sum x_i^2 K_i}{\sum x_i^2} \frac{\sigma_i^2}{\sum x_i^2}$$

该表达式与同方差假定下的方差之间有何关系？分 K_i 大于 1 与小于 1 两种情况讨论。

5. Hanushek 和 Jackon 估计了如下模型：

$$C_t = \beta_0 + \beta_1 \mathrm{GNP}_t + \beta_2 D_t + \mu_t \tag{6-42}$$

其中，C_t 为 t 年的私人总消费支出；GNP_t 为 t 年的国民生产总值；D_t 为 t 年的国防支出。分析的目的在于研究国防支出对经济中其他开支的影响。他们假定上述模型随机干扰项的方差为 $\sigma_t^2 = \sigma^2 \mathrm{GNP}_t^2$，这样把式(6-42)变换成下式来进行估计：

$$C_t/\mathrm{GNP}_t = \beta_0/\mathrm{GNP}_t + \beta_1 + \beta_2 D_t/\mathrm{GNP}_t + \mu_t/\mathrm{GNP}_t$$

根据 1946~1975 年的数据得到的经验结果为（括号中为标准差）

$$\hat{C}_t = 26.19 + 0.628\,4\mathrm{GNP}_t - 0.439\,8D_t$$
$$(2.73) \qquad (0.006\,0) \qquad (0.073\,6)$$
$$R^2 = 0.999$$

$$\widehat{C_t/\mathrm{GNP}_t} = 25.92(1/\mathrm{GNP}_t) + 6\,246 - 0.431\,5(D_t/\mathrm{GNP}_t)$$
$$(2.22) \qquad\qquad (0.006\,6) \quad (0.073\,6)$$
$$R^2 = 0.875$$

(1) 他们对异方差性质做了什么假定？你能说明其中的理由吗？

(2) 比较两个回归结果，对原模型的变换是否使结果有所改进，就是说，是否降低了标准差？为什么？

(3) 你能比较这两个回归结果的 R^2 值吗，为什么？

6. 表 6-11 给出了 2000 年中国部分省市城镇居民每个家庭平均全年可支配收入(X)与消费性支出(Y)的统计数据。

表 6-11　平均全年可支配收入与消费性支出　　　　　　　　单位:元

地区	可支配收入	消费性支出	地区	可支配收入	消费性支出
北京	10 349.69	8 493.49	浙江	9 279.16	7 020.22
天津	8 140.5	6 121.04	山东	6 489.97	5 022
河北	5 661.16	4 348.47	河南	4 766.26	3 830.71
山西	4 724.11	3 941.87	湖北	5 524.54	4 644.5
内蒙古	5 129.05	3 927.75	湖南	6 218.73	5 218.79
辽宁	5 357.79	4 356.06	广东	9 761.57	8 016.91
吉林	4 810	4 020.87	陕西	5 124.24	4 276.67
黑龙江	4 912.88	3 824.44	甘肃	4 916.25	4 126.47
上海	11 718.01	8 868.19	青海	5 169.96	4 185.73
江苏	6 800.23	5 323.18	新疆	5 644.86	4 422.93

(1) 试用 OLS 法建立居民人均消费支出与可支配收入的线性模型。

(2) 用本章介绍的几种方法检查模型是否存在序列异方差。

(3) 如果存在异方差，试估计对数线性模型，你得到什么结论？

第七章

序列相关性

学习目的:通过本章的学习,你可以知道什么是序列相关性,序列相关性产生的原因是什么,序列相关性导致什么样的后果,怎样检验和处理具有序列相关性的模型。

基本要求:掌握序列相关性的概念、序列相关性的后果和检验方法。了解广义最小二乘法和广义差分法原理,并能运用广义差分法和广义最小二乘法估计线性回归模型。

■ 第一节 序列相关性及其产生原图

一、序列相关性的含义

对于多元线性回归模型

$$Y_i = \beta_0 + \beta_1 X_{1i} + \beta_2 X_{2i} + \cdots + \beta_k X_{ki} + \mu_i \quad (i = 1, 2, \cdots, n) \qquad (7\text{-}1)$$

在其他假设仍然成立的条件下,随机干扰项序列相关意味着

$$\text{cov}(\mu_i, \mu_j) = E(\mu_i \mu_j) \neq 0$$

写成矩阵形式为

$$\text{cov}(\boldsymbol{\mu}) = E(\boldsymbol{\mu}\boldsymbol{\mu}') = \begin{pmatrix} \sigma^2 & \cdots & E(\mu_1\mu_n) \\ \vdots & & \vdots \\ E(\mu_n\mu_1) & \cdots & \sigma^2 \end{pmatrix}$$

$$= \begin{pmatrix} \sigma^2 & \cdots & \sigma_{1n} \\ \vdots & & \vdots \\ \sigma_{n1} & \cdots & \sigma^2 \end{pmatrix} = \sigma^2 \boldsymbol{\Omega} \neq \sigma^2 \boldsymbol{I} \qquad (7\text{-}2)$$

如果仅存在

$$E(\mu_i\mu_{i+1}) \neq 0 \quad (i=1,2,\cdots,n) \tag{7-3}$$

则称为一阶序列相关或自相关(简写为 AR(1)),这是一种常见的序列相关问题。自相关往往可以写成

$$\mu_i = \rho\mu_{i-1} + \varepsilon_i \quad (-1 < \rho < 1) \tag{7-4}$$

其中,ρ 称为自协方差系数或一阶自回归系数,ε_i 是满足以下标准 OLS 假定的随机干扰项

$$E(\varepsilon_i) = 0, \mathrm{var}(\varepsilon_i) = \sigma^2, \mathrm{cov}(\varepsilon_i, \varepsilon_{i-s}) = 0(s \neq 0)$$

由于序列相关性经常出现在以时间序列数据为样本的模型中,因此,本节下面将代表不同样本点的下标 i 用 t 表示。

二、序列相关的原因

1. 经济时间序列数据惯性

经济中大多数时间序列数据都有一个明显的特点,就是它的惯性或黏滞性,如 GDP、价格指数、消费等时间序列数据通常表现为周期循环。当从经济衰退的谷底开始复苏时,大多数经济序列开始上升,在上升期间,序列在每一时刻的值都高于前一时刻的值。看来有一种内在的动力驱使这一势头继续下去,直至某些情况出现(如利率或税收提高)才把它拖慢下来。因此,在涉及时间序列的回归中,相继的观测值很可能是相互依赖的。

2. 模型设定的偏误

所谓模型设定偏误是指所设定的模型"不正确",主要表现在模型中丢掉了重要的解释变量或模型函数形式有偏误。例如,本来应该估计的模型为

$$Y_t = \beta_0 + \beta_1 X_{1t} + \beta_1 X_{2t} + \beta_3 X_{3t} + \mu_t \tag{7-5}$$

但在进行回归时,却把模型设定为如下形式:

$$Y_t = \beta_0 + \beta_1 X_{1t} + \beta_2 X_{2t} + v_t \tag{7-6}$$

如果式(7-5)是正确的模型,那做式(7-6)的回归就相当于令

$$v_t = \beta_3 X_{3t} + \mu_t$$

于是误差项 v 将表现出一种系统性模式,从而形成了自相关。

如果模型函数形式错误,那么回归模型也可能出现误差项的序列相关。比如,在成本-产出研究中,如果真实的边际成本的模型为

$$Y_t = \beta_0 + \beta_1 X_t + \beta_2 X_t^2 + \mu_t \tag{7-7}$$

其中,Y 为边际成本;X 为产出。但是如果建模时设立了如下回归模型:

$$Y_t = \beta_0 + \beta_1 X_t + v_t \tag{7-8}$$

因此在式(7-8)中,$v_t = \beta_2 X_t^2 + \mu_t$,它包含了产出的平方对随机干扰项的系统性影响,随机干扰项呈现序列相关性。

3. 滞后效应

考虑一个消费支出对收入进行回归的时间序列模型,人们常常发现,当期的消费支出除了依赖其他当期收入外,还依赖前期的消费支出,即回归模型为

$$C_t = \beta_0 + \beta_1 Y_t + \beta_2 C_{t-1} + \mu_t \tag{7-9}$$

其中，C 为消费；Y 为收入。类似式(7-9)的回归模型被称为自回归模型，因为解释变量之一是应变量的滞后值。这种类型的模型的合理性是显然的，由于心理上、技术上以及制度上的原因，消费者不会轻易改变其消费习惯，如果我们忽视式(7-9)中的滞后消费对当前消费的影响，那么所带来的误差项就会体现出一种系统性的模式。

4. 蛛网现象

微观经济学中介绍的蛛网模型在回归时也会带来随机干扰项的序列相关，典型的例子就是农产品供给回归模型。农产品供给对价格的反应往往要滞后一个时期，因为农产品供给需要经过一定的时间才能实现。例如，假定某农产品的供给模型为

$$S_t = \beta_0 + \beta_1 P_{t-1} + \mu_t \tag{7-10}$$

假设 t 时期的价格 P_t 低于 $t-1$ 时期的价格 P_{t-1}，农民就很可能决定在时期 $t+1$ 生产比 t 时期更少的东西。显然在这种情形中，农民由于在年度 t 的过量生产很可能在年度 $t+1$ 消减他们的产量。诸如此类的现象，就不能期望干扰项 μ_t 是随机，从而出现蛛网式的序列相关。

5. 数据的编造

在实际经济问题中，有时为了需要，有些数据是通过已知数据生成的。因此，新生成的数据与原数据间就有了内在的联系，表现出序列相关性。例如，季度数据来自月度数据的简单平均，这种平均的计算减弱了每月数据的波动而引进了数据中的匀滑性，这种匀滑性本身就能使随机干扰项中出现系统性的因素，从而出现序列相关性。另外，利用数据的内插或外推技术构造的数据也会呈现某种系统性的模式。

一般经验表明，对于采用时间序列数据做样本的计量经济学模型，由于在不同样本点上解释变量以外的其他因素在时间上的连续性，带来了它们对被解释变量的影响的连续性，所以往往存在序列相关性。

■ 第二节　序列相关性的影响

如果我们在干扰项中通过假定 $\mathrm{cov}(\mu_t, \mu_{t+j}) = E(\mu_t \mu_{t+j}) \neq 0$ 引进序列相关，但保留经典模型的其他假定，对 OLS 估计量及其方差来说，会出现什么情况呢？

1. 参数估计量非有效

根据 OLS 估计中关于参数估计量的无偏性和有效性的证明过程可以看出，当计量经济学模型出现序列相关性时，其 OLS 参数估计量仍然具有线性无偏性，但不具有有效性。因为在有效性证明中我们利用了

$$E(\boldsymbol{\mu\mu}') = \sigma^2 \boldsymbol{I} \tag{7-11}$$

即同方差和相互独立性条件。而且在大样本情况下，参数估计量虽然具有一致性，但仍然不具有渐近有效性。

为了具体说明这一点，我们回到简单的一元回归模型

$$Y_t = \beta_0 + \beta_1 X_t + \mu_t \tag{7-12}$$

为方便,我们不妨假定干扰项为式(7-4)所示的一阶序列相关

$$\mu_t = \rho\mu_{t-1} + \varepsilon_t \tag{7-13}$$

对于干扰项为一阶序列相关的一元回归模型采用 OLS 估计,和以前一样,β_1 的 OLS 估计量为

$$\hat{\beta}_1 = \frac{\sum x_t y_t}{\sum x_t^2} \tag{7-14}$$

但给定干扰项为一阶序列相关时,$\hat{\beta}_1$ 的方差为

$$\text{var}(\hat{\beta}_1)_{\text{AR}_1} = \frac{\sigma^2}{\sum x_t^2} + \frac{2\sigma^2}{\sum x_t^2}\sum_{t=1}^{n-1}\sum_{j=1}^{n-t}\rho^j x_t x_{t+j} \tag{7-15}$$

其中,$\text{var}(\hat{\beta}_1)_{\text{AR}_1}$ 为一阶序列相关时 $\hat{\beta}_1$ 的方差。将式(7-15)与没有干扰项自相关情形的通常公式

$$\text{var}(\hat{\beta}_1) = \frac{\sigma^2}{\sum x_t^2} \tag{7-16}$$

相比,可以看出前者等于后者加上另一与自相关系数 ρ 和各期 X 的样本协方差有关的项。一般说来,我们无法知道 $\text{var}(\hat{\beta}_1)_{\text{AR}_1}$ 与 $\text{var}(\hat{\beta}_1)$ 哪个更大,因为无法知道 ρ 的正负以及 X 的相关情况。但如果 ρ 为正且 X 的数值是正相关(大多数时间序列都是这样的),那么显然有 $\text{var}(\hat{\beta}_1) < \text{var}(\hat{\beta}_1)_{\text{AR}_1}$。当然,如果 ρ 为零,这两个方差自然相等。

事实上利用后面要讲到的广义最小二乘(GLS)方法,我们可以得到含有一阶序列相关的一元回归模型中参数 β_1 的 BLUE 估计量为(证明略)

$$\hat{\beta}_{1\text{GLS}} = \frac{\sum_{t=2}^{n}(x_t - \rho x_{t-1})(y_t - \rho y_{t-1})}{\sum_{t=2}^{n}(x_t - \rho x_{t-1})^2} + C \tag{7-17}$$

其中,C 为一个校正因子,在实际中可以忽略,注意下标是从 $t=2$ 到 $t=n$。从而,它的方差是

$$\text{var}(\hat{\beta}_1)_{\text{GLS}} = \frac{\sigma^2}{\sum_{t=2}^{n}(x_t - \rho x_{t-1})^2} + D \tag{7-18}$$

其中,D 也是实际中可以忽略的一个校正因子。比较 OLS 估计得到的估计量 $\hat{\beta}_1$ 和 GLS 估计得到的 $\hat{\beta}_{1\text{GLS}}$,可以看出,GLS 估计量把自相关系数 ρ 包含在估计公式中,而 OLS 估计量则没有,这也就是为什么 GLS 估计量是 BLUE 而 OLS 估计量不是的理由,因为 GLS 估计量最大地利用了现有的信息。当然,如果 ρ 等于零就没有额外的信息需要考虑,从而 GLS 和 OLS 两估计量是相同的。总之,在自相关情形中,由式(7-17)给出的 GLS 估计量才是 BLUE,并且这时的最小方差由式(7-18)给出。而式(7-15)尤其是式(7-16)都没有给出最小方差。

2. 随机误差项方差估计量是有偏的

在存在干扰项序列相关的情况下,随机误差方差的 OLS 估计量偏离了真实的随机误

差项的方差 σ^2。仍然以一元回归模型为例,我们知道在经典假设情况下,干扰项的 OLS 方差估计量

$$\hat{\sigma}^2 = \frac{\sum\limits_{t=1}^{n} e_t^2}{n-2}$$

是真实的 σ^2 的无偏估计,即有 $E(\hat{\sigma}^2) = \sigma^2$。但若随机误差项存在一阶序列相关,则可以证明

$$E(\hat{\sigma}^2) = \frac{\sigma^2 \{n - [2/(1-\rho)] - 2\rho r\}}{n-2}$$

其中,$r = \sum\limits_{t=2}^{n} x_t x_{t-1} / \sum\limits_{t=1}^{n} x_t^2$ 为 X 的相继观测值之间的样本相关系数。如果 ρ 和 r 都是正数(多数时间序列都是这样的),则显然有 $E(\hat{\sigma}^2) < \sigma^2$,也就是说,平均而言 OLS 方差估计公式低估了真实的随机误差方差 σ^2。换言之,在存在干扰项的一阶序列相关时,OLS 估计的 $\hat{\sigma}^2$ 偏低。而且这一偏误也将传递到用 OLS 方法得到的式(7-16)的参数估计量 $\hat{\beta}_1$ 的方差中去。

3. 拟合优度检验 R^2 统计量和方程显著性检验 F 统计量无效

由于在序列相关时 OLS 对随机误差方差估计有偏,结果基于 OLS 残差平方和计算出来的拟合优度检验统计量 R^2 也失去意义,相应的方程显著性检验统计量 F 统计量也无效。

4. 变量的显著性检验 t 检验统计量和相应的参数置信区间估计失去意义

用 OLS 法估计序列相关的模型得到的随机误差项的方差不仅是有偏的,而且这一偏误也将传递到用 OLS 方法得到的参数估计量的方差中来,从而使得建立在 OLS 参数估计量方差基础上的变量显著性检验失去意义。

仍然看前面的存在一阶序列相关的一元回归模型,即使随机误差的方差 σ^2 没有被低估,通常 OLS 参数估计量的方差式(7-16)也是存在一阶序列相关时参数估计量方差式(7-15)的偏误估计量。例如,我们说过,ρ 为正且 X 值正相关时通常的 OLS 参数估计量 $\hat{\beta}_1$ 方差低估了在 AR(1) 下的方差,此时如果使用 β_1 的 OLS 估计量方差 $\text{var}(\hat{\beta}_1)$,就会夸大了估计量 $\hat{\beta}_1$ 的精度(即低估了它的标准差),这样在计算 $\hat{\beta}_1$ 的 t 统计量时就会得到较大的 t 值,从而夸大了 $\hat{\beta}_1$ 的显著性,进而 β_1 的置信区间也会被缩小。如果再加上 σ^2 的低估,情况会变得更糟。

5. 模型的预测失效

被解释变量预测值区间与模型参数和随机误差的方差的估计量有关,在存在序列相关时,OLS 估计的随机误差项方差有偏,参数估计量非有效,这样回归模型的被解释变量的预测值及预测区间就不准确,预测精度降低。所以,当模型出现序列相关时,它的预测功能失效。

第三节 序列相关性的检验

第七章第二节所述的自相关是个潜在的严重问题,因此采取措施肯定是必要的。自

然在采取任何措施之前,我们必须先判断在一定情况下模型中是否存在随机误差项的序列相关,本节将介绍一些常用的序列相关检验方法。

序列相关性的检验方法有多种,如冯诺曼比检验法、回归检验法、DW 检验法等。这些检验方法的共同思路是,首先采用普通最小二乘法估计模型,以得到随机干扰项的近似估计量。我们用 e_t 表示近似估计量

$$e_t = Y_t - \hat{Y}_{\text{tols}} \tag{7-19}$$

然后通过分析这些近似估计量之间的相关性以达到判断随机干扰项是否具有序列相关性的目的。

一、图示法

由于残差 e_t 可以作为随机误差 μ_t 的估计,因此,如果 μ_t 存在序列相关性,必然会由残差项 e_t 反映出来,因此可以利用 e_t 的变化来判断随机干扰项的序列相关性,如图 7-1 所示。

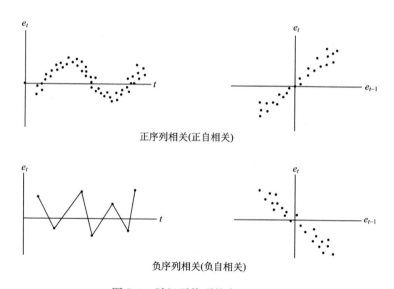

图 7-1　随机干扰项的序列相关性

二、回归检验法

以 e_t 为被解释变量,以各种可能的相关变量,如 e_{t-1}, e_{t-2} 等为解释变量,建立各种方程

$$e_t = \rho e_{t-1} + \varepsilon_t \quad (t=2,\cdots,n) \tag{7-20}$$

$$e_t = \rho_1 e_{t-1} + \rho_2 e_{t-2} + \varepsilon_t \quad (t=3,\cdots,n) \tag{7-21}$$

对方程进行估计并进行显著性检验,如果存在某一种函数形式,使得方程显著成立,则说明原模型存在序列相关性。回归检验法的优点是一旦确定了模型存在序列相关性,

也就同时知道了相关的形式,而且它适用于任何类型的序列相关性问题的检验。

三、杜宾-沃森检验

杜宾-沃森检验(DW 检验)是杜宾(J. Durbin)和沃森(G. S. Watson)于 1951 年提出的一种检验序列自相关的方法。该方法很常用,它有一些基本假定:

(1) 回归含有截距项。如果没有截距项,如过原点回归,就要重新做带有截距项的回归,以求得 RSS。

(2) 解释变量 X 是非随机的或者在重复抽样中是被固定的。

(3) 随机干扰项 μ_t 为一阶自回归形式: $\mu_t = \rho\mu_{t-1} + \varepsilon_t$。

(4) 回归模型中不应把滞后应变量作为解释变量之一,即不应出现如下形式模型:

$$Y_t = \beta_0 + \beta_1 X_{1t} + \beta_2 X_{2t} + \cdots + \beta_k X_{kt} + \gamma Y_{t-1} + \mu_t$$

(5) 没有缺失数据。

杜宾-沃森针对原假设 $H_0: \rho = 0$,即 μ_t 不存在一阶自相关,构造如下统计量:

$$DW = \frac{\sum\limits_{t=2}^{n}(e_t - e_{t-1})^2}{\sum\limits_{t=1}^{n}e_t^2} \tag{7-22}$$

杜宾-沃森证明该统计量的分布与出现在给定样本中的 X 值有复杂的关系,其准确的抽样或概率分布很难得到,因为 DW 值要从 e_t 中算出,而 e_t 又依赖于给定的 X 的值。因此 DW 检验不同于 t, F 或 χ^2 检验,它没有唯一的临界值可以导出拒绝或接受原假设。但他们成功导出了临界值的上限 d_U 和下限 d_L,且这些上下限只与样本容量 n 和解释变量的个数有关,而与解释变量的取值无关。因此,在运用 DW 检验时,只需计算该统计量的值,再根据样本容量 n 和解释变量数目 k 查 DW 分布表,得到临界值 d_L 和 d_U,然后按下列准则考察计算得到的 DW 值,以判断模型的自相关状态:

若 $0 < DW < d_L$,则存在正自相关;

若 $d_L < DW < d_U$,则不确定;

若 $d_U < DW < 4 - d_U$,则无自相关;

若 $4 - d_U < DW < 4 - d_L$,则不确定;

若 $4 - d_L < DW < 4$,则存在负自相关。

也就是说,当 DW 值在 2 附近时,模型不存在一阶自相关。其证明过程如下。

展开 DW 统计量

$$DW = \frac{\sum\limits_{t=2}^{n}e_t^2 + \sum\limits_{t=2}^{n}e_{t-1}^2 - 2\sum\limits_{t=2}^{n}e_t e_{t-1}}{\sum\limits_{t=1}^{n}e_t^2} \tag{7-23}$$

当 n 较大时, $\sum\limits_{t=2}^{n}e_t^2$, $\sum\limits_{t=2}^{n}e_{t-1}^2$, $\sum\limits_{t=1}^{n}e_t^2$ 大致相等,则式(7-23)可以简化为

$$DW = 2\left[1 - \frac{\sum\limits_{t=2}^{n} e_t e_{t-1}}{\sum\limits_{t=1}^{n} e_t^2}\right] \approx 2(1-\rho)$$

其中，$\dfrac{\sum\limits_{t=2}^{n} e_t e_{t-1}}{\sum\limits_{t=1}^{n} e_t^2} \approx \dfrac{\sum\limits_{t=2}^{n} e_t e_{t-1}}{\sum\limits_{t=2}^{n} e_{t-1}^2} = \hat{\rho} \approx \rho$ 为式(7-4)一阶序列自相关模型的参数估计。

如果存在完全一阶正相关，则 $\rho \approx 1$，$DW \approx 0$；

如果存在完全一阶负相关，则 $\rho \approx -1$，$DW \approx 4$；

如果完全不相关，则 $\rho \approx 0$，$DW \approx 2$。

例 7-1　给定一个含有 50 个观测值的样本和 3 个解释变量，如果：(a)$DW = 1.05$；(b)$DW = 1.40$；(c)$DW = 2.50$；(d)$DW = 3.97$。你能对自相关的问题说些什么？

解：查 DW 分布表可知，当样本数为 $n = 50$，解释变量数 $k = 3$ 时，在 5% 的显著性水平下 DW 统计量临界值的下界 d_L 为 1.42，上界 d_U 为 1.67。根据 DW 检验判断准则可知：(a)$DW = 1.05 < d_L = 1.42$，因此随机误差项存在正一阶自相关；(b)$DW = 1.40 < d_L$，随机误差项存在一阶正自相关；(c)$4 - d_L = 2.58 > DW = 2.50 > 4 - d_U = 2.33$，不能确定随机误差项是否存在一阶自相关；(d)$4 - d_L = 2.58 < DW = 3.97$，随机误差项存在负一阶自相关。

从 DW 检验判断准则中看到，存在一个不能确定的 DW 值区域，这是这种检验方法的一大缺陷。而且 DW 检验只能检验一阶自相关，并且对存在滞后被解释变量的模型无法检验。为解决此问题，一些学者曾提出对 DW 检验的修改建议，但涉及的方法相当复杂，超出了本书范围。然而，在许多情况下，人们发现上限 d_U 差不多就是真实的显著性界限，因而，如果 DW 的估计值落入不能确定的区域，可以使用以下修正的 DW 检验程序。给定显著性水平 α：

(1) 原假设为 $H_0 : \rho = 0$，备择假设为 $H_1 : \rho > 0$：如果有 $DW < d_U$，则在显著性水平 α 上拒绝原假设 H_0，接受备择假设 H_1，也就是存在统计上显著的正相关。

(2) 原假设为 $H_0 : \rho = 0$，备择假设为 $H_1 : \rho < 0$：如果有 $4 - DW < d_U$，则在显著性水平 α 上拒绝原假设 H_0，接受备择假设 H_1，也就是存在统计上显著的负相关。

(3) 原假设为 $H_0 : \rho = 0$，备择假设为 $H_1 : \rho \neq 0$：如果有 $DW < d_U$ 或者 $4 - DW < d_U$，则在显著性水平 α 上拒绝原假设 H_0，接受备择假设 H_1，也就是存在统计上显著的自相关。

四、拉格朗日乘子检验

拉格朗日乘子检验克服了 DW 检验的缺陷，适合于高阶序列相关及模型中存在滞后被解释变量的情形。它是由布劳殊(Breusch)与戈弗雷(Godfrey)于 1978 年提出的，也称为 GB 检验。

对于模型

$$Y_t = \beta_0 + \beta_1 X_{1t} + \beta_2 X_{2t} + \cdots + \beta_k X_{kt} + \mu_t \tag{7-24}$$

如果要检验随机误差项是否存在 p 阶序列相关,有

$$\mu_t = \rho_1 \mu_{t-1} + \rho_2 \mu_{t-2} + \cdots + \rho_p \mu_{t-p} + \varepsilon_t \tag{7-25}$$

那么检验如下受约束回归方程就是拉格朗日乘子检验:

$$Y_t = \beta_0 + \beta_1 X_{1t} + \beta_2 X_{2t} + \cdots + \beta_k X_{kt} + \rho_1 \mu_{t-1} + \rho_2 \mu_{t-2} + \cdots + \rho_p \mu_{t-p} + \varepsilon_t \tag{7-26}$$

约束条件为

$$H_0 : \rho_1 = \rho_2 = \cdots = \rho_p = 0 \tag{7-27}$$

如果约束条件为真,则 LM 统计量服从大样本下自由度为 p 的渐近 χ^2 分布:

$$\text{LM} = (n-p)R^2 \sim \chi_p^2 \tag{7-28}$$

其中,$n-p$ 和 R^2 分别为如下辅助回归方程的样本容量和决定系数:

$$e_t = \beta_0 + \beta_1 X_{1t} + \cdots + \beta_k X_{kt} + \rho_1 e_{t-1} + \cdots + \rho_p e_{t-p} + \varepsilon_t \tag{7-29}$$

式(7-29)中的被解释变量 e_t 是对原模型式(7-24)进行 OLS 回归后得到的残差。给定显著性水平 α,查自由度为 p 的 χ^2 分布的相应临界值 $\chi_\alpha^2(p)$,如果计算的 LM 统计量的值超过该临界值,则拒绝约束条件为真的原假设,表明随机误差项存在直到 p 阶的序列相关性。

LM 检验的一个缺陷是 p 值即滞后的长度无法预先给定,因此实践操作中可从 1 阶、2 阶……逐次向更高阶检验,并用辅助回归方程式(7-29)中各个残差项前面的参数的显著性来帮助判断序列相关的阶数。

例 7-2 假定用 32 个样本做 Y 对 X(包含截距)的回归,如果怀疑回归残差序列有 5 阶滞后相关,那么辅助回归方程中我们可以用残差对 X 以及残差序列的 1~5 阶滞后序列进行回归,假定从辅助回归方程中回归得到的拟合优度 R^2 为 0.886 0。由于原始回归中有 32 个样本,而辅助回归中用了 5 个滞后值,这样辅助回归方程中仅有 27 个样本,因此 $(n-p)R^2 = (32-5) \times 0.886 = 23.922$。而这样的 χ^2 数值对应的概率 p 为 0.000 3,这是一个很低的概率。因此我们可以拒绝辅助回归方程中原始回归残差序列的全部 1~5 阶滞后序列系数均为零的假设,至少有一个滞后残差序列的系数不为零。这表明原始回归的残差中至少存在 1~5 阶中的某一滞后的自相关,当然要确定到底是几阶序列相关还必须进一步进行 4 阶、3 阶等不同阶数的拉格朗日乘子检验。

第四节 序列相关的补救

由于序列相关出现时 OLS 估计量是非有效的,因此如果回归模型被证明存在序列相关性,则应该发展新的方法来估计模型。类似于处理异方差的情况,在大样本下我们也可以用与自相关相一致的 OLS 回归残差的方差-协方差矩阵来处理随机误差项的自相关情况,这样 OLS 估计也仍然是有用的,只是需要报告自相关稳健标准差和相应的统计量,其处理方法完全类似于异方差稳健推断。这里不再对自相关稳健推断详细论述,我们详细介绍一般情况下处理序列相关最常用的广义最小二乘法(GLS)和广义差分法。

一、广义最小二乘法

广义最小二乘法,顾名思义,是最具有普遍意义的最小二乘法,普通最小二乘法和加权最小二乘法是它的特例。

一般情况下,对于模型

$$Y = X\beta + \mu \tag{7-30}$$

如果存在序列相关性,同时存在异方差,即有

$$\text{cov}(\mu) = E(\mu\mu') = \begin{bmatrix} \sigma_1^2 & \sigma_{12} & \cdots & \sigma_{1n} \\ \sigma_{21} & \sigma_2^2 & \cdots & \sigma_{2n} \\ \vdots & \vdots & & \vdots \\ \sigma_{n1} & \sigma_{n2} & \cdots & \sigma_n^2 \end{bmatrix} = \sigma^2 \Omega$$

显然,Ω 是一正定矩阵,因此存在一可逆矩阵,使得

$$\Omega = DD'$$

用 D^{-1} 左乘式(7-30)两边,得到一个新的模型

$$D^{-1}Y = D^{-1}X\beta + D^{-1}\mu \tag{7-31}$$

即

$$Y_* = X_*\beta + \mu_*$$

该模型具有同方差性和随机干扰项相互独立性。因为

$$\begin{aligned} E(\mu\mu') &= E(D^{-1}\mu\mu'D^{-1'}) = D^{-1}E(\mu\mu')D^{-1'} \\ &= D^{-1}\sigma^2\Omega D^{-1'} = D^{-1}\sigma^2 DD'D'^{-1} \\ &= \sigma^2 I \end{aligned}$$

于是,可以用普通最小二乘法估计模型式(7-31),记参数估计量为 $\hat{\beta}_*$,则

$$\begin{aligned} \hat{\beta}_* &= (X'_* X_*)^{-1} X'_* Y_* \\ &= [X'(D^{-1})'D^{-1}X]^{-1} X'(D^{-1})'D^{-1}Y \\ &= (X'\Omega^{-1}X)^{-1} X'\Omega^{-1}Y \end{aligned}$$

这就是原模型式(7-30)的广义最小二乘估计量,它是无偏有效的估计量。

由上面的推导过程可知,只要知道随机干扰项的方差-协方差矩阵 $\sigma^2\Omega$,就可以采用广义最小二乘法得到参数的最佳线性无偏估计量。然而若只有 n 个样本点,要对包括各个 β_i 在内的 $n(n+1)/2+k+1$ 个未知参数进行估计是困难的,在实践操作中,往往通过广义差分法来实现广义最小二乘估计。

二、广义差分法

广义差分法需要对随机干扰项自相关系数事先给出必要的假设,可区分为两种情形:自相关系数已知和未知。

1. 自相关系数已知时

由于干扰项 μ_t 是不可观测的,关于序列相关的性质往往是一种猜测或实际体验。实

践中,常假定 μ_t 遵循形如式(7-4)那样的一阶自回归方式,即

$$\mu_t = \rho\mu_{t-1} + \varepsilon_t \tag{7-32}$$

式(7-32)中自回归系数和随机干扰项满足式(7-4)的假定。若假定式(7-32)是真实的,当自相关系数 ρ 为已知时,序列相关问题就可以圆满解决。为说明这一点,考虑以下多元回归模型

$$Y_t = \beta_0 + \beta_1 X_{1t} + \cdots + \beta_k X_{kt} + \mu_t \tag{7-33}$$

如果式(7-33)在时刻 t 成立,则在时刻 $t-1$ 也成立,因此有

$$Y_{t-1} = \beta_0 + \beta_1 X_{1t-1} + \cdots + \beta_k X_{kt-1} + \mu_{t-1} \tag{7-34}$$

用 ρ 乘式(7-34)两边,得到

$$\rho Y_{t-1} = \rho\beta_0 + \rho\beta_1 X_{1t-1} + \cdots + \rho\beta_k X_{kt-1} + \rho\mu_{t-1} \tag{7-35}$$

用式(7-33)减去式(7-35)得到

$$
\begin{aligned}
Y_t - \rho Y_{t-1} &= \beta_0(1-\rho) + \beta_1 X_{1t} - \rho\beta_1 X_{1t-1} + \cdots \\
&\quad + \beta_k X_{kt} - \rho\beta_k X_{kt-1} + \mu_t - \rho\mu_{t-1} \\
&= \beta_0(1-\rho) + \beta_1(X_{1t} - \rho X_{1t-1}) + \cdots \\
&\quad + \beta_k(X_{kt} - \rho X_{kt-1}) + \varepsilon_t
\end{aligned}
\tag{7-36}
$$

其中,第二步利用了式(7-32)。

将式(7-36)简写为

$$Y_t^* = \beta_0^* + \beta_1 X_{1t}^* + \cdots + \beta_k X_{kt}^* + \varepsilon_t \tag{7-37}$$

其中,$\beta_0^* = \beta_0(1-\rho)$,$Y_t^* = Y_t - \rho Y_{t-1}$,$X_{it}^* = X_{it} - \rho X_{it-1}$,$i=1,2,\cdots,k$。

由于 ε_t 满足全部 OLS 假定,故可以直接对方程式(7-37)进行 OLS 回归得到具有 BLUE 性质的估计量。

上述例子中假定随机误差项为已知的一阶序列相关,然后我们得到了广义最小二乘估计的近似表达式(7-36)。式(7-36)又称广义或拟差分方程,它不是原来形式的回归方程式(7-33),而是式(7-33)差分形式的 Y 对 X 的回归。更一般地,如果多元回归模型

$$Y_t = \beta_0 + \beta_1 X_{1t} + \beta_2 X_{2t} + \cdots + \beta_k X_{kt} + \mu_t \tag{7-38}$$

中的随机干扰项存在 p 阶序列相关:

$$\mu_t = \rho_1\mu_{t-1} + \rho_2\mu_{t-2} + \cdots + \rho_p\mu_{t-p} + \varepsilon_t \tag{7-39}$$

那么,可以将原模型式(7-38)变换为

$$
\begin{aligned}
Y_t - \rho_1 Y_{t-1} - \cdots - \rho_p Y_{t-p} &= \beta_0(1 - \rho_1 - \cdots - \rho_p) \\
&\quad + \beta_1(X_{1t} - \rho_1 X_{1t-1} - \cdots - \rho_p X_{1t-p}) + \cdots \\
&\quad + \beta_k(X_{kt} - \rho_1 X_{kt-1} - \cdots - \rho_p X_{kt-p}) + \varepsilon_t \\
&\quad (t = 1+p, 2+p, \cdots, n)
\end{aligned}
\tag{7-40}
$$

式(7-40)即为多元回归形式的广义差分模型,该模型不存在序列相关性。采用 OLS 法估计该模型得到的参数估计量即为原模型参数的无偏有效估计量,这样处理序列相关的方法就是广义差分法。

广义差分法就是前面讨论过的广义最小二乘法(GLS),但应注意滞后的观测值被排除了。为看清这一点,仍然考虑前面的一阶序列相关的情况,我们用矩阵形式把上述估计过程重写一遍。对于一阶序列相关的随机误差项

$$\mu_t = \rho\mu_{t-1} + \varepsilon_t$$

我们可以证明该随机干扰项的方差和协方差分别为

$$\left. \begin{array}{l} \mathrm{var}(\mu_t) = \dfrac{1}{1-\rho^2}\sigma_\varepsilon^2 = \sigma^2 \\[3mm] \mathrm{cov}(\mu_t, \mu_{t-s}) = \rho^s \dfrac{1}{1-\rho^2}\sigma_\varepsilon^2 = \rho^s\sigma^2 \end{array} \right\}$$

用矩阵表示为

$$\mathrm{cov}(\boldsymbol{\mu}) = E(\boldsymbol{\mu\mu}')$$

$$= \frac{\sigma_\varepsilon^2}{1-\rho^2} \begin{pmatrix} 1 & \rho & \cdots & \rho^{n-1} \\ \rho & 1 & \cdots & \rho^{n-2} \\ \vdots & \vdots & & \vdots \\ \rho^{n-1} & \rho^{n-2} & \cdots & 1 \end{pmatrix} = \sigma_\varepsilon^2 \boldsymbol{\Omega}$$

根据线性代数易知

$$\boldsymbol{\Omega}^{-1} = \begin{pmatrix} 1 & -\rho & 0 & \cdots & 0 & 0 & 0 \\ -\rho & 1+\rho^2 & -\rho & \cdots & 0 & 0 & 0 \\ 0 & -\rho & 1+\rho^2 & \cdots & 0 & 0 & 0 \\ \vdots & \vdots & \vdots & & \vdots & \vdots & \vdots \\ 0 & 0 & 0 & \cdots & 1+\rho^2 & -\rho & 0 \\ 0 & 0 & 0 & \cdots & -\rho & 1+\rho^2 & -\rho \\ 0 & 0 & 0 & \cdots & 0 & -\rho & 1 \end{pmatrix}$$

从而有

$$\boldsymbol{D}^{-1} = \begin{pmatrix} \sqrt{1-\rho^2} & 0 & 0 & \cdots & 0 & 0 & 0 \\ -\rho & 1 & 0 & \cdots & 0 & 0 & 0 \\ 0 & -\rho & 1 & \cdots & 0 & 0 & 0 \\ \vdots & \vdots & \vdots & & \vdots & \vdots & \vdots \\ 0 & 0 & 0 & \cdots & 1 & 0 & 0 \\ 0 & 0 & 0 & \cdots & -\rho & 1 & 0 \\ 0 & 0 & 0 & \cdots & 0 & -\rho & 1 \end{pmatrix}$$

用 $\boldsymbol{D}^{-1}$ 左乘矩阵形式的多元回归模型

$$\boldsymbol{Y} = \boldsymbol{X\beta} + \boldsymbol{\mu}$$

得到

$$\boldsymbol{D}^{-1}\boldsymbol{Y} = \boldsymbol{D}^{-1}\boldsymbol{X\beta} + \boldsymbol{D}^{-1}\boldsymbol{\mu} \tag{7-41}$$

然后展开式(7-41)中所有矩阵乘积,去掉展开式的第一行就得到式(7-36)一样的结果。

类似地,对具有 p 阶序列相关的多元回归模型的广义差分法估计也等同于广义最小二乘估计,但我们损失了前面 p 个样本观测值,这一点可以从广义差分模型式(7-40)看

出来。在样本规模较大而误差序列相关阶数较小时,广义差分法与广义最小二乘法的估计结果很接近。但在小样本或误差项呈现较大的高阶序列相关时,观测值的损失可能会对估计结果有影响。因此在广义差分变换中,有时需弥补这一损失。例如,在一阶序列相关情况下,对损失的第一次观测值可进行如下的普莱斯-温斯特(Prais-Winsten)变换:

$$Y_1^* = \sqrt{1-\rho^2}\,Y_1,\ X_{j1}^* = \sqrt{1-\rho^2}\,X_{j1} \quad (j=1,2,\cdots,k)$$

这样广义差分法的估计结果就完全等同于广义最小二乘估计量。

2. 自相关系数未知时

尽管广义差分回归直接明了,但通常情况下我们并不知道总体模型中随机干扰项的真实自回归系数 ρ 是多少,故广义差分法一般难以实现,因此需要另想办法来处理序列相关问题,我们介绍几种常用的方法。

1) 一次差分法

因为自回归系数 ρ 介于 $(-1,1)$ 之间,我们考虑极端的序列相关情况,即完全的正相关或负相关,此时 ρ 等于 1 或 -1。考虑简单的一元回归模型

$$Y_t = \beta_0 + \beta_1 X_t + \mu_t \tag{7-42}$$

假定该模型中随机干扰项为完全一阶正相关,即有

$$\mu_t = \mu_{t-1} + \varepsilon_t \tag{7-43}$$

对式(7-42)进行一次差分得到

$$Y_t - Y_{t-1} = \beta_1(X_t - X_{t-1}) + (\mu_t - \mu_{t-1})$$
$$= \beta_1(X_t - X_{t-1}) + \varepsilon_t$$

即

$$\Delta Y_t = \beta_1 \Delta X_t + \varepsilon_t \tag{7-44}$$

式(7-44)的差分回归方程没有截距,随机干扰项没有序列自相关,因此可以对它采取过原点 OLS 回归得到 β_1 的 BLUE 估计量,注意此时原模型中的截距 β_0 就不能估计出来了(它可能是任意常数)。如果原模型为包含时间趋势的模型

$$Y_t = \beta_0 + \beta_1 X_{1t} + \beta_2 t + \mu_t \tag{7-45}$$

那么,对它进行一次差分后得到

$$\Delta Y_t = \beta_1 \Delta X_t + \beta_2 + \varepsilon_t \tag{7-46}$$

该差分模型中含有一截距,因此含有截距的一次差分模型意味着在原模型中存在一线性时间趋势项,而且一次差分模型中的截距就是原模型中时间趋势项的系数。如果 β_2 是正的话,这表明原模型中 Y 除了受 X 的影响外还有一上升的趋势。

如果原模型中随机干扰项是完全一阶负相关的,那么一次差分处理的方法就是相反了,类似的操作作为一个练习留给同学们自己做。

上述一次差分变换容易操作,应用也很广泛,但要注意它是以假定 $\rho=1$ 为前提的,如果随机干扰项不是完全一阶正相关,就不能进行这样的一次差分变换。但怎样知道假定 $\rho=1$ 是否合理呢,这可以用贝伦布鲁特-韦布(Belenblutt-Webb)统计量来检验。

为检验假设 $\rho=1$,贝伦布鲁特-韦布推出如下 g 检验统计量:

$$g = \frac{\sum\limits_{t=2}^{n} e_t^2}{\sum\limits_{t=1}^{n} u_t^2} \tag{7-47}$$

其中,u_t 是原始模型的 OLS 残差,而 e_t 是被解释变量 Y 的一阶差分 ΔY_t 对各个解释变量 X 的一阶差分 ΔX_{jt} 进行 OLS 回归得到的残差(注意无截距项)。

当原始模型存在常数项时,我们可以用 DW 统计分布表来做 g 统计量的检验,不过这时要注意的是原假设是 $\rho=1$,而 DW 统计检验的原假设是 $\rho=0$。

例 7-3　假定用 32 个样本做 Y 对 X 的 OLS 回归得到的残差平方和 $\text{RSS}_1=204.293\,4$,再做 ΔY 对 ΔX 的 OLS 回归(注意在此回归中没有截距)得到残差平方和 $\text{RSS}_2=28.193\,8$。因此 $g=28.193\,8/204.293\,4=0.137\,7$。查 DW 分布表发现 5% 的显著性水平下 31 个样本和 1 个解释变量的 DW 值下界为 1.363,上界为 1.496。这样计算的 g 的数值小于 DW 统计量的下界,我们不能拒绝 $\rho=1$ 的原假设。基于这一结果,对原模型进行一次差分后再用 OLS 估计是合理的。

2) 根据 DW 统计量来估计 ρ

回想我们前面的 DW 统计量

$$\text{DW} = d = 2\left[1 - \frac{\sum\limits_{t=2}^{n} e_t e_{t-1}}{\sum\limits_{t=1}^{n} e_t^2}\right] = 2(1-\hat{\rho}) \approx 2(1-\rho)$$

根据该式我们可以得到 $\hat{\rho}$ 的计算表达式

$$\hat{\rho} = 1 - \frac{d}{2} \tag{7-48}$$

这是从所估计的 DW 统计量获得 ρ 的一个估计值的简易方法。由式(7-48)可见,仅当 d 等于或接近于 0 时,一次差分法中假定 $\hat{\rho}=1$ 才是对的,此外当 $d=2$ 时 $\hat{\rho}=0$,$d=4$ 时,$\hat{\rho}=-1$,因此,DW 统计量为我们提供了一个估计 ρ 的现成方法。但要注意的是,式(7-48)仅提供了一个估计 ρ 的近似式,在小样本下未必可靠,仅在大样本下才具有最优性质。

一旦从式(7-48)估计出 ρ,我们就可以对原模型进行广义差分变换,然后对广义差分后的模型进行 OLS 估计。同样需要注意的是,由于广义差分法中用的是真实的 ρ,而我们是用估计的 ρ 来代替真实的 ρ,因此就会出现一个问题:这样估计的回归系数是否有经典回归模型中所说的最优性质呢? 为避免陷入复杂的技术细节,我们给出一个一般性的原则:当用一个估计的量去代替真值时,OLS 估计得到的回归系数仅是渐近有效的,就是说仅在大样本情况下才是最优的,而且通常的假设检验统计量也仅是渐近有效的。因此,在小样本下,对估计结果的解释需要谨慎。

3) 科克伦-奥克特(Cochrane-Orcutt)迭代法

除用 DW 统计量来估计 ρ 外,另一个估计 ρ 的常用方法就是科克伦-奥克特迭代法,这种方法利用估计的残差去获得关于未知的 ρ 的信息。为说明该方法,仍然考虑一元回归模型

$$Y_t = \beta_0 + \beta_1 X_t + \mu_t \tag{7-49}$$

假定随机干扰项为一阶自相关,即

$$\mu_t = \rho \mu_{t-1} + \varepsilon_t \tag{7-50}$$

科克伦和奥克特建议按如下步骤来估计自回归系数 ρ。

(1) 对式(7-49)进行 OLS 回归得到回归残差 e_t。

(2) 利用回归残差 e_t 做 OLS 回归

$$e_t = \rho e_{t-1} + v_t \tag{7-51}$$

(3) 用式(7-51)回归得到 $\hat{\rho}$,对式(7-49)做广义差分方程

$$Y_t - \hat{\rho} Y_{t-1} = \beta_0(1 - \hat{\rho}) + \beta_1(X_t - \hat{\rho} X_{t-1}) + (\mu_t - \hat{\rho} \mu_{t-1})$$

即

$$Y_t^* = \beta_0^* + \beta_1^* X_t^* + \mu_t^* \tag{7-52}$$

对式(7-52)进行 OLS 回归即可得到 β_0^* 和 β_1^* 的估计值,然后注意到 $\beta_0^* = \beta_0(1 - \hat{\rho})$,$\beta_1^* = \beta_1$ 就可以得到原模型式(7-49)中系数 β_0,β_1 的估计值。

(4) 由于不知道第二步对式(7-51)回归得到的 $\hat{\rho}$ 是否是对 ρ 的最优估计,因此我们将第三步得到的 β_0,β_1 的估计值重新代入原模型式(7-49)并计算得到新的残差 e_t。

(5) 现在估计回归方程

$$e_t = \rho e_{t-1} + \zeta_t \tag{7-53}$$

这样得到 ρ 的第二次估计值。

如果 ρ 的第二次估计值仍然不能够令人满意,我们可以进行 ρ 的第三次估计、第四次估计⋯⋯,一直到 ρ 的估计值达到令人满意的精度为止。以上步骤表明科克伦-奥克特方法是迭代性的,但我们究竟要迭代多少次呢? 一般是迭代到相继的 ρ 的估计值相差很小的一个数,比如小于 0.001 或 0.000 1 等。实际操作中通常只需要迭代三四次就能达到满意的精度。

4) 杜宾两步法

仍然以上面的一元回归模型为例来说明该方法。我们把广义差分方程式(7-52)改写为

$$Y_t = \beta_0(1 - \rho) + \beta_1(X_t - \rho X_{t-1}) + \rho Y_{t-1} + v_t \tag{7-54}$$

杜宾建议按以下两步程序来估计 ρ。

(1) 对式(7-54)进行 OLS 回归,并把对 Y_{t-1} 的回归系数的估计值 $\hat{\rho}$ 看做对 ρ 的一个估计。虽然这个估计值有偏误,但它却是 ρ 的一个一致估计。

(2) 求得 $\hat{\rho}$ 后,把它代入差分方程式(7-52),即代入下面的方程:

$$Y_t - \hat{\rho} Y_{t-1} = \beta_0(1 - \hat{\rho}) + \beta_1(X_t - \hat{\rho} X_{t-1}) + (\mu_t - \hat{\rho} \mu_{t-1})$$

该方程改写为

$$Y_t^* = \beta_0^* + \beta_1^* X_t^* + \mu_t^* \tag{7-55}$$

对式(7-55)进行 OLS 回归得到参数的估计值。由此可见,杜宾两步法的第一步是要得到 ρ 的一个估计值,第二步是要得到回归的参数值。

还有一些其他的估计 ρ 的方法,这里不再一一介绍。但其他方法与上面介绍的几种

方法一样,基本上都是两步法:第一步,我们获得未知的 ρ 的一个估计值;然后第二步,用这个估计值对变量做变换,以估计广义差分方程,这基本上就是 GLS。但因为我们使用的是估计值 $\hat{\rho}$ 而不是真实的 ρ,因此这些方法在文献中都称为可行的(feasible)或估计的广义最小二乘法(estimated generalized least square,EGLS)。

■ 第五节   案例分析

根据宏观经济理论,产出是资本和劳动投入的函数,生产函数可以表示为

$$Y_t = K_t^\alpha N_t^\beta e^{\gamma t} \tag{7-56}$$

其中,Y 为产出;K 为资本;N 为就业人数;t 为时间,α、β、γ 为参数。通常认为生产函数具有规模报酬不变的性质,这意味着 α 和 β 之和应该近似等于 1。为了估计资本和劳动投入对产出的贡献,我们估计如下对数形式的生产函数回归模型:

$$\log Y_t = \gamma t + \alpha \log K_t + \beta \log N_t + \mu_t \tag{7-57}$$

表 7-1 给出了中国 1978～2010 年的实际 GDP、资本存量和劳动就业的数据。

表 7-1   实际 GDP、资本存量和劳动就业的数据

年份	实际 GDP /亿元	资本存量 /亿元	劳动就业 /万人	年份	实际 GDP /亿元	资本存量 /亿元	劳动就业 /万人
1978	3 645.20	13 779.00	40 152	1995	28 783.87	51 221.22	68 065
1979	3 933.91	13 833.15	41 024	1996	32 805.52	59 366.15	68 950
1980	4 261.57	13 949.58	42 361	1997	36 216.27	67 172.58	69 820
1981	4 497.58	14 053.51	43 725	1998	38 916.89	74 893.92	70 637
1982	4 921.78	14 297.75	45 295	1999	41 648.21	82 708.00	71 394
1983	5 487.93	14 744.62	46 436	2000	45 721.56	90 493.98	72 085
1984	6 410.65	15 507.01	48 197	2001	50 138.87	99 628.79	73 025
1985	7 429.81	16 805.53	49 873	2002	54 967.79	110 479.90	73 740
1986	8 182.70	18 264.13	51 282	2003	61 459.95	124 755.30	74 432
1987	9 276.08	19 870.11	52 783	2004	70 365.82	142 722.20	75 200
1988	10 681.62	21 930.71	54 334	2005	80 246.86	162 233.10	75 825
1989	11 407.68	23 989.00	55 329	2006	92 658.98	185 827.00	76 400
1990	12 081.24	25 956.61	64 749	2007	110 801.80	213 490.40	76 990
1991	13 548.66	28 255.05	65 491	2008	127 173.40	248 156.60	77 480
1992	16 052.76	31 443.36	66 152	2009	138 613.00	290 212.50	77 995
1993	19 527.62	36 985.56	66 808	2010	159 342.80	337 323.90	78 388
1994	24 230.96	43 513.27	67 455				

注:实际 GDP 是用名义 GDP 除以 GDP 定基价格指数(1978 年为 100)调整得到;资本存量数据是用当年资产形成数据经过 GDP 定基价格指数(1978 年为 100)调整后代入资本积累方程计算得到。1978 年的资本存量数据是用 1978 年的实际资本形成数据乘以 10 得到。折旧率为 0.10。所有数据来自于 2011 年《中国统计年鉴》

一、OLS 回归与序列相关性检验

对式(7-57)进行 OLS 回归,在创建工作文件和输入实际产出、实际资本存量和劳动就业等变量(分别用 Y、K、N 表示)数据后,在 EViews 命令栏中输入"LS LOG(Y) LOG(K) LOG(N) @TREND",得到如表 7-2 的 EViews 输出结果。

表 7-2 模型式(7-57)的 OLS 回归结果

Dependent Variable:LOG(Y)
Method:Least Squares
Date:06/17/12   Time:09:00
Sample:1978 2010
Included observations:33

	Coefficient	Std. Error	t-Statistic	Prob.
LOG(K)	0.367 594	0.050 443	7.287 359	0.000 0
LOG(N)	0.442 672	0.042 939	10.309 21	0.000 0
@TREND	0.072 421	0.004 592	15.769 44	0.000 0
R-squared	0.997 635	Mean dependent var		10.009 52
Adjusted R-squared	0.997 477	S. D. dependent var		1.173 719
S. E. of regression	0.058 952	Akaike info criterion		−2.737 692
Sum squared resid	0.104 259	Schwarz criterion		−2.601 646
Log likelihood	48.171 92	Hannan-Quinn criter.		−2.691 917
Durbin-Watson stat	0.445 773			

相应的回归方程为

$$\log Y_t = 0.072\,4t + 0.367\,6\log K_t + 0.442\,7N_t \tag{7-58}$$
$$(15.769\,4) \quad (7.287\,4) \quad\quad (10.309\,2)$$
$$\bar{R}^2 = 0.997\,5 \quad DW = 0.445\,8$$

由回归方程式(7-58)可以看出,在 0.05 的显著性水平上,资本和劳动的产出弹性都是显著的。由于该回归方程没有截距项,因此不能用 DW 统计量检验随机误差项是否存在序列相关,需要用其他方法来检验序列相关性。

可以通过观察 OLS 回归残差图形来初步检验回归模型式(7-57)随机误差项的序列相关情况。图 7-2 给出了 OLS 回归残差序列的时间路径图和相邻两个残差的散点图。在模型式(7-57)OLS 回归的 EViews 输出窗口上方点击"Proc/Make Residual Series",在"Residual type"项中勾选"Ordinare",在残差序列命名中输入字母 e 来表示残差序列名,点击"OK"即可生成模型式(7-57)的 OLS 回归残差序列 e。点击打开残差序列 e,再点击"View/Graph/"确定,即可观察到回归残差序列的时间路径图。再在 EViews 命令栏中输入命令"genr elag1=e(−1)"回车后即可生成滞后一期的回归残差序列 elag1。选中 elag1 序列,再按住 Ctrl 键选中残差 e 序列,右击以组的形式打开这两个序列,再点击上方的"View/Graph/Scatter"即可观察到相邻两个残差的散点图。从图 7-2 可以初步观察到模型式(7-57)的随机误差项存在一阶正自相关。

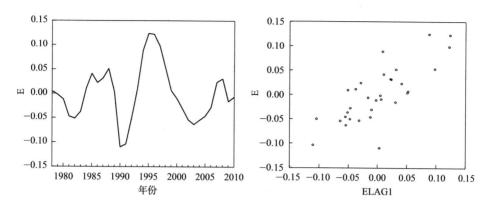

图 7-2　回归残差的路径图和相邻残差散点图

进一步对模型式(7-57)随机误差项进行序列相关 LM 检验。点击模型式(7-57)OLS 回归的 EViews 输出结果上方的"View/Residual Tests/Serial Correlation LM test",在"Lags to include"中输入数字 1,可进行一阶序列相关 LM 检验,点击"OK"后得到表 7-3 的一阶序列相关 LM 检验的 EViews 输出结果。

表 7-3　模型式(7-57)的一阶序列相关 LM 检验 Eivews 输出结果

Breusch-Godfrey Serial Correlation LM Test:

F-statistic	44.415 02	Prob. F(1,29)	0.000 0
Obs * R-squared	19.964 52	Prob. Chi-Square(1)	0.000 0

Test Equation:

Dependent Variable: RESID

Method: Least Squares

Date: 06/17/12　Time: 09:23

Sample: 1978 2010

Included observations: 33

Presample missing value lagged residuals set to zero.

	Coefficient	Std. Error	t-Statistic	Prob.
LOG(K)	−0.010 033	0.032 280	−0.310 813	0.758 2
LOG(N)	0.008 560	0.027 479	0.311 524	0.757 6
@TREND	0.000 858	0.002 939	0.291 907	0.772 4
RESID(−1)	0.778 824	0.116 862	6.664 460	0.000 0

R-squared	0.604 985	Mean dependent var	−2.73E-05
Adjusted R-squared	0.564 122	S. D. dependent var	0.057 080
S. E. of regression	0.037 685	Akaike info criterion	−3.605 919
Sum squared resid	0.041 184	Schwarz criterion	−3.424 524
Log likelihood	63.497 66	Hannan-Quinn criter.	−3.544 885
Durbin-Watson stat	0.963 282		

相应地,模型式(7-57)的随机误差一阶序列相关 LM 检验的辅助回归方程为

$$\hat{e}_t = 0.000\ 858t - 0.010\ 033\log K_t + 0.008\ 56\log N_t + 0.778\ 8e_{t-1} \qquad (7\text{-}59)$$

$$(0.291\ 9) \qquad (-0.310\ 8) \qquad (0.311\ 5) \qquad (6.664\ 5)$$

$$\bar{R}^2 = 0.564\ 1 \quad LM = 19.96$$

辅助回归方程式(7-59) 的拉格朗日乘子 LM=(33-1)×0.6049=19.35,注意在 EViews 中运行拉格朗日乘子检验时其 LM 统计量为 nR^2=19.96,而不是 $(n-p)R^2$=19.35,因为 EViews 把缺失的滞后 1 阶残差的数值都看做为 0,因此辅助回归方程中样本数与原回归模型样本数一样。由于 LM 统计量服从自由度为 p 的渐近 χ^2 分布,在给定显著性水平为 0.05 时,查自由度为 $p=1$ 的 χ^2 分布表得到临界值 $\chi^2_{0.05}(1)=3.8425$,因此 LM=19.35>3.8425,故拒绝模型式(7-57)OLS 回归残差项没有一阶序列相关的原假设。此外滞后 1 阶残差项的回归系数在统计上是显著的,因此可以判断模型式(7-57)随机误差项存在一阶序列相关性。

再对回归模型式(7-57)进行二阶和三阶序列相关 LM 检验,EViews 输出结果分别见表 7-4 和表 7-5。

表 7-4　回归模型式(7-57)的二阶序列相关 LM 检验 Eivews 输出结果

Breusch-Godfrey Serial Correlation LM Test:

| F-statistic | 51.051 40 | Prob. F(2,28) | 0.000 0 |
| Obs * R-squared | 25.897 92 | Prob. Chi-Square(2) | 0.000 0 |

Test Equation:

Dependent Variable:RESID

Method:Least Squares

Date:06/17/12　Time:09:43

Sample:1978 2010

Included observations:33

Presample missing value lagged residuals set to zero.

	Coefficient	Std. Error	t-Statistic	Prob.
LOG(K)	−0.010 543	0.024 249	−0.434 771	0.667 1
LOG(N)	0.008 930	0.020 642	0.432 597	0.668 6
@TREND	0.000 969	0.002 208	0.439 181	0.663 9
RESID(−1)	1.302 653	0.139 415	9.343 733	0.000 0
RESID(−2)	−0.674 924	0.139 546	−4.836 579	0.000 0
R-squared	0.784 786	Mean dependent var		−2.73E-05
Adjusted R-squared	0.754 041	S. D. dependent var		0.057 080
S.E. of regression	0.028 308	Akaike info criterion		−4.152 600
Sum squared resid	0.022 438	Schwarz criterion		−3.925 857
Log likelihood	73.517 91	Hannan-Quinn criter.		−4.076 308
Durbin-Watson stat	1.895 895			

表 7-5 回归模型式(7-57)的三阶序列相关 LM 检验 Eivews 输出结果

Breusch-Godfrey Serial Correlation LM Test：

F-statistic	32.905 79	Prob. F(3,27)	0.000 0
Obs * R-squared	25.912 67	Prob. Chi-Square(3)	0.000 0

Test Equation：
Dependent Variable：RESID
Method：Least Squares
Date：06/17/12 Time：09:45
Sample：1978 2010
Included observations：33
Presample missing value lagged residuals set to zero.

	Coefficient	Std. Error	t-Statistic	Prob.
LOG(K)	−0.009 585	0.024 997	−0.383 469	0.704 4
LOG(N)	0.008 106	0.021 284	0.380 867	0.706 3
@TREND	0.000 894	0.002 268	0.394 299	0.696 5
RESID(−1)	1.335 611	0.198 611	6.724 748	0.000 0
RESID(−2)	−0.738 866	0.304 827	−2.423 890	0.022 3
RESID(−3)	0.048 732	0.205 585	0.237 039	0.814 4
R-squared	0.785 232	Mean dependent var		−2.73E-05
Adjusted R-squared	0.745 461	S.D. dependent var		0.057 080
S.E. of regression	0.028 798	Akaike info criterion		−4.094 073
Sum squared resid	0.022 391	Schwarz criterion		−3.821 981
Log likelihood	73.552 21	Hannan-Quinn criter.		−4.002 523
Durbin-Watson stat	1.909 944			

相应的二阶和三阶序列相关 LM 检验的辅助回归方程分别为方程式(7-60)和式(7-61)。

$$\hat{e}_t = 0.000\,969t - 0.010\,54\log K_t + 0.008\,93\log N_t + 1.302\,7e_{t-1} - 0.674\,9e_{t-2}$$

$$(0.439\,2) \quad (-0.434\,8) \quad (0.432\,6) \quad (9.343\,7) \quad (-4.836\,6)$$

$$\tag{7-60}$$

$$\bar{R}^2 = 0.754\,9 \quad LM = 25.897\,9$$

$$\hat{e}_t = 0.000\,89t - 0.009\,6\log K_t + 0.008\,11\log N_t + 1.335\,6e_{t-1} - 0.739\,7e_{t-2} + 0.049e_{t-3}$$

$$(0.394) \quad (-0.383) \quad (0.381) \quad (6.72) \quad (-2.423) \quad (0.237)$$

$$\tag{7-61}$$

$$\bar{R}^2 = 0.745\,5 \quad LM = 25.913$$

二阶序列相关 LM 检验辅助回归方程式(7-60)中的拉格朗日乘子 LM 为 25.898，伴随概率小于 0.05 的显著性水平，因此在 5% 显著性水平上拒绝模型式(7-57)OLS 回归残差项没有二阶序列相关的原假设。此外滞后 1 阶和滞后 2 阶残差项的回归系数在统计上是显著的,因此可以判断模型式(7-57)随机误差项存在二阶序列相关性。

三阶序列相关 LM 检验辅助回归方程式(7-61)中的拉格朗日乘子 LM 为 25.913,伴随概率也小于 0.05 的显著性水平,因此在 5% 显著性水平上 LM 检验也拒绝模型式(7-57)OLS 回归残差项没有三阶序列相关的原假设。但由于滞后 3 阶残差的回归系数在统计上是不显著的,因此回归模型式(7-57)不存在随机误差三阶序列相关,结合二阶序列相关 LM 检验结果式(7-60)可知模型式(7-57)随机误差项只存在二阶序列相关。

二、运用可行的广义差分法进行随机误差序列相关的处理

由于我们已经检验到回归模型式(7-57)随机误差项存在二阶序列相关性,因此对模型式(7-57)进行 OLS 回归得到的参数估计值不是最优的。接下来我们应用可行的广义差分法来处理模型式(7-57)存在的序列相关性问题。由于是二阶序列相关,因此不好用 DW 统计量或一次差分法来估计自相关系数,我们将采用科克伦-奥克特迭代法来处理模型式(7-57)随机误差项的序列相关问题。

对原模型式(7-57)进行 2 阶广义差分后得到

$$
\begin{aligned}
\log Y_t &- \rho_1 \log Y_{t-1} - \rho_2 \log Y_{t-2} \\
&= (\gamma t - \rho_1 \gamma(t-1) - \rho_2 \gamma(t-2)) \\
&\quad + \alpha(\log K_t - \rho_1 \log K_{t-1} - \rho_2 \log K_{t-2} \\
&\quad + \beta(\log N_t - \rho_1 \log N_{t-1} - \rho_2 \log N_{t-2}) + (\mu_t - \rho_1 \mu_{t-1} - \rho_2 \mu_{t-2})
\end{aligned} \tag{7-62}
$$

在 EViews 中用科克伦-奥克特迭代法实现该广义差分模型的估计,实际上是估计式(7-62)的变体

$$
\begin{aligned}
\log Y_t &= \gamma t + \alpha \log K_t + \beta \log N_t \\
&\quad + \rho_1(\log Y_{t-1} - \gamma(t-1) - \alpha \log K_{t-1} - \beta \log N_{t-1}) \\
&\quad + \rho_2(\log Y_{t-2} - \gamma(t-2) - \alpha \log K_{t-2} - \beta \log N_{t-2}) + \varepsilon_t
\end{aligned} \tag{7-63}
$$

即

$$
\log Y_t = \gamma t + \alpha \log K_t + \beta \log N_t + \rho_1 \mu_{t-1} + \rho_2 \mu_{t-2} + \varepsilon_t \tag{7-64}
$$

由于式(7-64)中的随机干扰项现在满足 OLS 经典假设,因此可以用 OLS 法估计。在 EViews 中当选择 OLS 法估计式(7-64)时,只要同时选择 @trend、LOG(K)、LOG(N)、AR(1)、AR(2)作为解释变量就可以得到参数 γ、α、β、ρ_1、ρ_2 的估计值。其中 AR(1)、AR(2)表示随机干扰项的滞后 1 阶和滞后 2 阶自回归。在估计过程中 EViews 程序自动完成了 ρ_1、ρ_2 的科克伦-奥克特迭代估计,并在输出结果中显示总迭代次数。

接下来我们用 EViews 软件来实施式(7-64)的 2 阶广义差分的科克伦-奥克特迭代估计过程。在 EViews 窗口中点击"Quick\Estimate Equation",在打开的对话框的方程定义栏中输入(不分大小写)"LOG(Y)=C(1) * @trend+C(2) * LOG(K)+C(3) * LOG(N)+[AR(1)=C(4),AR(2)=C(5)]",或者输入"log(y) @trend log(k) log(n) ar(1) ar(2)"。在估计方法中选定"LS-Least Squares",然后点击确定就可以实现科克伦-

奥克特迭代法。也可在 EViews 命令栏中输入命令"ls log(y) @trend log(k) log(n) ar(1) ar(2)"来实现同样的结果。EViews 输出结果见表 7-6。

表 7-6　模型式(7-57)的可行的广义差分估计结果——科-奥迭代法

Dependent Variable：LOG(Y)

Method：Least Squares

Date：06/17/12　Time：11：27

Sample (adjusted)：1980 2010

Included observations：31 after adjustments

Convergence achieved after 14 iterations

	Coefficient	Std. Error	t-Statistic	Prob.
LOG(K)	0.417 471	0.094 688	4.408 917	0.000 2
LOG(N)	0.400 693	0.079 482	5.041 279	0.000 0
@TREND	0.067 828	0.009 144	7.417 712	0.000 0
AR(1)	1.315 274	0.148 526	8.855 496	0.000 0
AR(2)	−0.656 877	0.149 372	−4.397 589	0.000 2
R-squared	0.999 403	Mean dependent var		10.123 73
Adjusted R-squared	0.999 311	S.D. dependent var		1.116 675
S.E. of regression	0.029 302	Akaike info criterion		−4.075 643
Sum squared resid	0.022 324	Schwarz criterion		−3.844 355
Log likelihood	68.172 47	Hannan-Quinn criter.		−4.000 249
Durbin-Watson stat	1.814 373			
Inverted AR Roots.	66−.47i	.66+.47i		

相应的回归方程为

$$\log Y_t = 0.067\ 8t + 0.417\ 5\log K_t + 0.400\ 7\log N_t + 1.315\ 3AR(1) - 0.656\ 9AR(2)$$
$$\quad\quad (7.418)\quad\quad (4.409)\quad\quad\quad (5.043)\quad\quad\quad (8.855)\quad\quad\quad (-4.398)$$

(7-65)

$$\bar{R}^2 = 0.999\ 3\quad DW = 1.81$$

其中的 AR(1)、AR(2) 的系数即为随机干扰项的 1 阶与 2 阶序列相关系数。在 5% 的显著水平下各个变量都是统计上显著的。对式(7-67)回归结果进行一阶序列相关 LM 检验,相应的 LM 统计量值为 0.397 8,伴随概率为 0.528 2,因此回归方程式(7-65)的残差不再存在一阶序列相关,这表明用科克伦-奥克特迭代法处理后的回归模型式(7-57)不再存在序列相关性。

可以进一步验证,如果仅采用 1 阶广义差分,变换后的模型仍然存在 1 阶序列相关性;如果采用 3 阶广义差分,变换后的模型不再有自相关性,但 AR(3) 的系数的 t 值不显著,说明原模型不存在 3 阶序列相关性。

需要注意的是,上述估计中国宏观生产函数的过程仅是用来说明处理回归模型中的序列相关性问题。尽管我们检验并处理了生产函数回归中出现的 2 阶序列相关问题,但这个过程并没有告诉我们出现 2 阶序列相关性的原因是什么,此外我们没有考虑生产函数中各变量是否具有长期的稳定关系(即协整关系)。经济理论中通常假设生产函数具有规模报酬不变的性质,我们在上述估计过程中并没有检验这一假设,实际处理时也需要进行规模报酬不变假设检验。如果生产函数回归模型设定形式有误,或者生产函数中各变量不具有长期的稳定关系,对模型式(7-57)进行 OLS 回归就可能出现虚假的序列相关性问题或其他的不符合经济意义的问题。如果是虚假的序列相关问题,那处理这种序列相关问题就没有意义。因此在估计宏观生产函数时要从生产函数的规模报酬性质、生产函数回归模型设定和生产函数中各变量之间是否具有长期的稳定的关系(即协整关系)等多方面综合考虑。

➤ 本章小结

这一章我们介绍了回归模型中随机干扰项序列自相关性的概念、出现原因以及 OLS 估计的后果,然后介绍了序列相关性检验和处理的一些方法,接下来对本章内容做一小结。

1. 随机误差项序列相关性的概念

当经典线性回归模型中的随机干扰项不再是相互独立的,就出现了序列相关性或自相关问题。

2. 序列相关性出现的原因

经济中时间序列数据的惯性或黏性、回归模型遗漏重要变量或函数形式的错误、类似蛛网现象的动态模型和数据编造等方面的原因都会带来随机干扰项的序列相关性问题。

3. 序列相关性的后果

尽管在序列相关性出现时 OLS 参数估计量仍然是无偏的和一致的,但不再是有效的,因为随机干扰项的 OLS 估计的方差不再是无偏的。结果常用的回归拟合优度、变量显著性 t、参数置信区间和方程 F 检验都不能有效地应用,回归模型的预测功能也失效。由于序列相关时 OLS 估计的这些不良后果,所以需要有补救措施。

4. 序列相关性的检验

检验序列相关性的方法有多种,如冯诺曼比检验法、回归检验法、DW 检验法、LM 检验法等。这些检验方法的共同思路是:首先采用普通最小二乘法估计模型,以得到随机干扰项的近似估计量 e_t,然后通过 e_t 检验序列相关性。我们介绍了图示检验、回归检验、DW 检验和 LM 检验等方法,这些方法各有其特点。

5. 序列相关性的补救

如果检验到回归模型出现序列相关性,就要采取补救措施。类似于处理异方差的情况,在大样本下我们也可以用与自相关相一致的 OLS 回归残差的方差-协方差矩阵来处理随机误差项的自相关情况,这样 OLS 估计也仍然是有效的,只是我们需要报告自相关稳健标准差和相应的统计量,其处理方法完全类似于异方差稳健推断。但一般情况下,通常采用广义最小二乘法和广义差分法来处理具有序列相关性的回归模型,在广义差分方法中补上丢失的滞后观测值后,广义最小二乘法和广义差分法估计结果是一样的。对于简单的完全一阶自相关的回归模型,我们可以对原模型用一次差分后再进行 OLS 估计;对于不是完全自相关的一阶序列相关模型,我们可以用 DW 统计量来估计自相关系数,然后再进行广义差分估计。对于复杂的序列自相关模型,广义最小二乘法和广义差分法依赖原模型的随机干扰项的方差-协方差结构。如果我们知道序列自相关系数和自相关结构,就可以直接用广义最小二乘法和广义差分方法来估计具有序列相关的模型,这样得到的参数估计量具有 BLUE 性质。如果我们不知道序列自相关系数和自相关结构,那么在假定自相关结构后,可以利用原模型 OLS 回归得到的残差来估计自回归系数,然后再对模型进行广义差分估计,这就是可行的广义差分法。这样得到的参数估计量尽管不是完全有效的,但是渐近有效的。在计算机程序中可以用科克伦-奥克特迭代法和杜宾两步法来实现可行的广义差分估计。

▶ 思考与练习

1. 判断下列说法的正误,并说明理由。

(1) 当自相关出现时,OLS 估计量是有偏误的和非有效的。

(2) DW 检验假定随机干扰项的方差具有同方差性。

(3) 用一阶差分变化消除自相关是假定自相关系数为 -1。

(4) 如果一个是一阶差分形式的回归,而另一个是水平形式的回归,那么这两个模型的拟合优度是不可直接比较的。

(5) DW 显著不一定意味着一阶自相关。

(6) 在自相关出现时,通常计算的预测值的方差和标准差就不是有效的。

(7) 把一个或多个重要的变量从回归模型中排除出去可能导致一个显著的 DW 值。

(8) 在一阶自回归模型中,假设 $\rho=1$ 即可通过贝伦布鲁特-韦布 g 统计量,也可通过 DW 统计量来检验。

(9) 在 Y 的一次差分对 X 的一次差分的回归中有一常数项和一线性趋势项,就意味着在原始模型中有一个线性和一个二次趋势项。

2. 元回归模型

$$Y_t = \beta_0 + \beta_1 X_t + \mu_t$$

(1) 假如其他基本假设全部满足,但 $\text{cov}(\mu_t, \mu_{t+j}) \neq 0$,试证明,$\beta_1$ 的 OLS 估计仍然是无偏的。

(2) 解释变量 X 存在自相关,且随机干扰项也存在如下一阶序列相关:

$$\mu_t = \rho \mu_{t-1} + \varepsilon_t$$

试证明 β_1 的 OLS 估计方差为

$$\text{var}(\hat{\beta}_1)_{AR_1} = \frac{\sigma^2}{\sum x_t^2} + \frac{2\sigma^2}{\sum x_t^2}\left[\rho \frac{\sum_{t=1}^{n-1} x_t x_{t+1}}{\sum_{t=1}^{n} x_t^2} + \rho^2 \frac{\sum_{t=1}^{n-2} x_t x_{t+2}}{\sum_{t=1}^{n} x_t^2} + \cdots + \rho^{n-1} \frac{x_t x_n}{\sum_{t=1}^{n} x_t^2}\right]$$

并就 $\rho>0$ 与 $\rho<0$,X_t 存在正序列相关或负序列相关时与模型满足所有基本假定下的 OLS 估计方差 $\text{var}(\hat{\beta}_1) = \frac{\sigma^2}{\sum x_t^2}$ 的大小进行比较。

3. 在研究劳动收入占产业增加值的份额随时间而变化的问题时,古扎拉蒂考虑了如下模型:

模型 A $\quad Y_t = \beta_0 + \beta_1 t + \mu_t$

模型 B $\quad Y_t = \alpha_0 + \alpha_1 t + \alpha_2 t^2 + \mu_t$

其中,Y 是劳动份额,t 是时间。根据 1949~1964 年数据,对初级金属工业的数据进行回归得到如下结果:

模型 A $\quad \hat{Y}_t=0.452\,9-0.004\,1t$

$\qquad t$ 值 $\qquad (-3.960\,8)$

$\qquad R^2=0.528\,4,\quad DW=0.825\,2$

模型 B $\quad \hat{Y}_t=0.478\,6-0.012\,7t+0.000\,5t^2$

$\qquad t$ 值 $\qquad (-3.272\,4)(2.777\,7)$

$\qquad R^2=0.662\,9,\quad DW=1.82$

(1) 模型 A 中有没有序列相关? 模型 B 呢?

(2) 怎样说明序列相关?

(3) 你会怎样区分"纯粹"自相关和模型设定偏误?

4. 假设 Y 为内生变量,X 为外生变量,以下各组方程中哪些方程可以用 DW 检验方法来检验一阶自相关?

(1) $Y_t=\alpha_1 X_t+\mu_t$;

(2) $Y_t=\alpha_1 X_t+\beta_1 X_{t-1}+\mu_t$;

(3) $Y_t=\beta_1 X_{t-1}+\mu_t$;

(4) $Y_t=\alpha_1 X_{t-1}+\beta_1 X_{t-1}+\mu_t$;

(5) $Y_t=\alpha_0+\alpha_1 X_t+\beta_1 X_{t-1}+\mu_t$。

5. 考虑下面的中国商品进口回归模型:

$$M_t=\beta_0+\beta_1 GDP_t+\mu_t$$

其中,M_t 为 t 年中国商品进口总额;GDP_t 为 t 年国内生产总值。表 7-7 是估计模型所用的,请用图示检验、回归检验、DW 检验、LM 检验等方法检验回归模型是否存在序列相关。若存在序列相关,自相关阶数是多少? 并设法消除自相关。

表 7-7 商品进口和国内生产总值数据 单位:亿元

年份	国内生产总值	商品进口	年份	国内生产总值	商品进口
1978	3 624.1	108.9	1990	18 547.9	533.5
1979	4 038.2	156.7	1991	21 617.8	637.9
1980	4 517.8	200.2	1992	26 638.1	805.9
1981	4 862.4	220.2	1993	34 634.4	1 039.6
1982	5 294.7	192.9	1994	46 759.4	1 156.1
1983	5 934.5	213.9	1995	58 478.1	1 320.8
1984	7 171	274.1	1996	67 884.6	1 388.3
1985	8 964.4	422.5	1997	74 462.6	1 423.7
1986	10 202.2	429.1	1998	78 345.2	1 402.4
1987	11 962.5	432.1	1999	82 067.46	1 657
1988	14 928.3	552.7	2000	89 442.2	2 250.9
1989	16 909.2	591.4	2001	95 933.3	2 436.1

第八章

虚拟变量模型

学习目的:了解虚拟变量、虚拟变量模型的概念,掌握虚拟变量设置的原则和引入模型的方法。

基本要求:认识到虚拟变量是建立计量经济学模型经常会遇到的问题,了解虚拟变量、虚拟变量模型的概念,掌握虚拟变量设置的原则、虚拟变量模型的建模方法及应用。

在前面几章中,本书主要介绍了经典线性回归模型及其在若干基本假定下的估计问题,并分析了一个或多个假定不满足时所产生的后果及其可能的改进措施。然而上述方法还不能解决经济生活中遇到的全部问题。例如,如何考察某一突发事件、性别、季节、受教育程度等对经济行为的影响。这需要建立专门的模型来进行研究。本章将主要介绍经典单方程计量经济学模型中引入虚拟变量的问题。

■ 第一节　虚拟变量

一、虚拟变量的定义及特点

许多经济变量是可以定量度量的或者说是可以直接观测的,如商品需求量、价格、收入、产量等,但是也有一些影响经济变量的因素无法定量度量或者说无法直接观测,例如,职业、性别对收入的影响,战争、自然灾害对 GDP 的影响,季节对某些产品(如冷饮)销售的影响等。为了能够在模型中反映这些因素的影响,并提高模型的精度,需要将它们人为地"量化",这种"量化"通常是通过引入"虚拟变量"来完成的。这种用两个相异数字来表示对被解释变量有重要影响而自身又没有观测数值的一类变量,称为虚拟变量(dummy variable)。虚拟变量也称为哑变量或定性变量。

虚拟变量的特点是:

(1) 虚拟变量是对经济变化有重要影响的不可测变量。

(2) 虚拟变量是赋值变量,一般根据这些因素的属性类型,构造只取"0"或"1"的人工变量,通常称为虚拟变量,记为 D。这是为了便于计算而把定性因素这样数量化的,所以虚拟变量的数值只表示变量的性质而不表示变量的数值。举例如下。

表示性别的虚拟变量可取为

$$D_1 = \begin{cases} 1, 男性 \\ 0, 女性 \end{cases}$$

表示文化程度的虚拟变量可取为

$$D_2 = \begin{cases} 1, 本科及以上学历 \\ 0, 本科以下学历 \end{cases}$$

表示地区的虚拟变量可取为

$$D_3 = \begin{cases} 1, 城市 \\ 0, 农村 \end{cases}$$

表示消费心理的虚拟变量可取为

$$D_4 = \begin{cases} 1, 喜欢某种商品 \\ 0, 不喜欢某种商品 \end{cases}$$

表示天气变化的虚拟变量可取为

$$D_5 = \begin{cases} 1, 晴天 \\ 0, 阴雨天 \end{cases}$$

......

一般地,在虚拟变量的设置中,基础类型和肯定类型取值为 1,比较类型和否定类型取值为 0。

二、虚拟变量模型

我们把同时含有一般解释变量与虚拟变量的模型称为虚拟变量模型。在模型中,虚拟变量既可作为解释变量,也可作为被解释变量,但主要是用做解释变量。一个以性别为虚拟变量来考察职工薪金的模型如下:

$$Y_i = \beta_0 + \beta_1 X_i + \beta_2 D_i + \mu_i \tag{8-1}$$

其中,Y_i 为职工的薪金;X_i 为职工工龄;$D_i = 1$ 代表男性,$D_i = 0$ 代表女性。

虚拟变量模型和其他计量经济学模型一样,可以用普通最小二乘法估计参数。但是虚拟变量对模型的影响表示在坐标图上是截距或斜率的变化。

三、虚拟变量的引入

虚拟变量作为解释变量引入模型有两种基本方式:加法方式和乘法方式。

1. 加法方式

上述职工薪金模型式(8-1)中性别虚拟变量的引入就采取了加法方式,即模型式(8-1)中将虚拟变量以相加的形式引入模型。在该模型中,如果仍假定 $E(\mu_i)=0$,则女职工的平均薪金为

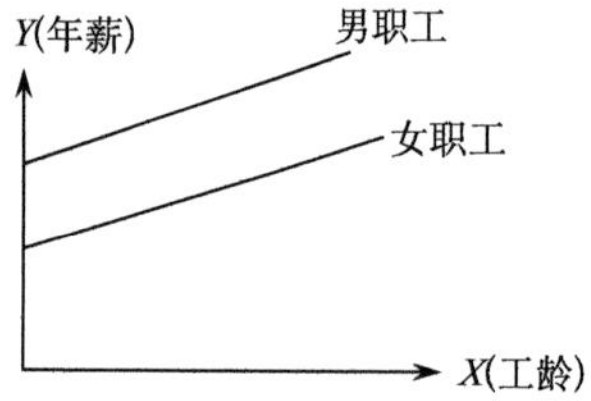

$$E(Y_i \mid X_i, D_i = 0) = \beta_0 + \beta_1 X_i$$

男职工的平均薪金为

$$E(Y_i \mid X_i, D_i = 1) = (\beta_0 + \beta_2) + \beta_1 X_i$$

从几何意义上看(图8-1),假定 $\beta_2 > 0$,则两个函数有相同的斜率,但有不同的截距。这意味着,男女职工平均薪金对工龄的变化率是一样的,但两者的平均薪金水平相差 β_2。可以通过传统的回归检验,对 β_2 的统计显著性进行检验,以判断男女职工的平均薪金水平是否有显著差异。

又如,在截面数据基础上,考虑个人保健支出对个人收入和教育水平的回归。教育水平考虑三个层次:高中以下、高中、大学及其以上,这时需要引入两个虚拟变量:

$$D_1 = \begin{cases} 1, & \text{高中} \\ 0, & \text{其他} \end{cases}$$

$$D_2 = \begin{cases} 1, & \text{大学及其以上} \\ 0, & \text{其他} \end{cases}$$

模型可设定如下:

$$Y_i = \beta_0 + \beta_1 X_i + \beta_2 D_{1i} + \beta_3 D_{2i} + \mu_i \tag{8-2}$$

在 $E(\mu_i)=0$ 的初始假定下,容易得到高中以下、高中、大学及其以上教育水平个人平均保健支出的函数。

高中以下:

$$E(Y_i \mid X_i, D_{1i} = 0, D_{2i} = 0) = \beta_0 + \beta_1 X_i$$

高中:

$$E(Y_i \mid X_i, D_{1i} = 1, D_{2i} = 0) = (\beta_0 + \beta_2) + \beta_1 X_i$$

大学及其以上:

$$E(Y_i \mid X_i, D_{1i} = 0, D_{2i} = 1) = (\beta_0 + \beta_3) + \beta_1 X_i$$

假定 $\beta_3 > \beta_2 > 0$,且 $\beta_0 > 0$,则其几何意义如图8-2所示。

还可将多个虚拟变量引入模型中以考察多种"定性"因素的影响。例如,在职工薪金模型式(8-1)的例子中,再引入学历的虚拟变量

$$D_2 = \begin{cases} 1, & \text{本科及以上学历} \\ 0, & \text{本科以下学历} \end{cases}$$

则职工薪金的回归模型可设计为

图 8-1 男女职工平均薪金示意图

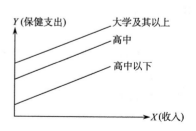

图 8-2 不同教育程度人员保健支出示意图

$$Y_i = \beta_0 + \beta_1 X_i + \beta_2 D_i + \beta_3 D_{2i} + \mu_i \tag{8-3}$$

于是,不同性别、不同学历职工的平均薪金分别由下面各式给出。

女职工本科以下学历的平均薪金:

$$E(Y_i \mid X_i, D_i = 0, D_{2i} = 0) = \beta_0 + \beta_1 X_i$$

男职工本科以下学历的平均薪金:

$$E(Y_i \mid X_i, D_i = 1, D_{2i} = 0) = (\beta_0 + \beta_2) + \beta_1 X_i$$

女职工本科以上学历的平均薪金:

$$E(Y_i \mid X_i, D_i = 0, D_{2i} = 1) = (\beta_0 + \beta_3) + \beta_1 X_i$$

男职工本科以上学历的平均薪金:

$$E(Y_i \mid X_i, D_i = 1, D_{2i} = 1) = (\beta_0 + \beta_2 + \beta_3) + \beta_1 X_i$$

可以看出,这种用加法方式引入虚拟变量的模型,表示定性变量不同类别对经济变化的影响表现在其截距不同。

2. 乘法方式

加法方式引入虚拟变量,可以考察回归线截距的不同,而在许多情况下,往往是斜率有变化或斜率、截距同时发生变化。斜率的变化可通过乘法的方式引入虚拟变量来测度。

例如,根据消费理论,消费水平 C 主要取决于收入水平 X。但在一个较长的时期,人们的消费倾向会发生变化,尤其是在自然灾害、战争等反常年份,消费倾向往往出现变化。这种消费倾向的变化可通过在收入的系数中引入虚拟变量来考察。设

$$D_t = \begin{cases} 1, \text{正常年份} \\ 0, \text{反常年份} \end{cases}$$

则可建立如下消费模型:

$$C_t = \beta_0 + \beta_1 X_t + \beta_2 D_t X_t + \mu_t \tag{8-4}$$

其中,虚拟变量 D_t 以与 X_t 相乘的方式被引入模型,从而可用来考察消费倾向的变化。在 $E(\mu_t) = 0$ 的假定下,上述模型所表示的函数可化为

正常年份:

$$E(C_t \mid X_t, D_t = 1) = \beta_0 + (\beta_1 + \beta_2) X_t$$

反常年份:

$$E(C_t \mid X_t, D_t = 0) = \beta_0 + \beta_1 X_t$$

假定 $\beta_2 > 0$,则其几何图形如图 8-3 所示。

容易看出,如果在模型中同时使用加法和乘法两种方式引入虚拟变量,则回归线的截距和斜率都会改变。例如,对于改革开放前后储蓄-收入模型,可设定为

$$Y_t = \alpha_0 + \alpha_1 D_t + \beta_1 X_t + \beta_2 (D_t X_t) + \mu_t \tag{8-5}$$

其中,Y 为储蓄;X 为收入;D_t 为虚拟变量。且有

$$D_t = \begin{cases} 1, \text{改革开放以后} \\ 0, \text{改革开放以前} \end{cases}$$

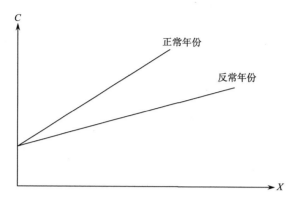

图 8-3　不同年份消费倾向示意图

显然,在式(8-5)中,同时使用加法和乘法两种方式引入了虚拟变量。在 $E(\mu_t)=0$ 的假定下,上述模型所表示的函数可化为

改革开放以前:$E(Y_t \mid X_t, D_t=0)=\alpha_0+\beta_1 X_t$

改革开放以后:$E(Y_t \mid X_t, D_t=1)=(\alpha_0+\alpha_1)+(\beta_1+\beta_2)X_t$

假定 $\alpha_1>0$ 且 $\beta_2>0$,则其几何图形如图 8-4 所示。

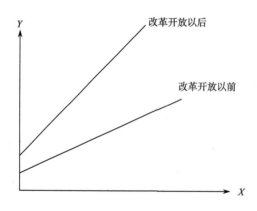

图 8-4　改革开放前后储蓄函数示意图

3. 临界指标的虚拟变量的引入

在经济发生转折时,可通过建立临界指标的虚拟变量模型来反映。例如,进口消费品数量 Y 主要取决于国民收入 X 的多少。中国在改革开放前后,Y 对 X 的回归关系明显不同。这时,可以 $t^*=1979$ 为转折期,以 1979 年的国民收入 X_t^* 为临界值,设如下虚拟变量:

$$D_t = \begin{cases} 1, t \geqslant t^* \\ 0, t < t^* \end{cases}$$

则进口消费品的回归模型可建立如下:

$$Y_t = \beta_0 + \beta_1 X_t + \beta_2 (X_t - X_t^*) D_t + \mu_t \tag{8-6}$$

如果用 OLS 法得到该模型的回归方程为

$$\hat{Y}_t = \hat{\beta}_0 + \hat{\beta}_1 X_t + \hat{\beta}_2 (X_t - X_t^*) D_t \tag{8-7}$$

则两个时期进口消费品函数分别为

当 $t < t^* = 1979$ 时

$$\hat{Y}_t = \hat{\beta}_0 + \hat{\beta}_1 X_t$$

当 $t \geqslant t^* = 1979$ 时

$$\hat{Y}_t = (\hat{\beta}_0 - \hat{\beta}_2 X_t^*) + (\hat{\beta}_1 + \hat{\beta}_2) X_t$$

其几何图形如图 8-5 所示。

4. 数值变量作为虚拟变量引入

有些变量虽然是数量变量，即可以获得实际观测值，但在某些特定情况下把它选取为虚拟变量则是方便的，以虚拟变量引入计量经济学模型更加合理。比如，年龄因素虽然可以用数字计量，但如果将年龄作为资料分组的特征，则可将年龄选作虚拟变量。

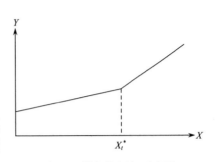

图 8-5　转折期回归示意图

例如，家庭教育经费支出不仅取决于其收入，而且与年龄因素有关。这是因为家庭中如果有适龄（6~22 岁）的成员，则家庭教育经费支出较多。因此可按年龄划分为三个年龄组：6~18 岁年龄组（中小学教育）；19~22 岁年龄组（大学教育）；其他年龄组。于是设定虚拟变量

$$D_1 = \begin{cases} 1, & 6 \sim 18 \text{ 岁年龄组} \\ 0, & \text{其他} \end{cases}$$

$$D_2 = \begin{cases} 1, & 19 \sim 22 \text{ 岁年龄组} \\ 0, & \text{其他} \end{cases}$$

则家庭教育经费支出模型可设定为

$$Y_i = \beta_0 + \beta_1 X_i + \beta_2 D_{1i} + \beta_3 D_{2i} + \mu_i \tag{8-8}$$

其中，Y_i 为第 i 个家庭的教育经费支出；X_i 为第 i 个家庭的收入；虚拟变量 D_{1i}、D_{2i} 分别为第 i 家庭中是否有 6~18 岁和 19~22 岁的成员。

5. 虚拟变量交互效应分析

当分析解释变量对变量的影响时，大多数情形只是分析了解释变量自身变动对被解释变量的影响作用，而没有深入分析解释变量间的相互作用对被解释变量影响。前面讨论的分析两个定性变量对被解释变量影响的虚拟变量模型中，暗含着一个假定：两个定性变量是分别独立地影响被解释变量的。但是在实际经济活动中，两个定性变量对被解释变量的影响可能存在一定的交互作用，即一个解释变量的边际效应有时可能要依赖于另一个解释变量。为描述这种交互作用，可以把两个虚拟变量的乘积以加法形式引入模型。

考虑下列模型：

$$Y_i = \alpha_0 + \alpha_1 D_{1i} + \alpha_2 D_{2i} + \beta X_i + \mu_i \tag{8-9}$$

其中，Y_i 为农副产品生产总收益；X_i 为农副产品生产投入；D_{1i} 为油菜籽生产虚拟变量；D_{2i} 为养蜂生产虚拟变量。这里

$$D_{1i} = \begin{cases} 1, 发展油菜籽生产 \\ 0, 其他 \end{cases}, \qquad D_{2i} = \begin{cases} 1, 发展养蜂生产 \\ 0, 其他 \end{cases}$$

显然,式(8-9)描述了是否发展油菜籽生产与是否发展养蜂生产的差异对农副产品总收益的影响。虚拟解释变量 D_{1i} 和 D_{2i} 是以加法形式引入的,那么暗含着假定:油菜籽生产和养蜂生产是分别独立地影响农副产品生产总收益。但是,在发展油菜籽生产时,同时也发展养蜂生产,发展油菜籽生产所取得的农副产品生产总收益可能会高于不发展养蜂生产的情况,即在是否发展油菜籽生产与养蜂生产的虚拟变量 D_{1i} 和 D_{2i} 之间,很可能存在着一定的交互作用,且这种交互影响对被解释变量——农副产品生产总收益会有影响。

为描述虚拟变量交互作用对被解释变量的效应,在式(8-9)中以加法形式引入两个虚拟解释变量的乘积,即

$$Y_i = \alpha_0 + \alpha_1 D_{1i} + \alpha_2 D_{2i} + \alpha_3 (D_{1i} D_{2i}) + \beta X_i + \mu_i \tag{8-10}$$

(1)不发展油菜籽生产,也不发展养蜂生产时农副产品生产平均总收益

$$E(Y_i \mid X_i, D_1 = 0, D_2 = 0) = \alpha_0 + \beta X_i \tag{8-11}$$

(2)同时发展油菜籽生产和养蜂生产时,农副产品生产平均总收益

$$E(Y_i \mid X_i, D_1 = 1, D_2 = 1) = \alpha_0 + \alpha_1 + \alpha_2 + \alpha_3 + \beta X_i \tag{8-12}$$

其中,α_1 为是否发展油菜籽生产对农副产品生产总收益的截距差异系数;α_2 为是否发展养蜂生产对农副产品生产总收益的截距差异系数;α_3 为同时发展油菜籽生产和养蜂生产时对农副产品生产总收益的交互效应系数。$\alpha_0 \sim \alpha_3$ 组成截距水平。

关于交互效应是否存在,可借助于交互效应虚拟解释变量系数的显著性检验来加以判断。如果 t 检验表明交互效应 $D_{1i} D_{2i}$ 在统计意义上显著时,说明交互效应对 Y_i 存在显著影响。

四、虚拟变量的设置原则

虚拟变量的个数须按以下原则确定:每一定性变量所需的虚拟变量个数要比该定性变量的类别数少 1,即如果定性变量有 m 个类别,则只在模型中引入 $m-1$ 个虚拟变量。

例如,已知冷饮的销售量 Y 除受 k 个定量变量 X_i 的影响外,还受一个定性变量季节,即春、夏、秋、冬四季变化的影响。要考察该四季的影响,只需引入三个虚拟变量

$$D_{1t} = \begin{cases} 1, 春季 \\ 0, 其他 \end{cases}$$

$$D_{2t} = \begin{cases} 1, 夏季 \\ 0, 其他 \end{cases}$$

$$D_{3t} = \begin{cases} 1, 秋季 \\ 0, 其他 \end{cases}$$

则冷饮销售量的模型为

$$Y_t = \beta_0 + \beta_1 X_{1t} + \cdots + \beta_k X_{kt} + \alpha_1 D_{1t} + \alpha_2 D_{2t} + \alpha_3 D_{3t} + \mu_t \tag{8-13}$$

在上述模型中，若再引入第四个虚拟变量

$$D_{4t} = \begin{cases} 1, & 冬季 \\ 0, & 其他 \end{cases}$$

则冷饮销售模型变为

$$Y_t = \beta_0 + \beta_1 X_{1t} + \cdots + \beta_k X_{kt} + \alpha_1 D_{1t} + \alpha_2 D_{2t} + \alpha_3 D_{3t} + \alpha_4 D_{4t} + \mu_t \tag{8-14}$$

其矩阵形式为

$$\boldsymbol{Y} = (\boldsymbol{X} \quad \boldsymbol{D})(\boldsymbol{\beta} \quad \boldsymbol{\alpha})' + \boldsymbol{\mu} \tag{8-15}$$

如果只取六个观测值，其中，春季与夏季取了两次，秋、冬各取到一次观测值，则其中

$$(\boldsymbol{X} \quad \boldsymbol{D}) = \begin{bmatrix} 1 & X_{11} & \cdots & X_{k1} & 1 & 0 & 0 & 0 \\ 1 & X_{12} & \cdots & X_{k2} & 0 & 1 & 0 & 0 \\ 1 & X_{13} & \cdots & X_{k3} & 0 & 0 & 1 & 0 \\ 1 & X_{14} & \cdots & X_{k4} & 0 & 0 & 0 & 1 \\ 1 & X_{15} & \cdots & X_{k5} & 1 & 0 & 0 & 0 \\ 1 & X_{16} & \cdots & X_{k6} & 0 & 1 & 0 & 0 \end{bmatrix}$$

显然，$(\boldsymbol{X} \quad \boldsymbol{D})$ 中的第 1 列可表示成后 4 列的线性组合，从而 $(\boldsymbol{X} \quad \boldsymbol{D})$ 不是满秩的，模型式 (8-14) 参数无法唯一求出。这就是所谓的"虚拟变量陷阱"，应该避免这种情况发生。

第二节　虚拟被解释变量

在计量经济学模型中，虚拟变量除了可以作为解释变量外，还可以作为被解释变量。当虚拟变量作为被解释变量时，其作用是对某一经济现象或活动进行"是"与"否"的判断或决策。例如，研究是否购买商品住房、是否参加人寿或财产保险、是否能按期偿还贷款、新产品在市场上是否畅销、对某一改革措施所持的态度等。又如，假定我们要从一个截面样本度量汽车所有权的决定因素。某些人有汽车，而其他人没有。假定这种所有权函数的决定因素是收入和职业，则可设定模型为

$$D_{1i} = \beta_0 + \beta_1 X_i + \beta_2 D_{2i} + \mu_i \tag{8-16}$$

其中，X_i 为收入。

$$D_{1i} = \begin{cases} 1, & 第\ i\ 人是有车者 \\ 0, & 第\ i\ 人是无车者 \end{cases}$$

$$D_{2i} = \begin{cases} 1, & 第\ i\ 人是白领职业 \\ 0, & 其他 \end{cases}$$

显然，这个模型中被解释变量是一个虚拟变量。这些问题的特征是被研究的对象（即被解释变量）在受到多种因素影响时，其取值只有两种状态："是"与"否"。这在计量经济

学中被称为"二元型响应"现象,这种现象常在市场研究或社会问题研究中遇到。如何处理二元型响应被解释变量模型的估计、推断问题,是本节要解决的问题。

一、线性概率模型(LPM)

1. 线性概率模型的定义

假设住户是否购买商品房的决定主要依赖于其收入水平。那么考虑下列模型:

$$Y_i = \beta_0 + \beta_1 X_i + \mu_i \tag{8-17}$$

其中,X_i 为住户的收入;Y_i 为一虚拟变量,表示住户购买商品住房的情况,则

$$Y_i = \begin{cases} 1, \text{已购买商品住房} \\ 0, \text{未购买商品住房} \end{cases}$$

现在的问题是:我们前面讨论的回归分析主要是研究 $E(Y_i|X_i) = \beta_0 + \beta_1 X_i$ 的问题,即研究条件均值轨迹的问题,而在上述模型中,被解释变量是某种属性发生与否的状况,怎样把某种属性发生与否的问题同条件均值的轨迹研究联系起来? 当然,在计量经济学中,研究被解释变量某种属性发生与否,通常是研究这种属性发生与否的概率。也就是说,上述问题可表述为,怎样把被解释变量某种属性发生与否的概率问题同条件均值的轨迹研究联系起来? 另外,若概率问题与条件均值轨迹能够联系起来的话,那么,我们所讨论的线性回归分析会出现什么问题?

由于 $E(\mu_i) = 0$,由式(8-17),有

$$E(Y_i \mid X_i) = \beta_0 + \beta_1 X_i \tag{8-18}$$

另外,设 Y 有下列分布

$$P(Y_i = 1) = p_i, P(Y_i = 0) = 1 - p_i$$

根据数学期望的定义

$$E(Y_i) = 0 \times (1 - p_i) + 1 \times p_i = p_i \tag{8-19}$$

注意到事件 $Y=1$ 是在给定收入 X 的条件下发生的,因此 $E(Y_i) = E(Y_i|X_i)$,于是有

$$E(Y_i \mid X_i) = \beta_0 + \beta_1 X_i = p_i \tag{8-20}$$

表明购买商品用房的概率是收入的线性函数。像式(8-17)那样,以虚拟变量作为被解释变量的模型的条件期望实际上等于随机变量 Y_i 取值为 1 的条件概率。即当住户的收入水平为 X 时,其购买商品住房的概率可表示成 X 的线性函数,故式(8-17)也被称为线性概率模型(LPM)。显然,只要得到式(8-17)中 β_0 和 β_1 的估计量后,就可以估计出不同收入水平住户购买商品住房的概率。

由于 $E(Y_i|X_i) = \beta_0 + \beta_1 X_i = p_i \in [0,1]$,故在估计式(8-20)时必须满足约束条件

$$0 \leqslant E(Y_i \mid X_i) \leqslant 1 \tag{8-21}$$

2. 线性概率模型的估计

从形式上看,式(8-17)与普通的线性计量经济模型相似,是否能够运用 OLS 法直接对其进行估计呢? 答案是否定的。因为直接采用 OLS 法对式(8-17)那样的模型进行估计,将会遇到一些特殊的问题,使得估计结果失去了合理的经济解释,因而需要寻求相应

的处理方法。

1) 随机扰动项 μ_i 的非正态性

在线性概率模型中，因为

$$\mu_i = Y_i - \beta_0 - \beta_1 X_i = \begin{cases} 1 - \beta_0 - \beta_1 X_i, \text{当 } Y_i = 1 \text{ 时} \\ -\beta_0 - \beta_1 X_i, \text{当 } Y_i = 0 \text{ 时} \end{cases}$$

显然，关于 μ_i 的正态性假设不再成立。

线性概率模型中的随机扰动项 μ_i 不服从正态分布，对参数的估计并不产生影响，OLS 法本身并不要求随机扰动项 μ_i 具备正态性，此时参数的 OLS 法估计仍是最佳无偏估计量。但对参数的假设检验和区间估计要求随机扰动项 μ_i 服从正态分布。不过，随着样本容量的无限增大，根据中心极限定理，OLS 法估计量的概率分布将会趋近于正态分布。因此，大样本条件下线性概率模型的统计推断，也可以按正态性假设条件下 OLS 法的统计推断方式进行。这就是说，直接运用 OLS 法对线性概率模型进行估计，对参数的估计不会产生太大影响。

2) 随机扰动项 μ_i 的异方差性

根据 Y_i 的概率分布，有 $Y_i = 1$ 时，$P(\mu_i = 1 - \beta_0 - \beta_1 X_i) = p_i$；$Y_i = 0$ 时，$P(\mu_i = -\beta_0 - \beta_1 X_i) = 1 - p_i$，根据方差的定义得

$$\begin{aligned}
\mathrm{var}(\mu_i) &= E[\mu_i - E(\mu_i)]^2 = E(\mu_i^2) \\
&= (1 - \beta_0 - \beta_1 X_i)^2 p_i + (-\beta_0 - \beta_1 X_i)^2 (1 - p_i) \\
&= (1 - \beta_0 - \beta_1 X_i)^2 (\beta_0 + \beta_1 X_i) \\
&\quad + (-\beta_0 - \beta_1 X_i)^2 (1 - \beta_0 - \beta_1 X_i) \\
&= (\beta_0 + \beta_1 X_i)(1 - \beta_0 - \beta_1 X_i) \\
&= p_i (1 - p_i)
\end{aligned} \tag{8-22}$$

这里利用了式(8-20)。式(8-22)表明，当 μ_i 满足 $E(\mu_i) = 0$ 和 $E(\mu_i \mu_j) = 0 (i \neq j)$ 时，μ_i 是异方差的。这时利用 OLS 法所得的 LPM 的估计量不再具有最小方差的特性，且各参数估计量的标准差也不可信。也就是说，LPM 参数的 OLS 法估计量虽仍为线性无偏估计量，但不是最佳估计量。

为了消除异方差性的影响，可利用第六章中有关修正异方差的方法。例如，可用加权最小二乘法（WLS）修正异方差。

根据前面的讨论，已知 LPM 中 μ_i 的方差是 Y_i 条件期望的函数，故选择权重 ω_i 的一种方法为

$$\sqrt{\omega_i} = \sqrt{E(Y_i \mid X_i)[1 - E(Y_i \mid X_i)]} = \sqrt{p_i(1 - p_i)} \tag{8-23}$$

对式(8-17)做变换，有

$$\frac{Y_i}{\sqrt{\omega_i}} = \frac{\beta_0}{\sqrt{\omega_i}} + \beta_1 \frac{X_i}{\sqrt{\omega_i}} + \frac{\mu_i}{\sqrt{\omega_i}} \tag{8-24}$$

式(8-24)中权重 ω_i 是未知的，随机扰动项 $\mu_i / \sqrt{\omega_i}$ 也是未知的，在实践中为了估计 ω_i，进而估计 LPM 模型，可采取以下步骤。

第一步，不考虑异方差，用 OLS 法估计原模型式(8-17)，计算 $\hat{Y}_i = \hat{\beta}_0 + \hat{\beta}_1 X_i$ 作为 $E(Y_i \mid X_i) = \beta_0 + \beta_1 X_i = p_i$ 的估计值 $\hat{p}_i$，取 $\hat{\omega}_i = \hat{Y}_i (1 - \hat{Y}_i) = \hat{p}_i (1 - \hat{p})_i$ 作为 ω_i 的估计值。

第二步，用 $\hat{\omega}_i$ 按照式(8-24)对观察数据进行变换，再用 OLS 法估计变换后的模型参数，得 LPM 的参数，从而消除异方差。

3）不满足 $0 \leqslant E(Y_i \mid X_i) \leqslant 1$ 的约束

在线性概率模型中，$E(Y_i \mid X_i)$ 表示在给定 X 的条件下，事件 Y 发生的概率。从理论上，$E(Y_i \mid X_i)$ 的取值范围必须为 $0 \sim 1$，然而在实证分析中，$E(Y_i \mid X_i)$ 的估计量 $\hat{Y}_i$ 并不一定在 0 和 1 之间，即 $\hat{Y}_i$ 的值可能大于 1，也可能小于 0，这是用 LPM 的 OLS 法估计存在的实际问题。解决这一问题的一类方法是：当 $\hat{Y}_i > 1$ 时，就认定 $\hat{Y}_i = 1$；当 $\hat{Y}_i < 0$ 时，就认定 $\hat{Y}_i = 0$。这是人为地把大概率事件当做必然事件，把小概率事件当做不可能事件。另一类方法是：选择对数单位模型或 Probit 模型等能够保证满足 $0 \leqslant E(Y_i \mid X_i) \leqslant 1$ 约束的非线性模型。

3. 非线性概率模型

应当指出的是，虽然我们可以采用 WLS 解决异方差性问题，增大样本容量减轻非正态性问题，通过约束迫使所估计的事件 Y 发生的概率落入 $0 \sim 1$ 区间，但是，LPM 与经济意义的要求不符，随着 X 的变化，X 对 p_i 的"边际效应"保持不变。在住户是否购买商品房的例子中，当 $\hat{\beta}_1 = 0.1$ 时，表明 X 每变化一个单位（如 1 000 元），拥有商品住房的概率恒等地增加 0.1。这就是说，无论住户的收入水平为 8 000 元，还是 20 000 元，拥有商品住房的概率都以相同的增量增加。在线性概率模型中，不论 X 的变化是在什么水平上发生的，参数都不发生变化，显然这与现实经济中所发生的情况是不符的。

因此，表现概率平均变化比较理想的模型应当具有这样的特征：

（1）概率 $p_i = P(Y_i = 1 \mid X_i)$ 随 X 的变化而变化，但永远不超出 $0 \sim 1$ 区间。

（2）随着 $X_i \to -\infty$，$p_i \to 0$；$X_i \to +\infty$，$p_i \to 1$，即随着 X_i 变小，概率 p_i 趋于零的速度越来越慢；而随着 X_i 变大，概率 p_i 趋于 1 的速度也越来越慢。p_i 随 X_i 变化而变化，且变化速率不是常数，p_i 和 X_i 之间是非线性关系。

符合这些特征的函数可用图 8-6 形象地刻画。

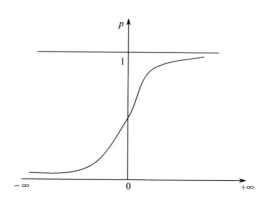

图 8-6　非线性概率函数的图形

图 8-6 的模型满足 $0 \leqslant E(Y_i \mid X_i) \leqslant 1$ 以及 p_i 是 X_i 非线性函数的假设，呈现出 S 形的曲线特征。因此可以设法找到符合这种 S 形曲线特征的函数形式来作为二元型响应计量经济模型的设定形式。

原则上，任何适当的、连续的、定义在实轴上的概率分布都将满足上述两个条件。对于连续随机变量来说，密度函数的积分代表概率的大小，也就是说，连续随机变量的分布函数（CDF）可以满足上述两个要求。通常选择逻辑斯谛分布（logistic distribution)和正态分布的分布函数去设定非线性概率模型。当选用逻辑斯谛分布时,就生成了 logit 模型,本书只介绍 logit 模型。

二、logit 模型

1. logit 模型的基本概念

logit 模型也称为对数单位模型。如上所述,当选择用逻辑斯谛分布函数去设定二元型响应计量经济模型时,有

$$P(Y_i = 1) = p_i = \frac{e^{\beta_0 + \beta_1 X_i}}{1 + e^{\beta_0 + \beta_1 X_i}} = \frac{1}{1 + e^{-(\beta_0 + \beta_1 X_i)}} = \frac{1}{1 + e^{-z_i}} \tag{8-25}$$

其中,$z_i = \beta_0 + \beta_1 X_i$。

式(8-25)有以下特征:

(1) $z_i \to +\infty$ 时,$p_i \to 1$;$z_i \to -\infty$ 时,$p_i \to 0$;$z_i = 0$ 时,$p_i = 0.5$。

(2) 式(8-25)有一个拐点,在拐点之前,随 z_i 或 X_i 增大,p_i 的增长速度越来越快;在拐点之后,随 z_i 或 X_i 增大,p_i 的增长速度越来越慢,逐渐趋近于1。

这些特征正好满足前面讨论的非线性概率模型的要求。

考虑到在估计中便利,我们采用以下变换:

$$L_i = \ln \frac{P(Y_i = 1)}{P(Y_i = 0)} = \ln \frac{p_i}{1 - p_i}$$

$$= \ln \frac{\dfrac{e^{\beta_0 + \beta X_i}}{(1 + e^{\beta_1 X_i})}}{1 - \left[\dfrac{e^{\beta_0 + \beta_1 X_i}}{(1 + e^{\beta_0 + \beta_1 X_i})}\right]}$$

$$= \ln e^{\beta_0 + \beta_1 X_i} = \beta_0 + \beta_1 X_i \tag{8-26}$$

其中,比率 $p_i/(1-p_i)$ 通常称为机会比率,即所研究的事件(或属性)"发生"的概率与"没发生"的概率之比。机会比率在市场调查、民意测验等社会学以及流行病学方面有着广泛的应用,机会比率的对数 $L_i = \ln[p_i/(1-p_i)]$ 称为对数单位,这里的对数单位 L_i 不仅是 X_i 的线性函数,而且也是 β 的线性函数,所以,式(8-26)也称为 logit 模型。

2. logit 模型的估计

虽然 logit 模型式(8-25)或式(8-26)满足非线性概率模型的要求,但由于 p_i 不仅对 X_i 是非线性关系,而且对 β_0 和 β_1 也是非线性关系,不能直接运用 OLS 法估计参数。必须设法把非线性关系转换为可以运用 OLS 法估计的线性形式。

由式(8-25)有

$$1 - p_i = \frac{1}{1 + e^{z_i}} \tag{8-27}$$

由式(8-25)和式(8-27)有

$$\frac{p_i}{1 - p_i} = \frac{1 + e^{z_i}}{1 + e^{-z_i}} = e^{z_i} \tag{8-28}$$

于是

$$L_i = \ln \frac{p_i}{1-p_i} = \ln e^{z_i} = z_i = \beta_0 + \beta_1 X_i \qquad (8-29)$$

式(8-29)表明，X_i 变动一个单位，机会比率的对数（注意不是概率 p_i）平均变化 β_1 个单位。需要注意 logit 模型的以下特点：

（1）随着 p_i 从 0 变化到 1，或 z_i 从 $-\infty$ 变化到 $+\infty$，对数单位 L_i 从 $-\infty$ 变化到 $+\infty$，即概率 p_i 在 0 与 1 之间，但对数单位 L_i 并不一定在 0 与 1 之间。

（2）虽然对数单位 L_i 对 X_i 是线性的，但概率 p_i 对 X_i 并不是线性的，这与线性概率模型不同。

（3）注意 logit 模型中参数的意义。β_1 是 X_i 每变动一个单位时，对数单位 L_i（机会比率的对数）的平均变化，然而我们研究的目的并不是对数单位 L_i，而是概率 p_i。

（4）如果设法估计出参数 β_0 和 β_1，给定某一水平 $X_i = X_0$，若欲估计 p_i，可从式(8-28)设法计算出要估计的概率。

从计量经济学的角度引入随机扰动项，将式(8-29)改记为

$$L_i = \beta_0 + \beta_1 X_i + \mu_i \qquad (8-30)$$

问题是如何得到 β_0 和 β_1 的估计量呢？对式(8-30)直接估计会遇到以下困难：

（1）当事件发生时，$p_i = 1$，$L_i = \ln(1/0)$；当事件没有发生时，$p_i = 0$，$L_i = \ln(0/1)$，机会比率 $p_i/(1-p_i)$ 的对数都无意义，不能直接用 OLS 法估计模型，而只能采用极大似然法(ML)估计参数。当样本容量 n 较大，可选用加权最小二乘法进行估计。

（2）估计参数需要的机会比率的对数 L_i 的数据无法观测。解决办法是对应于每个 X_i，样本观测值个数 n 较大时，可利用整理汇总的数据，用相对频率作为对 p_i 的估计，并估计机会比率对数 L_i。

（3）式(8-30)模型的随机项 μ_i 为异方差，可以证明，n 足够大时，有

$$\mu_i \sim N\left(0, \frac{1}{np_i(1-p_i)}\right) \qquad (8-31)$$

为了估计 μ_i 的方差 σ_i^2，可通过用相对频率 $\hat{p}_i$ 代替 p_i 去估计，有

$$\hat{\sigma}_i^2 = \frac{1}{n\hat{p}_i(1-\hat{p}_i)} \qquad (8-32)$$

估计出 μ_i 的方差以后，可用加权最小二乘法去估计参数，权数 ω_i 为

$$\omega_i = \hat{\sigma}_i = \frac{1}{\sqrt{n\hat{p}_i(1-\hat{p}_i)}} \qquad (8-33)$$

可以看出，对数单位模型参数的估计程序是比较烦琐的，但可运用 EViews 方便地进行估计。

另外，关于二元选择模型的模型设定检验、异方差性检验、拟合优度分析等内容，已超出本书的讨论范围，在此不做讨论。

第三节 案例分析

我国 1982 年第一季度到 1988 年第四季度的煤炭销售量如表 8-1 所示。

表 8-1　我国 1982 年第一季度到 1988 年第四季度的煤炭销售量 Y_t

季度	Y_t	季度	Y_t	季度	Y_t	季度	Y_t
1982.1	2 599.8	1983.4	4 193.4	1985.3	3 159.1	1987.2	3 608.1
1982.2	2 647.2	1984.1	3 001.9	1985.4	4 483.2	1987.3	3 815.6
1982.3	2 912.7	1984.2	2 969.5	1986.1	2 881.8	1987.4	5 332.3
1982.4	4 087.0	1984.3	3 287.5	1986.2	3 308.7	1988.1	3 929.8
1983.1	2 806.5	1984.4	4 270.6	1986.3	3 437.5	1988.2	4 126.2
1983.2	2 672.1	1985.1	3 044.1	1986.4	4 946.8	1988.3	4 015.1
1983.3	2 943.6	1985.2	3 078.8	1987.1	3 209.0	1988.4	4 904.2

现建立煤炭销售量 Y_t 随时间变动的模型 $Y_t=\beta_0+\beta_1 t+\mu_t$，并回答下列问题：

（1）画出煤炭销售量随时间变化的序列图，根据图形能得出什么结论？

（2）考虑季度因素对煤炭需求量的影响，应如何引入虚拟变量？试估计分析。

（3）检验模型中时间 t 的斜率参数有无发生变异，应如何引入虚拟变量？试估计分析。

解：对于这一案例，利用本章所学知识，借助 EViews 软件，可分析如下。

（1）利用 EViews 软件，煤炭销售量随时间变化的序列图见图 8-7。

从图 8-7 可以看出，煤炭销售量随时间呈现出逐年增长的趋势，且表现出明显的季节变化态势，每年的第四季度明显高于同年的其他季度。

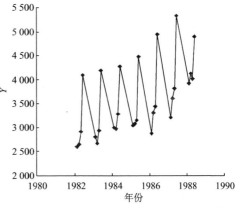

图 8-7　煤炭销售量随时间变化的序列图

（2）设置如下三个季度虚拟变量

$$D_{1t}=\begin{cases}1,\text{第四季度}\\0,\text{其他}\end{cases},D_{2t}=\begin{cases}1,\text{第三季度}\\0,\text{其他}\end{cases},D_{3t}=\begin{cases}1,\text{第二季度}\\0,\text{其他}\end{cases}$$

在模型中以加法方式引入虚拟变量以反映截距项变动

$$Y_t=\beta_0+\beta_1 t+\beta_2 D_{1t}+\beta_3 D_{2t}+\beta_4 D_{3t}+\mu_t \tag{8-34}$$

在 EViews 中首先生成三个虚拟变量，在"EViews\Quick\Generate Series"指令窗口中分三次分别输入"$D_1=@\text{seas}(4)$"，"$D_2=@\text{seas}(3)$"，"$D_3=@\text{seas}(2)$"，然后在 Estimate Equation 窗口输入"Y　C　@trend　D_1　D_2　D_3"，确定后，可得表 8-2 所示输出结果。

表 8-2　EViews 输出结果

Dependent Variable：Y

Method：Least Squares

Date：11/19/07 Time：23：26

Sample：1982：1 1988：4

Included observations：28

Variable	Coefficient	Std. Error	t-Statistic	Prob.
C	2 480.149	90.570 47	27.383 64	0.000 0
@TREND	48.950 67	4.528 524	10.809 41	0.000 0
D1	1 388.091	103.365 5	13.428 96	0.000 0
D2	201.841 5	102.868 3	1.962 136	0.062 0
D3	85.006 47	102.568 8	0.828 775	0.415 7
R-squared	0.945 831	Mean dependent var		3 559.718
Adjusted R-squared	0.936 411	S. D. dependent var		760.210 2
S. E. of regression	191.701 6	Akaike info criterion		13.510 19
Sum squared resid	845 238.2	Schwarz criterion		13.748 08
Log likelihood	−184.142 6	F-statistic		100.400 0
Durbin-Watson stat	1.215 758	Prob(F-statistic)		0.000 000

根据输出结果得如下回归方程：

$$\hat{Y}_t = 2\,480.15 + 48.50t + 1\,388.09D_{1t} + 201.84D_{2t} + 85.00D_{3t} \qquad (8-35)$$
$$\quad(27.38)\quad(10.81)\quad\ (13.43)\qquad(1.96)\qquad(0.83)$$
$$\bar{R}^2 = 0.936\,4, DW = 1.216, F = 100.4$$

在 5% 的显著性水平下，临界值为 $t_{0.025}(28-5)=2.07$，由于 D_2、D_3 系数 t 统计量绝对值小于临界值，故此两虚拟变量均不显著，这意味着第二季度和第三季度对煤炭销售量没有显著影响，可以并入第一季度。因此可去掉虚拟变量 D_2、D_3，重新估计方程，得回归方程

$$\hat{Y}_t = 2\,565.60 + 49.73t + 1\,290.91D_{1t} \qquad (8-36)$$
$$\quad(34.35)\quad(10.63)\quad\ (14.79)$$
$$\bar{R}^2 = 0.931\,6, DW = 1.40, F = 184.94$$

由于临界值为 $t_{0.025}(28-3)=2.069$，可以看出所有的系数在统计上均显著。表明第四季度与第一、二、三季度的煤炭销售量有明显区别。

（3）检验模型中时间 t 的斜率参数有无发生变异，应以乘法方式引入虚拟变量，由于 D_2、D_3 对 Y 的影响不显著，因而可建立如下模型

$$\hat{Y}_t = \beta_0 + \beta_1 t + \beta_2 D_{1t} + \beta_3 D_{1t}t + \mu_t \qquad (8-37)$$

在 EViews 软件的"Estimate Equation"窗口输入"Y　C　@trend　D1　@trend * D$_1$"，确定后可得表 8-3 所示输出结果。

表 8-3 　EViews 输出结果

Dependent Variable：Y

Method：Least Squares

Date：11/20/07　Time：14：17

Sample：1982：1 1988：4

Included observations：28

Variable	Coefficient	Std. Error	t-Statistic	Prob.
C	2 559.296	84.104 21	30.430 06	0.000 0
@TREND	50.217 53	5.501 984	9.127 166	0.000 0
D1	1 319.240	183.282 8	7.197 837	0.000 0
@TREND * D1	−1.953 240	11.046 87	−0.176 814	0.861 1

R-squared	0.936 771	Mean dependent var		3 559.718
Adjusted R-squared	0.928 867	S. D. dependent var		760.210 2
S. E. of regression	202.753 9	Akaike info criterion		13.593 43
Sum squared resid	986 619.5	Schwarz criterion		13.783 74
Log likelihood	−186.308 0	F-statistic		118.523 6
Durbin-Watson stat	1.425 001	Prob(F-statistic)		0.000 000

　　根据临界值 $t_{0.025}(28-4)=2.064$，可以看出 $D_{1t}t$ 的系数在 5% 的显著性水平下不显著，这表明虚拟变量对斜率系数没有影响。故可以将模型式(8-36)作为最后确立的模型。具体可表示为

$$\hat{Y}_t = 2\ 565.60 + 49.73t，当 t 为第一、二、三季度(D_{1t}=0) \tag{8-38}$$

$$\hat{Y}_t = 3\ 856.51 + 49.73t，当 t 为第四季度(D_{1t}=1) \tag{8-39}$$

　　另外，考虑未引入虚拟变量的模型

$$\hat{Y}_t = 2\ 788.17 + 57.15t \tag{8-40}$$

$$(12.44)\quad(4.0)$$

$$R^2 = 0.38,DW = 2.5,F = 16.10$$

可见拟合优度只有 38%，与式(8-36)相比，回归方程式(8-40)显得很差。

➤ 本章小结

　　许多经济变量是可以定量度量的，但是也有一些影响经济变量的因素无法定量度量或者说无法直接观测。例如，职业、性别对收入的影响，战争、自然灾害对 GDP 的影响，季节对某些产品(如冷饮)销售的影响等。为了能够在模型中反映这些因素的影响，并提高模型的精度，需要将它们人为地"量化"，这种"量化"通常是通过引入"虚拟变量"来完成的。这种用两个相异数字来表示对被解释变量有重要影响而自身又没有观测数值的一类变量，称为虚拟变量(dummy variable)。虚拟变量也称为哑变量或定性变量。虚拟变量

的特点是：①虚拟变量是对经济变化有重要影响的不可测变量；②虚拟变量是赋值变量，一般根据这些因素的属性类型，构造只取"0"或"1"的人工变量，记为 D。例如，表示性别的虚拟变量可取为

$$D_1 = \begin{cases} 1, 男性 \\ 0, 女性 \end{cases}$$

等。一般地，在虚拟变量的设置中，基础类型和肯定类型取值为 1，比较类型和否定类型取值为 0。

我们把同时含有一般解释变量与虚拟变量的模型称为虚拟变量模型。在模型中，虚拟变量可作为解释变量，也可作为被解释变量，但主要是用作解释变量。

虚拟变量模型和其他计量经济学模型一样，可以用普通最小二乘法估计参数。但是虚拟变量对模型的影响表示在坐标图上是截距或斜率的变化。

虚拟变量作为解释变量引入模型有两种基本方式：加法方式和乘法方式。

1. 加法方式

例如，职工薪金模型

$$Y_i = \beta_0 + \beta_1 X_i + \beta_2 D_i + \mu_i$$

其中，Y_i 为职工的薪金，X_i 为职工工龄，$D_i = 1$ 代表男性，$D_i = 0$ 代表女性。此模型为加法方式引入虚拟变量模型，这种用加法方式引入虚拟变量的模型，表示定性变量不同类别对经济变化的影响表现在其截距不同。

2. 乘法方式

例如，根据消费理论，消费水平 C 主要取决于收入水平 X。但在一个较长的时期，人们的消费倾向会发生变化，尤其是在自然灾害、战争等反常年份。这种消费倾向的变化可通过在收入的系数中引入虚拟变量来考察。设

$$D_t = \begin{cases} 1, 正常年份 \\ 0, 反常年份 \end{cases}$$

则建立消费模型如下：

$$C_t = \beta_0 + \beta_1 X_t + \beta_2 D_t X_t + \mu_t$$

这里，虚拟变量 D_t 以与 X_t 相乘的方式引入了模型中，这就是乘法方式引入虚拟变量的模型，表示定性变量不同类别对经济变化的影响表现在其斜率不同。

容易看出，如果在模型中同时使用加法和乘法两种方式引入虚拟变量，则回归线的截距和斜率都会改变。

另外，还有临界指标的虚拟变量的引入、数值变量作为虚拟变量的引入、虚拟变量作为被解释变量的引入等问题。

虚拟变量的设置原则为每一定性变量所需的虚拟变量个数要比该定性变量的类别数少 1，即如果定性变量有 m 个类别，则只在模型中引入 $m-1$ 个虚拟变量。违背此原则，就有可能导致所谓的"虚拟变量陷阱"问题。

在计量经济学模型中，虚拟变量除了可以作为解释变量外，还可以作为被解释变量。当虚拟变量作为被解释变量时，其作用是对某一经济现象或活动进行"是"与"否"的判断

或决策。例如,研究是否购买商品住房,是否参加人寿或财产保险,是否能按期偿还贷款,新产品在市场上是否畅销,对某一改革措施所持的态度等。这些问题的特征是被研究的对象(即被解释变量)在受到多种因素影响时,其取值只有两种状态:"是"与"否"。这在计量经济学中被称为"二元型响应"现象,这种现象常在市场研究或社会问题研究中遇到。如何处理二元型响应被解释变量模型的估计、推断问题,是其要解决的问题。本章主要探讨了线性概率模型(LPM)和 logit 模型。

➤ 思考与练习

1. 回归模型中引入虚拟变量的作用是什么?

2. 虚拟变量有哪几种基本的引入方式? 它们各适用于什么情况?

3. 什么是虚拟变量陷阱?

4. 在一项对北京某大学学生月消费支出的研究中,认为学生的消费支出除受其家庭的每月收入水平影响外,还受在学校中是否得到奖学金,来自农村还是城市,是经济发达地区还是欠发达地区以及性别等因素的影响。试设定适当的模型,并导出如下情形下学生消费支出的平均水平。

(1) 来自欠发达农村地区的女生,未得到奖学金;

(2) 来自欠发达城市地区的男生,得到奖学金;

(3) 来自发达地区的农村女生,得到奖学金;

(4) 来自发达地区的城市男生,未得到奖学金。

5. 研究进口消费品的数量 Y 与国民收入 X 的模型关系时,由数据散点图显示 1979 年前后 Y 对 X 的回归关系明显不同,进口消费函数发生了结构性变化:基本消费部分下降了,而边际消费倾向变大了。

(1) 试向模型中加入适当的变量反映经济体制变迁的影响。

(2) 写出模型的设定形式。

6. 根据美国 1961 年第一季度至 1977 年第二季度的季度数据,我们得到了如下的咖啡需求函数的回归方程:

$$\widehat{\ln Q_t} = 1.279 - 0.165\ln P_t + 0.512\ln I_t + 0.148\ln P_t' - 0.009T - 0.096D_{1t} - 0.157D_{2t} - 0.010D_{3t}$$

$$(-2.14) \quad (1.23) \quad (0.55) \quad (-3.36) \quad (-3.74) \quad (-6.03) \quad (-0.37)$$

$$R^2 = 0.80$$

其中,Q 为人均咖啡消费量;P 为咖啡的价格(以 1967 年的价格为不变价格);I 为人均收入;P' 为茶叶的价格(以 1967 年价格为不变价格);T 为时间趋势变量(1961 年第一季度为 1,……,1977 年第二季度为 66);

$$D_{1t} = \begin{cases} 1, 第一季度 \\ 0, 其他 \end{cases}, D_{2t} = \begin{cases} 1, 第二季度 \\ 0, 其他 \end{cases}, D_{3t} = \begin{cases} 1, 第三季度 \\ 0, 其他 \end{cases}$$

试回答下列问题:

(1) 模型中 P、I 和 P' 系数的经济含义是什么?

(2) 咖啡的价格需求是否很有弹性?

(3) 咖啡和茶是互补品还是替代品?

(4) 如何解释时间变量 T 的系数?

(5) 如何解释模型中虚拟变量的作用?

(6) 哪一个虚拟变量在统计上是显著的(0.05)?

（7）咖啡的需求是否存在季节效应？

7. 一个由容量为 209 的样本估计的解释 CEO 薪水的方程为

$$\widehat{\ln(\text{salary})} = 4.59 + 0.257\ln(\text{sales}) + 0.011\text{roe} + 0.158\text{finance} + 0.181\text{cosprod} - 0.283\text{utility}$$
$$(15.3) \quad (8.03) \quad\quad (2.75) \quad\quad (1.775) \quad\quad (2.130) \quad\quad (-2.895)$$

其中，salary 为年薪水（万元）；sales 为年收入（万元）；roe 为公司股票收益（万元）；finance,consprod 和 utility 均为虚拟变量，分别表示金融业，消费品工业和公用事业，对比产业为交通运输业。

（1）解释三个虚拟变量参数的经济含义。

（2）保持 sales 和 roe 不变，计算公用事业和交通运输业之间估计薪水的近似百分比差异。这个差异在 1% 的显著水平上是统计显著的吗？

（3）消费品工业和金融业之间估计薪水的近似百分比差异是多少？写出一个使你能直接检验这个差异在统计上是否显著的方程。

第九章

滞后变量模型

学习目的:了解滞后变量、滞后效应、滞后变量模型、分布滞后模型、自回归模型等概念及滞后效应产生的原因,掌握分布滞后模型和自回归模型的建立及参数估计方法。

基本要求:认识到滞后效应、滞后变量模型是计量经济学建模经常会遇到的问题,了解滞后变量、滞后效应、滞后变量模型、分布滞后模型、自回归模型等概念,掌握分布滞后模型和自回归模型建模方法、参数估计及应用。

前面几章主要介绍了经典线性回归模型及其在若干基本假定下的估计问题,并分析了一个或多个假定不满足时所产生的后果及其可能的改进措施,还探讨了虚拟变量模型问题。然而上述方法还不能解决经济生活中遇到的全部问题。例如,某变量的过去行为是怎样影响变量当前变动路线的。这需要建立专门的模型来进行研究。本章将主要介绍经典单方程计量经济学模型中滞后解释变量和滞后被解释变量的问题。

■ 第一节　滞后效应及滞后变量模型的概念

在经济活动中,广泛存在着时间滞后效应,即动态性。某些经济变量不仅受到同期各种因素的影响,而且也受到过去某些时期的各种因素甚至自身的过去值的影响。通常把这种过去时期的具有滞后作用的变量叫做滞后变量(lagged variable),含有滞后变量的模型称为滞后变量模型。

滞后变量模型考虑了时间因素的作用,使静态分析的问题有可能成为动态分析。

我们生活在一个不断调整和不断变化的世界之中。显然,调整过程需要时间,所需时间的长短则取决于具体现象的性质。然而经济理论几乎是静态的,在比较静态学中,比较不同的平衡状态,而假定各种调整是瞬时进行的。对于调整过程及其有关的滞后几乎不予讨论。然而这些滞后在决策中是头等重要的。对于政府官员要了解经过多少时期后，经济单位才能尽快地对各种政策变量的变化做出反应？消费者对征收销售税或信用紧缩的反应有多快？企业对税制优惠和对投资与革新的奖励措施的反应有多快？货币贬值的影响有多快？投资者对利率变化的反应有多快？

类似地，与消费品需求有关的、随着企业的"政策工具"（价格、质量、式样、广告）的变化而变化的滞后，对于管理决策极其重要。此外，企业的微观经济理论也几乎是静态的。买主对于各种变量的变化进行调整的滞后类型，几乎很少提到。

鉴于经济行为的性质，在建立任何一种现实的经济模型时，都应当在一组解释变量中包含若干滞后变量。采用滞后变量是考虑经济行为调整过程的时间长度的一种办法，也许是使它们不断变化的最有效办法。在经济计量研究中应用滞后模型已日益普遍。简单地说，滞后模型为用模型来表示经济行为提供了很大的灵活性。

一、滞后效应与产生滞后效应的原因

一般来说，被解释变量与解释变量的因果关系不一定就在瞬时发生，可能存在时间上的滞后，或者说解释变量的变化可能需要经过一段时间才能完全对被解释变量产生影响。同样地，被解释变量当前的变化也可能受其自身过去水平的影响，这种被解释变量受到自身或解释变量的前几期值影响的现象称为滞后效应，表示前几期值的变量称为滞后变量。例如，在研究消费函数时，通常认为，本期的消费除了受本期的收入水平影响之外，还受前一期收入以及前一期消费水平的影响，设 C_t、Y_t 分别是 t 时的消费和收入，则消费函数为

$$C_t = \beta_0 + \beta_1 Y_t + \beta_2 Y_{t-1} + \beta_3 C_{t-1} + \mu_t \tag{9-1}$$

这就是含有滞后变量的模型，Y_{t-1}，C_{t-1} 为滞后变量。又如，对耐用品的需求（Y_t）不仅取决于现在的收入（X_t）、过去的收入水平（X_{t-s}），还取决于耐用品的存量或过去得到的耐用品数量（Y_{t-1}）、价格（P_t）等。可设定需求函数为

$$Y_t = \beta_0 + \beta_1 X_t + \beta_2 X_{t-1} + \cdots + \beta_s X_{t-s+1} + \alpha_1 Y_{t-1} + \alpha_2 P_t + \mu_t \tag{9-2}$$

现实经济生活中，产生滞后效应的原因众多，主要有以下几个方面。

1. 客观原因

（1）技术原因。在现实经济运行中，从生产到流通再到使用，每一个环节都需要一段时间，从而形成时滞。例如，工业生产中，当年的产出在某种程度上依赖于过去若干期内投资形成的固定资产。又如，当年农产品产量主要取决于过去一年价格的高低。再如，生产者扩大生产规模和改进产品质量会受到工艺技术水平和生产能力的限制，生产者将产品的产量调整到最佳水平，需要一定时间来增加设备和改进工艺技术，这段时间长短取决于调整速度，等等。

（2）制度原因。契约、管理制度等因素也会造成经济行为一定程度的滞后。例如，企业要改变它的产品结构或产量，会受到过去签订的供货合同的制约；定期存款到期才能提取，造成了它对社会购买力的影响具有滞后性；此外，管理层次过多、管理的低效率也会造

成滞后效应。这些情况说明,当一种变量发生变化时,另一变量由于制度方面的原因,需经过一定时期才能做出相应的变动,从而形成滞后现象。

2. 主观原因

经济社会是一个复杂的有机体系,经济活动离不开人的参与,人们往往对于信息了解不全面或者受心理因素的影响,因而对于新的变化了的情况反应迟钝。人们受习惯势力的影响,往往不能迅速调整自己的行为使之适合于新的环境。由于人们固有的心理定势和行为习惯,其行为方式往往滞后于经济形势的变化。例如,中彩票的人不可能很快改变其生活方式。因此,以往的行为延续产生了滞后效应。又如消费,人们对某种商品的消费量不仅受商品当前价格影响,而且还受预期价格影响,当人们预期价格上涨时,就会加快当期的购买,而当人们预期价格要下降时,就会持币观望,减少当期的购买。由于对将来的预期要依据过去的经验,因此在一定条件下,这种"预期"因素的影响可转化为滞后效应。

由于时滞现象在实际经济生活中总是要起作用的,因而在模型设定时要予以注意。

二、滞后变量模型

以滞后变量作为解释变量,就得到滞后变量模型。它的一般形式为

$$Y_t = \beta_0 + \beta_1 Y_{t-1} + \beta_2 Y_{t-2} + \cdots + \beta_q Y_{t-q} + \alpha_0 X_t + \alpha_1 X_{t-1} + \cdots + \alpha_s X_{t-s} + \mu_t \quad (9-3)$$

其中,q,s 为滞后时间间隔,称为滞后期;Y_{t-q} 为被解释变量 Y 的第 q 期滞后;X_{t-s} 为解释变量 X 的第 s 期滞后。由于模型既含有 Y 对自身滞后变量的回归,还包括解释变量 X 分布在不同时期的滞后变量,因此一般称为自回归分布滞后模型(autoregressive distributed-lag model,ADL 模型)。若滞后期长度有限,称模型为有限自回归分布滞后模型:若滞后期长度无限,称模型为无限自回归分布滞后模型。

■ 第二节　分布滞后模型

一、分布滞后模型的一般形式

如果滞后变量模型中没有滞后被解释变量,仅有解释变量 X 的当期值及其若干期的滞后值,则称为分布滞后模型(distributed-lag model),也称为外生滞后变量模型。分布滞后模型的一般形式为

$$Y_t = \alpha + \beta_0 X_t + \beta_1 X_{t-1} + \beta_2 X_{t-2} + \cdots + \beta_s X_{t-s} + \mu_t \quad (9-4)$$

分布滞后模型的各系数体现了解释变量的当期值和各期滞后值对被解释变量的不同影响程度,因此也称为乘数(multiplier)。β_0 称为短期(short-run)或即期乘数(impact multiplier),表示本期 X 变化一个单位对 Y 平均值的影响程度。$\beta_i(i=1,2,\cdots,s)$ 称为动态乘数或延迟系数,表示各滞后期 X 的变动对 Y 的平均值影响的大小。$\sum_{i=0}^{s}\beta_i$ 则称为长期

(long-run)或均衡乘数(total distributed-lag multiplier),表示 X 变动一个单位,由于滞后效应而形成的对 Y 平均值总影响的大小。

由式(9-4)知,如果各期的 X 值保持不变,则 X 与 Y 间的长期或均衡关系即为

$$E(Y) = \alpha + \left(\sum_{i=0}^{s} \beta_i \right) X \tag{9-5}$$

滞后期 s 既可以是有限的,也可以是无限的。不过,为了避免 Y_t 的数值激增,我们假定 β 项之和为有限值,即

$$\sum_{i=0}^{s} \beta_i < \infty$$

滞后期 s 应该是多少呢? 一个平均滞后定义为

$$平均滞后 = \frac{\sum_{i=1}^{s} i\beta_i}{\sum_{i=1}^{s} \beta_i} = \sum_{i=1}^{s} i \, \frac{\beta_i}{\sum_{i=1}^{s} \beta_i} \tag{9-6}$$

即平均滞后定义为所有滞后的加权平均数,其权数就是关于系数 β 的相对数值。

二、分布滞后模型的参数估计

1. 分布滞后模型估计的困难

对模型式(9-4),试图用 OLS 法估计参数时,几乎可以肯定会出现困难。如果是无限期的分布滞后模型,由于样本观测值的有限性,使得无法直接对其进行估计。如果是有限期的分布滞后模型,普通最小二乘回归也会遇到如下问题:

(1) 没有先验准则确定滞后期长度;

(2) 如果滞后期较长,而样本数较小,将缺乏足够的自由度进行传统的统计检验;

(3) 同名变量滞后值之间可能存在高度线性相关,即模型会存在高度的多重共线性。

为了避免这些困难,计量经济学家曾经提出过各种方法。所有方法的基本目的都在于"有意识地"减少滞后变量的数目。为此,要对 β 加上约束条件,并根据滞后变量的线性组合建立新的变量(我们将它们称为 W_i)。这些方法在建立这些新变量时所用的权数有所不同,亦即对 β 项施加的约束条件不同。

2. 分布滞后模型的修正估计方法

针对上述困难,人们在大量研究的基础上提出了一系列的修正估计方法,但并不很完善。各种方法的基本思想大致相同,即都是通过对各滞后变量加权,组成线性合成变量而有目的地减少滞后变量的数目,以缓解多重共线性,保证自由度。

1) 经验加权法

对于有限期分布滞后模型,往往根据实际问题的特点以及人们的经验给各滞后变量指定权数,并按权数构成各滞后变量的线性组合,形成新的变量,再进行估计。权数的类型有以下三类。

第一类,递减型,即认为权数是递减的,X 的近期值对 Y 的影响较远期值大。例如,

消费函数中,收入的近期值对消费的影响显然大于远期值的影响。一个滞后期为 3 的一组权数可取值如下:

$$\frac{1}{2}, \frac{1}{4}, \frac{1}{6}, \frac{1}{8}$$

则新的线性组合变量为

$$W_{1t} = \frac{1}{2}X_t + \frac{1}{4}X_{t-1} + \frac{1}{6}X_{t-2} + \frac{1}{8}X_{t-3}$$

第二类,矩型,即认为权数是相等的,X 的逐期滞后值对 Y 的影响相同。例如,对滞后期为 3 的分布滞后模型,可指定相等权数为 1/4,则新的线性组合变量为

$$W_{2t} = \frac{1}{4}X_t + \frac{1}{4}X_{t-1} + \frac{1}{4}X_{t-2} + \frac{1}{4}X_{t-3}$$

第三类,倒"V"形。在这种形式中,假定权数先递增后递减呈倒"V"形。例如,在一个较长建设周期的投资中,历年投资 X 对产出 Y 的影响,往往是周期期中的投资额最大,因此对产出的贡献最大。设滞后期为 4,则一组权数可取为

$$\frac{1}{6}, \frac{1}{4}, \frac{1}{2}, \frac{1}{3}, \frac{1}{5}$$

于是新变量为

$$W_{3t} = \frac{1}{6}X_t + \frac{1}{4}X_{t-1} + \frac{1}{2}X_{t-2} + \frac{1}{3}X_{t-3} + \frac{1}{5}X_{t-4}$$

在许多应用中,从经济角度考虑,会提出最可能的滞后结构类。例如,在消费函数中,递减型对于收入的过去水平来说,似乎比较合理,而在投资函数中,滞后的 X 项是过去的资本占用量,取倒"V"形滞后可能更加合理。

一般来说,经验加权法的优点是简单易行,缺点是设置权数的随意性较大。研究者不仅指定了滞后变量的一般形式(递减、矩形、倒"V"形),而且指定了权数的实际数值。确定了不同的 W_t 项之后,研究者就用包含每个 W_t 的函数依次作为单一解释变量进行试验。例如,对下述模型应用 OLS 法:

(1) $Y_t = \alpha_0 + \alpha_1 W_{1t} + \mu_t$;

(2) $Y_t = \beta_0 + \beta_1 W_{2t} + \mu_t$;

(3) $Y_t = \gamma_0 + \gamma_1 W_{3t} + \mu_t$;

……

从这些备择模型中根据各统计检验(R^2 检验、F 检验、t 检验、DW 检验),选择最佳估计式,有时也试图根据经济原理来考虑这种选择的合理化。

例 9-1 已知 1955~1974 年美国制造业库存量 Y 和销售量 X 的统计资料如表 9-1 所示,设定有限分布滞后模型为

$$Y_t = \alpha + \beta_0 X_t + \beta_1 X_{t-1} + \beta_2 X_{t-2} + \beta_3 X_{t-3} + \mu_t$$

运用经验加权法,选择下列三种权数(1)1,1/2,1/4,1/8;(2)1/4,1/2,2/3,1/4;(3)1/4,1/4,1/4,1/4。分别估计上述模型,并从中选择最佳的方程。

表 9-1　1955～1974 年美国制造业库存量 Y 和销售量 X　　　　单位:亿美元

年份	Y	X	年份	Y	X
1955	450.69	264.80	1965	682.21	410.03
1956	506.42	277.40	1966	779.65	448.69
1957	518.70	287.36	1967	846.55	464.49
1958	500.70	272.80	1968	908.75	502.82
1959	527.07	302.19	1969	970.74	535.55
1960	538.14	307.96	1970	1 016.45	528.59
1961	549.39	308.96	1971	1 024.45	559.17
1962	582.13	331.13	1972	1 077.19	620.17
1963	600.43	350.32	1973	1 208.70	713.98
1964	633.83	373.35	1974	1 471.35	820.78

资料来源:古扎拉蒂 D N. 2000. 计量经济学. 北京:中国人民大学出版社:611

解:记新的线性组合变量分别为

$$\left.\begin{aligned}
W_{1t} &= X_t + \frac{1}{2}X_{t-1} + \frac{1}{4}X_{t-2} + \frac{1}{8}X_{t-3} \\
W_{2t} &= \frac{1}{4}X_t + \frac{1}{2}X_{t-1} + \frac{2}{3}X_{t-2} + \frac{1}{4}X_{t-3} \\
W_{3t} &= \frac{1}{4}X_t + \frac{1}{4}X_{t-1} + \frac{1}{4}X_{t-2} + \frac{1}{4}X_{t-3}
\end{aligned}\right\}$$

在 EViews 中,输入 X 和 Y 的数据,根据 X 的数据,由上述公式生成线性组合变量 W_{1t},W_{2t},W_{3t} 的数据。即在 EViews 命令框输入"GENR W1＝X＋(1/2)＊X(－1)＋(1/4)＊X(－2)＋(1/8)＊X(－3)",回车;"GENR W2＝(1/4)＊X＋(1/2)＊X(－1)＋(2/3)＊X(－2)＋(1/4)＊X(－3)",回车;"GENR W3＝(1/4)＊X＋(1/4)＊X(－1)＋(1/4)＊X(－2)＋(1/4)＊X(－3)",回车即可。然后分别估计如下经验加权模型:

$$Y_t = \alpha + \beta W_{kt} + \mu_t, k = 1,2,3$$

回归分析结果整理如下:

模型 9-1,$\hat{Y}_t = -66.604 + 1.072W_{1t}$

　　　　(－3.663)　(50.919)

　　$R^2 = 0.994\ 2, \mathrm{DW} = 1.440\ 9, F = 2\ 592$

模型 9-2,$\hat{Y}_t = -133.199 + 1.367W_{2t}$

　　　　(－5.029)　　(37.359)

　　$R^2 = 0.989\ 4, \mathrm{DW} = 1.042\ 9, F = 1\ 396$

模型 9-3,$\hat{Y}_t = -121.781 + 2.238W_{3t}$

　　　　(－4.812)　　(38.666)

　　$R^2 = 0.990\ 1, \mathrm{DW} = 1.158\ 8, F = 1\ 496$

从上述回归分析结果可以看出,在取 $\alpha = 0.05$ 时,模型式(9-1)的随机扰动项无一阶自相关,模型式(9-2)、模型式(9-3)随机扰动项存在一阶正自相关。再综合判断决定系数、

F 检验值、t 检验值,可以认为,最佳的方程是模型式(9-1),即权数为 $(1,1/2,1/4,1/8)$ 的分布滞后模型。

2) 阿尔蒙(Almon)多项式法

该方法的主要思想仍是针对有限滞后期模型,通过阿尔蒙变换,定义新变量,以减少解释变量个数,然后用 OLS 法估计参数。主要步骤如下

第一步,阿尔蒙变换。对于分布滞后模型,

$$Y_t = \alpha + \beta_0 X_t + \beta_1 X_{t-1} + \beta_2 X_{t-2} + \cdots + \beta_s X_{t-s} + \mu_t$$

$$= \alpha + \sum_{i=0}^{s} \beta_i X_{t-i} + \mu_t \tag{9-7}$$

假定其回归系数 β_i 可用一个关于滞后期 i 的适当阶数的多项式来表示,即

$$\beta_i = \alpha_0 + \sum_{k=1}^{m} \alpha_k i^k \quad (i = 0,1,2,\cdots,s) \tag{9-8}$$

其中,$m < s$。阿尔蒙变换要求先验地确定适当阶数 m,如取 $m = 2$,得

$$\beta_i = \alpha_0 + \sum_{k=1}^{2} \alpha_k i^k = \alpha_0 + \alpha_1 i + \alpha_2 i^2 \quad (i = 0,1,2,\cdots,s) \tag{9-9}$$

将式(9-9)代入式(9-7)得

$$Y_t = \alpha + \sum_{i=0}^{s} \left[\alpha_0 + \sum_{k=1}^{2} \alpha_k i^k \right] X_{t-i} + \mu_t$$

$$= \alpha + \alpha_0 \sum_{i=0}^{s} X_{t-i} + \alpha_1 \sum_{i=0}^{s} i X_{t-i} + \alpha_2 \sum_{i=0}^{s} i^2 X_{t-i} + \mu_t$$

定义新变量

$$W_{0t} = \sum_{i=0}^{s} X_{t-i}, W_{1t} = \sum_{i=0}^{s} i X_{t-i}, W_{2t} = \sum_{i=0}^{s} i^2 X_{t-i}$$

将原模型转换为

$$Y_t = \alpha + \alpha_0 W_{0t} + \alpha_1 W_{1t} + \alpha_2 W_{2t} + \mu_t \tag{9-10}$$

第二步,模型的 OLS 估计。对变换后的模型式(9-10)进行 OLS 估计。将得到的参数估计值 $\hat{\alpha}_0, \hat{\alpha}_1, \hat{\alpha}_2$ 代入式(9-9),求出滞后分布模型参数的估计值 $\hat{\beta}_0, \hat{\beta}_1, \cdots, \hat{\beta}_s$。

由于 $m < s$,可以认为原模型存在的自由度不足和多重共线性问题已得到改善。需注意的是,在实际估计中,阿尔蒙多项式的阶数 m 一般取 2 或 3,不超过 4,否则达不到减少变量个数的目的。

3) 科伊克(Koyck)方法

科伊克方法是将无限分布滞后模型转换为自回归模型,然后进行估计。对于无限分布滞后模型

$$Y_t = \alpha + \sum_{i=0}^{\infty} \beta_i X_{t-i} + \mu_t \tag{9-11}$$

科伊克变换假设偏回归系数 β_i 随滞后期 i 按几何级数衰减

$$\beta_i = \gamma_0 \lambda^i \quad (i = 0,1,2,\cdots) \tag{9-12}$$

其中,$0<\lambda<1$,λ 称为分布滞后衰减率,$1-\lambda$ 称为调整速率(speed of adjustment)。

科伊克变换的具体做法是:

将科伊克变换式(9-12)代入模型式(9-11),得

$$Y_t = \alpha + \gamma_0 \sum_{i=0}^{\infty} \lambda^i X_{t-i} + \mu_t \tag{9-13}$$

将式(9-13)滞后一期并乘以 λ,得

$$\lambda Y_{t-1} = \lambda \alpha + \gamma_0 \sum_{i=1}^{\infty} \lambda^i X_{t-i} + \lambda \mu_{t-1} \tag{9-14}$$

将式(9-13)减去式(9-14)得科伊克变换模型

$$Y_t - \lambda Y_{t-1} = (1-\lambda)\alpha + \gamma_0 X_t + \mu_t - \lambda \mu_{t-1} \tag{9-15}$$

整理得科伊克模型的一般形式

$$Y_t = (1-\lambda)\alpha + \gamma_0 X_t + \lambda Y_{t-1} + \mu_t - \lambda \mu_{t-1} \tag{9-16}$$

其中,设

$$v_t = \mu_t - \lambda \mu_{t-1}$$
$$\alpha_0 = (1-\lambda)\alpha, \alpha_1 = \gamma_0, \alpha_2 = \lambda \tag{9-17}$$

模型式(9-16)变为

$$Y_t = \alpha_0 + \alpha_1 X_t + \alpha_2 Y_{t-1} + v_t \tag{9-18}$$

于是将原模型式(9-11)转换为等价形式式(9-18),解释变量为 X_t,Y_{t-1}。如果由式(9-18)获得参数估计值 $\hat{\alpha}_0$,$\hat{\alpha}_1$ 和 $\hat{\alpha}_2$,那么由式(9-17)可得 λ,α 和 γ_0 的估计值

$$\hat{\lambda} = \hat{\alpha}_2, \hat{\alpha} = \hat{\alpha}_0/(1-\hat{\alpha}_2), \hat{\gamma}_0 = \hat{\alpha}_1 \tag{9-19}$$

进而由式(9-12)可得参数 β_i 的估计。

科伊克模型有两个特点。一是以一个滞后被解释变量 Y_{t-1} 代替了大量的滞后解释变量 X_{t-i},最大限度地节省了自由度,解决了滞后期长度 s 难以确定的问题。二是由于滞后一期的被解释变量 Y_{t-1} 与 X_t 的线性相关程度可以肯定小于 X 的各期滞后值之间的相关程度,从而缓解了多重共线性。

但科伊克变换同时也产生了两个新问题:一是模型存在随机干扰项 v_t 的一阶自相关性;二是滞后被解释变量 Y_{t-1} 与随机项 v_t 不独立,即 $\text{cov}(Y_{t-1}, v_t) \neq 0$。这些新问题需要进一步解决。

4) 帕斯卡(Pascal)方法

前面已经提及,经济现象中有一种经济变量受某种因素影响,随着时间滞后逐渐增大,当过了某一时刻后,这种影响又逐渐变小,呈现一种"$\wedge$"形滞后分布。对这种现象,帕斯卡提出了一种变换方法。模型式(9-11)可以写成以权数 ω_i 表示的形式

$$Y_t = \alpha + \beta \sum_{i=0}^{\infty} \omega_i X_{t-i} + \mu_t \tag{9-20}$$

该权数 ω_i 的分布形式为

$$\omega_i = C_{i+\gamma-1}^i(1-\lambda)^\gamma\lambda^i = \frac{(i+\gamma-1)!}{i!(\gamma-1)!}(1-\lambda)^\gamma\lambda^i \tag{9-21}$$

其中，γ 为先验的任意选择的某一正整数，λ 为待估参数。于是模型变为

$$Y_t = \alpha + \beta(1-\lambda)^\gamma\sum_{i=0}^{\infty}C_{i+\gamma-1}^i\lambda^iX_{t-i} + \mu_t \tag{9-22}$$

当 $\gamma=1$ 时，$\omega_i=(1-\lambda)\lambda^i$，则帕斯卡变换简化为科伊克几何分布变换。只要 $\gamma>1$，形成的权数分布图就是"$\wedge$"形滞后分布。令 $\lambda=0.8$，则 $\gamma=1$，$\gamma=2$ 和 $\gamma=3$ 三种情况下，权数 ω_i 随滞后期 i 的变化情况如图 9-1 所示。

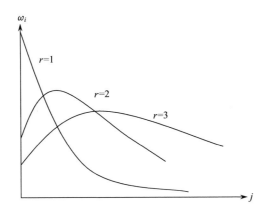

图 9-1　权数 ω_i 随滞后期 i 的变化情况

帕斯卡模型的参数估计要复杂得多，这里仅介绍一种情况。对于不同的 γ 值，可以得到不同类型的权数分布。如果假设 $\gamma=2$，模型式（9-22）变为

$$
\begin{aligned}
Y_t &= \alpha + \beta(1-\lambda)^2\sum_{i=0}^{\infty}C_{i+2-1}^i\lambda^iX_{t-i} + \mu_t \\
&= \alpha + \beta(1-\lambda)^2[X_t + 2\lambda X_{t-1} + 3\lambda^2X_{t-2} + 4\lambda^3X_{t-3} + \cdots] + \mu_t
\end{aligned}
\tag{9-23}
$$

把上式加上其滞后一个时期的模型乘以 -2λ，加上其滞后两个时期的模型乘以 λ^2 得

$$Y_t = \alpha(1-\lambda)^2 + \beta(1-\lambda)^2X_t + 2\lambda Y_{t-1} - \lambda^2Y_{t-2} + (\mu_t - 2\lambda\mu_{t-1} + \lambda^2\mu_{t-2}) \tag{9-24}$$

这也是一个自回归模型。这个模型我们也可以估计出它的参数，进而由式（9-21）就可估计出权数 ω_i。

分布滞后模型参数估计带有很大的经验成分，这是由于经济理论不能对经济现象调整过程的长度做出令人满意的阐述而引起的。经济理论即使认识到时间滞后的重要性，也从未提出在函数中应该包含的滞后的精确数目。相反，滞后类型是根据可资利用的样本观测值，通过包括各种滞后类型的试验方法来探索和决定的，然后从中选择一种产生最佳统计拟合的滞后类型。研究者用包含不同滞后类型（几何滞后、"$\wedge$"形滞后等）的模型进行试验，并根据统计准则（主要的），从中选出最令人满意的一种模型。

第三节　自回归模型

一、自回归模型的概念

如果滞后变量模型中的解释变量仅包含 X 的当期值与被解释变量 Y 的一个或多个滞后值,则称为自回归模型(autoregressive model),也称为内生滞后变量模型。自回归模型的一般形式为

$$Y_t = \alpha_0 + \alpha_1 X_t + \sum_{i=1}^{q} \beta_i Y_{t-i} + \mu_t \tag{9-25}$$

其中,滞后期长度 q 也称为自回归模型的阶数(order)。而

$$Y_t = \alpha_0 + \alpha_1 X_t + \alpha_2 Y_{t-1} + \mu_t \tag{9-26}$$

称为一阶自回归模型(first-order autoregressive model)。

二、自回归模型的参数估计

1. 自回归模型的构造

从上面的讨论中已看出,一个无限期分布滞后模型可以通过科伊克变换转化为自回归模型。事实上,许多滞后变量模型都可以转化为自回归模型,自回归模型是经济生活中更常见的模型。下面我们以自适应预期模型以及局部调整模型为例进行说明。

1) 自适应预期模型

在某些实际问题中,因变量 Y_t 并不取决于解释变量的当前实际值 X_t,而取决于 X_t 的"预期水平"或"长期均衡水平"X_t^e。例如,家庭本期消费水平,取决于本期收入的预期值;市场上某种商品供求量,取决于本期该商品价格的预期值。因此,自适应预期(adaptive expectation)模型最初的表现形式是

$$Y_t = \beta_0 + \beta_1 X_t^e + \mu_t \tag{9-27}$$

由于预期变量是不可实际观测的,往往做如下自适应预期假定:

$$X_t^e - X_{t-1}^e = \gamma(X_t - X_{t-1}^e) \tag{9-28}$$

其中,γ 为预期系数(coefficient of expectation),$0 \leqslant \gamma \leqslant 1$。该式的经济含义是,"经济行为者将根据过去的经验修改他们的预期",即本期预期值的形成是一个逐步调整过程,本期预期值的增量是本期实际值与前一期预期值之差的一部分,其比例为 γ。这个假定还可写成

$$X_t^e = \gamma X_t + (1 - \gamma) X_{t-1}^e \tag{9-29}$$

即本期预期值为本期真值与前期预期值的加权和。

将式(9-29)代入式(9-27)得

$$Y_t = \beta_0 + \beta_1 [\gamma X_t + (1 - \gamma) X_{t-1}^e] + \mu_t \tag{9-30}$$

将式(9-27)滞后一期并乘以 $1 - \gamma$,得

$$(1-\gamma)Y_{t-1} = (1-\gamma)\beta_0 + (1-\gamma)\beta_1 X_{t-1}^e + (1-\gamma)\mu_{t-1} \tag{9-31}$$

以式(9-30)减去式(9-31),整理得

$$Y_t = \gamma\beta_0 + \gamma\beta_1 X_t + (1-\gamma)Y_{t-1} + v_t \tag{9-32}$$

其中

$$v_t = \mu_t - (1-\gamma)\mu_{t-1}$$

可见自适应预期模型转化为一个自回归模型。

2) 局部调整(partial adjustment)模型

局部调整模型主要是用来研究物资储备问题的。例如,企业为了保证生产和销售,必须保持一定的原材料储备。对应于一定的产量或销售量 X_t,存在着预期的最佳库存 Y_t^e。局部调整模型的最初形式为

$$Y_t^e = \beta_0 + \beta_1 X_t + \mu_t \tag{9-33}$$

显然,Y_t^e 不可观测。由于生产条件的波动,生产管理方面的原因,库存储备 Y_t 的实际变化量只是预期变化的一部分。储备按预定水平逐步进行调整,故有如下局部调整假设:

$$Y_t - Y_{t-1} = \delta(Y_t^e - Y_{t-1}) \tag{9-34}$$

其中,δ 为调整系数,$0 \leqslant \delta \leqslant 1$。局部调整假设还可写成

$$Y_t = \delta Y_t^e + (1-\delta)Y_{t-1} \tag{9-35}$$

表明实际库存储备是本期最佳预期库存与上期实际库存的加权和。

将式(9-33)代入式(9-35)得

$$Y_t = \delta\beta_0 + \delta\beta_1 X_t + (1-\delta)Y_{t-1} + v_t \tag{9-36}$$

其中

$$v_t = \delta\mu_t$$

可见,局部调整模型可转化为一个自回归模型。

2. 自回归模型的参数估计

对于自回归模型式(9-25),参数估计时的主要问题在于,滞后被解释变量的存在可能导致它与随机干扰项相关以及随机干扰项出现序列相关性。如科伊克模型式(9-18)与自适应预期模型式(9-32),就存在着滞后被解释变量 Y_{t-1} 与随机干扰项的同期相关性,同时,随机干扰项还是自相关的。而局部调整模型式(9-36)则存在着滞后被解释变量 Y_{t-1} 与随机干扰项的异期相关性。因此,对自回归模型的估计主要需视滞后被解释变量与随机干扰项的不同关系进行估计。下面以一阶自回归模型为例说明。

1) 工具变量法

对于一阶自回归模型

$$Y_t = \alpha_0 + \alpha_1 X_t + \alpha_2 Y_{t-1} + \mu_t \tag{9-37}$$

若滞后被解释变量 Y_{t-1},与随机干扰项 μ_t 同期相关(如科伊克模型与自适应预期模型),则 OLS 估计是有偏的,并且不是一致估计。因此,对上述模型,通常采用工具变量法,即寻找一个新的经济变量 Z_t 作为工具变量进行估计。参数估计量具有一致性。

在实际估计中，一般用 $\hat{Y}_{t-1}$ 作为 Y_{t-1} 的工具变量。其中，$\hat{Y}_{t-1}$ 是 X 的若干滞后的线性组合：

$$\hat{Y}_{t-1} = \alpha_0 + \alpha_1 X_{t-1} + \alpha_2 X_{t-2} + \cdots + \alpha_s X_{t-s} \tag{9-38}$$

由于模型式(9-37)中已假设随机干扰项 μ_t 与解释变量 X 及其滞后项不存在相关性，因此式(9-37)中的 μ_t 与 $\hat{Y}_{t-1}$ 不再线性相关。一个更简单的情形是直接用 X_{t-1} 作为 Y_{t-1} 的工具变量。

2) 普通最小二乘法

若滞后被解释变量 Y_{t-1} 与随机干扰项 μ_t 同期无关(如局部调整模型)，可直接使用 OLS 法进行估计，得到一致估计量。

需要指出的是，上述工具变量法只解决了解释变量与随机干扰项相关对参数估计所造成的影响而没有解决 μ_t 的自相关问题。事实上，对于自回归模型，随机干扰项的自相关问题始终是存在的，对于此问题，至今没有完全有效的解决办法。唯一可做的，就是尽可能地建立"正确"的模型，以使序列相关性的程度减轻。

第四节　格兰杰因果关系检验

自回归分布滞后模型旨在揭示某变量的变化受其自身及其他变量过去行为的影响。然而，许多经济变量有着相互的影响关系。例如，GDP 的增长能够促进消费的增长，而反过来，消费的变化又是 GDP 变化的一个组成部分，因此，消费增加又能促进 GDP 的增加。现在的问题是，当两个变量在时间上有先导-滞后关系时，能否从统计上考察这种关系是单向的还是双向的？ 即主要是一个变量过去的行为在影响另一个变量的当前行为呢？ 还是双方的过去行为在相互影响着对方的当前行为？ 格兰杰(Granger)提出了一个简单的检验程序，习惯上称为格兰杰因果关系检验(Granger test of causality)。

两变量 X 和 Y，格兰杰因果关系检验要求估计以下回归模型：

$$Y_t = \sum_{i=1}^{m} \alpha_i X_{t-i} + \sum_{i=1}^{m} \beta_i Y_{t-i} + \mu_{1t} \tag{9-39}$$

$$X_t = \sum_{i=1}^{m} \lambda_i Y_{t-i} + \sum_{i=1}^{m} \delta_i X_{t-i} + \mu_{2t} \tag{9-40}$$

可能存在有四种检验结果：

(1) X 对 Y 有单向影响，表现为式(9-39)X 各滞后项前的参数整体不为零，而式(9-40)Y 各滞后项前的参数整体为零；

(2) Y 对 X 有单向影响，表现为式(9-40)Y 各滞后项前的参数整体不为零，而式(9-39)X 各滞后项前的参数整体为零；

(3) Y 与 X 间存在双向影响，表现为 Y 与 X 各滞后项前的参数整体不为零；

(4) Y 与 X 间不存在影响，表现为 Y 与 X 各滞后项前的参数整体为零。

格兰杰因果关系检验是通过构造 F 统计量，利用 F 检验完成的。如针对 X 不是 Y 的格兰杰原因这一假设，即针对式(9-39)中 X 滞后项前的参数整体为零的假设，分别做

包含与不包含 X 滞后项的回归,记前者的残差平方和为 RSS_U,后者的残差平方和为 RSS_R,再计算 F 统计量

$$F = \frac{\dfrac{(RSS_R - RSS_U)}{m}}{\dfrac{RSS_U}{n-k}} \qquad (9\text{-}41)$$

其中,m 为 X 的滞后项的个数;n 为样本容量;k 为包含 X 滞后项的回归模型的待估参数的个数。

如果计算的 F 值大于给定显著性水平下 F 分布的相应的临界值 $F_\alpha(m, n-k)$,则拒绝原假设,即认为 X 是 Y 的格兰杰原因。

需要指出的是,格兰杰因果关系检验对于滞后期长度的选择有时很敏感。不同的滞后期可能会得到完全不同的检验结果。因此,一般而言,常进行不同滞后期长度的检验,以检验模型中随机干扰项不存在序列相关的滞后期长度来选取滞后期。

由于假设检验的零假设是不存在因果关系的,在该假设下 F 统计量服从 F 分布,因此严格地说,该检验应该称为格兰杰非因果关系检验。

■ 第五节　案例分析

案例一

表 9-2 给出了某行业 1992~2011 年的库存额(Y)和销售额(X)的资料。

表 9-2　某行业 1992~2011 年的库存额(Y)与销售额(X)　　　　单位:万元

年 份	Y	X	年 份	Y	X
1992	45.069	26.48	2002	68.221	41.003
1993	50.642	27.74	2003	77.965	44.869
1994	51.875	28.236	2004	84.655	46.449
1995	52.07	27.28	2005	90.815	50.282
1996	52.709	30.219	2006	97.074	53.555
1997	53.814	30.796	2007	101.64	52.859
1998	54.939	30.896	2008	102.44	55.917
1999	58.123	33.113	2009	107.71	62.017
2000	60.043	35.032	2010	120.87	71.398
2001	63.383	37.335	2011	147.13	82.078

要求:利用分布滞后模型 $Y_t = \alpha + \beta_0 X_t + \beta_1 X_{t-1} + \beta_2 X_{t-2} + \beta_3 X_{t-3} + \mu_t$,建立库存函数(用 2 阶阿尔蒙多项式变换估计模型),并对各参数估计值的经济含义进行解释。

解:对于这一案例,利用本章所学知识,借助 EViews 软件,可分析如下:

应用 2 阶阿尔蒙多项式变换

$$\beta_i = \alpha_0 + \sum_{k=1}^{2} \alpha_k i^k = \alpha_0 + \alpha_1 i + \alpha_2 i^2 \quad (i = 0, 1, 2, 3)$$

原模型可变换为

$$Y_t = \alpha + \alpha_0 W_{0t} + \alpha_1 W_{1t} + \alpha_2 W_{2t} + \mu_t$$

其中,$W_{0t} = \sum_{i=0}^{3} X_{t-i}, W_{1t} = \sum_{i=0}^{3} i X_{t-i}, W_{2t} = \sum_{i=0}^{3} i^2 X_{t-i}$。

对该模型的估计有两种方法。

方法一:

应用 EViews 软件,估计变换后的模型。在"Estimate Equation"窗口输入"Y C X+X(−1)+X(−2)+X(−3)   X(−1)+2*X(−2)+3*X(−3)   X(−1)+4*X(−2)+9*X(−3)",确定后,可得表 9-3 所示输出结果。

表 9-3　EViews 输出结果

Dependent Variable: Y

Method: Least Squares

Date: 7/20/12 Time: 23:13

Sample(adjusted): 1995 2011

Included observations: 17 after adjusting endpoints

Variable	Coefficient	Std. Error	t-Statistic	Prob.
C	−6.419 601	2.130 157	−3.013 675	0.010 0
X+X(−1)+X(−2)+X(−3)	0.630 281	0.179 160	3.517 969	0.003 8
X(−1)+2*X(−2)+3*X(−3)	0.987 410	0.525 307	1.879 682	0.082 7
X(−1)+4*X(−2)+9*X(−3)	−0.460 829	0.181 199	−2.543 216	0.024 5
R-squared	0.996 230	Mean dependent var	81.976 53
Adjusted R-squared	0.995 360	S.D. dependent var	27.855 39
S.E. of regression	1.897 384	Akaike info criterion	4.321 154
Sum squared resid	46.800 87	Schwarz criterion	4.517 204
Log likelihood	−32.729 81	F-statistic	1 145.160
Durbin-Watson stat	1.513 212	Prob(F-statistic)	0.000 000

于是,可得如下回归模型:

$$\hat{Y}_t = -6.419\,6 + 0.630\,3 W_{0t} + 0.987\,4 W_{1t} - 0.460\,8 W_{3t}$$
$$(-3.01) \quad (3.52) \quad (1.88) \quad (-2.54)$$
$$\bar{R}^2 = 0.995\,4, \text{DW} = 1.51, F = 1\,145.16$$

由此可得原模型各参数的估计结果:

$$\hat{\alpha} = -6.419\,6, \hat{\beta}_0 = \hat{\alpha}_0 = 0.630\,3$$
$$\hat{\beta}_1 = \hat{\alpha}_0 + \hat{\alpha}_1 + \hat{\alpha}_2 = 0.630\,3 + 0.987\,4 - 0.460\,8 = 1.156\,9$$

$$\hat{\beta}_2 = \hat{\alpha}_0 + 2\hat{\alpha}_1 + 4\hat{\alpha}_2 = 0.630\,3 + 2 \times 0.987\,4 - 4 \times 0.460\,8 = 0.761\,9$$

$$\hat{\beta}_3 = \hat{\alpha}_0 + 3\hat{\alpha}_1 + 9\hat{\alpha}_2 = 0.630\,3 + 3 \times 0.987\,4 - 9 \times 0.460\,8 = -0.554\,7$$

从而得到原模型的样本回归方程

$$\hat{Y}_t = -6.419\,6 + 0.630\,3X_t + 1.156\,9X_{t-1} + 0.761\,9X_{t-2} - 0.554\,7X_{t-3}$$

方法二：

可在 EViews 软件中，选择"Quick\Estimate Equation"，在出现的对话框中键入"Y C PDL(X,3,2)"，确定可得表 9-4 所示输出结果。其中，PDL(X,3,2)中的 PDL 是 polynomial distributed lag 的缩写，3 是滞后期，2 是多项式变换的阶数。

表 9-4 EViews 输出结果

Dependent Variable：Y
Method：Least Squares
Date：7/20/12 Time：23：38
Sample(adjusted)：1995 2011
Included observations：17 after adjusting endpoints

Variable	Coefficient	Std. Error	t-Statistic	Prob.
C	−6.419 601	2.130 157	−3.013 675	0.010 0
PLD01	1.156 862	0.195 928	5.904 516	0.000 1
PLD02	0.065 752	0.176 055	0.373 472	0.714 8
PLD03	−0.460 829	0.181 199	−2.543 216	0.024 5
R-squared	0.996 230	Mean dependent var		81.976 53
Adjusted R-squared	0.995 360	S. D. dependent var		27.855 39
S. E. of regression	1.897 384	Akaike info criterion		4.321 154
Sum squared resid	46.800 87	Schwarz criterion		4.517 204
Log likelihood	−32.729 81	F-statistic		1 145.160
Durbin-Watson stat	1.513 212	Prob(F-statistic)		0.000 000

Lag Distribution of X	i	Coefficient	Std error	T-statistic
	1	0.630 28	0.179 16	3.517 97
	2	1.156 86	0.195 93	5.905 42
	3	0.761 78	0.178 20	4.274 95
	4	−0.554 95	0.255 62	−2.171 04
Sum of Lags		1.993 98	0.067 85	29.387 7

表 9-4 下方栏中 Coefficient 的值分别是参数 β_0、β_1、β_2、β_3 的估计值，上方栏中 Coefficient 的值分别是参数 α、α_0、α_1、α_2 的估计值。需要指出的是，EViews 用的是阿尔蒙多项式的派生形式。

由此，可直接得到原模型的 OLS 估计结果：

$$\hat{Y}_t = -6.419\,6 + 0.630\,3X_t + 1.156\,9X_{t-1} + 0.761\,8X_{t-2} - 0.555\,0X_{t-3}$$
$$(-3.01) \quad (3.52) \quad (5.91) \quad (4.27) \quad (-2.17)$$
$$R^2 = 0.995\,2, \text{DW} = 1.51, F = 1\,145.16$$

两种方法计算得到的系数实际上是相同的,这里略有不同是由于计算误差。

回归方程中 X_t 系数 0.630 3 是短期(即期)乘数,表示当期销售额增加 1 单位时,行业库存额增加 0.630 3 单位;X_{t-1},X_{t-2} 和 X_{t-3} 系数为动态(延迟)乘数,反映的分别是滞后一期、滞后二期和滞后三期的销售额每增加 1 单位,当期库存额将增加 1.156 9 单位、0.761 8 单位和减少 0.554 7 单位。这四个系数之和为 1.994 3 则为长期(均衡)乘数,表示当销售额增加 1 单位时,由于滞后效应形成的对 Y 的平均总影响为 1.994 个单位。

案例二

1990～2011 年某制造业固定厂房设备投资 Y 和销售量 X 的相关数据如表 9-5 所示。

表 9-5　1990～2011 年某制造业固定厂房设备投资 Y 和销售量 X 的相关数据　　单位:万元

年份	设备开支 Y	销售量 X	年份	设备开支 Y	销售量 X
1990	36.99	52.805	2001	128.68	168.129
1991	33.6	55.906	2002	123.97	163.351
1992	35.42	63.027	2003	117.35	172.547
1993	42.35	72.931	2004	139.61	190.982
1994	52.48	84.79	2005	152.88	194.538
1995	53.66	86.589	2006	137.95	194.657
1996	68.53	98.797	2007	141.06	206.326
1997	67.48	113.201	2008	163.45	223.547
1998	78.13	126.905	2009	183.8	232.724
1999	95.13	143.936	2010	192.61	239.459
2000	112.6	154.391	2011	182.81	235.142

要求:

(1) 以 Y_t^* 代表理想的或长期的企业新建厂房设备投资,请估计如下模型:

$$Y_t^* = \beta_0 + \beta_1 X_t + \mu_t$$

(2) 以 X_t^* 代表理想的销售量,请估计如下模型:

$$Y_t = \beta_0 + \beta_1 X_t^* + \mu_t$$

与(1)中的模型相比,你认为哪个模型更适当一些?

(3) 检验销量与厂房设备投资的格兰杰因果关系,使用直至 6 期为止的滞后并评述你的结果。

解:对于这一案例,利用本章所学知识,借助 EViews 软件,可分析如下:

(1) 运用局部调整假设 $Y_t - Y_{t-1} = \delta(Y_t^* - Y_{t-1})$ $(0 \leqslant \delta \leqslant 1)$,可将模型变换为

$$Y_t = \delta\beta_0 + \delta\beta_1 X_t + (1-\delta)Y_{t-1} + \delta\mu_t$$

因此,可用 Y_t 直接对 X_t 与 Y_{t-1} 回归,EViews 输出结果见表 9-6。

表 9-6　EViews 输出结果

Dependent Variable：Y

Method：Least Squares

Date：7/22/12 Time：22：58

Sample(adjusted)：1991 2011

Included observations：21 after adjusting endpoints

Variable	Coefficient	Std. Error	t-Statistic	Prob.
C	−14.512 62	4.870 806	−2.979 511	0.008 0
X	0.647 219	0.103 226	6.269 895	0.000 0
Y(−1)	0.242 404	0.122 135	1.987 132	0.062 6
R-squared	0.985 740	Mean dependent var		109.691 9
Adjusted R-squared	0.984 156	S. D. dependent var		51.341 62
S. E. of regression	6.462 606	Akaike info criterion		6.701 506
Sum squared resid	751.775 0	Schwarz criterion		6.850 723
Log likelihood	−67.365 81	F-statistic		622.137 0
Durbin-Watson stat	1.676 160	Prob(F-statistic)		0.000 000

根据回归输出结果中的参数估计值，可知 $1-\hat{\delta}=0.242\ 4$，据此可计算得原模型中的参数为

$$\hat{\delta} = 0.757\ 6$$
$$\hat{\beta}_0 = -14.512\ 6/\hat{\delta} = -14.534\ 4/0.757\ 6 = -19.185$$
$$\hat{\beta}_1 = 0.647\ 2/\hat{\delta} = 0.647\ 2/0.757\ 6 = 0.854\ 2$$

因此，原回归方程为

$$Y_t^* = -19.185 + 0.854\ 2X_t$$

由于模型中包含被解释变量的滞后项，因而无法用 DW 检验来检验自相关。这里采用 LM 检验，在上述回归模型的基础上，LM 检验结果（自相关阶数为 1）如表 9-7 所示。

表 9-7　LM 检验结果（自相关阶数为 1）

Breusch–Godfrey Serial Correlation LM Test			
F-statistic	1.566 984	Probability	0.227 596
Obs ∗ R-squared	1.772 322	Probability	0.183 095

显然，LM 统计量为 1.772 322，小于临界值 $\chi^2_{0.05}(1) = 3.84$（也可根据检验统计量的概率值 0.183 1＞0.05 判断）可知在 5% 的显著性水平下模型不存在一阶自相关。

（2）运用自适应预期 $X_t^* - X_{t-1}^* = \gamma(X_t - X_{t-1}^*)$（$0 \leqslant \gamma \leqslant 1$），可将模型变换为

$$Y_t = \gamma\beta_0 + \gamma\beta_1 X_t + (1-\gamma)Y_{t-1} + [\mu_t + (1-\gamma)\mu_{t-1}]$$

由于模型存在解释变量与随机干扰项的同期相关，因此需采用工具变量法进行估计，这里用 X_{t-1} 作为 Y_{t-1} 的工具变量。EViews 估计步骤如下：在 EViews 窗口选择"Quick\

Estimate Equation",在出现的对话框中输入"Y   C   X   Y(−1)"并在下面的"Estimate Setting"栏的"Methods"选项中选择"TSLS"(二阶段最小二乘法),在新出现的对话框中的"Instrument list"栏中输入"X   X(−1)",点击"OK",得输出结果如表 9-8 所示。

表 9-8   EViews 输出结果

Dependent Variable：Y

Method：Two-Stage Least Squares

Date：7/22/12 Time：23：22

Sample(adjusted)：1991 2011

Included observations：21 after adjusting endpoints

Instrument List：X X(−1)

Variable	Coefficient	Std. Error	t-Statistic	Prob.
C	−14. 122 79	5. 028 424	−2. 808 592	0. 011 6
X	0. 633 501	0. 112 109	5. 650 764	0. 000 0
Y(−1)	0. 259 093	0. 133 219	1. 944 868	0. 067 6

R-squared	0. 985 725	Mean dependent var		109. 691 9
Adjusted R-squared	0. 984 139	S. D. dependent var		51. 341 62
S. E. of regression	6. 465 957	Sum squared resid		752. 554 9
F-statistic	621. 416 1	Durbin-Watson stat		1. 698 526
Prob(F-statistic)	0. 000 000			

根据回归输出结果中的参数估计值,可知 $1-\hat{\gamma}=0.259\ 1$,据此可计算得原模型中的参数为

$$\hat{\beta}_0 = -14.122\ 8/\hat{\gamma} = -14.122\ 8/0.740\ 9 = -19.062$$

$$\hat{\beta}_1 = 0.633\ 5/\hat{\gamma} = 0.633\ 5/0.740\ 9 = 0.855\ 0$$

因此,原回归方程为

$$\hat{Y} = -19.062 + 0.855\ 0X_t^*$$

同样,应用 LM 检验随机干扰项的序列相关。在上述输出结果的基础上,一阶 LM 检验统计量的值为 5.717 344 大于临界值 $\chi_{0.05}^2(1)=3.84$,拒绝了模型中不存在一阶序列相关的原假设。

比较(1)中的模型和(2)中的模型,从参数估计值来看没有太大的区别,但从模型参数的显著性程度与拟合优度来看,(1)中的模型略优于(2)中的模型;另外,(1)中的模型经检验不存在序列相关,而(2)中存在序列相关;还有,(2)中的模型解释变量与随机干扰项存在同期相关,因此采用的是工具变量法,而工具变量法只能解决解释变量与随机干扰项相关对参数估计所造成的影响,但并没有解决随机干扰项的自相关问题。综上所述,(1)中的模型要好一些。

(3) 应用 EViews 软件。在 EViews 窗口选择"Quick\Group Statistics\Granger Causality Test",在出现的对话框中输入"Y   X",点击"OK"按钮,在随后出现的对话框

中输入滞后期数(这里从 1~6 分别输入,即做 6 次格兰杰因果检验),点击"OK",即可得到输出结果。表 9-9 是 6 次输出结果的汇总。

表 9-9 6 次输出结果的汇总

滞后期数	原假设	观测值个数	F 统计量	概率	AIC
1	X does not Granger Cause Y	21	31.906 1	0.000 02	6.840
	Y does not Granger Cause X		23.833 9	0.000 12	5.991
2	X does not Granger Cause Y	20	18.468 4	0.000 09	6.805
	Y does not Granger Cause X		13.165 3	0.000 50	6.003
3	X does not Granger Cause Y	19	6.162 0	0.008 87	6.938
	Y does not Granger Cause X		7.190 3	0.005 09	6.125
4	X does not Granger Cause Y	18	3.717 6	0.047 19	7.132
	Y does not Granger Cause X		4.446 8	0.029 46	6.329
5	X does not Granger Cause Y	17	2.288 5	0.171 24	7.370
	Y does not Granger Cause X		2.773 0	0.123 27	6.559
6	X does not Granger Cause Y	16	1.060 7	0.523 24	7.507
	Y does not Granger Cause X		3.072 1	0.192 55	5.809

从表中可以看出,随着滞后阶数的增加,Y 与 X 的格兰杰因果关系是变化的,当滞后期数小于 5 时,所有的检验都拒绝了原假设,认为 X 与 Y 是互为因果,但概率值越来越大;当滞后期数变为 5 和 6 时,即使在 10% 的显著性水平下,均不能拒绝原假设。具体应该用多长的滞后期,可以参考 AIC 统计量的值,当滞后期的增加不能显著降低 AIC 的值时,则应停止加入更长的滞后期。即应选择 AIC 值最小的模型进行判断。因此,在本题中,滞后期为 2 时,AIC 最小,并且此时两者互为因果关系。

➤ 本章小结

在经济活动中,广泛存在着时间滞后效应,即动态性。某些经济变量不仅受到同期各种因素的影响,而且也受到过去某些时期的各种因素甚至自身的过去值的影响。通常把这种过去时期的具有滞后作用的变量叫做滞后变量,含有滞后变量的模型称为滞后变量模型。滞后变量模型考虑了时间因素的作用,因而也称为动态模型。

一般来说,被解释变量与解释变量的因果关系不一定就在瞬时发生,可能存在时间上的滞后,这种被解释变量受到自身或另一解释变量的前几期值影响的现象称为滞后效应。在现实经济生活中,产生滞后效应的原因众多,从客观上讲,有技术方面和制度方面的原因,从主观方面讲,人们往往对于信息了解不全面,因而对于新的变化了的情况反应迟钝。

滞后变量模型的一般形式为

$$Y_t = \beta_0 + \beta_1 Y_{t-1} + \beta_2 Y_{t-2} + \cdots + \beta_q Y_{t-q} + \alpha_0 X_t + \alpha_1 X_{t-1} + \cdots + \alpha_s X_{t-s} + \mu_t$$

其中,q, s 为滞后时间间隔,称为滞后期,Y_{t-q} 为被解释变量 Y 的第 q 期滞后,X_{t-s} 为解释变量 X 的第 s 期滞后。由于模型既含有 Y 对自身滞后变量的回归,还包括解释变量 X 分布在不同时期的滞后变量,因此一般称为自回归分布滞后模型。若滞后期长度有限,称模型为有限自回归分布滞后模型;若滞后期长度无限,称模型为无限自回归分布滞后模型。

一、分布滞后模型

如果滞后变量模型中没有滞后被解释变量,仅有解释变量 X 的当期值及其若干期的滞后值,则称为分布滞后模型,也称为外生滞后变量模型。分布滞后模型的一般形式为

$$Y_t = \alpha + \beta_0 X_t + \beta_1 X_{t-1} + \beta_2 X_{t-2} + \cdots + \beta_s X_{t-s} + \mu_t$$

分布滞后模型的各系数体现了解释变量的当期值和各期滞后值对被解释变量的不同影响程度,因此也称为乘数,β_0 称为短期或即期乘数,表示本期 X 变化一个单位对 Y 平均值的影响程度。$\beta_i (i = 1, 2, \cdots, s)$ 称为动态乘数或延迟系数,表示各滞后期 X 的变动对 Y 的平均值影响的大小。$\sum\limits_{i=0}^{s} \beta_i$ 则称为长期或均衡乘数,表示 X 变动一个单位,由于滞后效应而形成的对 Y 平均值总影响的大小。滞后期 s 既可以是有限的,也可以是无限的。不过,为了避免 Y_t 的数值激增,我们假定 β 项之和为有限值,即 $\sum\limits_{i=0}^{s} \beta_i < \infty$。

分布滞后模型的参数估计具有一定的困难性。如果是无限期的分布滞后模型,由于样本观测值的有限性,使得无法直接对其进行估计。如果是有限期的分布滞后模型,普通最小二乘回归也会遇到如下问题:① 没有先验准则确定滞后期长度;② 如果滞后期较长,而样本数较小,将缺乏足够的自由度进行传统的统计检验;③ 同名变量滞后值之间可能存在高度的多重共线性。

为了避免这些困难,计量经济学家曾经提出过各种修正估计方法,这些方法的基本思想大致相同,即都是通过对各滞后变量加权,组成线性合成变量而有目的地减少滞后变量的数目,以缓解多重共线性,保证自由度。常见的方法如下。

1. 经验加权法

对于有限期分布滞后模型,往往根据实际问题的特点,以及人们的经验给各滞后变量指定权数,并按权数构成各滞后变量的线性组合,形成新的变量,建立新变量与被解释变量的回归模型,再用 OLS 法估计参数。权数的类型有递减型、矩型、倒"V"形。

2. 阿尔蒙多项式法

该方法的主要思想仍是针对有限滞后期模型,通过阿尔蒙变换,定义新变量,以减少解释变量个数,然后用 OLS 法估计参数。主要步骤如下。

第一步,阿尔蒙变换:对于分布滞后模型

$$Y_t = \alpha + \beta_0 X_t + \beta_1 X_{t-1} + \beta_2 X_{t-2} + \cdots + \beta_s X_{t-s} + \mu_t = \alpha + \sum_{i=0}^{s} \beta_i X_{t-i} + \mu_t$$

假定 $\beta_i = \sum\limits_{k=0}^{m} \alpha_k \cdot i^k (i = 0, 1, 2, \cdots, s)$。其中,$m < s$(阿尔蒙变换要求先验地确定适当阶数 m),取 $m = 2$ 时,有

$$Y_t = \alpha + \alpha_0 \sum_{i=0}^{s} X_{t-i} + \alpha_1 \sum_{i=0}^{s} i \cdot X_{t-i} + \alpha_2 \sum_{i=0}^{s} i^2 \cdot X_{t-i} + \mu_t$$

定义新变量 $W_{0t} = \sum\limits_{i=0}^{s} X_{t-i}$,$W_{1t} = \sum\limits_{i=0}^{s} i \cdot X_{t-i}$,$W_{2t} = \sum\limits_{i=0}^{s} i^2 \cdot X_{t-i}$

将原模型转换为 $Y_t = \alpha + \alpha_0 W_{0t} + \alpha_1 W_{1t} + \alpha_2 W_{2t} + \mu_t$

第二步,对变换后的模型进行 OLS 估计,得到参数估计值 $\hat{\alpha}_0, \hat{\alpha}_1, \hat{\alpha}_2$,再由阿尔蒙变换,求出滞后分布模型参数的估计值 $\hat{\beta}_0, \hat{\beta}_1, \cdots, \hat{\beta}_s$。

3. 科伊克方法

科伊克方法是将无限分布滞后模型转换为自回归模型,然后进行估计。具体做法是:设 $\beta_i = \gamma_0 \lambda^i (0 < \lambda < 1, \lambda$ 称为分布滞后衰减率),并将其代入原模型,得

$$Y_t = \alpha + \sum_{i=0}^{\infty} \beta_i X_{t-i} + \mu_t, 得 Y_t = \alpha + \gamma_0 \sum_{i=0}^{\infty} \lambda^i X_{t-i} + \mu_t$$

于是有 $Y_t - \lambda Y_{t-1} = (1-\lambda)\alpha + \gamma_0 X_t + \mu_t - \lambda\mu_{t-1}$,整理得科伊克模型的一般形式

$$Y_t = (1-\lambda)\alpha + \gamma_0 X_t + \lambda Y_{t-1} + \mu_t - \lambda\mu_{t-1}$$

设 $v_t = \mu_t - \lambda\mu_{t-1}, \alpha_0 = (1-\lambda)\alpha, \alpha_1 = \gamma_0, \alpha_2 = \lambda$,则模型变为

$$Y_t = \alpha_0 + \alpha_1 X_t + \alpha_2 Y_{t-1} + v_t$$

对此模型获得参数估计值 $\hat{\alpha}_0, \hat{\alpha}_1$ 和 $\hat{\alpha}_2$,进而可得

$$\hat{\lambda} = \hat{\alpha}_2, \hat{\alpha} = \hat{\alpha}_0/(1-\hat{\alpha}_2), \hat{\gamma}_0 = \hat{\alpha}_1$$

于是 $\hat{\beta}_i = \hat{\gamma}_0 \hat{\lambda}^i, i = 0, 1, 2, \cdots$

4. 帕斯卡方法

帕斯卡提出了一种变换方法。原模型 $Y_t = \alpha + \sum_{i=0}^{\infty} \beta_i X_{t-i} + \mu_t$ 可以写成以权数 ω_i 表示的形式

$$Y_t = \alpha + \beta \sum_{i=0}^{\infty} \omega_i X_{t-i} + \mu_t$$

该权数 $\omega_i = C_{i+r-1}^i (1-\lambda)^r \lambda^i = \frac{(i+r-1)!}{i!(r-1)!}(1-\lambda)^r\lambda^i$。其中,$\gamma$ 为先验的任意选择的某一正整数,λ 为待估参数。于是模型变为

$$Y_t = \alpha + \beta(1-\lambda)^r \sum_{i=0}^{\infty} C_{i+r-1}^i \lambda^i X_{t-i} + \mu_t$$

当 $\gamma=1$ 时,$\omega_i = (1-\lambda)\lambda^i$,则帕斯卡变换简化为科伊克几何分布变换。只要 $\gamma > 1$,形成的权数分布图就是"∧"形滞后分布。帕斯卡模型的参数估计要复杂得多,例如,$\gamma=2$ 时,帕斯卡模型变为

$$Y_t = \alpha(1-\lambda)^2 + \beta_0(1-\lambda)^2 X_t + 2\lambda Y_{t-1} - \lambda^2 Y_{t-2} + (\mu_t - 2\lambda\mu_{t-1} + \lambda^2\mu_{t-2})$$

这也是一个自回归模型。这个模型我们可以估计出它的参数,进而可估计出权数 ω_i。

二、自回归模型

如果滞后变量模型中的解释变量仅包含 X 的当期值与被解释变量 Y 的一个或多个滞后值,则称为自回归模型,也称为内生滞后变量模型。q 阶自回归模型的一般形式为

$$Y_t = \alpha_0 + \alpha_1 X_t + \sum_{i=1}^{q} \beta_i Y_{t-i} + \mu_t$$

而 $Y_t = \alpha_0 + \alpha_1 X_t + \alpha_2 Y_{t-1} + \mu_t$ 称为一阶自回归模型。

自回归模型是经济生活中更常见的模型。从上面的讨论中已看出,一个无限期分布滞后模型可以通过科伊克变换转化为自回归模型。事实上,许多滞后变量模型都可以转化为自回归模型,如自适应预期模型和局部调整模型。

对于自回归模型 $Y_t = \alpha_0 + \alpha_1 X_t + \sum_{i=1}^{q} \beta_i Y_{t-i} + \mu_t$,其参数估计时的主要问题在于,滞后被解释变量的存在可能导致它与随机干扰项相关以及随机干扰项出现序列相关性。因此,对自回归模型的估计主要需视滞后被解释变量与随机干扰项的不同关系进行估计。下面以一阶自回归模型为例说明其参数估计方法。

1. 工具变量法

对于一阶自回归模型 $Y_t = \alpha_0 + \alpha_1 X_t + \alpha_2 X_{t-1} + \mu_t$,若滞后被解释变量 Y_{t-1},与随机干扰项 μ_t 同期相关(如科伊克模型与自适应预期模型),则 OLS 估计是有偏的,并且不是一致估计。因此,对上述模型,通常采用工具变量法,即寻找一个新的经济变量 Z_t 作为工具变量进行估计。参数估计量具有一致性。

在实际估计中,一般用 $\hat{Y}_{t-1}$ 作为 Y_{t-1} 的工具变量。其中,$\hat{Y}_{t-1}$ 是 X 的若干滞后的线性组合 $\hat{Y}_{t-1} = \alpha_0 + \alpha_1 X_{t-1} + \alpha_2 X_{t-2} + \cdots + \alpha_s X_{t-s}$。由于模型已假设随机干扰项 μ_t 与解释变量 X 及其滞后项不存在相关性,因此 μ_t 与 $\hat{Y}_{t-1}$ 不再线性相关。一个更简单的情形是直接用 X_{t-1} 作为 Y_{t-1} 的工具变量。

2. 普通最小二乘法

若滞后被解释变量 Y_{t-1} 与随机干扰项 μ_t 同期无关(如局部调整模型),可直接使用 OLS 法进行估计,得到一致估计量。

三、格兰杰因果关系检验

自回归分布滞后模型旨在揭示某变量的变化受其自身及其他变量过去行为的影响。然而,许多经济变量有着相互的影响关系。那么,当两个变量间在时间上有先导-滞后关系时,能否从统计上考察这种关系是单向的还是双向的呢?格兰杰提出了一个简单的检验程序,即格兰杰因果关系检验。两变量 X 和 Y,先估计以下回归模型:

$$Y_t = \sum_{i=1}^{m} \alpha_i X_{t-i} + \sum_{i=1}^{m} \beta_i Y_{t-i} + \mu_{1t} \tag{9-42}$$

$$X_t = \sum_{i=1}^{m} \lambda_i Y_{t-i} + \sum_{i=1}^{m} \delta_i X_{t-i} + \mu_{2t} \tag{9-43}$$

可能存在四种结果:

(1) X 对 Y 有单向影响,即式(9-42)X 各滞后项前的参数整体不为零,而式(9-43)Y 各滞后项前的参数整体为零;

(2) Y 对 X 有单向影响,即式(9-43)Y 各滞后项前的参数整体不为零,而式(9-42)X 各滞后项前的参数整体为零;

(3) Y 与 X 间存在双向影响,即 Y 与 X 各滞后项前的参数整体不为零;

(4) Y 与 X 间不存在影响,即 Y 与 X 各滞后项前的参数整体为零。

假设针对 X 不是 Y 的格兰杰原因,即针对式(9-42)中 X 滞后项前的参数整体为零的假设,分别做包含与不包含 X 滞后项的回归,记前者的残差平方和为 RSS_U,后者的残

差平方和为 RSS_R;再计算 F 统计量

$$F = \frac{\dfrac{(\text{RSS}_R - \text{RSS}_U)}{m}}{\dfrac{\text{RSS}_U}{n-k}}$$

其中,m 为 X 的滞后项的个数,n 为样本容量,k 为包含 X 滞后项的回归模型的待估参数的个数。

如果计算的 F 值大于给定显著性水平 α 下 F 分布的相应的临界值 $F_\alpha(m, n-k)$,则拒绝原假设,即认为 X 是 Y 的格兰杰原因。

➤ 思考与练习

1. 什么是滞后现象? 产生滞后现象的原因主要有哪些?

2. 为什么要建立滞后变量模型?

3. 滞后变量模型有哪几种类型? 分布滞后模型使用 OLS 估计参数存在哪些问题? 可用何种方法进行估计?

4. 什么是经验加权估计法? 常见的权数有哪几种? 这种方法的特点是什么?

5. 科伊克模型、自适应预期模型和局部调整模型有何异同? 模型估计会存在哪些困难? 如何解决?

6. 考察以下分布滞后模型

$$Y_t = \alpha + \beta_0 X_t + \beta_1 X_{t-1} + \beta_2 X_{t-2} + \beta_3 X_{t-3} + \beta_4 X_{t-4} + \beta_5 X_{t-5} + \mu_t$$

假如用阿尔蒙 2 阶有限多项式变换估计这个模型后得

$$\hat{Y}_t = 0.85 + 0.50 W_{0t} + 0.45 W_{1t} - 0.10 W_{2t}$$

其中,$W_{0t} = \sum\limits_{i=0}^{5} X_{t-i}, W_{1t} = \sum\limits_{i=0}^{5} i \cdot X_{t-i}, W_{2t} = \sum\limits_{i=0}^{5} i^2 \cdot X_{t-i}$。

(1) 求原模型中各参数的估计值;

(2) 试估计 X 对 Y 的短期影响乘数和长期影响乘数。

第十章

时间序列分析

学习目的：理解平稳和非平稳时间序列的概念，掌握单位根检验和协整检验的方法，理解误差修正模型及其应用。

基本要求：理解平稳和非平稳时间序列，了解随机游走过程和弱相关序列；掌握单位根检验的 DF 检验和 ADF 检验的方法，了解单整、趋势平稳和差分平稳的概念；理解协整关系，并掌握两变量和多变量的恩格尔-格兰杰协整检验；学会误差修正模型的应用，了解误差修正模型与协整的关系，并掌握误差修正模型的估计；学会利用 EViews 软件进行 DF 和 ADF 单位根检验、协整检验以及误差修正模型的估计。

■ 第一节 时间序列分析概述

时间序列数据是按照时间顺序排列的，一个标有时间角标的随机变量序列可以称为一个随机过程（stochastic process）或时间序列过程（time series process）。时间序列是随机的，例如，我们不知道中国下一年的 GDP 增长会是多少，也不知道道琼斯工业指数下一个交易日收盘时会是多少。显然，经济时间序列满足作为随机过程的实现所要求的直观条件。

一、静态模型和动态模型

假设有两个变量 Y、X，一个静态模型为

$$Y_t = \beta_0 + \beta_1 X_t + \mu_t \quad (t = 1, 2, \cdots, n) \tag{10-1}$$

静态模型刻画了 Y 和 X 之间的同期关系，一般情况下，如果认为 X 在时间 t 的变化对 Y 有直接影响，便可以设定一个静态模型。例如，静态的菲利普斯曲线表示为

$$\inf_t = \beta_0 + \beta_1 \mathrm{unem}_t + \mu_t \tag{10-2}$$

其中,$\inf_t$ 是通货膨胀率,unem_t 是失业率,这种形式的菲利普斯曲线实际上假定自然失业率不变和固定的通货膨胀预期,可以用来研究同一时间内失业率和通货膨胀率之间的替代关系。

解释变量中包含有滞后效应的时间序列模型则是动态模型,例如,我们学习过的有限分布滞后模型(FDL)。

当时间序列模型满足第三章所述的五条经典假定,模型的 OLS 参数估计量是最佳线性无偏估计量。然而,对于时间序列模型而言,随机误差项序列无关、与解释变量不相关都是非常难以实现的,因此,有必要讨论参数估计量的大样本性质。

二、平稳、非平稳和弱相关时间序列

平稳过程(stationary process)是时间序列分析中一个非常重要的概念。平稳性是指时间序列的统计分布规律不随时间的推移而改变。平稳时间序列过程意味着,如果我们从这个序列中任取一个随机变量集,并把这个序列向前移动 h 个时期,那么其联合概率分布仍然保持不变。在实践操作层面上,如果我们想通过回归分析考察两个或者多个变量之间的关系,就需要假定某种跨时期的平稳性。平稳性的定义如下:

对于随机过程 $\{x_t : t=1,2,\cdots\}$,如果对于每一个时间指标集 $1 \leqslant t_1 < t_2 \cdots < t_m$ 和任意整数 $h \geqslant 1$,$(x_{t1}, x_{t2}, \cdots, x_{tm})$ 的联合分布都与 $(x_{t1+h}, x_{t2+h}, \cdots, x_{tm+h})$ 的联合分布相同,那么这个随机过程就是(严格)平稳的或强平稳。

弱平稳随机过程 $\{x_t\}$ 满足下列条件:

(1) 均值 $E(x_t) = \mu$ 是与时间 t 无关的常数;

(2) 方差 $\mathrm{var}(x_t) = \sigma^2$ 是与时间 t 无关的常数;

(3) 协方差 $\mathrm{cov}(x_t, x_{t+h}) = \gamma_h$ 是只与时间间隔 h 有关,与时间 t 无关的常数。只要时间序列满足严格平稳或弱平稳的任何一种定义,我们都称它是平稳的。

平稳性关系到一个过程在时间推移过程中的联合分布,而弱相关(weakly dependent)则是与平稳性完全不同的概念,随着随机变量 x_t 和 x_{t+h} 之间时间距离 h 的变大,弱相关对二者的相关程度施加限定。对于一个时间序列过程 $\{x_t : t=1,2,\cdots\}$,若随着 h 无限增大,x_t 和 x_{t+h} "近乎独立",则称之为弱相关。当 $h \rightarrow \infty$ 时 x_t 和 x_{t+h} 之间的相关性足够快地趋于零,弱平稳时间序列就是弱相关的。当 $h \rightarrow \infty$,$\mathrm{corr}(x_t, x_{t+h}) \rightarrow 0$,弱平稳序列是渐近不相关的。

弱相关对于回归分析非常重要,因为它取代了大数定律和中心极限定理成立的随机抽样假定。对于时间序列数据,中心极限定理要求平稳性和某种形式的弱相关,因此,在多元回归分析中使用平稳的弱相关的时间序列最为理想。不是弱相关的时间序列,往往会导致多元回归分析中的虚假回归问题。

一个独立序列无疑是弱相关序列,因此独立同分布序列是弱相关时间序列。最简单的随机时间序列是一个具有零期望同方差的独立同分布序列:$x_t = \mu_t$,$\mu_t \sim N(0, \sigma^2)$,该序列是一个白噪声(white noise)。白噪声序列具有相同的均值、方差,且协方差为零。因此,它也是平稳的。

白噪声定义：如果时间序列 $\{\varepsilon_t, t=1,2,\cdots\}$ 满足：(1) $E(\varepsilon_t)=0$；(2) $\mathrm{var}(\varepsilon_t)=\sigma_\varepsilon^2$；(3) $\mathrm{cov}(\varepsilon_t,\varepsilon_s)=0$，对于不同时点 $t\neq s$；则称 ε_t 为白噪声序列。弱相关序列的另一个例子是

$$x_t = \varepsilon_t + \alpha_1\varepsilon_{t-1} \quad (t=1,2,\cdots) \tag{10-3}$$

这个过程被称为一阶移动平均过程，表示为 MA(1)，其中，$\{\varepsilon_t: t=1,2,\cdots\}$ 均值为 0、方差为 σ_ε^2、相互独立且服从同一种分布（称为"独立同分布"），x_t 是 ε_t 和 ε_{t-1} 的一个加权平均。MA(1) 序列中相邻的两项之间是相关的，而序列中相隔距离在两期或两期以上时，它们又相互独立，实际上 MA(1) 是平稳的、弱相关序列。

弱相关序列的另一个更为常见的例子是

$$y_t = \rho_1 y_{t-1} + \varepsilon_t \quad (t=1,2,\cdots) \tag{10-4}$$

这个过程被称为一阶自回归过程，表示为 AR(1)，其中，序列的初始值是 $y_0(t=0)$，且 $\{\varepsilon_t: t=1,2,\cdots\}$ 是均值为 0、方差为 σ_ε^2 的独立同分布序列，ε_t 独立于 y_0，$E(y_0)=0$。AR(1) 过程弱相关的一个关键假定是平稳性条件（stability condition）$|\rho_1|<1$，一旦此条件满足，$\{y_t\}$ 就是一个平稳的 AR(1) 过程。

还有很多其他类型的弱相关时间序列，例如，包括自回归和移动平均过程的混合过程。

不平稳的随机过程则称为非平稳过程（nonstationary process）。例如，一个随机时间序列如果具有时间趋势，那么它显然是非平稳的，因为它的均值随时间在变化，但是时间趋势序列也可能是弱相关的。

随机游走（random walk）过程也是非平稳的，是单位根过程（unit root process）的一个特例。我们给出随机游走的定义，如 $\rho_1=1$ 的 AR(1) 过程

$$y_t = y_{t-1} + \varepsilon_t \quad (t=1,2,\cdots) \tag{10-5}$$

其中，假定扰动项 ε_t 是零均值、同方差 σ_ε^2 的独立同分布序列，还假定初值 y_0 是独立于 $\varepsilon_t(t\geq1)$ 的，那么该过程可以称为一个随机游走。

首先，求出随机游走过程 y_t 的期望值，利用反复迭代很容易得到

$$y_t = \varepsilon_t + \varepsilon_{t-1} + \cdots + \varepsilon_1 + y_0 \tag{10-6}$$

两边取期望值，得到

$$E(y_t) = E(\varepsilon_t) + E(\varepsilon_{t-1}) + \cdots + E(\varepsilon_1) + E(y_0), \forall t \geq 1 \tag{10-7}$$

因此，随机游走的期望值不取决于时间 t。但是，随机游走的方差却是随着时间而变化。假定 y_0 是非随机的，于是有 $\mathrm{var}(y_0)=0$，因为 ε_t 是独立同分布，则

$$\mathrm{var}(y_t) = \mathrm{var}(\varepsilon_t) + \mathrm{var}(\varepsilon_{t-1}) + \cdots + \mathrm{var}(\varepsilon_1) = t\sigma_\varepsilon^2 \tag{10-8}$$

因此，随机游走的方差是时间的线性函数，随着时间而递增，是一个非平稳过程。通常随机游走过程也包含了明显的趋势，如带漂移的随机游走（random walk with drift）

$$y_t = \alpha_0 + y_{t-1} + \varepsilon_t \quad (t=1,2,\cdots) \tag{10-9}$$

其中，误差项 ε_t 和 y_0 满足随机游走模型相同的性质，参数 α_0 被称为漂移项（drift term），带漂移随机游走则是单位根过程的另一个例子。通过反复迭代，我们可以计算 y_t 的期望值

$$y_t = \alpha_0 t + \varepsilon_t + \varepsilon_{t-1} + \cdots + \varepsilon_1 + y_0 \tag{10-10}$$

$$E(y_t) = \alpha_0 t + E(y_0) \tag{10-11}$$

y_t 的期望值具有一种线性时间趋势,若 $y_0 = 0$,则 $E(y_t) = \alpha_0 t$;若 $\alpha_0 > 0$, y_t 的期望值随时间而递增;若 $\alpha_0 < 0$, y_t 的期望值随时间而递减。y_t 的方差则与不带漂移项的纯粹随机游走过程的方差完全相同。可以证明,带或不带漂移项的随机游走过程也不具有弱相关性。

在研究某些时间序列问题的时候,由于经典线性模型的假定无法得到满足,在这种情况下,我们要借助于 OLS 的大样本性质,这里给出几个假定和主要结论。时间序列模型的形式为

$$Y_t = \beta_0 + \beta_1 X_{1t} + \cdots + \beta_k X_{kt} + \mu_t \tag{10-12}$$

假定模型满足如下条件:①解释变量是确定的,且多个解释变量之间不存在完全或高度的线性相关关系;②假定 $\{(X_t, Y_t): t = 1, 2, \cdots\}$ 是平稳和弱相关的;③扰动项是零条件均值,即 $E(\mu_t \mid X_t) = 0$;④解释变量 X_t 与扰动项 μ_t 同期无关;⑤模型设定的形式正确;那么,OLS 参数估计量是一致的。值得注意的是,这里的 OLS 参数估计量是一致的,但并不一定是无偏的。此外,这里弱化了解释变量必须外生给定的假设,而是转而要求时间序列是弱相关的。

而类似随机游走(带或不带漂移项)这样的单位根过程,在不满足上述假定的情况下,一旦用于回归分析,则可能导致误导性的结果。幸运的是,只要做一些简单变换,例如,差分变换就可以使单位根过程变成弱相关的过程,而且通常也是平稳的。

第二节　单位根检验

一、单位根检验

平稳过程被称为 0 阶单整,表示为 $I(0)$。在回归分析中利用 0 阶单整之前,没有必要对这种时间序列进行任何处理,这种序列的均值已经满足标准的极限定理。单位根过程,例如,随机游走(带或不带漂移项)被称为一阶单整,表示为 $I(1)$。一阶单整时间序列的一阶差分则是弱相关的,而且是平稳的,因此 $I(1)$ 时间序列常常被称为差分平稳过程(difference-stationary process)。如果一个序列在称为平稳序列之前必须经过 d 次差分,则该序列被称为 d 阶单整,表示为 $I(d)$。

我们现在介绍检验一个时间序列是否服从单位根过程的迪基-富勒检验法(Dicky-Fuller Test,DF 检验)。检验单位根的一种最简单方法是从 AR(1)模型开始

$$y_t = \alpha + \rho y_{t-1} + \varepsilon_t \quad (t = 1, 2, \cdots) \tag{10-13}$$

其中,y_0 为观测的初始值,假定 $E(\varepsilon_t \mid y_{t-1}, y_{t-2}, \cdots, y_0) = 0$。当且仅当 $\rho = 1$ 时 y_t 有单位根。若 $\alpha = 0$ 且 $\rho = 1$, y_t 便是一个不带漂移的随机游走。若 $\alpha \neq 0$ 且 $\rho = 1$,则 y_t 是带漂移的随机游走,这也意味着 $E(y_t)$ 是 t 的线性函数。于是,原假设是 y_t 有一个单位根

$$H_0 : \rho = 1,$$

通常,我们只选择单侧对立假设

$$H_1 : \rho < 1.$$

当 $|\rho| < 1$ 时，y_t 是一个平稳的 AR(1) 过程。

二、DF 检验

将式(10-13)的两边同时减去 y_{t-1}，并设 $\theta = \rho - 1$，可以得到

$$\Delta y_t = \alpha + \theta y_{t-1} + \varepsilon_t \qquad (10\text{-}14)$$

相对于备择假设 $H_1 : \theta < 0$ 检验原假设 $H_0 : \theta = 0$，当 H_0 成立时，y_{t-1} 是 $I(1)$。即使在大样本的条件下，此时 t 统计量也不再具有近似标准正态分布，而是服从 DF 分布。虽然不能使用通常的 t 分布临界值，但是在给出相应的临界值后，通常的 t 统计量仍然是可以使用的，由此得到的检验被称为单位根的 DF 检验。表 10-1 给出了不同显著性水平下的 DF 检验临界值，并给出大样本下通常的 t 分布临界值。如果 t 值小于临界值（单尾检验），则拒绝原假设 $H_0 : \theta = 0$，认为时间序列 y_t 不存在单位根，是平稳的。

表 10-1 DF 检验临界值

显著性水平	以下样本容量时 DF 检验临界值					t 分布临界值 $(n=\infty)$
	25	50	100	500	∞	
0.01	−3.75	−3.58	−3.51	−3.44	−3.43	−2.33
0.05	−3.00	−2.93	−2.89	−2.87	−2.86	−1.65
0.10	−2.63	−2.6	−2.58	−2.57	−2.57	−1.28

DF 检验假定时间序列是由具有白噪声随机误差项的一阶自回归过程 AR(1) 生成的。但在实际检验中，时间序列可能由更高阶的自回归过程生成，或者随机误差项并非是白噪声，用 OLS 法进行估计均会表现出随机误差项自相关，导致 DF 检验无效。如果时间序列含有明显的随时间变化的某种趋势（如上升或下降），也容易导致 DF 检验中的自相关随机误差项问题。因此，我们将 DF 检验扩展成 ADF 检验。

三、ADF 检验

通过包含更多的滞后期来扩展方程式(10-14)，可以很容易使得 Δy_t 服从一个 AR 模型。例如

$$\Delta y_t = \alpha + \theta y_{t-1} + \gamma_1 \Delta y_{t-1} + \varepsilon_t \qquad (10\text{-}15)$$

其中，$|\gamma_1| < 1$。这可以保证在原假设 $H_0 : \theta = 0$ 下，Δy_t 服从一个平稳的 AR(1) 模型。

我们可以在方程式(10-15)中引入 Δy_t 的 p 期滞后，可以不包含常数项，也可以包含常数项

$$\Delta y_t = \theta y_{t-1} + \sum_{i=1}^{p} \gamma_i \Delta y_{t-i} + \varepsilon_t \qquad (10\text{-}16)$$

$$\Delta y_t = \alpha + \theta y_{t-1} + \sum_{i=1}^{p} \gamma_i \Delta y_{t-i} + \varepsilon_t \qquad (10\text{-}17)$$

仍然对 θ 进行 t 检验,原假设和备择假设与 DF 检验相同,这种广义的形式被称为增广的迪基-富勒检验(augmented Dickey-Fuller test,ADF 检验)。引入 Δy_t 的 p 期滞后的目的是为了消除 Δy_t 中的序列相关,因此,滞后期阶数的确定要以随机项不存在序列相关为准则。如果增加的滞后期越多,将损失相应的观测值也越多,如果增加的滞后期太少,那么即使在渐进意义上,检验显著性水平也不正确。滞后期的长度往往可以由数据频率和样本容量决定,例如,年度数据一期或两期滞后就足够了,月度数据则可能包含 12 期滞后,但是并没有严格的硬性规定。

对于明显具有时间趋势的时间序列,我们需要在式(10-17)中也包含一个时间趋势项,为了分析具有时间趋势的序列,我们把式(10-17)变为

$$\Delta y_t = \alpha + \delta t + \theta y_{t-1} + \sum_{i=1}^{p} \gamma_i \Delta y_{t-i} + \varepsilon_t \tag{10-18}$$

原假设仍然是 $H_0 : \theta = 0$,备择假设是 $H_1 : \theta < 0$。

在实际应用中,我们通常从模型式(10-18)开始,然后是模型式(10-17)、模型式(10-16),何时检验拒绝原假设,何时停止检验,否则,就要继续检验,直到检验完模型式(10-17)为止。拒绝原假设,即表示原序列 y_t 不存在单位根,是一个平稳序列。检验原理与 DF 检验相同,只是这个三个模型的 ADF 检验都有各自相应的临界值表,参见表 10-2。

表 10-2 ADF 检验临界值

模型	样本容量	显著性水平			
		0.01	0.025	0.05	0.10
(10-16)	25	−2.66	−2.26	−1.95	−1.6
	50	−2.62	−2.25	−1.95	−1.61
	100	−2.6	−2.24	−1.95	−1.61
	250	−2.58	−2.23	−1.95	−1.61
	500	−2.58	−2.23	−1.95	−1.61
	>500	−2.58	−2.23	−1.95	−1.61
(10-17)	25	−3.75	−3.33	−3	−2.62
	50	−3.58	−3.22	−2.93	−2.6
	100	−3.51	−3.17	−2.89	−2.58
	250	−3.46	−3.14	−2.88	−2.57
	500	−3.44	−3.13	−2.87	−2.57
	>500	−3.43	−3.12	−2.86	−2.57
(10-18)	25	−4.38	−3.95	−3.6	−3.24
	50	−4.15	−3.8	−3.5	−3.18
	100	−4.04	−3.73	−3.45	−3.15
	250	−3.99	−3.69	−3.43	−3.13
	500	−3.98	−3.68	−3.42	−3.13
	>500	−3.96	−3.66	−3.41	−3.12

一个简单的检验过程可以这样进行,首先,同时估计出三个模型的适当形式,并确定滞后期的长度;然后通过 ADF 临界值表检验是否拒绝原假设 $H_0: \theta = 0$,只要其中有一个模型的检验结果拒绝了原假设,就可以认为时间序列是平稳的,当三个模型的检验结果都不能拒绝零假设时,则认为时间序列是非平稳的。

四、ADF 单位根检验在 Eviews 中的实现

例 10-1　从中国统计年鉴中获取名义 GDP 和 GDP 指数数据,然后计算得到 1978～2011 年实际 GDP 数据,见表 10-3,对实际 GDP 做 ADF 单位根检验。

表 10-3　1978～2011 年实际 GDP

年份	名义 GDP(按当年价格)/亿元	GDP 指数(1978 年为 100)	实际 GDP/亿元
1978	3 645.2	100.0	
1979	4 062.6	107.6	3 922.2
1980	4 545.6	116.0	4 228.4
1981	4 891.6	122.1	4 450.8
1982	5 323.4	133.1	4 851.8
1983	5 962.7	147.6	5 380.3
1984	7 208.1	170.0	6 196.8
1985	9 016.0	192.9	7 031.6
1986	10 275.2	210.0	7 654.9
1987	12 058.6	234.3	8540.7
1988	15 042.8	260.7	9 503.0
1989	16 992.3	271.3	9 889.4
1990	18 667.8	281.7	10 268.5
1991	21 781.5	307.6	11 212.6
1992	26 923.5	351.4	12 809.2
1993	35 333.9	400.4	14 595.4
1994	48 197.9	452.8	16 505.5
1995	60 793.7	502.3	18 309.8
1996	71 176.6	552.6	20 143.4
1997	78 973.0	603.9	22 013.4
1998	84 402.3	651.2	23 737.5
1999	89 677.1	700.9	25 549.2
2000	99 214.6	759.9	27 699.9
2001	109 655.2	823.0	30 000.0
2002	120 332.7	897.8	32 726.6
2003	135 822.8	987.8	36 007.3
2004	159 878.3	1 087.4	39 637.9
2005	184 937.4	1 210.4	44 121.5
2006	216 314.4	1 363.8	49 713.2
2007	265 810.3	1 557.0	56 755.8
2008	314 045.4	1 707.0	62 223.6
2009	340 506.9	1 862.5	67 891.9
2010	401 513	2 056.2	74 952.6
2011	471 564.0	2 245.4	81 849.3

　　由于 GDP 数据具有明显的时间趋势,我们首先检验模型式(10-18)。在 Eviews6 中点击菜单"Quick",选择"series statistics",进一步点击"unit root test",输入序列名称,在单位根检验选项中,test type 选择"Augmented Dickey-Fuller",test for unit root in 选择水平值"Level",检验方程包含"Trend and intercept"(趋势项和截距项),滞后期长度 Lag length 选择自动"Automatic selection",可以根据 SIC 或 AIC 指标让软件自动确定滞后期长度,得到表 10-4 的 ADF 检验结果。

表 10-4　实际 GDP 的 ADF 检验结果

Augmented Dickey-Fuller Unit Root Test on GDP

Null Hypothesis:GDP has a unit root

Exogenous:Constant,Linear Trend

Lag Length:1(Automatic based on SIC,MAXLAG=8)

		t-Statistic	Prob. *
Augmented Dickey-Fuller test statistic		1. 744 652	1. 000 0
Test critical values:	1% level	−4. 284 580	
	5% level	−3. 562 882	
	10% level	−3. 215 267	

　　* MacKinnon(1996)one-sided p-values.

Augmented Dickey-Fuller Test Equation

Dependent Variable:D(GDP)

Method:Least Squares

Date:02/10/12　Time:14:05

Sample(adjusted):1981 2011

Included observations:31 after adjustments

	Coefficient	Std. Error	t-Statistic	Prob.
GDP(−1)	0. 042 105	0. 024 134	1. 744 652	0 092 4
D(GDP(−1))	0. 536 485	0. 197 612	2. 714 844	0. 011 4
C	−101. 889 1	241. 846 9	−0. 421 296	0. 676 9
@TREND(1979)	19. 883 75	28. 794 47	0. 690 541	0. 495 7
R-squared	0. 947 686	Mean dependent var		2 503. 900
Adjusted R-squared	0. 941 873	S. D. dependent var		2 146. 672
S. E. of regression	517. 552 9	Akaike info criterion		15. 456 01
Sum squared resid	7 232 246	Schwarz criterion		15. 641 05
Log likelihood	−235. 568 2	Hannan-Quinn criter		15. 516 33
F-statistic	163. 037 1	Durbin-Watson stat		1. 756 544
Prob(F-statistic)	0. 000 000			

　　由表 10-4 可知,滞后期长度为一期,ADF 检验的 t 统计量均大于 1%、5%、10% 三个显著性水平下的临界值,P 值较大,不能拒绝 GDP 存在单位根的原假设,截距项和时间趋势项也并不显著。

　　我们接着尝试模型式(10-17),不包含时间趋势项,而包含截距项,使用类似的方法,结果仍然不能拒绝 GDP 存在单位根的原假设,截距项也不显著。最后我们尝试模型式(10-16),ADF 检验结果依然不能拒绝 GDP 存在单位根的原假设。由此,我们可以得知实际 GDP 是非平稳的时间序列。

最后,我们利用 GDP 的一阶差分和二阶差分进行 ADF 检验。此时,在软件的 Test for unit root in 选项上可以分别选择"1st difference"和"2nd difference"。同样完成三个模型的检验,结果我们发现,GDP 的一阶差分是非平稳的,GDP 的二阶差分则是平稳的时间序列,即实际 GDP 是 I(2) 过程。

五、趋势平稳和差分平稳

现实经济生活中只有少数经济指标的时间序列表现为平稳的,如利率等;大多数指标的时间序列是非平稳的,例如,以当年价表示的消费、收入等通常是 2 阶单整的,以不变价格表示的消费额、收入等常表现为 1 阶单整。大多数非平稳的时间序列一般可通过一次或多次差分的形式变为平稳的。但也有一些时间序列,无论经过多少次差分,都不能变为平稳的。这种序列被称为非单整的(non-integrated)。

含有 AR(1) 的随机过程如下式(10-19),如果 $\rho=1, \beta=0$,y_t 成为一带漂移的随机游走过程。根据 α 的正负,y_t 表现出明显的上升或下降趋势。这种趋势称为随机性趋势(stochastic trend)。如果 $\rho=0, \beta\neq0$,y_t 成为一带时间趋势的随机变化过程。根据 β 的正负,y_t 表现出明显的上升或下降趋势。这种趋势称为确定性趋势(deterministic trend)。如果 $\rho=1, \beta\neq0$,则 y_t 包含有确定性与随机性两种趋势。

$$y_t = \alpha + \beta t + \rho y_{t-1} + \varepsilon_t \quad (t = 1, 2, \cdots)$$ (10-19)

判断一个非平稳时间序列的趋势是随机性的还是确定性的,可通过 ADF 检验中所用的模型式(10-18)进行。该模型中已引入了表示确定性趋势的时间变量,即分离出了确定性趋势的影响。如果检验结果表明所给时间序列有单位根,且时间变量前的参数显著为零,则该序列显示出随机性趋势;如果没有单位根,且时间变量前的参数显著地异于零,则该序列显示出确定性趋势。具有随机性趋势的时间序列可通过差分的方法消除随机性趋势,称为差分平稳过程;具有确定性趋势的时间序列可通过除去趋势项消除确定性趋势,称为趋势平稳过程(trend stationary process)。

第三节 协整检验和误差修正模型

一、协整关系

将一个随机游走变量对另一个随机游走变量进行回归可能导致荒谬的结果,因为传统的显著性检验说明变量之间的关系事实上是不存在的,这就是为什么要检验一个变量是否是随机游走的一个原因。如果检验无法拒绝变量是随机游走的,则该变量用于回归之前应该进行差分。因为许多经济时间序列遵循随机游走,这就意味着在回归之前要对它们进行差分,然而,差分可能导致两个变量之间长期关系的信息损失。

那有没有对两个都是随机游走的变量进行回归,而不会造成荒谬结果的情形呢？我们的回答是肯定的,因为有时虽然两个变量都是随机游走,但它们的某个线性组合却可能是平稳的。例如,变量 y_t 和 x_t 是随机游走,但变量 $z_t = y_t - \lambda x_t$ 可能是平稳的。在这种情况下,我们称 y_t 和 x_t 是协整的(cointegrated),λ 称为协整参数。我们可以通过对 y_t 为被解释变量、x_t 为解释变量的回归方程进行 OLS 估计,并得到参数 λ 的估计。在协整关系成立的时候这里的 OLS 能够得到的一个一致的参数估计值。进而,这个回归的残差可用于检验 y_t 和 x_t 是否真的存在协整关系。协整理论的思想是,包含非平稳变量的均衡系统,必然意味着这些非平稳变量的某种线性组合是平稳的。

我们给出协整的定义:如果序列 $\{X_{1t}, X_{2t}, \cdots X_{kt}\}$ 都是 d 阶单整,存在向量 $\boldsymbol{\alpha} = (\alpha_1, \alpha_2, \cdots \alpha_k)$,使得 $z_t = \boldsymbol{\alpha} \boldsymbol{X}^T \sim I(d-b)$,其中,$b > 0$,$\boldsymbol{X} = (X_{1t}, X_{2t}, \cdots X_{kt})^T$,则认为序列 $\{X_{1t}, X_{2t}, \cdots X_{kt}\}$ 是 (d, b) 阶协整,记为 $\boldsymbol{X}_t \sim \boldsymbol{CI}(d, b)$,$\boldsymbol{\alpha}$ 为协整向量(cointegrated vector)。

如果两个变量都是单整变量,只有当它们的单整阶数相同时,才可能协整;如果它们的单整阶数不相同,就不可能协整。三个以上的变量,如果它们具有不同的单整阶数,有可能经过线性组合构成低阶单整变量。例如,假设 $W_t \sim I(1)$,$V_t \sim I(2)$,$U_t \sim I(2)$,有 $P_t = aV_t + bU_t \sim I(1)$,$Q_t = cW_t + eP_t \sim I(0)$,我们可以得到

$$V_t, U_t \sim CI(2, 1)$$

$$W_t, P_t \sim CI(1, 1)$$

假设我们已用前述的 DF 检验确定了 Y_t 和 X_t 遵循随机游走,而 ΔY_t 和 ΔX_t 是平稳的,则检验 Y_t 和 X_t 是否是协整的就很容易。首先用 OLS 法对回归方程(也称为协整回归方程)

$$Y_t = \alpha + \beta X_t + \mu_t \tag{10-20}$$

进行估计,式(10-20)中的随机扰动项也被称为非均衡误差(disequilibrium error)。然后,检验这个回归方程的残差是否是平稳的。如果 Y_t 和 X_t 不是协整的,则它们的任一线性组合都是非平稳的,因此残差将是非平稳的。具体而言,我们检验回归方程的残差是非平稳的假设,也就是检验 Y_t 和 X_t 不存在协整关系的假设。

由恩格尔和格兰杰研究出的协整理论非常重要,因为它的应用远远超出对线性回归的诊断。在许多情况下,经济理论告诉我们两个变量应该是协整的,对协整性的检验就是对经济理论正确性的检验。例如,尽管总消费和可支配收入都是随机游走,我们希望这两个变量长期而言是相关的,因此它们的某个线性组合应该是平稳的。

(d, d) 阶协整是一类非常主要的协整关系,它的经济意义在于:两个变量,虽然它们具有各自的长期波动规律,但是如果它们是 (d, d) 阶协整的,则它们之间存在着一个长期稳定的比例关系。例如,中国城镇居民的人均消费 CPC 和人均可支配收入 GDPPC,它们各自都是 2 阶单整,如果它们是 $(2, 2)$ 阶协整,说明它们之间存在着一个长期稳定的比例关系,从计量经济学模型的意义上讲,建立如下居民人均消费函数模型是合理的。

$$\mathrm{CPC}_t = \alpha_0 + \alpha_1 \mathrm{GDPPC}_t + \mu_t \tag{10-21}$$

尽管这两个时间序列是非平稳的,但是由于它们之间存在的协整关系,使得我们也可以采

用经典的回归分析方法建立回归模型。

二、协整检验

(一) 两变量的恩格尔-格兰杰检验

为了检验两变量 Y_t 和 X_t 是否存在协整关系,恩格尔和格兰杰于 1987 年提出了两步检验法,称为恩格尔-格兰杰检验,简称 EG 检验。两个变量要求是同阶单整,$I(d)$。

第一步,称为协整回归(cointegrating)或静态回归(static regression)。

用 OLS 方法估计方程 $Y_t = \alpha + \beta X_t + \mu_t$,并计算非均衡误差,得到

$$\hat{Y}_t = \hat{\alpha} + \hat{\beta} X_t$$

$$e_t = Y_t - \hat{Y}_t$$

第二步,检验 e_t 的单整性。如果 e_t 为平稳序列,则认为变量 Y_t, X_t 有 (d,d) 阶协整关系;如果 $e_t \sim I(d-b)$,$b>0$,即 e_t 单整阶数小于 d,则认为这两个变量存在 (d,b) 阶协整。

我们利用 DF 检验或 ADF 检验 e_t 的单整性,e_t 是回归计算出来的残差项,而不是真正的非均衡误差。表 10-5 给出了 e_t 平稳性检验的 ADF 临界值表。我们发现这个临界值比正常的 ADF 临界值还要小,因为 OLS 采用了残差平方和极小原理,θ 的估计量是向下偏倚的。为了证明协整的存在,我们必须得到一个比正常的 DF 与 ADF 临界值在绝对值上更大的 t 统计量。

表 10-5 双变量协整检验 ADF 临界值

显著性水平	以下样本容量时 ADF 临界值			
	25	50	100	∞
0.01	-4.37	-4.12	-4.01	-3.90
0.05	-3.59	-3.46	-3.39	-3.33
0.10	-3.22	-3.13	-3.09	-3.05

(二) 多变量扩展的恩格尔-格兰杰检验

多变量协整关系的检验比双变量复杂一些,主要在于协整变量之间可能存在多种稳定的线性组合。

假设有四个 $I(1)$ 变量 Z, X, Y, W,它们有如下长期均衡关系:

$$Z_t = \alpha_0 + \alpha_1 W_t + \alpha_2 X_t + \alpha_3 Y_t + \mu_t \tag{10-22}$$

非均衡误差项 μ_t 则应该是 $I(0)$ 序列

$$\mu_t = Z_t - \alpha_0 - \alpha_1 W_t - \alpha_2 X_t - \alpha_3 Y_t \tag{10-23}$$

然而,如果 Z 与 W,X 与 Y 之间分别存在长期均衡关系

$$Z_t = \beta_0 + \beta_1 W_t + v_{1t} \tag{10-24}$$

$$X_t = \gamma_0 + \gamma_1 Y_t + v_{2t} \tag{10-25}$$

则非均衡误差项 v_{1t}，v_{2t} 一定是稳定序列 $I(0)$。于是它们的任意线性组合也是稳定的。例如，$v_t = v_{1t} + v_{2t} = Z_t - \beta_0 - \gamma_0 - \beta_1 W_t + X_t - \gamma_1 Y_t$ 一定是 $I(0)$ 序列。

由于 v_t 同 μ_t 一样，也是 Z，X，Y，W 四个变量的线性组合，由此 v_t 式也成为该四变量的另一稳定线性组合。$(1, -\alpha_0, -\alpha_1, -\alpha_2, -\alpha_3)$ 是对应于 μ_t 式的协整向量，$(1, -\beta_0, -\gamma_0, -\beta_1, 1, -\gamma_1)$ 是对应于 v_t 式的协整向量。

对于多变量的协整检验过程，基本与双变量情形相同，即需检验变量的单整次数，以及是否存在稳定的线性组合。我们给出多变量扩展的恩格尔-格兰杰协整检验步骤：在检验是否存在稳定的线性组合时，需通过设置一个变量为被解释变量，其他变量为解释变量，进行 OLS 估计并检验残差序列是否平稳。如果不平稳，则需更换被解释变量，进行同样的 OLS 估计及相应的残差项检验。当所有的变量都被作为被解释变量检验之后，仍不能得到平稳的残差项序列，则认为这些变量间不存在协整关系。

检验残差项是否平稳的 ADF 检验临界值要比通常的 ADF 检验临界值小，而且该临界值还受到所检验的变量个数的影响。MacKinnon 通过模拟试验得到的多变量协整检验的临界值，由表 10-6 给出。

表 10-6 多变量协整检验 ADF 临界值

样本容量	变量数＝3 显著性水平			变量数＝4 显著性水平			变量数＝6 显著性水平		
	0.01	0.05	0.1	0.01	0.05	0.1	0.01	0.05	0.1
25	−4.92	−4.1	−3.71	−5.43	−4.56	−4.15	−6.36	−5.41	−4.96
50	−4.59	−3.92	−3.58	−5.02	−4.32	−3.98	−5.78	−5.05	−4.69
100	−4.44	−3.83	−3.51	−4.83	−4.21	−3.89	−5.51	−4.88	−4.56
∞	−4.30	−3.74	−3.45	−4.65	−4.1	−3.81	−5.24	−4.7	−4.42

三、误差修正模型

协整的概念不但使我们了解了两个或多个时间序列变量之间潜在的长期关系，也大丰富了我们可处理的动态模型的种类。误差修正模型（ECM）是一种具有特定形式的计量经济学模型，它的主要形式是由 Davidson、Hendry、Srba 和 Yeo 于 1978 年提出的，称为 DHSY 模型。误差修正模型的基本思想是，如果变量之间存在协整关系，即表明这些变量之间存在长期稳定关系，而这种长期稳定关系是在短期动态过程的不断调整下得以维持的，任何一组存在协整关系的时间序列变量都存在误差修正机制，反映短期的调节行为。我们考虑一个一元模型和一个自回归分布滞后模型

$$Y_t = \alpha_0 + \alpha_1 X_t + \mu_t \tag{10-26}$$

$$Y_t = \beta_0 + \beta_1 X_t + \beta_2 X_{t-1} + \delta Y_{t-1} + \mu_t \tag{10-27}$$

进行差分变换

$$\Delta Y_t = \beta_0 + \beta_1 \Delta X_t + (\beta_1 + \beta_2) X_{t-1} - (1-\delta) Y_{t-1} + \mu_t$$

$$= \beta_1 \Delta X_t - (1-\delta)\left[Y_{t-1} - \frac{\beta_0}{1-\delta} - \frac{\beta_1 + \beta_2}{1-\delta}X_{t-1}\right] + \mu_t \tag{10-28}$$

令 $\lambda = 1-\delta > 0$、$\alpha_0 = \beta_0/1-\delta$、$\alpha_1 = \beta_1 + \beta_2/1-\delta$，则上式可以简化为

$$\Delta Y_t = \beta_1 \Delta X_t - \lambda(Y_{t-1} - \alpha_0 - \alpha_1 X_{t-1}) + \mu_t \tag{10-29}$$

我们得到 Y 的变化取定于 X 的变化以及前一期的非均衡程度，式(10-29)即是一阶误差修正模型(first-order error correction model)的形式，可以简写为

$$\Delta Y_t = \beta_1 \Delta X_t - \lambda \mathrm{ecm}_{t-1} + \mu_t \tag{10-30}$$

ecm 是误差修正项，式(10-30)解释了 Y 的短期波动是如何决定的，一方面它受到解释变量短期波动 ΔX_t 的影响，另一方面则取决于 ecm。若 $t-1$ 时刻 Y 大于其长期均衡解 $\alpha_0 + \alpha_1 X$，那么意味着前一期的 Y 已经超过了均衡水平，ecm 为正，则 $-\lambda$ecm 为负，使得 ΔY_t 减少，误差修正项会把 Y 往回拉，使它回到均衡水平；若 $t-1$ 时刻 Y 小于其长期均衡解 $\alpha_0 + \alpha_1 X$，ecm 为负，则 $-\lambda$ecm 为正，使得 ΔY_t 增大，误差修正项就会使 Y 朝着返回均衡的方向有一个正的变化，这正好体现了长期非均衡误差对短期变化的控制。

对于模型式(10-27)，如果 Y 和 X 都是 $I(1)$ 序列，则式(10-30)中 ΔY_t 和 ΔX_t 都应该是平稳序列，即 $I(0)$。所以，只有 ecm_{t-1} 也是 $I(0)$，等式才成立，故序列 Y 和 X 都是协整的。这是协整与误差修正模型 ECM 的关系。

误差修正模型具有以下优点：一阶差分项的使用消除了变量可能存在的趋势因素，从而避免了虚假回归问题；一阶差分项的使用也消除模型可能存在的多重共线性问题；误差修正项的引入保证了变量水平值的信息没有被忽视；由于误差修正项本身的平稳性，使得该模型可以用经典的回归方法进行估计，尤其是模型中差分项可以使用通常的 t 检验与 F 检验来进行选取，等等。

恩格尔与格兰杰于 1987 年提出如果变量 X 与 Y 是协整的，则它们之间的短期非均衡关系总能由一个误差修正模型表述

$$\Delta Y_t = \mathrm{lagged}(\Delta Y, \Delta X) - \lambda \mathrm{ecm}_{t-1} + \mu_t \tag{10-31}$$

这就是格兰杰表述定理(Granger representation theorem)，模型式(10-31)中没有明确指出 Y 与 X 的滞后项数，它可以包含多阶滞后，又由于一阶差分项是 $I(0)$ 变量，因此模型中允许采用 X 的非滞后差分项 ΔX_t。多变量误差修正模型的建立也可以与双变量类似。

误差修正模型的建立一般遵循以下几个步骤：首先对经济系统进行观察和分析，提出长期均衡关系假设；然后对变量进行协整分析，以发现变量之间的协整关系，即检验长期均衡关系假设，并以这种关系构成误差修正项；最后建立短期模型，将误差修正项看做一个解释变量，连同其他反映短期波动的解释变量一起，建立短期模型，即误差修正模型。

关于误差修正模型的估计一般采用恩格尔-格兰杰两步法(Engle-Granger two-step procedure)。

第一步，利用 OLS 法进行协整回归，检验变量间的协整关系，估计协整向量(长期均衡关系参数)。

第二步,若协整关系存在,则以第一步求到的残差作为非均衡误差项带入到误差修正模型中,并用 OLS 法估计相应参数。

需要注意的是,在进行变量间的协整检验时,如有必要可在协整回归式中加入趋势项,这时,对残差项的稳定性检验就无须再设趋势项。另外,第二步中变量差分滞后项的多少,可以依照残差项序列是否存在自相关性来判断,如果存在自相关,则应加入变量差分的滞后项。

■ 第四节 案例分析

一、问题的提出

利用 1980～2011 年中国城镇居民人均消费性支出 Y_t、城镇居民年人均可支配收入 X_t 和城镇居民消费价格指数 CPI_t 的数据,以年人均消费性支出为被解释变量,要求对 Y_t、X_t 和 CPI_t 做单位根检验、协整检验,并建立关于城镇居民人均消费性支出与可支配收入和消费价格指数之间的误差修正模型。

二、数据

表 10-7 给出了 1980～2011 年中国城镇居民人均消费性支出和城镇居民年人均可支配收入的名义数据及经城镇居民消费价格指数调整后的实际数据。

表 10-7 1980～2011 年中国城镇居民人均消费性支出 Y_t 和城镇居民年人均可支配收入 X_t

年份	实际 Y_t	实际 X_t	名义 Y_t	名义 X_t	价格指数 CPI_t(1978 年为 100)
1980	376.66	436.16	412.44	477.6	109.5
1981	407.17	445.99	456.84	500.4	112.2
1982	411.71	467.92	471	535.3	114.4
1983	433.52	483.80	505.92	564.6	116.7
1984	466.59	543.87	559.44	652.1	119.9
1985	501.64	550.75	673.2	739.1	134.2
1986	556.38	627.37	798.96	900.9	143.6
1987	566.20	641.55	884.4	1 002.1	156.2
1988	585.67	626.10	1 103.98	1 180.2	188.5
1989	552.44	626.78	1 210.95	1 373.9	219.2
1990	576.08	680.27	1 278.89	1 510.2	222
1991	623.15	728.93	1 453.81	1 700.6	233.3
1992	659.72	799.76	1 671.73	2 026.6	253.4
1993	717.47	876.07	2 110.81	2 577.4	294.2
1994	775.24	950.57	2 851.34	3 496.2	367.8
1995	823.46	996.97	3 537.57	4 283	429.6

续表

年份	实际 Y_t	实际 X_t	名义 Y_t	名义 X_t	价格指数(1978 年为 100)
1996	838.57	1 035.28	3 919.47	4 838.9	467.4
1997	868.57	1 070.82	4 185.64	5 160.3	481.9
1998	904.30	1 132.59	4 331.6	5 425.1	479
1999	976.29	1 238.16	4 615.9	5 854	472.8
2000	1 048.68	1 317.67	4 998	6 280	476.6
2001	1 106.27	1 429.38	5 309	6 859.6	479.9
2002	1 269.18	1 621.30	6 029.88	7 702.8	475.1
2003	1 358.14	1 767.25	6 510.94	8 472.2	479.4
2004	1 450.34	1 902.58	7 182.1	9 421.6	495.2
2005	1 578.79	2 085.67	7 942.88	10 493.0	503.1
2006	1 703.20	2 303.07	8 696.55	11 759.5	510.6
2007	1 873.59	2 583.55	9 997.47	13 785.8	533.6
2008	1 995.18	2 800.49	11 242.85	15 780.8	563.5
2009	2 196.37	3 075.69	12 264.55	17 174.7	558.4
2010	2 337.50	3 315.81	13 471	19 109	576.3
2011	2 498.52	2 594.27	15 161	21 810	606.8

三、协整检验

运用 EViews 软件进行实际变量的协整检验,步骤如下。

(1) 建立 Workfile 工作文件,并输入数据,这里不再赘述。

(2) 建立 Y_t 和 X_t 两个时间序列的趋势图,在包含两个时间序列数据的 group 中,点击菜单"View",选择"graph",在"type"中选择"Line & Symbol",在"Line/Symbol"中可以确定两个序列的线型"Line pattern"和"Symbol",得到趋势图 10-1。我们发现,经过指数调整的城镇居民人均消费性支出和可支配收入之间具有大致相同的增长和变化趋势。

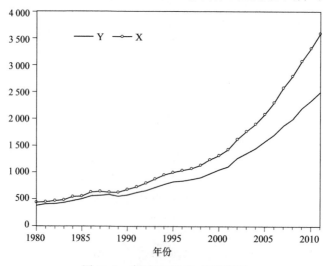

图 10-1　序列 Y_t 和 X_t 的趋势图

（3）分别对序列 Y_t、X_t 和 CPI$_t$ 进行单整检验，这里采用 ADF 检验，从模型式(10-18)开始，然后是模型式(10-17)、模型式(10-16)，何时检验拒绝原假设，何时停止检验，否则，就要继续检验，直到检验完模型式(10-16)为止。

打开序列 Y_t，点击"View"，选择"Unit root test"，首先确定 ADF test，水平值 Level，包含 Trend and intercept，利用 AIC 指标自动选择滞后期长度，得到表 10-8。

表 10-8　实际 Y 的 ADF 检验结果(含趋势项和截距项)

		t-Statistic	Prob. *
Augmented Dickey-Fuller test statistic		2.704 450	1.000 0
Test critical values：	1% level	−4.284 580	
	5% level	−3.562 882	
	10% level	−3.215 267	

* MacKinnon(1996)one-sided p-values

然后，选择包含 Intercept，得到表 10-9。

表 10-9　实际 Y 的 ADF 检验结果(含截距项)

		t-Statistic	Prob. *
Augmented Dickey-Fuller test statistic		9.461 028	1.000 0
Test critical values：	1% level	−3.661 661	
	5% level	−2.960 411	
	10% level	−2.619 160	

* MacKinnon(1996)one-sided p-values

接着，既不包含趋势项，又不包含截距项，选择"None"，得到表 10-10。

表 10-10　实际 Y 的 ADF 检验结果(不含趋势项和截距项)

		t-Statistic	Prob. *
Augmented Dickey-Fuller test statistic		15.726 04	1.000 0
Test critical values：	1% level	−2.641 672	
	5% level	−1.952 066	
	10% level	−1.610 400	

* MacKinnon(1996)one-sided p-values

将 ADF 检验统计量与相应的临界值比较、并由 P 值可以得出实际 Y_t 是非平稳序列，进一步利用其一阶差分值进行 ADF 检验，得到表 10-11。由此可知，实际 Y_t 的一阶差分序列是平稳的，即实际 Y_t 为一阶单整序列。

表 10-11　实际 Y 一阶差分的 ADF 检验结果(含趋势项和截距项)

		t-Statistic	Prob. *
Augmented Dickey-Fuller test statistic		−4.383 604	0.008 2
Test critical values:	1% level	−4.296 729	
	5% level	−3.568 379	
	10% level	−3.218 382	

* MacKinnon(1996)one-sided p-values

　　类似上述步骤,可以对实际 X_t 和 CPI_t 的水平值和差分值做 ADF 检验,不再赘述。我们得到的结论是实际 X_t 是非平稳的,实际 X_t 是 I(2)序列,CPI_t 是 I(1)序列。

　　(4) 用 OLS,实际 Y_t 对实际 X_t 和 CPI_t 进行回归,得到残差序列,并做出残差序列的趋势图,如图 10-2 所示。

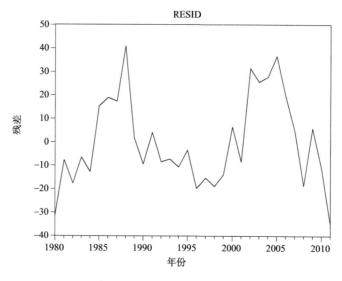

图 10-2　残差序列的趋势图

　　(5) 新生成一个序列以保存残差,可以利用命令:series E=resid,然后对序列 E 做单位根检验,ADF 检验结果见表 10-12。可以认为估计的残差序列 E 为平稳序列,进而得到序列实际 Y_t、实际 X_t 和 CPI_t 具有协整关系。

表 10-12　序列 E 的 ADF 检验结果(不含趋势项和截距项)

		t-Statistic	Prob. *
Augmented Dickey-Fuller test statistic		−2.969 019	0.052 4
Test critical values:	1% level	−7.737 853	
	5% level	−2.991 878	
	10% level	−2.635 542	

* MacKinnon(1996)one-sided p-values

四、误差修正模型

由于实际 Y_t 和实际 X_t、CPI$_t$ 具有协整关系,故可以建立 ECM。先定义误差修正项,以实际 Y_t 为被解释变量,实际 X_t 和 CPI 为解释变量,利用 OLS 回归,得到

$$\hat{Y}_t = 107.21 + 0.64X_t + 0.18CPI_t$$

利用 gene 命令定义误差修正项

$$ecm = -107.21 + Y(-1) - 0.64 * X(-1) - 0.18 * CPI(-1)$$

注意,我们可以将 ecm 中的常数项放入误差修正模型中,即让误差修正模型包含一个常数项。

生成 ecm 序列后,点击菜单"Quick",选择"Estimate equation",输入"d(Y) d(X) d(CPI) ECM",估计方法选择 OLS,其中 $d(\ )$ 是差分表达式,误差修正模型的估计结果见表 10-13。

表 10-13　ECM 估计结果

Dependent Variable:D(Y)
Method:Least Squares
Date:02/15/13　Time:20:31
Sample(adjusted):1981 2011
Included observations:29 after adjustments

	Coefficient	Std. Error	t-Statistic	Prob.
D(X)	0.668 919	0.026 008	25.720 05	0.000 0
D(CPI)	0.069 710	0.130 748	0.533 162	0.598 1
ECM	−0.433 419	0.159 586	−2.715 898	0.011 2
R-squared	0.926 529	Mean dependent var		68.447 10
Adjusted R-squared	0.921 281	S. D. dependent var		56.983 98
S. E. of regression	15.987 93	Akaike info criterion		8.473 311
Sum squared resid	7157.193	Schwarz criterion		8.612 084
Log likelihood	−128.336 3	Hannan-Quinn criter.		8.518 548
		Durbin-Watson stat		2.032 305

我们可以发现 ECM 模型的拟合优度很高,DW 在 2 附近,效果不错,ecm 前面的系数反映了城镇居民收入和支出之间的短期波动偏离长期均衡关系的程度。

我们也可以利用模型式(10-27)来估计,这是一个(1,1)阶的自回归分布滞后模型,在 Estimate equation,输入"Y C Y(−1) X X(−1)CPI CPI(−1)",估计结果与表 10-13 误差修正模型的估计结果是等价的,在实际预测时使用(1,1)阶的自回归分布滞后模型会比较方便。

➢ 本章小结

平稳过程是时间序列分析中一个非常重要的概念,平稳时间序列过程意味着,如果我

们从这个序列中任取一个随机变量集,并把这个序列向前移动 h 个时期,那么其联合概率分布仍然保持不变。在实践操作层面上,如果我们想通过回归分析考察两个或者多个变量之间的关系,就需要假定某种跨时期的平稳性。平稳性的定义如下:

对于随机过程 $\{x_t: t=1,2,\cdots\}$,如果对于每一个时间指标集 $1 \leq t_1 < t_2 \cdots < t_m$ 和任意整数 $h \geq 1$,$(x_{t1}, x_{t2}, \cdots, x_{tm})$ 的联合分布都与 $(x_{t1+h}, x_{t2+h}, \cdots, x_{tm+h})$ 的联合分布相同,那么这个随机过程就是严格平稳的。弱平稳随机过程的均值、方差是与时间无关的常数,协方差只与时间间隔 h 有关。只要严格平稳或弱平稳的任何一种定义满足,都可以称为平稳性。对于一个时间序列过程 $\{x_t: t=1,2,\cdots\}$,若随着 h 无限增大,x_t 和 x_{t+h} "近乎独立",则称之为弱相关。在多元回归分析中使用平稳的、弱相关的时间序列最为理想。不是弱相关的时间序列,往往会导致多元回归分析中的虚假回归问题。MA(1)是平稳的、弱相关序列。AR(1)过程弱相关的一个关键假定是稳定性条件 $|\rho_1| < 1$,一旦此条件满足,$\{y_t\}$ 就是一个平稳的 AR(1)过程。

不平稳的随机过程则称为非平稳过程,例如,随机游走过程就是非平稳的,它是单位根过程的一个特例。而类似随机游走(带或不带漂移项)这样的单位根过程,一旦用于回归分析,则可能导致误导性的结果,幸运的是,只要做一些简单变换如差分,就可以使单位根过程变成弱相关的过程,而且通常是平稳的。

平稳过程被称为 0 阶单整,表示为 $I(0)$。在回归分析中利用 0 阶单整之前,没有必要对这种时间序列进行任何处理,这种序列的均值已经满足标准的极限定理。单位根过程,例如,随机游走(带或不带漂移项)被称为一阶单整,表示为 $I(1)$。一阶单整时间序列的一阶差分则是弱相关的,而且通常是平稳的,因此 $I(1)$ 时间序列常常被称为差分平稳过程。如果一个序列在称为稳定序列之前必须经过 d 次差分,则该序列被称为 d 阶单整,表示为 $I(d)$。

检验一个时间序列是否服从单位根过程的有 DF 检验法和 ADF 检验法。关于 ADF 检验有三个方程:①$\Delta y_t = \alpha + \theta y_{t-1} + \gamma_1 \Delta y_{t-1} + \varepsilon_t$;②$\Delta y_t = \theta y_{t-1} + \sum_{i=1}^{p} \gamma_i \Delta y_{t-i} + \varepsilon_t$;③$\Delta y_t = \alpha + \theta y_{t-1} + \sum_{i=1}^{p} \gamma_i \Delta y_{t-i} + \varepsilon_t$。在实际应用中,我们通常从模型③开始,然后是模型②、模型①,何时检验拒绝原假设 $H_0: \theta = 0$,何时停止检验,否则,就要继续检验,直到检验完模型①为止。拒绝原假设,即表示原序列 y_t 不存在单位根,是一个平稳序列。一个简单的检验过程可以这样进行,首先,同时估计出三个模型的适当形式,并确定滞后期的长度;然后通过 ADF 临界值表检验是否拒绝原假设 $H_0: \theta = 0$,只要其中有一个模型的检验结果拒绝了原假设,就可以认为时间序列是平稳的,当三个模型的检验结果都不能拒绝零假设时,则认为时间序列是非平稳的。

有时虽然两个变量都是随机游走,但它们的某个线性组合却可能是平稳的。例如,变量 y_t 和 x_t 是随机游走,但变量 $z_t = y_t - \lambda x_t$ 可能是平稳的。在这种情况下,我们称 y_t 和 x_t 是协整的,λ 称为协整参数。我们可以通过对 y_t 为被解释变量,x_t 为解释变量的回归方程进行 OLS 估计,并得到参数 λ 的估计,在协整关系成立的时候这里的 OLS 能够得到一个一致的参数估计值。进而,这个回归的残差可用于检验 y_t 和 x_t 是否真的存在协整关系。我们给出协整的定义:如果序列 $\{X_{1t},X_{2t},\cdots,X_{kt}\}$ 都是 d 阶单整,存在向量 $\boldsymbol{\alpha}=(\alpha_1,\alpha_2,\cdots,\alpha_k)$,使得 $z_t=\boldsymbol{\alpha}\boldsymbol{X}^{\mathrm{T}}\sim I(d-b)$,其中,$b>0$,$\boldsymbol{X}=(X_{1t},X_{2t},\cdots X_{kt})^{\mathrm{T}}$,则认为序列 $\{X_{1t},X_{2t},\cdots X_{kt}\}$ 是 (d,b) 阶协整,记为 $\boldsymbol{X}_t\sim\boldsymbol{CI}(d,b)$,$\boldsymbol{\alpha}$ 为协整向量。

如果两个变量都是单整变量,只有当它们的单整阶数相同时,才可能协整;如果它们的单整阶数不相同,就不可能协整。三个以上的变量,如果它们具有不同的单整阶数,有可能经过线性组合构成低阶单整变量。(d,d) 阶协整是一类非常主要的协整关系,它的经济意义在于:两个变量,虽然具有各自的长期波动规律,但是如果它们是 (d,d) 阶协整的,则它们之间存在着一个长期稳定的比例关系。检验两变量 Y_t 和 X_t 是否存在协整关系,恩格尔和格兰杰于 1987 年提出了两步检验法,称为恩格尔-格兰杰检验,简称 EG 检验。多变量扩展的恩格尔-格兰杰协整检验步骤是:在检验是否存在稳定的线性组合时,需通过设置一个变量为被解释变量,其他变量为解释变量,进行 OLS 估计并检验残差序列是否平稳。如果不平稳,则需更换被解释变量,进行同样的 OLS 估计及相应的残差项检验。当所有的变量都被作为被解释变量检验之后,仍不能得到平稳的残差项序列,则认为这些变量间不存在协整关系。

协整的概念不但使我们了解了两个或多个时间序列变量之间潜在的长期关系,也大大地丰富了我们可处理的动态模型的种类。误差修正模型(ECM)是一种具有特定形式的计量经济学模型:$\Delta Y_t=\beta_1\Delta X_t-\lambda\mathrm{ecm}_{t-1}+\mu_t$,ecm 是误差修正项。误差修正模型的估计一般采用恩格尔-格兰杰两步法。第一步,利用 OLS 进行协整回归,检验变量间的协整关系,估计协整向量(长期均衡关系参数);第二步,若协整关系存在,则以第一步求到的残差作为非均衡误差项带入到误差修正模型中,并用 OLS 估计相应参数。

➤ 思考与练习

1. 对时间序列进行分析,为什么提出平稳性问题?

2. 简述模型出现的"虚假回归"的含义。

3. 什么是平稳、弱相关。为什么随机游走过程是非平稳的?

4. 简述单位根 ADF 检验的基本步骤。

5. 简述多变量扩展的恩格尔-格兰杰协整关系检验。

6. 简述误差修正模型估计的恩格尔-格兰杰两步法。

7. 假设 $\{y_t\}$ 和 $\{z_t\}$ 都是 $I(1)$ 序列,但是对于某个 $\beta\neq0$,$y_t-\beta z_t$ 是 $I(0)$。证明对于任何 $\delta\neq\beta$,$y_t-\delta z_t$ 一定是 $I(1)$。

8. 假设过程 $\{(x_t,y_t):t=0,1,2,\ldots\}$ 满足以下两个方程:

$$y_t=\beta x_t+u_t$$

和 $\Delta x_t=\gamma\Delta x_{t-1}+v_t$,

其中,$E(u_t\mid I_{t-1})=E(v_t\mid I_{t-1})=0$,$I_{t-1}$ 包含 x 和 y 在 $t-1$ 期及此前的所有信息,$\beta\neq0$ 且 $|\gamma|<1$。证明:这两个方程意味着如下形式的一个误差修正模型:

$$\Delta y_t=\gamma_1\Delta x_{t-1}+\delta(y_{t-1}-\beta x_{t-1})+\varepsilon_t$$

其中,$\gamma_1=\beta\gamma$,$\delta=-1$,$\varepsilon_t=u_t+\beta v_t$。

9. 一个局部调整模型如下：

$$y_t^* = \gamma_0 + \gamma_1 x_t + \varepsilon_t$$

$$y_t - y_{t-1} = \lambda(y_t^* - y_{t-1}) + a_t$$

其中，y_t^* 为最优存货水平；y_t 为实际观测水平；x_t 为该公司销售量。参数 γ_1 衡量了 x_t 对 y_t^* 的影响。第二个方程描述了如何依据 t 期存货的最优水平与前一期存货的实际水平来调整 t 期存货的实际水平，参数 λ 度量了调整的速度，且满足 $0<\lambda<1$。

（1）将第一个方程中的 y_t^* 代入第二个方程，证明可以得到

$$y_t = \beta_0 + \beta_1 y_{t-1} + \beta_2 x_t + u_t$$

请用 γ_j 和 λ 来表示 β_j，用 ε_t 和 a_t 来表示 u_t。因此，由局部调整模型推出一个有滞后因变量和同期 x 的模型。

（2）如果 $E(e_t \mid x_t, y_{t-1}, x_{t-1}, \cdots) = E(a_t \mid x_t, y_{t-1}, x_{t-1}, \cdots) = 0$，而且所有序列都是弱相关的，那么如何估计 β_j？

（3）如果 $\hat{\beta}_1 = 0.7$ 且 $\hat{\beta}_2 = 0.2$，那么 γ_j 和 λ 的估计值等于多少？

第十一章

联立方程模型

学习目的:理解和掌握联立方程计量经济学模型的相关知识,学会运用联立方程计量经济学模型描述和分析经济系统中变量之间的复杂关系。

基本要求:理解和掌握内生变量、先决变量、随机方程、恒等方程、结构式模型、简化式模型等联立方程计量经济学模型的相关概念;了解联立方程计量经济学模型的矩阵表示;理解和掌握识别的定义及类型,学会应用秩条件、阶条件进行识别性的判断;了解间接最小二乘法、两阶段最小二乘法的基本思想以及间接最小二乘估计量、两阶段最小二乘估计量的性质;学会运用 EViews 软件进行联立方程计量经济学模型的参数估计。

第一节 联立方程模型概述

一、联立方程模型的提出

前面学习的单方程模型,是描述经济变量之间单向因果关系的计量经济学模型。但经济现象本身是错综复杂的,经济系统中,许多变量之间存在交错的双向或多向的因果关系,需要由多个方程来描述。例如,考察宏观经济系统中各经济变量之间的关系时,在假定进出口平衡情况下,根据经济理论,居民消费总额 C_t、投资总额 I_t 主要取决于国内生产总值 Y_t,同时又与政府购买 G_t 一起决定国内生产总值 Y_t,需建立宏观经济模型如下:

$$\left.\begin{array}{l} C_t = \alpha_0 + \alpha_1 Y_t + \mu_{1t} \\ I_t = \beta_0 + \beta_1 Y_t + \beta_2 Y_{t-1} + \mu_{2t} \\ Y_t = C_t + I_t + G_t \end{array}\right\} \tag{11-1}$$

又如,考察商品的市场局部均衡时,根据经济理论,商品需求 D_t 主要取决于市场价格 P_t 和消费者收入 Y_t,商品供给 S_t 主要取决于市场价格 P_t 和前一期的市场价格 P_{t-1},需建立商品的市场局部均衡模型如下:

$$
\left.\begin{array}{l}
D_t = \alpha_0 + \alpha_1 P_t + \alpha_2 Y_t + \mu_{1t} \\
S_t = \beta_0 + \beta_1 P_t + \beta_2 P_{t-1} + \mu_{2t} \\
D_t = S_t
\end{array}\right\} \tag{11-2}
$$

由多个方程构成的,用于描述经济系统中变量之间的相互依存关系的,联立方程组形式的计量经济学模型,称为联立方程模型。

联立方程模型的提出,一方面,是为了完整、准确地描述经济系统中的变量之间的复杂关系;另一方面,则是为了进一步分析经济系统中的这种变量之间的复杂关系。在对联立方程模型的分析中,由于各个方程的变量之间存在非常紧密的内在联系,若把各个方程割裂开来逐一按单方程进行分析,会产生严重的错误,需要专门讨论联立方程模型的计量经济分析方法与技术。

二、联立方程模型中的变量与方程

1. 变量

单方程模型反映变量之间的单向因果关系,所以,在单方程模型中,将变量区分为解释变量与被解释变量十分清晰,解释变量是原因,被解释变量是结果。联立方程模型反映变量之间的双向或多向因果关系,在一个方程中作为结果的变量,在另一方程中可能会作为原因,反之亦然,所以,在联立方程模型中,不再能通过解释变量与被解释变量对模型中的变量进行区分。在联立方程模型中,根据每个变量的内在含义和作用,将变量分为内生变量和外生变量两大类。

内生变量是由模型系统决定的变量。前述宏观经济模型中的 C_t, I_t, Y_t 以及商品的市场局部均衡模型中的 D_t, S_t, P_t 是内生变量。在对内生变量的理解和把握上需注意以下几点:

第一,内生变量由模型系统决定,会直接或间接地受到随机因素的影响,是具有一定概率分布的随机变量。

第二,联立方程模型反映的是经济系统中变量之间的双向或多向因果关系,内生变量由模型系统决定,反过来也会对模型系统产生影响。

第三,由于内生变量是由模型系统决定的变量,所以,大多数情况下,内生变量是出现在各个方程的等号左边的变量,如前述宏观经济模型中的 C_t, I_t, Y_t。但也不排除内生变量只在模型中某些方程的等号右边出现过的情况,如前述商品的市场局部均衡模型中的市场价格 P_t、均衡价格 P_t 由商品市场的供需均衡决定,是由模型系统决定的变量,因而是一个内生变量。

第四,在完备的联立方程模型(完整描述了经济系统中变量之间的依存关系的联立方程模型)中,内生变量的个数等于方程的个数。

外生变量是不由模型系统决定、但对模型系统产生影响的变量。前述宏观经济模型中的 G_t、商品的市场局部均衡模型中的 Y_t 是外生变量。对外生变量的理解和把握需注意以下几点:

第一,外生变量由模型系统之外的因素决定,不受模型系统中的随机因素的影响,在模型系统中是非随机的。

第二，由于外生变量是不由模型系统决定但对模型系统产生影响的变量，所以，外生变量在模型中只会出现在方程的等号右边。

第三，外生变量一般是一些可控制的政策变量、条件变量、虚拟变量等。

外生变量和滞后内生变量统称为先决变量（或前定变量），因为相对于内生变量的当期值而言，外生变量和滞后内生变量是事先决定的。前述宏观经济模型中的 G_t, Y_{t-1} 以及商品的市场局部均衡模型中的 Y_t, P_{t-1} 是先决变量。

2. 方程

联立方程模型中的方程分为随机方程和恒等方程两大类。

含有未知参数和随机误差项的方程称为随机方程，如前所述宏观经济模型中的消费方程、投资方程，以及商品的市场局部均衡模型中的需求方程、供给方程。随机方程主要包括行为方程、技术方程、制度方程等。

不含有未知参数和随机误差项的方程称为恒等方程，如前述宏观经济模型中的均衡产出决定方程以及商品的市场局部均衡模型中的供需均衡方程。恒等方程主要包括定义方程、平衡方程等。

三、联立方程模型的分类与矩阵表示

按变量之间的联系形式，通常将联立方程模型分为结构式模型和简化式模型。

1. 结构式模型

根据经济理论和行为规律建立的描述经济变量之间直接关系的联立方程模型，称为结构式模型。前述宏观经济模型、商品的市场局部均衡模型都是结构式模型。结构式模型中的方程，称为结构式方程。结构式方程中的参数，称为结构式参数。

结构式模型具有如下特点：

第一，在结构式方程中，往往有内生变量作解释变量，内生解释变量是随机变量，且往往与随机误差项相关，不能直接用普通最小二乘法估计结构式参数。

第二，结构式模型直接描述经济问题或经济系统中的各种内在联系，经济意义明确。例如，前述宏观经济模型，前两个随机方程分别描述了消费、投资与收入之间的关系，第三个恒等方程描述了进出口平衡情况下收入与消费、投资、政府购买之间的关系；又如，前述商品的市场局部均衡模型，前两个随机方程分别描述了需求、供给与价格等的关系，第三个恒等方程描述了需求与供给的均衡关系。

第三，结构式模型只反映了变量之间的直接影响，没有直观反映变量之间的间接影响和总影响。例如，前述宏观经济模型，政府购买有对收入的直接影响，也有通过收入影响消费和投资、进而通过消费和投资再影响收入的对收入的间接影响；又如，前述商品的市场局部均衡模型，消费者收入既有对需求的直接影响，也有通过需求影响供给和价格进而通过价格再影响需求的间接影响。这些间接影响都没有通过结构式方程（或结构式参数）直观地反映出来，既包括直接影响也包括间接影响的总影响在模型中就更是没有直观反映了。

第四,结构式模型无法直接用于预测。因为每一个结构式方程一般都表现为一个内生变量由其他内生变量和先决变量决定的形式,方程的解释变量中往往含有需要预测的内生变量,无法进行预测。

习惯上,在联立方程模型中,记内生变量的个数为 g,先决变量的个数为 k,以 Y_1,Y_2,$\cdots$,Y_g 表示 g 个内生变量,以 X_1,X_2,$\cdots$,X_k 表示 k 个先决变量,以 μ_i 表示第 i 个方程中的随机误差项(对于恒等方程,μ_i 为 0),以 β_{i1},β_{i2},$\cdots$,β_{ig} 表示第 i 个方程中 g 个内生变量的参数,以 γ_{i0},γ_{i1},γ_{i2},$\cdots$,γ_{ik} 表示第 i 个方程中的常数项和 k 个先决变量的参数。一个完备的结构式模型可表示为

$$
\left.
\begin{aligned}
\beta_{11}Y_{1t} + \beta_{12}Y_{2t} + \cdots + \beta_{1g}Y_{gt} + \gamma_{10} + \gamma_{11}X_{1t} + \gamma_{12}X_{2t} + \cdots + \gamma_{1k}X_{kt} &= \mu_{1t} \\
\beta_{21}Y_{1t} + \beta_{22}Y_{2t} + \cdots + \beta_{2g}Y_{gt} + \gamma_{20} + \gamma_{21}X_{1t} + \gamma_{22}X_{2t} + \cdots + \gamma_{2k}X_{kt} &= \mu_{2t} \\
&\vdots \\
\beta_{g1}Y_{1t} + \beta_{g2}Y_{2t} + \cdots + \beta_{gg}Y_{gt} + \gamma_{g0} + \gamma_{g1}X_{1t} + \gamma_{g2}X_{2t} + \cdots + \gamma_{gk}X_{kt} &= \mu_{gt}
\end{aligned}
\right\} \quad (11\text{-}3)
$$

引入矩阵记号

$$
\boldsymbol{Y} = \begin{bmatrix} Y_{11} & Y_{12} & \cdots & Y_{1n} \\ Y_{21} & Y_{22} & \cdots & Y_{2n} \\ \vdots & \vdots & & \vdots \\ Y_{g1} & Y_{g2} & \cdots & Y_{gn} \end{bmatrix}, \quad
\boldsymbol{X} = \begin{bmatrix} 1 & 1 & \cdots & 1 \\ X_{11} & X_{12} & \cdots & X_{1n} \\ \vdots & \vdots & & \vdots \\ X_{k1} & X_{k2} & \cdots & X_{kn} \end{bmatrix}
$$

$$
\boldsymbol{\mu} = \begin{bmatrix} \mu_{11} & \mu_{12} & \cdots & \mu_{1n} \\ \mu_{21} & \mu_{22} & \cdots & \mu_{2n} \\ \vdots & \vdots & & \vdots \\ \mu_{g1} & \mu_{g2} & \cdots & \mu_{gn} \end{bmatrix}
$$

$$
\boldsymbol{B} = \begin{bmatrix} \beta_{11} & \beta_{12} & \cdots & \beta_{1g} \\ \beta_{21} & \beta_{22} & \cdots & \beta_{2g} \\ \vdots & \vdots & & \vdots \\ \beta_{g1} & \beta_{g2} & \cdots & \beta_{gg} \end{bmatrix}, \quad
\boldsymbol{\Gamma} = \begin{bmatrix} \gamma_{10} & \gamma_{11} & \cdots & \gamma_{1k} \\ \gamma_{20} & \gamma_{21} & \cdots & \gamma_{2k} \\ \vdots & \vdots & & \vdots \\ \gamma_{g0} & \gamma_{g1} & \cdots & \gamma_{gk} \end{bmatrix}
$$

可表示为

$$
\boldsymbol{BY} + \boldsymbol{\Gamma X} = \boldsymbol{\mu} \tag{11-4}
$$

或

$$
\begin{bmatrix} \boldsymbol{B} & \boldsymbol{\Gamma} \end{bmatrix} \begin{bmatrix} \boldsymbol{Y} \\ \boldsymbol{X} \end{bmatrix} = \boldsymbol{\mu} \tag{11-5}
$$

将前述宏观经济模型表示为式(11-4)的矩阵形式,其中的各个矩阵为

$$
\boldsymbol{Y} = \begin{bmatrix} C_1 & C_2 & \cdots & C_n \\ I_1 & I_2 & \cdots & I_n \\ Y_1 & Y_2 & \cdots & Y_n \end{bmatrix}, \quad
\boldsymbol{X} = \begin{bmatrix} 1 & 1 & \cdots & 1 \\ Y_0 & Y_1 & \cdots & Y_{n-1} \\ G_1 & G_2 & \cdots & G_n \end{bmatrix}
$$

$$\boldsymbol{\mu} = \begin{bmatrix} \mu_{11} & \mu_{12} & \cdots & \mu_{1n} \\ \mu_{21} & \mu_{22} & \cdots & \mu_{2n} \\ 0 & 0 & \cdots & 0 \end{bmatrix}$$

$$\boldsymbol{B} = \begin{bmatrix} 1 & 0 & -\alpha_1 \\ 0 & 1 & -\beta_1 \\ -1 & -1 & 1 \end{bmatrix}, \quad \boldsymbol{\Gamma} = \begin{bmatrix} -\alpha_0 & 0 & 0 \\ -\beta_0 & -\beta_2 & 0 \\ 0 & 0 & -1 \end{bmatrix}$$

将前述商品的市场局部均衡模型表示为式(11-4)的矩阵形式,其中的各个矩阵为

$$\boldsymbol{Y} = \begin{bmatrix} D_1 & D_2 & \cdots & D_n \\ S_1 & S_2 & \cdots & S_n \\ P_1 & P_2 & \cdots & P_n \end{bmatrix}, \quad \boldsymbol{X} = \begin{bmatrix} 1 & 1 & \cdots & 1 \\ Y_1 & Y_2 & \cdots & Y_n \\ P_0 & P_1 & \cdots & P_{n-1} \end{bmatrix}$$

$$\boldsymbol{\mu} = \begin{bmatrix} \mu_{11} & \mu_{12} & \cdots & \mu_{1n} \\ \mu_{21} & \mu_{22} & \cdots & \mu_{2n} \\ 0 & 0 & \cdots & 0 \end{bmatrix}$$

$$\boldsymbol{B} = \begin{bmatrix} 1 & 0 & -\alpha_1 \\ 0 & 1 & -\beta_1 \\ 1 & -1 & 0 \end{bmatrix}, \quad \boldsymbol{\Gamma} = \begin{bmatrix} -\alpha_0 & -\alpha_2 & 0 \\ -\beta_0 & 0 & -\beta_2 \\ 0 & 0 & 0 \end{bmatrix}$$

2. 简化式模型

简化式模型是将每一个内生变量都表示为先决变量和随机误差项的函数的联立方程模型。简化式模型中的方程,称为简化式方程。简化式模型中的参数称为简化式参数。

显然,可以通过对结构式模型求解关于内生变量的方程组得到简化式模型。例如,对于前述宏观经济模型,解方程组可得简化式模型

$$\left. \begin{aligned} C_t &= \frac{\alpha_0 - \alpha_0\beta_1 + \alpha_1\beta_0}{1 - \alpha_1 - \beta_1} + \frac{\alpha_1\beta_2}{1 - \alpha_1 - \beta_1}Y_{t-1} + \frac{\alpha_1}{1 - \alpha_1 - \beta_1}G_t + \frac{\mu_{1t} - \beta_1\mu_{1t} + \alpha_1\mu_{2t}}{1 - \alpha_1 - \beta_1} \\ I_t &= \frac{\beta_0 + \alpha_0\beta_1 - \alpha_1\beta_0}{1 - \alpha_1 - \beta_1} + \frac{\beta_2 - \alpha_1\beta_2}{1 - \alpha_1 - \beta_1}Y_{t-1} + \frac{\beta_1}{1 - \alpha_1 - \beta_1}G_t + \frac{\mu_{2t} + \beta_1\mu_{1t} - \alpha_1\mu_{2t}}{1 - \alpha_1 - \beta_1} \\ Y_t &= \frac{\alpha_0 + \beta_0}{1 - \alpha_1 - \beta_1} + \frac{\beta_2}{1 - \alpha_1 - \beta_1}Y_{t-1} + \frac{1}{1 - \alpha_1 - \beta_1}G_t + \frac{\mu_{1t} + \mu_{2t}}{1 - \alpha_1 - \beta_1} \end{aligned} \right\}$$

对于前述商品的市场局部均衡模型,解方程组可得简化式模型

$$\left. \begin{aligned} D_t &= \frac{-\alpha_0\beta_1 + \alpha_1\beta_0}{\alpha_1 - \beta_1} + \frac{-\alpha_2\beta_1}{\alpha_1 - \beta_1}Y_t + \frac{\alpha_1\beta_2}{\alpha_1 - \beta_1}P_{t-1} + \frac{-\beta_1\mu_{1t} + \alpha_1\mu_{2t}}{\alpha_1 - \beta_1} \\ S_t &= \frac{-\alpha_0\beta_1 + \alpha_1\beta_0}{\alpha_1 - \beta_1} + \frac{-\alpha_2\beta_1}{\alpha_1 - \beta_1}Y_t + \frac{\alpha_1\beta_2}{\alpha_1 - \beta_1}P_{t-1} + \frac{-\beta_1\mu_{1t} + \alpha_1\mu_{2t}}{\alpha_1 - \beta_1} \\ P_t &= \frac{-\alpha_0 + \beta_0}{\alpha_1 - \beta_1} + \frac{-\alpha_2}{\alpha_1 - \beta_1}Y_t + \frac{\beta_2}{\alpha_1 - \beta_1}P_{t-1} + \frac{-\mu_{1t} + \mu_{2t}}{\alpha_1 - \beta_1} \end{aligned} \right\}$$

与结构式模型相对照,简化式模型具有如下特点:

第一,在简化式模型的各个方程中,只有先决变量作解释变量,解释变量是确定性变量,且与随机误差项不相关,可以直接用普通最小二乘法估计简化式参数。

第二,简化式模型不是直接描述经济问题或经济系统中的各种内在联系的模型,经济意义不明确。

第三,简化式模型中的参数反映先决变量对内生变量的总的影响,既包括直接影响,也包括间接影响。例如,前述宏观经济模型的简化式中,反映政府购买对产出影响的参数

$$\frac{1}{1-\alpha_1-\beta_1} = 1 + \alpha_1 \cdot \frac{1}{1-\alpha_1-\beta_1} + \beta_1 \cdot \frac{1}{1-\alpha_1-\beta_1}$$

是直接影响与间接影响之和。再如,前述商品的市场局部均衡模型的简化式模型中,反映消费者收入对需求的影响的参数

$$\frac{-\alpha_2\beta_1}{\alpha_1-\beta_1} = \alpha_2 + \alpha_1 \cdot \frac{-\alpha_2}{\alpha_1-\beta_1}$$

也是直接影响与间接影响之和。

第四,简化式模型可以直接用于预测。因为在简化式模型中,每一个内生变量都表示成了先决变量和随机误差项的函数,估计得到简化式参数后,根据先决变量的已知信息可以对所有内生变量进行预测。

习惯上,以 π 表示简化式参数,以 ε 表示简化式模型中的随机误差项。对应于式(11-3)的含有 g 个内生变量 $Y_1, Y_2, \cdots, Y_g$ 和 k 个先决变量 $X_1, X_2, \cdots, X_k$ 的完备的结构式模型的简化式模型可表示为

$$
\left.
\begin{aligned}
Y_{1t} &= \pi_{10} + \pi_{11}X_{1t} + \pi_{12}X_{2t} + \cdots + \pi_{1k}X_{kt} + \varepsilon_{1t} \\
Y_{2t} &= \pi_{20} + \pi_{21}X_{1t} + \pi_{22}X_{2t} + \cdots + \pi_{2k}X_{kt} + \varepsilon_{2t} \\
&\quad\vdots \\
Y_{gt} &= \pi_{g0} + \pi_{g1}X_{1t} + \pi_{g2}X_{2t} + \cdots + \pi_{gk}X_{kt} + \varepsilon_{gt}
\end{aligned}
\right\}
$$

引入矩阵记号

$$
\boldsymbol{Y} = \begin{bmatrix} Y_{11} & Y_{12} & \cdots & Y_{1n} \\ Y_{21} & Y_{22} & \cdots & Y_{2n} \\ \vdots & \vdots & & \vdots \\ Y_{g1} & Y_{g2} & \cdots & Y_{gn} \end{bmatrix}, \quad
\boldsymbol{X} = \begin{bmatrix} 1 & 1 & \cdots & 1 \\ X_{11} & X_{12} & \cdots & X_{1n} \\ \vdots & \vdots & & \vdots \\ X_{k1} & X_{k2} & \cdots & X_{kn} \end{bmatrix}
$$

$$
\boldsymbol{\Pi} = \begin{bmatrix} \pi_{10} & \pi_{11} & \cdots & \pi_{1k} \\ \pi_{20} & \pi_{21} & \cdots & \pi_{2k} \\ \vdots & \vdots & & \vdots \\ \pi_{g0} & \pi_{g1} & \cdots & \pi_{gk} \end{bmatrix}, \quad
\boldsymbol{\varepsilon} = \begin{bmatrix} \varepsilon_{11} & \varepsilon_{12} & \cdots & \varepsilon_{1n} \\ \varepsilon_{21} & \varepsilon_{22} & \cdots & \varepsilon_{2n} \\ \vdots & \vdots & & \vdots \\ \varepsilon_{g1} & \varepsilon_{g2} & \cdots & \varepsilon_{gn} \end{bmatrix}
$$

可表示为

$$\boldsymbol{Y} = \boldsymbol{\Pi}\boldsymbol{X} + \boldsymbol{\varepsilon} \tag{11-6}$$

例如,前述宏观经济模型的简化式模型可表示为

$$C_t = \pi_{10} + \pi_{11}Y_{t-1} + \pi_{12}G_t + \varepsilon_{1t}$$
$$I_t = \pi_{20} + \pi_{21}Y_{t-1} + \pi_{22}G_t + \varepsilon_{2t}$$
$$Y_t = \pi_{30} + \pi_{31}Y_{t-1} + \pi_{32}G_t + \varepsilon_{3t}$$

其中,参数为

$$\pi_{10} = \frac{\alpha_0 - \alpha_0\beta_1 + \alpha_1\beta_0}{1 - \alpha_1 - \beta_1}, \quad \pi_{11} = \frac{\alpha_1\beta_2}{1 - \alpha_1 - \beta_1}, \quad \pi_{12} = \frac{\alpha_1}{1 - \alpha_1 - \beta_1}$$

$$\pi_{20} = \frac{\beta_0 + \alpha_0\beta_1 - \alpha_1\beta_0}{1 - \alpha_1 - \beta_1}, \quad \pi_{21} = \frac{\beta_2 - \alpha_1\beta_2}{1 - \alpha_1 - \beta_1}, \quad \pi_{22} = \frac{\beta_1}{1 - \alpha_1 - \beta_1}$$

$$\pi_{30} = \frac{\alpha_0 + \beta_0}{1 - \alpha_1 - \beta_1}, \quad \pi_{31} = \frac{\beta_2}{1 - \alpha_1 - \beta_1}, \quad \pi_{32} = \frac{1}{1 - \alpha_1 - \beta_1}$$

随机误差项为

$$\varepsilon_{1t} = \frac{\mu_{1t} - \beta_1\mu_{1t} + \alpha_1\mu_{2t}}{1 - \alpha_1 - \beta_1}$$

$$\varepsilon_{2t} = \frac{\mu_{2t} + \beta_1\mu_{1t} - \alpha_1\mu_{2t}}{1 - \alpha_1 - \beta_1}$$

$$\varepsilon_{3t} = \frac{\mu_{1t} + \mu_{2t}}{1 - \alpha_1 - \beta_1}$$

引入矩阵

$$\boldsymbol{Y} = \begin{bmatrix} C_1 & C_2 & \cdots & C_n \\ I_1 & I_2 & \cdots & I_n \\ Y_1 & Y_2 & \cdots & Y_n \end{bmatrix}, \quad \boldsymbol{X} = \begin{bmatrix} 1 & 1 & \cdots & 1 \\ Y_0 & Y_1 & \cdots & Y_{n-1} \\ G_1 & G_2 & \cdots & G_n \end{bmatrix}$$

$$\boldsymbol{\Pi} = \begin{bmatrix} \pi_{10} & \pi_{11} & \pi_{12} \\ \pi_{20} & \pi_{21} & \pi_{22} \\ \pi_{30} & \pi_{31} & \pi_{32} \end{bmatrix}, \quad \boldsymbol{\varepsilon} = \begin{bmatrix} \varepsilon_{11} & \varepsilon_{12} & \cdots & \varepsilon_{1n} \\ \varepsilon_{21} & \varepsilon_{22} & \cdots & \varepsilon_{2n} \\ \varepsilon_{31} & \varepsilon_{32} & \cdots & \varepsilon_{3n} \end{bmatrix}$$

可表示为

$$\boldsymbol{Y} = \boldsymbol{\Pi}\boldsymbol{X} + \boldsymbol{\varepsilon}$$

再如,前述商品的市场局部均衡模型的简化式模型可表示为

$$D_t = \pi_{10} + \pi_{11}Y_t + \pi_{12}P_{t-1} + \varepsilon_{1t}$$
$$S_t = \pi_{20} + \pi_{21}Y_t + \pi_{22}P_{t-1} + \varepsilon_{2t}$$
$$P_t = \pi_{30} + \pi_{31}Y_t + \pi_{32}P_{t-1} + \varepsilon_{3t}$$

其中,参数为

$$\pi_{10} = \frac{-\alpha_0\beta_1 + \alpha_1\beta_0}{\alpha_1 - \beta_1}, \quad \pi_{11} = \frac{-\alpha_2\beta_1}{\alpha_1 - \beta_1}, \quad \pi_{12} = \frac{\alpha_1\beta_2}{\alpha_1 - \beta_1}$$

$$\pi_{20} = \frac{-\alpha_0\beta_1 + \alpha_1\beta_0}{\alpha_1 - \beta_1}, \quad \pi_{21} = \frac{-\alpha_2\beta_1}{\alpha_1 - \beta_1}, \quad \pi_{22} = \frac{\alpha_1\beta_2}{\alpha_1 - \beta_1}$$

$$\pi_{30} = \frac{-\alpha_0 + \beta_0}{\alpha_1 - \beta_1}, \quad \pi_{31} = \frac{-\alpha_2}{\alpha_1 - \beta_1}, \quad \pi_{32} = \frac{\beta_2}{\alpha_1 - \beta_1}$$

随机误差项为

$$\left. \begin{aligned} \varepsilon_{1t} &= \frac{-\beta_1\mu_{1t} + \alpha_1\mu_{2t}}{\alpha_1 - \beta_1} \\ \varepsilon_{2t} &= \frac{-\beta_1\mu_{1t} + \alpha_1\mu_{2t}}{\alpha_1 - \beta_1} \\ \varepsilon_{3t} &= \frac{-\mu_{1t} + \mu_{2t}}{\alpha_1 - \beta_1} \end{aligned} \right\}$$

引入矩阵

$$\boldsymbol{Y} = \begin{bmatrix} D_1 & D_2 & \cdots & D_n \\ S_1 & S_2 & \cdots & S_n \\ P_1 & P_2 & \cdots & P_n \end{bmatrix}, \quad \boldsymbol{X} = \begin{bmatrix} 1 & 1 & \cdots & 1 \\ Y_1 & Y_2 & \cdots & Y_n \\ P_0 & P_1 & \cdots & P_{n-1} \end{bmatrix}$$

$$\boldsymbol{\Pi} = \begin{bmatrix} \pi_{10} & \pi_{11} & \pi_{12} \\ \pi_{20} & \pi_{21} & \pi_{22} \\ \pi_{30} & \pi_{31} & \pi_{32} \end{bmatrix}, \quad \boldsymbol{\varepsilon} = \begin{bmatrix} \varepsilon_{11} & \varepsilon_{12} & \cdots & \varepsilon_{1n} \\ \varepsilon_{21} & \varepsilon_{22} & \cdots & \varepsilon_{2n} \\ \varepsilon_{31} & \varepsilon_{32} & \cdots & \varepsilon_{3n} \end{bmatrix}$$

可表示为

$$\boldsymbol{Y} = \boldsymbol{\Pi X} + \boldsymbol{\varepsilon}$$

3. 简化式参数与结构式参数之间的关系

对于结构式模型，

$$\boldsymbol{BY} + \boldsymbol{\Gamma X} = \boldsymbol{\mu}$$

若矩阵 $\boldsymbol{B}$ 非奇异，可变换为

$$\boldsymbol{Y} = -\boldsymbol{B}^{-1}\boldsymbol{\Gamma X} + \boldsymbol{B}^{-1}\boldsymbol{\mu}$$

与简化式模型

$$\boldsymbol{Y} = \boldsymbol{\Pi X} + \boldsymbol{\varepsilon}$$

相对照，有

$$\boldsymbol{\Pi} = -\boldsymbol{B}^{-1}\boldsymbol{\Gamma} \tag{11-7}$$

式(11-7)描述了联立方程模型的简化式参数与结构式参数之间的关系，称为参数关系体系。

参数关系体系是一个描述简化式参数与结构式参数之间关系的方程组，在已知结构式参数的情况下，利用参数关系体系，可求得简化式参数；在已知简化式参数的情况下，通过解方程组，也可以求解结构式参数。例如，前述宏观经济模型，结构式参数为

$$\boldsymbol{B} = \begin{bmatrix} 1 & 0 & -\alpha_1 \\ 0 & 1 & -\beta_1 \\ -1 & -1 & 1 \end{bmatrix}, \quad \boldsymbol{\Gamma} = \begin{bmatrix} -\alpha_0 & 0 & 0 \\ -\beta_0 & -\beta_2 & 0 \\ 0 & 0 & -1 \end{bmatrix}$$

由参数关系体系,可求得简化式参数

$$\boldsymbol{\Pi} = -\boldsymbol{B}^{-1}\boldsymbol{\Gamma} = -\begin{bmatrix} 1 & 0 & -\alpha_1 \\ 0 & 1 & -\beta_1 \\ -1 & -1 & 1 \end{bmatrix}^{-1} \begin{bmatrix} -\alpha_0 & 0 & 0 \\ -\beta_0 & -\beta_2 & 0 \\ 0 & 0 & -1 \end{bmatrix}$$

$$= -\frac{1}{1-\alpha_1-\beta_1} \begin{bmatrix} 1-\beta_1 & \alpha_1 & \alpha_1 \\ \beta_1 & 1-\alpha_1 & \beta_1 \\ 1 & 1 & 1 \end{bmatrix} \begin{bmatrix} -\alpha_0 & 0 & 0 \\ -\beta_0 & -\beta_2 & 0 \\ 0 & 0 & -1 \end{bmatrix}$$

$$= \begin{bmatrix} \dfrac{\alpha_0-\alpha_0\beta_1+\alpha_1\beta_0}{1-\alpha_1-\beta_1} & \dfrac{\alpha_1\beta_2}{1-\alpha_1-\beta_1} & \dfrac{\alpha_1}{1-\alpha_1-\beta_1} \\ \dfrac{\beta_0+\alpha_0\beta_1-\alpha_1\beta_0}{1-\alpha_1-\beta_1} & \dfrac{\beta_2-\alpha_1\beta_2}{1-\alpha_1-\beta_1} & \dfrac{\beta_1}{1-\alpha_1-\beta_1} \\ \dfrac{\alpha_0+\beta_0}{1-\alpha_1-\beta_1} & \dfrac{\beta_2}{1-\alpha_1-\beta_1} & \dfrac{1}{1-\alpha_1-\beta_1} \end{bmatrix}$$

又如,前述商品的市场局部均衡模型,结构式参数为

$$\boldsymbol{B} = \begin{bmatrix} 1 & 0 & -\alpha_1 \\ 0 & 1 & -\beta_1 \\ 1 & -1 & 0 \end{bmatrix}, \quad \boldsymbol{\Gamma} = \begin{bmatrix} -\alpha_0 & -\alpha_2 & 0 \\ -\beta_0 & 0 & -\beta_2 \\ 0 & 0 & 0 \end{bmatrix}$$

由参数关系体系,可求得简化式参数

$$\boldsymbol{\Pi} = -\boldsymbol{B}^{-1}\boldsymbol{\Gamma} = -\begin{bmatrix} 1 & 0 & -\alpha_1 \\ 0 & 1 & -\beta_1 \\ 1 & -1 & 0 \end{bmatrix}^{-1} \begin{bmatrix} -\alpha_0 & -\alpha_2 & 0 \\ -\beta_0 & 0 & -\beta_2 \\ 0 & 0 & 0 \end{bmatrix}$$

$$= -\frac{1}{\alpha_1-\beta_1} \begin{bmatrix} -\beta_1 & \alpha_1 & \alpha_1 \\ -\beta_1 & \alpha_1 & \beta_1 \\ -1 & 1 & 1 \end{bmatrix} \begin{bmatrix} -\alpha_0 & -\alpha_2 & 0 \\ -\beta_0 & 0 & -\beta_2 \\ 0 & 0 & 0 \end{bmatrix}$$

$$= \begin{bmatrix} \dfrac{-\alpha_0\beta_1+\alpha_1\beta_0}{\alpha_1-\beta_1} & \dfrac{-\alpha_2\beta_1}{\alpha_1-\beta_1} & \dfrac{\alpha_1\beta_2}{\alpha_1-\beta_1} \\ \dfrac{-\alpha_0\beta_1+\alpha_1\beta_0}{\alpha_1-\beta_1} & \dfrac{-\alpha_2\beta_1}{\alpha_1-\beta_1} & \dfrac{\alpha_1\beta_2}{\alpha_1-\beta_1} \\ \dfrac{-\alpha_0+\beta_0}{\alpha_1-\beta_1} & \dfrac{-\alpha_2}{\alpha_1-\beta_1} & \dfrac{\beta_2}{\alpha_1-\beta_1} \end{bmatrix}$$

四、联立方程模型的基本假设

与单方程模型一样,为了对分析对象有更清楚的了解和把握,以选择适当的分析方法,保证分析的合理性、可靠性等,对联立方程模型也需做出一些基本假设。联立方程模型的基本假设有以下几个方面:

(1) 随机误差项都满足零均值、同方差、不存在序列相关性、服从正态分布的性质。

(2) 不同方程的同期随机误差项可以相关,但它们之间的协方差与时期 t 无关,不同方程的随机误差项不能跨期相关。

(3) 外生变量是确定性的变量。

(4) 模型是可以识别的,即模型中包含的各种影响和决定关系是可以明确辨别或唯一确定的。

第二节　联立方程模型的识别

一、识别问题的提出

识别问题在单方程模型中也存在,那就是在多元线性回归模型中,由于解释变量设定不当导致完全多重共线性,使得模型的参数估计值无法确定,模型中的变量关系无法明确辨别的情况。不过,在单方程模型中,完全多重共线性的情况并不多见,识别问题并不是单方程线性回归模型中的重要问题,不需要特别关注。

在联立方程模型中,由于设定不当导致模型的参数估计值无法确定,模型中所包含的各种影响和决定关系不可以明确辨别的情况经常出现,需要引起足够的重视。例如,下列宏观经济模型

$$
\left.
\begin{aligned}
C_t &= \alpha_0 + \alpha_1 Y_t + \mu_{1t} \\
I_t &= \beta_0 + \beta_1 Y_t + \beta_2 Y_{t-1} + \mu_{2t} \\
Y_t &= C_t + I_t
\end{aligned}
\right\}
\tag{11-8}
$$

其中,消费 C_t 为消费总额,是居民消费和政府消费之和。在假定进出口平衡情况下,模型在经济意义上是可以接受的。若能估计得到模型中参数的确定估计值,该模型与式(11-1)一样,可以作为一个描述宏观经济系统中消费 C_t、投资 I_t、国内生产总值 Y_t 之间的相互影响和决定关系的模型。

但问题在于,通过该模型无法估计得到投资函数的参数的确定估计值,即投资函数所反映的变量关系无法明确辨别,模型存在识别问题。这是因为:

一方面,通过消费函数和国内生产总值方程的线性组合,削去 C_t,可以得到方程

$$
I_t = -\alpha_0 + (1 - \alpha_1) Y_t - \mu_{1t}
$$

进一步与投资函数组合,可以得到方程

$$I_t = \frac{-\alpha_0 + \beta_0}{2} + \frac{1 - \alpha_1 + \beta_1}{2}Y_t + \frac{\beta_2}{2}Y_{t-1} + \frac{-\mu_{1t} + \mu_{2t}}{2}$$

记

$$\gamma_0 = \frac{-\alpha_0 + \beta_0}{2}, \quad \gamma_1 = \frac{1 - \alpha_1 + \beta_1}{2}, \quad \gamma_2 = \frac{\beta_2}{2}, \quad u_t = \frac{-\mu_{1t} + \mu_{2t}}{2}$$

有

$$I_t = \gamma_0 + \gamma_1 Y_t + \gamma_2 Y_{t-1} + u_t$$

此方程中所含的变量与模型中投资函数所含的变量完全相同,只是参数不同。这样,用 I_t, Y_t, Y_{t-1} 的样本观测数据估计参数后,无法确定得到的参数估计值是投资函数的参数 $\beta_0, \beta_1, \beta_2$ 的估计值还是组合得到的方程的参数 $\gamma_0, \gamma_1, \gamma_2$ 的估计值。

另一方面,该模型的简化式模型可表示为

$$\left. \begin{array}{l} C_t = \pi_{10} + \pi_{11}Y_{t-1} + \varepsilon_{1t} \\ I_t = \pi_{20} + \pi_{21}Y_{t-1} + \varepsilon_{2t} \\ Y_t = \pi_{30} + \pi_{31}Y_{t-1} + \varepsilon_{3t} \end{array} \right\}$$

参数关系体系为

$$\pi_{10} = \frac{\alpha_0 - \alpha_0\beta_1 + \alpha_1\beta_0}{1 - \alpha_1 - \beta_1}, \quad \pi_{11} = \frac{\alpha_1\beta_2}{1 - \alpha_1 - \beta_1}$$

$$\pi_{20} = \frac{\beta_0 + \alpha_0\beta_1 - \alpha_1\beta_0}{1 - \alpha_1 - \beta_1}, \quad \pi_{21} = \frac{\beta_2 - \alpha_1\beta_2}{1 - \alpha_1 - \beta_1}$$

$$\pi_{30} = \frac{\alpha_0 + \beta_0}{1 - \alpha_1 - \beta_1}, \quad \pi_{31} = \frac{\beta_2}{1 - \alpha_1 - \beta_1}$$

由简化式方程,通过 C_t, I_t, Y_t, Y_{t-1} 的样本观测数据,可以得到简化式参数 $\pi_{10}, \pi_{11}, \pi_{20},$ $\pi_{21}, \pi_{30}, \pi_{31}$ 的估计值,但由参数关系体系得不到结构式参数 $\alpha_0, \alpha_1, \beta_0, \beta_1, \beta_2$ 的确定估计值。因为,仔细观察一下会发现,参数关系体系中,每一列的 3 个方程之间都存在矛盾(前两个方程相加,等号右端等于第 3 个方程的右端,左端并不一定相等),需要各剔除 1 个方程,这里不妨将每一列的第二个方程剔除,由剩下的 4 个方程构成的方程组只能求得结构式参数 α_0, α_1 的唯一确定估计值

$$\hat{\alpha}_0 = \hat{\pi}_{10} - \hat{\alpha}_1\hat{\pi}_{30}, \quad \hat{\alpha}_1 = \frac{\hat{\pi}_{11}}{\hat{\pi}_{31}}$$

得不到结构式参数 $\beta_0, \beta_1, \beta_2$ 的确定估计值,$\beta_0, \beta_1, \beta_2$ 的估计值有无穷多解。

因此,只能认为投资函数存在识别问题,从而模型存在识别问题。

又如,下列商品的市场局部均衡模型

$$\left. \begin{array}{l} D_t = \alpha_0 + \alpha_1 P_t + \mu_{1t} \\ S_t = \beta_0 + \beta_1 P_t + \mu_{2t} \\ D_t = S_t \end{array} \right\} \tag{11-9}$$

将需求、供给都表示为价格的函数,在经济意义上是可以接受的。但通过该模型无法估计得到需求函数、供给函数的参数的确定估计值,即需求函数、供给函数所反映的变量关系

无法明确辨别,模型存在识别问题。这是因为:

一方面,将恒等方程带入需求函数,可得

$$S_t = \alpha_0 + \alpha_1 P_t + \mu_{1t}$$

此方程中所含的变量与模型中供给函数所含的变量完全相同,只是参数不同。这样,用 S_t, P_t 的样本观测数据估计参数后,无法确定得到的参数估计值是供给函数的参数 β_0, β_1 的估计值还是需求函数的参数 α_0, α_1 的估计值。同样,若将恒等方程带入供给函数,可得

$$D_t = \beta_0 + \beta_1 P_t + \mu_{2t}$$

此方程中所含的变量与模型中需求函数所含的变量完全相同,只是参数不同。这样,用 D_t, P_t 的样本观测数据估计参数后,无法确定得到的参数估计值是需求函数的参数 α_0, α_1 的估计值还是供给函数的参数 β_0, β_1 的估计值。

另一方面,该模型的简化式模型可表示为

$$\left. \begin{array}{l} D_t = \pi_{10} + \varepsilon_{1t} \\ S_t = \pi_{20} + \varepsilon_{2t} \\ P_t = \pi_{30} + \varepsilon_{3t} \end{array} \right\}$$

参数关系体系为

$$\left. \begin{array}{l} \pi_{10} = \dfrac{-\alpha_0 \beta_1 + \alpha_1 \beta_0}{\alpha_1 - \beta_1} \\[3mm] \pi_{20} = \dfrac{-\alpha_0 \beta_1 + \alpha_1 \beta_0}{\alpha_1 - \beta_1} \\[3mm] \pi_{30} = \dfrac{-\alpha_0 + \beta_0}{\alpha_1 - \beta_1} \end{array} \right\}$$

由简化式方程,通过 D_t, S_t, P_t 的样本观测数据,可以得到简化式参数 $\pi_{10}, \pi_{20}, \pi_{30}$ 的估计值,但由参数关系体系得不到结构式参数 $\alpha_0, \alpha_1, \beta_0, \beta_1$ 的确定估计值。因为,容易发现,参数关系体系中前两个方程之间存在矛盾,等号的右端相等,左端并不一定相等,需要从中剔除 1 个方程,由剩下的 2 个方程构成的方程组得不到 4 个结构式参数 $\alpha_0, \alpha_1, \beta_0, \beta_1$ 的确定估计值,$\alpha_0, \alpha_1, \beta_0, \beta_1$ 的估计值有无穷多解。

因此,只能认为需求函数、供给函数存在识别问题,从而模型存在识别问题。

二、识别的定义及类型

1. 识别的定义

在联立方程计量经济学模型中,关于方程识别的定义,针对结构式方程,有以下三种表述。

(1)若联立方程模型中的某个结构式方程具有确定的统计形式,则称该方程可识别;反之,则称该方程不可识别。其中,“统计形式”指方程中变量之间的函数关系式。“具有确定的统计形式”指通过模型中其他方程或所有方程的任意线性组合都得不到所含变量与该方程相同,只是参数不同的函数关系式。

（2）若不能通过模型中其他方程或所有方程的线性组合得到所含变量与某个结构式方程相同，只是参数不同的函数关系式，则称该方程可识别；反之，则称该方程不可识别。

（3）若联立方程模型中某个结构式方程的参数估计值，在已知简化式参数估计值的情况下，可以通过参数关系体系求解得到，则称该方程可识别；反之，则称该方程不可识别。

不难看出，关于方程识别的定义的这三种表述是等价的，第一种表述是基本定义，第二、第三种表述是判断是否可识别的方法。因为，第二种表述所说的某个结构式方程可识别或不可识别就是看该方程是否具有确定的统计形式，与第一种表述完全一致，是按第一种表述对方程的识别性所做的判断；第三种表述所说的某个结构式方程可识别或不可识别是看该方程的参数是否具有确定的估计值，而该方程的参数是否具有确定的估计值取决于它是否具有确定的统计形式，也与第一种表述完全一致，也是按第一种表述对方程的识别性所做的判断。

结构式模型中的每一个随机方程都含有待估参数，都存在识别问题，都需要进行识别性的判断。只有当模型中的所有随机方程都是可识别的，模型才是可识别的；反之，若模型中存在不可识别的随机方程，模型是不可识别的。恒等方程中不含有待估参数，所以不存在识别问题。值得注意的是，在判断随机方程的识别性时，要将恒等方程考虑在内，事实上，正是因为恒等方程的存在使得某些随机方程成为不可识别的方程。例如，式（11-8）所示的宏观经济模型，投资方程不可识别，因为通过模型中包括恒等方程在内的三个方程的某种线性组合，可以得到所含变量与投资函数相同，只是参数不同的函数关系式。若该模型中没有恒等方程的存在，投资方程也是可识别的。

2. 识别的类型及其判断

由识别的定义，联立方程模型中的随机方程以及联立方程模型的识别性可分为可识别、不可识别两种情形。其中，可识别又可分为恰好可识别、过度可识别两种情形。所以，联立方程模型中的随机方程以及联立方程模型的识别性可分为三种类型：不可识别、恰好可识别和过度可识别。

对于某一可识别的结构式方程，若方程中的参数有唯一一组估计值，则称该方程恰好可识别；若方程中的参数有有限组估计值，则称该方程过度可识别。对于一个可识别的模型，若模型中所有的随机方程都恰好可识别，则称该模型恰好可识别；若模型中存在过度可识别的随机方程，则称该模型过度可识别。

判断某个结构式方程是否可识别，可通过识别的第二个定义，看该方程是否具有确定的统计形式，也可以通过识别的第三个定义，看该方程的待估参数是否可以通过参数关系体系求解得到。在可识别情况下，判断某个结构式方程是恰好可识别还是过度可识别，需通过识别的第三个定义，看该方程的参数有唯一一组估计值，还是有有限组估计值。

需要特别指出的是，在已知简化式参数估计值的情况下，通过参数关系体系求解结构式参数估计值，有无确定的估计值，与数学中求解方程组有一定的差别。数学中求解方程组时，若方程个数小于未知数个数，有无穷多解；若方程个数大于未知数个数，无解。这里，若参数关系体系中有效方程个数小于待估参数个数，有无穷多解，意味着待估参数没有确定的估计值，对应不可识别的情形；若参数关系体系中有效方程个数大于待估参数个数,无解,可理解为模型提供的有效信息过多,出现了矛盾,可选择利用部分信息,即从参数关系体系中选择与待估参数个数相等的方程数,求解参数估计值,选择的方程不同,参数估计值也不同,可以得到多组(有限组)参数估计值,对应过度可识别的情形。

下面通过式(11-8)所示的宏观经济模型以及式(11-9)所示的商品的市场局部均衡模型,利用识别的第二、第三个定义,说明一下识别性的判断。

先看式(11-8)所示的宏观经济模型。

我们已经知道,在式(11-8)所示的宏观经济模型中,消费函数具有确定的统计形式,消费函数的参数具有唯一确定的估计值,因此消费函数恰好可识别;投资函数不具有确定的统计形式,投资函数的参数没有确定的估计值,因此投资函数不可识别。模型中有不可识别的方程,所以,模型不可识别。若在消费函数中增加解释变量 C_{t-1},模型变为

$$\left. \begin{aligned} C_t &= \alpha_0 + \alpha_1 Y_t + \alpha_2 C_{t-1} + \mu_{1t} \\ I_t &= \beta_0 + \beta_1 Y_t + \beta_2 Y_{t-1} + \mu_{2t} \\ Y_t &= C_t + I_t \end{aligned} \right\} \tag{11-10}$$

这时,消费函数和投资函数都可识别,因为通过模型中方程的任意线性组合都无法得到所含变量与消费函数或投资函数相同,只是参数不同的函数关系式,消费函数和投资函数都具有确定的统计形式。

该模型的简化式为

$$\left. \begin{aligned} C_t &= \pi_{10} + \pi_{11} Y_{t-1} + \pi_{12} C_{t-1} + \varepsilon_{1t} \\ I_t &= \pi_{20} + \pi_{21} Y_{t-1} + \pi_{22} C_{t-1} + \varepsilon_{2t} \\ Y_t &= \pi_{30} + \pi_{31} Y_{t-1} + \pi_{32} C_{t-1} + \varepsilon_{3t} \end{aligned} \right\}$$

参数关系体系为

$$\pi_{10} = \frac{\alpha_0 - \alpha_0 \beta_1 + \alpha_1 \beta_0}{1 - \alpha_1 - \beta_1}, \quad \pi_{11} = \frac{\alpha_1 \beta_2}{1 - \alpha_1 - \beta_1}, \quad \pi_{12} = \frac{\alpha_2 - \alpha_2 \beta_1}{1 - \alpha_1 - \beta_1}$$

$$\pi_{20} = \frac{\beta_0 + \alpha_0 \beta_1 - \alpha_1 \beta_0}{1 - \alpha_1 - \beta_1}, \quad \pi_{21} = \frac{\beta_2 - \alpha_1 \beta_2}{1 - \alpha_1 - \beta_1}, \quad \pi_{22} = \frac{\alpha_2 \beta_1}{1 - \alpha_1 - \beta_1}$$

$$\pi_{30} = \frac{\alpha_0 + \beta_0}{1 - \alpha_1 - \beta_1}, \quad \pi_{31} = \frac{\beta_2}{1 - \alpha_1 - \beta_1}, \quad \pi_{32} = \frac{\alpha_2}{1 - \alpha_1 - \beta_1}$$

每一列的 3 个方程之间都存在矛盾(前两个方程相加,等号右端等于第 3 个方程的右端,左端并不一定相等),需要各剔除 1 个方程,在估计得到简化式参数估计值的情况下,由剩下的 6 个方程构成的方程组可求得 6 个结构式参数 $\alpha_0, \alpha_1, \alpha_2, \beta_0, \beta_1, \beta_2$ 的唯一一组确定估计值。因此,消费函数恰好可识别,投资函数恰好可识别,从而模型恰好可识别。

若进一步在式(11-10)所示的模型的消费函数中增加解释变量 P_{t-1}(前一年的价格指数),模型变为

$$\left. \begin{aligned} C_t &= \alpha_0 + \alpha_1 Y_t + \alpha_2 C_{t-1} + \alpha_3 P_{t-1} + \mu_{1t} \\ I_t &= \beta_0 + \beta_1 Y_t + \beta_2 Y_{t-1} + \mu_{2t} \\ Y_t &= C_t + I_t \end{aligned} \right\} \tag{11-11}$$

这时,消费函数和投资函数仍然都是可识别的,因为通过模型中方程的任意线性组合仍然

都无法得到所含变量与消费函数或投资函数相同,只是参数不同的函数关系式,消费函数和投资函数仍然都具有确定的统计形式。

该模型的简化式为

$$
\left.\begin{array}{l}
C_t = \pi_{10} + \pi_{11} Y_{t-1} + \pi_{12} C_{t-1} + \pi_{13} P_{t-1} + \varepsilon_{1t} \\
I_t = \pi_{20} + \pi_{21} Y_{t-1} + \pi_{22} C_{t-1} + \pi_{23} P_{t-1} + \varepsilon_{2t} \\
Y_t = \pi_{30} + \pi_{31} Y_{t-1} + \pi_{32} C_{t-1} + \pi_{33} P_{t-1} + \varepsilon_{3t}
\end{array}\right\}
$$

参数关系体系为

$$
\pi_{10} = \frac{\alpha_0 - \alpha_0 \beta_1 + \alpha_1 \beta_0}{1 - \alpha_1 - \beta_1}, \pi_{11} = \frac{\alpha_1 \beta_2}{1 - \alpha_1 - \beta_1}, \pi_{12} = \frac{\alpha_2 - \alpha_2 \beta_1}{1 - \alpha_1 - \beta_1}, \pi_{13} = \frac{\alpha_3 - \alpha_3 \beta_1}{1 - \alpha_1 - \beta_1}
$$

$$
\pi_{20} = \frac{\beta_0 + \alpha_0 \beta_1 - \alpha_1 \beta_0}{1 - \alpha_1 - \beta_1}, \pi_{21} = \frac{\beta_2 - \alpha_1 \beta_2}{1 - \alpha_1 - \beta_1}, \pi_{22} = \frac{\alpha_2 \beta_1}{1 - \alpha_1 - \beta_1}, \pi_{23} = \frac{\alpha_3 \beta_1}{1 - \alpha_1 - \beta_1}
$$

$$
\pi_{30} = \frac{\alpha_0 + \beta_0}{1 - \alpha_1 - \beta_1}, \quad \pi_{31} = \frac{\beta_2}{1 - \alpha_1 - \beta_1}, \quad \pi_{32} = \frac{\alpha_2}{1 - \alpha_1 - \beta_1}, \quad \pi_{33} = \frac{\alpha_3}{1 - \alpha_1 - \beta_1}
$$

每一列剔除 1 个矛盾方程,在估得到简化式参数估计值的情况下,由剩下的 8 个方程构成的方程组可求得 7 个结构式参数 $\alpha_0, \alpha_1, \alpha_2, \alpha_3, \beta_0, \beta_1, \beta_2$ 的 8 组估计值。但是,可以验证,在每一组估计值里,参数 $\alpha_0, \alpha_1, \alpha_2, \alpha_3$ 的估计值都没有变化,只是参数 $\beta_0, \beta_1, \beta_2$ 的估计值不同。也就是说,参数 $\alpha_0, \alpha_1, \alpha_2, \alpha_3$ 有唯一一组确定的估计值,参数 $\beta_0, \beta_1, \beta_2$ 的估计值有多组解。因此,消费函数恰好可识别,投资函数过度可识别,从而模型过度可识别。

再看式(11-9)所示的商品的市场局部均衡模型。

我们已经知道,在式(11-9)所示的商品的市场局部均衡模型中,需求函数、供给函数都不具有确定的统计形式,需求函数、供给函数的参数都没有确定的估计值,因此需求函数、供给函数都不可识别,从而模型不可识别。若在需求函数中增加解释变量 Y_t(消费者收入),模型变为

$$
\left.\begin{array}{l}
D_t = \alpha_0 + \alpha_1 P_t + \alpha_2 Y_t + \mu_{1t} \\
S_t = \beta_0 + \beta_1 P_t + \mu_{2t} \\
D_t = S_t
\end{array}\right\} \tag{11-12}
$$

这时,供给函数可识别,需求函数不可识别,因为通过模型中方程的任意线性组合都无法得到所含变量与供给函数相同,只是参数不同的函数关系式,供给函数具有确定的统计形式;通过模型中供给函数与恒等方程的线性组合,消去 S_t,再进一步与需求方程线性组合,可得到所含变量与需求函数相同,只是参数不同的函数关系式,需求函数不具有确定的统计形式。

该模型的简化式为

$$
\left.\begin{array}{l}
D_t = \pi_{10} + \pi_{11} Y_t + \varepsilon_{1t} \\
S_t = \pi_{20} + \pi_{21} Y_t + \varepsilon_{2t} \\
P_t = \pi_{30} + \pi_{31} Y_t + \varepsilon_{3t}
\end{array}\right\}
$$

参数关系体系为

$$\pi_{10} = \frac{-\alpha_0\beta_1 + \alpha_1\beta_0}{\alpha_1 - \beta_1}, \quad \pi_{11} = \frac{-\alpha_2\beta_1}{\alpha_1 - \beta_1}$$

$$\pi_{20} = \frac{-\alpha_0\beta_1 + \alpha_1\beta_0}{\alpha_1 - \beta_1}, \quad \pi_{21} = \frac{-\alpha_2\beta_1}{\alpha_1 - \beta_1}$$

$$\pi_{30} = \frac{-\alpha_0 + \beta_0}{\alpha_1 - \beta_1}, \qquad \pi_{31} = \frac{-\alpha_2}{\alpha_1 - \beta_1}$$

每一列的前两个方程之间都存在矛盾(等号右端相等,左端并不一定相等),需要各剔除 1 个方程,这里不妨将每一列的第一个方程剔除,在估计得到简化式参数估计值的情况下,由剩下的 4 个方程构成的方程组只能求得参数 β_0,β_1 的一组确定估计值

$$\hat{\beta}_0 = \hat{\pi}_{20} - \hat{\beta}_1\hat{\pi}_{30}, \quad \hat{\beta}_1 = \frac{\hat{\pi}_{21}}{\hat{\pi}_{31}}$$

无法求得参数 α_0,α_1,α_2 的确定估计值,参数 α_0,α_1,α_2 的估计值有无穷多解。因此,供给函数恰好可识别,需求函数不可识别,从而模型不可识别。

若进一步在式(11-12)所示的模型的供给函数中增加解释变量 P_{t-1}(前一期的市场价格),模型变为

$$\left.\begin{aligned} D_t &= \alpha_0 + \alpha_1 P_t + \alpha_2 Y_t + \mu_{1t} \\ S_t &= \beta_0 + \beta_1 P_t + \beta_2 P_{t-1} + \mu_{2t} \\ D_t &= S_t \end{aligned}\right\} \tag{11-13}$$

这时,需求函数和供给函数都可识别,因为通过模型中方程的任意线性组合都无法得到所含变量与供给函数或需求函数相同,只是参数不同的函数关系式,需求函数和供给函数都具有确定的统计形式。

该模型的简化式为

$$\left.\begin{aligned} D_t &= \pi_{10} + \pi_{11} Y_t + \pi_{12} P_{t-1} + \varepsilon_{1t} \\ S_t &= \pi_{20} + \pi_{21} Y_t + \pi_{22} P_{t-1} + \varepsilon_{2t} \\ P_t &= \pi_{30} + \pi_{31} Y_t + \pi_{32} P_{t-1} + \varepsilon_{3t} \end{aligned}\right\}$$

参数关系体系为

$$\pi_{10} = \frac{-\alpha_0\beta_1 + \alpha_1\beta_0}{\alpha_1 - \beta_1}, \quad \pi_{11} = \frac{-\alpha_2\beta_1}{\alpha_1 - \beta_1}, \quad \pi_{12} = \frac{\alpha_1\beta_2}{\alpha_1 - \beta_1}$$

$$\pi_{20} = \frac{-\alpha_0\beta_1 + \alpha_1\beta_0}{\alpha_1 - \beta_1}, \quad \pi_{21} = \frac{-\alpha_2\beta_1}{\alpha_1 - \beta_1}, \quad \pi_{22} = \frac{\alpha_1\beta_2}{\alpha_1 - \beta_1}$$

$$\pi_{30} = \frac{-\alpha_0 + \beta_0}{\alpha_1 - \beta_1}, \qquad \pi_{31} = \frac{-\alpha_2}{\alpha_1 - \beta_1}, \quad \pi_{32} = \frac{\beta_2}{\alpha_1 - \beta_1}$$

从每一列的前两个方程中剔除 1 个矛盾方程,在估计得到简化式参数估计值的情况下,由剩下的 6 个方程构成的方程组可求得 6 个结构式参数 α_0,α_1,α_2,β_0,β_1,β_2 的唯一一组确定的估计值。因此,需求函数恰好可识别,供给函数恰好可识别,从而模型恰好可识别。

若进一步在式(11-13)所示的模型的供给函数中增加解释变量 Y_{t-1}(前一期的消费者收入),模型变为

$$D_t = \alpha_0 + \alpha_1 P_t + \alpha_2 Y_t + \alpha_3 Y_{t-1} + \mu_{1t} \left.\vphantom{\begin{matrix}1\\1\\1\end{matrix}}\right\}$$
$$S_t = \beta_0 + \beta_1 P_t + \beta_2 P_{t-1} + \mu_{2t} \qquad\qquad (11\text{-}14)$$
$$D_t = S_t$$

这时,需求函数和供给函数仍然都是可识别的,因为通过模型中方程的任意线性组合仍然都无法得到所含变量与供给函数或需求函数相同,只是参数不同的函数关系式,需求函数和供给函数仍然都具有确定的统计形式。

该模型的简化式为

$$D_t = \pi_{10} + \pi_{11} Y_t + \pi_{12} P_{t-1} + \pi_{13} Y_{t-1} + \varepsilon_{1t} \left.\vphantom{\begin{matrix}1\\1\\1\end{matrix}}\right\}$$
$$S_t = \pi_{20} + \pi_{21} Y_t + \pi_{22} P_{t-1} + \pi_{23} Y_{t-1} + \varepsilon_{2t}$$
$$P_t = \pi_{30} + \pi_{31} Y_t + \pi_{32} P_{t-1} + \pi_{33} Y_{t-1} + \varepsilon_{3t}$$

参数关系体系为

$$\pi_{10} = \frac{-\alpha_0\beta_1 + \alpha_1\beta_0}{\alpha_1 - \beta_1}, \quad \pi_{11} = \frac{-\alpha_2\beta_1}{\alpha_1 - \beta_1}, \quad \pi_{12} = \frac{\alpha_1\beta_2}{\alpha_1 - \beta_1}, \quad \pi_{13} = \frac{-\alpha_3\beta_1}{\alpha_1 - \beta_1}$$

$$\pi_{20} = \frac{-\alpha_0\beta_1 + \alpha_1\beta_0}{\alpha_1 - \beta_1}, \quad \pi_{21} = \frac{-\alpha_2\beta_1}{\alpha_1 - \beta_1}, \quad \pi_{22} = \frac{\alpha_1\beta_2}{\alpha_1 - \beta_1}, \quad \pi_{23} = \frac{-\alpha_3\beta_1}{\alpha_1 - \beta_1}$$

$$\pi_{30} = \frac{-\alpha_0 + \beta_0}{\alpha_1 - \beta_1}, \quad \pi_{31} = \frac{-\alpha_2}{\alpha_1 - \beta_1}, \quad \pi_{32} = \frac{\beta_2}{\alpha_1 - \beta_1}, \quad \pi_{33} = \frac{-\alpha_3}{\alpha_1 - \beta_1}$$

从每一列的前两个方程中剔除 1 个矛盾方程,在估计得到简化式参数估计值的情况下,由剩下的 8 个方程构成的方程组可求得 7 个结构式参数 $\alpha_0, \alpha_1, \alpha_2, \alpha_3, \beta_0, \beta_1, \beta_2$ 的 8 组估计值。但是,可以验证,在每一组估计值里,参数 $\alpha_0, \alpha_1, \alpha_2, \alpha_3$ 的估计值都没有变化,只是参数 $\beta_0, \beta_1, \beta_2$ 的估计值不同。也就是说,参数 $\alpha_0, \alpha_1, \alpha_2, \alpha_3$ 有唯一一组确定的估计值,参数 $\beta_0, \beta_1, \beta_2$ 的估计值有多组解。因此,需求函数恰好可识别,供给函数过度可识别,从而模型过度可识别。

三、结构式识别条件

1. 秩条件

结合识别的定义以及前面通过举例进行的方程识别性的判断,容易理解,判断某一结构式方程是否可识别,关键看模型系统中该方程是否包含其他方程包含的变量,看能否通过其他方程的某种线性组合将这些变量消掉,得到一个不包含这些变量的方程,若能得到,则进一步与该方程进行线性组合,可得到所含变量与该方程相同、只是参数不同的函数关系式,表明该方程不具有确定的统计形式,不可识别;反之,则该方程可识别。

因此,对于一个含有 g 个内生变量的完备的结构式模型,以 $\boldsymbol{B}_0\boldsymbol{\Gamma}_0$ 表示第 i 个方程不包含、其他 $g-1$ 个方程包含的变量在其他 $g-1$ 个方程中的系数所构成的矩阵,判断第 i 个方程是否可识别的秩条件如下:

若 $R(\boldsymbol{B}_0\boldsymbol{\Gamma}_0) = g-1$,则第 i 个方程可识别;

若 $R(\boldsymbol{B}_0\boldsymbol{\Gamma}_0) < g-1$,则第 i 个方程不可识别。

2. 阶条件

在前面介绍识别的类型及判断的过程中,从式(11-8)所示的宏观经济模型到式(11-10)、式(11-11)所示的宏观经济模型;从式(11-9)所示的商品的市场局部均衡模型到式(11-12)、式(11-13)、式(11-14)所示的商品的市场局部均衡模型,通过不断地在模型中增加解释变量(模型中没有包含的新的变量),使得模型中方程的识别状态不断改变,由不可识别到恰好可识别,由恰好可识别到过度可识别,从而模型的识别状态也不断改变。而且,值得注意的是,在某一方程中增加解释变量,不会改变该方程自身的识别状态,只会使得模型中其他随机方程的识别状态发生改变,由不可识别到恰好可识别,由恰好可识别到过度可识别。也就是说,对于某一结构式方程,假设该方程不可识别,通过在其他方程中逐步增加新的解释变量,可使得该方程由不可识别变化到恰好可识别,再由恰好可识别变化到过度可识别。

对于第 i 个方程来说,在其他方程中逐步增加新的解释变量的过程,实际上就是矩阵 $\boldsymbol{B}_0\boldsymbol{\Gamma}_0$ 的列数逐步增加的过程。矩阵 $\boldsymbol{B}_0\boldsymbol{\Gamma}_0$ 的列数小于行数时,$R(\boldsymbol{B}_0\boldsymbol{\Gamma}_0)<g-1$,第 i 个方程不可识别;矩阵 $\boldsymbol{B}_0\boldsymbol{\Gamma}_0$ 的列数增加到与行数相等时,才可能有 $R(\boldsymbol{B}_0\boldsymbol{\Gamma}_0)=g-1$,第 i 个方程可识别,且为恰好可识别;在恰好可识别情况下,若再在其他方程中增加新的解释变量,则矩阵 $\boldsymbol{B}_0\boldsymbol{\Gamma}_0$ 的列数大于行数,依然有 $R(\boldsymbol{B}_0\boldsymbol{\Gamma}_0)=g-1$,第 i 个方程可识别,且为过度可识别。

对于一个含有 g 个内生变量、k 个先决变量的完备的结构式模型,记第 i 个方程包含的内生变量、先决变量的个数分别为 g_i、k_i,矩阵 $\boldsymbol{B}_0\boldsymbol{\Gamma}_0$ 的行数可表示为 $g-1$,列数可表示为 $g+k-k_i-g_i$,矩阵 $\boldsymbol{B}_0\boldsymbol{\Gamma}_0$ 的列数与行数相等时,有

$$g+k-k_i-g_i=g-1$$

即

$$k-k_i=g_i-1$$

矩阵 $\boldsymbol{B}_0\boldsymbol{\Gamma}_0$ 的列数大于行数时,有

$$g+k-k_i-g_i>g-1$$

即

$$k-k_i>g_i-1$$

因此,在第 i 个方程可识别情况下,判断其为恰好可识别还是过度可识别的阶条件为

若 $k-k_i=g_i-1$,则第 i 个方程恰好可识别;

若 $k-k_i>g_i-1$,则第 i 个方程过度可识别。

例 11-1　以式(11-8)所示的宏观经济模型为例,利用秩条件和阶条件进行识别性的判断。

模型为

$$
\left.
\begin{array}{l}
C_t=\alpha_0+\alpha_1 Y_t+\mu_{1t} \\
I_t=\beta_0+\beta_1 Y_t+\beta_2 Y_{t-1}+\mu_{2t} \\
Y_t=C_t+I_t
\end{array}
\right\}
$$

首先判断第一个方程。该方程不包含、第二个方程和第三个方程包含的变量为 I_t，Y_{t-1}，有

$$\boldsymbol{B}_0\boldsymbol{\Gamma}_0 = \begin{bmatrix} 1 & -\beta_2 \\ -1 & 0 \end{bmatrix}$$

$$R(\boldsymbol{B}_0\boldsymbol{\Gamma}_0) = 2$$

这里，$g=3$，$g-1=2$，因此

$$R(\boldsymbol{B}_0\boldsymbol{\Gamma}_0) = g-1$$

所以，该方程可识别，并且，这里

$$\left. \begin{aligned} k-k_1 &= 1-0 = 1 \\ g_1 - 1 &= 2-1 = 1 \\ k-k_1 &= g_1 - 1 \end{aligned} \right\}$$

所以，第一个方程恰好可识别。

再判断第二个方程。该方程不包含、第一个方程和第三个方程包含的变量为 C_t，有

$$\left. \begin{aligned} \boldsymbol{B}_0\boldsymbol{\Gamma}_0 &= \begin{bmatrix} 1 \\ -1 \end{bmatrix} \\ R(\boldsymbol{B}_0\boldsymbol{\Gamma}_0) &= 1 \end{aligned} \right\}$$

所以

$$R(\boldsymbol{B}_0\boldsymbol{\Gamma}_0) < g-1$$

所以，该第二个方程不可识别。

所以，该模型不可识别。

例 11-2　以式(11-11)所示的宏观经济模型为例，利用秩条件和阶条件进行识别性的判断。

模型为

$$\left. \begin{aligned} C_t &= \alpha_0 + \alpha_1 Y_t + \alpha_2 C_{t-1} + \alpha_3 P_{t-1} + \mu_{1t} \\ I_t &= \beta_0 + \beta_1 Y_t + \beta_2 Y_{t-1} + \mu_{2t} \\ Y_t &= C_t + I_t \end{aligned} \right\}$$

首先判断第一个方程。该方程不包含、第二个方程和第三个方程包含的变量为 I_t，Y_{t-1}，有

$$\left. \begin{aligned} \boldsymbol{B}_0\boldsymbol{\Gamma}_0 &= \begin{bmatrix} 1 & -\beta_2 \\ -1 & 0 \end{bmatrix} \\ R(\boldsymbol{B}_0\boldsymbol{\Gamma}_0) &= 2 \end{aligned} \right\}$$

这里，$g=3$，$g-1=2$，因此

$$R(\boldsymbol{B}_0\boldsymbol{\Gamma}_0) = g-1$$

所以，该方程可识别，并且

$$\left.\begin{array}{l} k - k_1 = 3 - 2 = 1 \\ g_1 - 1 = 2 - 1 = 1 \\ k - k_1 = g_1 - 1 \end{array}\right\}$$

所以,第一个方程恰好可识别。

再判断第二个方程。该方程不包含、第一个方程和第三个方程包含的变量为 C_t, C_{t-1}, P_{t-1}, 有

$$\left.\begin{array}{l} \boldsymbol{B}_0\boldsymbol{\Gamma}_0 = \begin{bmatrix} 1 & -\alpha_2 & -\alpha_3 \\ -1 & 0 & 0 \end{bmatrix} \\ R(\boldsymbol{B}_0\boldsymbol{\Gamma}_0) = 2 \end{array}\right\}$$

所以

$$R(\boldsymbol{B}_0\boldsymbol{\Gamma}_0) = g - 1$$

因此,该方程可识别,并且

$$\left.\begin{array}{l} k - k_2 = 3 - 1 = 2 \\ g_2 - 1 = 2 - 1 = 1 \\ k - k_2 > g_2 - 1 \end{array}\right\}$$

所以,第二个方程过度可识别。

第三个方程是恒等方程,不存在识别问题。

所以,综合以上结果,该模型可识别,且为过度可识别。

例 11-3 以式(11-12)所示的商品的市场局部均衡模型为例,利用秩条件和阶条件进行识别性的判断。

模型为

$$\left.\begin{array}{l} D_t = \alpha_0 + \alpha_1 P_t + \alpha_2 Y_t + \mu_{1t} \\ S_t = \beta_0 + \beta_1 P_t + \mu_{2t} \\ D_t = S_t \end{array}\right\}$$

首先判断第一个方程。该方程不包含、第二个方程和第三个方程包含的变量为 S_t, 有

$$\left.\begin{array}{l} \boldsymbol{B}_0\boldsymbol{\Gamma}_0 = \begin{bmatrix} 1 \\ -1 \end{bmatrix} \\ R(\boldsymbol{B}_0\boldsymbol{\Gamma}_0) = 1 \end{array}\right\}$$

这里,$g = 3$, $g - 1 = 2$, 因此

$$R(\boldsymbol{B}_0\boldsymbol{\Gamma}_0) < g - 1$$

所以,第一个方程不可识别,该模型不可识别。

四、实际应用中的经验方法

实践中,对某一具体的经济系统进行分析时,模型中包含的方程的数目往往比较多,

几十个、几百个很正常，成千上万个也会出现。当一个联立方程计量经济学模型中包含的方程的数目比较多时，无论从识别的定义出发，还是利用结构式识别条件，对模型进行识别，都比较困难，甚至是不可能的。这就需要在建立模型的过程中设法保证模型是可识别的。建立模型过程中保证模型可识别的经验方法如下：

在建立某个结构式方程时，使该方程包含至少一个前面已建立的各个方程都没有包含的变量，以保证不因为该方程的建立而改变前面已建立的各个方程的可识别性；同时，使前面已建立的各个方程都包含至少一个该方程没有包含的变量，且互不相同，以保证该方程的可识别性。

第三节　联立方程模型的参数估计

一、概述

判断了联立方程模型的识别性之后，对于可识别模型，需要进行参数的估计。联立方程模型的参数包括结构式参数和简化式参数，具体需要估计哪些参数，要根据研究的目的确定。若研究目的是经济预测，预测外生变量的一定取值水平下内生变量的取值水平，只需估计简化式参数，因为简化式模型本身反映的就是先决变量对内生变量的影响；若研究目的是政策评价，论证经济政策的效果，也只需估计简化式参数，因为简化式参数正好能反映"政策乘数"、"效果乘数"；若研究目的是结构分析，验证某种经济理论，则必须估计结构式参数，因为简化式模型不是直接描述经济问题或经济系统中的各种内在联系的模型，经济意义不明确，结构式模型才是直接反映经济规律或行为规律的模型。

简化式参数的估计比较容易，因为简化式模型不直接反映经济变量之间的相互影响与决定关系，方程之间没有相关性，并且，方程中只有先决变量作解释变量，没有内生变量作解释变量，不存在随机解释变量问题，可以直接用单方程计量经济学模型的参数估计方法分别对模型中的每一个方程估计参数，得到模型中所有参数的估计结果。

与简化式模型相反，结构式模型直接反映经济变量之间的相互影响与决定关系，方程之间具有相关性，并且，方程中有内生变量作解释变量，存在随机解释变量问题，所以，结构式参数的估计相对困难，需要应用专门的方法。

结构式模型的参数估计方法分为两大类：单方程估计方法与系统估计方法。

单方程估计方法，是对模型系统中的每一个方程逐一进行估计，最后得到所有结构式参数的估计结果的方法。单方程估计方法主要包括工具变量法（instrumental variable，IV）、间接最小二乘法（indirect least square，ILS）、两阶段最小二乘法（two stage least square，2SLS）、有限信息最大似然法（limited information maximum likelihood，LIML）等。其中，工具变量法、间接最小二乘法适用于恰好可识别结构式模型的参数估计，两阶段最小二乘法、有限信息最大似然法既适用于恰好可识别结构式模型的参数估计，也适用于过度可识别结构式模型的参数估计。由于单方程估计方法主要利用单个方程提供的信息（有限信息）估计方程中的参数，没有完全利用整个模型所提供的全部信息，所以也称为有限信息估计方法。

系统估计方法,是对模型系统中的所有方程同时进行估计,同时得到所有结构式参数的估计结果的方法。系统估计方法主要包括三阶段最小二乘法(three stage least square,3SLS)、完全信息最大似然法(full information maximum likelihood,FIML)等。由于系统估计方法利用了模型系统提供的所有信息,所以也称为完全信息估计方法。

从参数估计结果的性质来看,系统估计方法优于单方程估计方法。但系统估计方法较复杂,从方法的可操作性的角度来看,单方程估计方法优于系统估计方法。所以,实践中,单方程估计方法得到了广泛的应用。

由于系统估计方法超出了本书的范围,本章分恰好可识别模型的估计、过度可识别模型的估计两个部分,只介绍间接最小二乘法、两阶段最小二乘法这两种常用的单方程估计方法。

二、恰好可识别模型的估计——间接最小二乘法

间接最小二乘法是恰好可识别联立方程计量经济学模型的常用参数估计方法,其基本思想是:先利用最小二乘法逐一估计简化式方程,得到简化式参数的估计值,再通过参数关系体系,由简化式参数估计值解得结构式参数的估计值。由于这种方法先利用最小二乘法估计简化式参数,再由简化式参数估计值间接求得结构式参数的估计值,所以称为间接最小二乘法。

显然,利用间接最小二乘法,要得到结构式参数的唯一一组估计量,且要保证参数估计量具有良好的性质,需满足两个前提:第一,结构式模型恰好可识别;第二,简化式模型中的每一个方程都满足单方程计量经济学模型的那些基本假设。

可以证明,利用最小二乘法得到的简化式参数估计量是最佳线性无偏估计,但因结构式参数与简化式参数之间的关系是非线性关系,结构式参数的间接最小二乘法估计量在小样本下是有偏的,不过在大样本下是渐近无偏的。

例 11-4 以式(11-10)所示的宏观经济模型为例,利用间接最小二乘法估计参数。
模型为

$$\left.\begin{array}{l} C_t = \alpha_0 + \alpha_1 Y_t + \alpha_2 C_{t-1} + \mu_{1t} \\ I_t = \beta_0 + \beta_1 Y_t + \beta_2 Y_{t-1} + \mu_{2t} \\ Y_t = C_t + I_t \end{array}\right\}$$

其简化式为

$$\left.\begin{array}{l} C_t = \pi_{10} + \pi_{11} Y_{t-1} + \pi_{12} C_{t-1} + \varepsilon_{1t} \\ I_t = \pi_{20} + \pi_{21} Y_{t-1} + \pi_{22} C_{t-1} + \varepsilon_{2t} \\ Y_t = \pi_{30} + \pi_{31} Y_{t-1} + \pi_{32} C_{t-1} + \varepsilon_{3t} \end{array}\right\}$$

参数关系体系为

$$\pi_{10} = \frac{\alpha_0 - \alpha_0 \beta_1 + \alpha_1 \beta_0}{1 - \alpha_1 - \beta_1}, \quad \pi_{11} = \frac{\alpha_1 \beta_2}{1 - \alpha_1 - \beta_1}, \quad \pi_{12} = \frac{\alpha_2 - \alpha_2 \beta_1}{1 - \alpha_1 - \beta_1}$$

$$\pi_{20} = \frac{\beta_0 + \alpha_0 \beta_1 - \alpha_1 \beta_0}{1 - \alpha_1 - \beta_1}, \quad \pi_{21} = \frac{\beta_2 - \alpha_1 \beta_2}{1 - \alpha_1 - \beta_1}, \quad \pi_{22} = \frac{\alpha_2 \beta_1}{1 - \alpha_1 - \beta_1}$$

$$\pi_{30} = \frac{\alpha_0 + \beta_0}{1 - \alpha_1 - \beta_1}, \qquad \pi_{31} = \frac{\beta_2}{1 - \alpha_1 - \beta_1}, \qquad \pi_{32} = \frac{\alpha_2}{1 - \alpha_1 - \beta_1}$$

在参数关系体系中剔除 3 个矛盾方程,这里不妨将每一列的第二个方程剔除,利用最小二乘法得到简化式参数的估计值 $\hat{\pi}_{10}, \hat{\pi}_{11}, \hat{\pi}_{12}, \hat{\pi}_{30}, \hat{\pi}_{31}, \hat{\pi}_{32}$ 后,求解由剩下的六个方程组成的方程组,可得结构式参数的估计结果

$$\hat{\alpha}_0 = \hat{\pi}_{10} - \frac{\hat{\pi}_{11}\hat{\pi}_{30}}{\hat{\pi}_{31}}, \qquad\qquad \hat{\beta}_0 = 2\hat{\pi}_{30} - \hat{\pi}_{10} - \frac{\hat{\pi}_{12}\hat{\pi}_{30}}{\hat{\pi}_{32}}$$

$$\hat{\alpha}_1 = \frac{\hat{\pi}_{11}}{\hat{\pi}_{31}}, \qquad\qquad\qquad \hat{\beta}_1 = \frac{\hat{\pi}_{12}}{\hat{\pi}_{32}} - 1$$

$$\hat{\alpha}_2 = 2\hat{\pi}_{32} - \hat{\pi}_{12} - \frac{\hat{\pi}_{11}\hat{\pi}_{32}}{\hat{\pi}_{31}}, \qquad \hat{\beta}_2 = 2\hat{\pi}_{31} - \hat{\pi}_{11} - \frac{\hat{\pi}_{12}\hat{\pi}_{31}}{\hat{\pi}_{32}}$$

例 11-5 以式(11-13)所示的商品的市场局部均衡模型为例,利用间接最小二乘法估计参数。

模型为

$$\left.\begin{array}{l} D_t = \alpha_0 + \alpha_1 P_t + \alpha_2 Y_t + \mu_{1t} \\ S_t = \beta_0 + \beta_1 P_t + \beta_2 P_{t-1} + \mu_{2t} \\ D_t = S_t \end{array}\right\}$$

其简化式为

$$\left.\begin{array}{l} D_t = \pi_{10} + \pi_{11} Y_t + \pi_{12} P_{t-1} + \varepsilon_{1t} \\ S_t = \pi_{20} + \pi_{21} Y_t + \pi_{22} P_{t-1} + \varepsilon_{2t} \\ P_t = \pi_{30} + \pi_{31} Y_t + \pi_{32} P_{t-1} + \varepsilon_{3t} \end{array}\right\}$$

参数关系体系为

$$\pi_{10} = \frac{-\alpha_0\beta_1 + \alpha_1\beta_0}{\alpha_1 - \beta_1}, \qquad \pi_{11} = \frac{-\alpha_2\beta_1}{\alpha_1 - \beta_1}, \qquad \pi_{12} = \frac{\alpha_1\beta_2}{\alpha_1 - \beta_1}$$

$$\pi_{20} = \frac{-\alpha_0\beta_1 + \alpha_1\beta_0}{\alpha_1 - \beta_1}, \qquad \pi_{21} = \frac{-\alpha_2\beta_1}{\alpha_1 - \beta_1}, \qquad \pi_{22} = \frac{\alpha_1\beta_2}{\alpha_1 - \beta_1}$$

$$\pi_{30} = \frac{-\alpha_0 + \beta_0}{\alpha_1 - \beta_1}, \qquad \pi_{31} = \frac{-\alpha_2}{\alpha_1 - \beta_1}, \qquad \pi_{32} = \frac{\beta_2}{\alpha_1 - \beta_1}$$

在参数关系体系中剔除三个矛盾方程,这里不妨将每一列的第一个方程剔除,利用最小二乘法得到简化式参数的估计值 $\hat{\pi}_{20}, \hat{\pi}_{21}, \hat{\pi}_{22}, \hat{\pi}_{30}, \hat{\pi}_{31}, \hat{\pi}_{32}$ 后,求解由剩下的 6 个方程组成的方程组,可得结构式参数的估计

$$\hat{\alpha}_0 = \hat{\pi}_{20} - \frac{\hat{\pi}_{22}\hat{\pi}_{30}}{\hat{\pi}_{32}}, \qquad\qquad \hat{\beta}_0 = \hat{\pi}_{20} - \frac{\hat{\pi}_{21}\hat{\pi}_{30}}{\hat{\pi}_{31}}$$

$$\hat{\alpha}_1 = \frac{\hat{\pi}_{22}}{\hat{\pi}_{32}}, \qquad\qquad\qquad \hat{\beta}_1 = \frac{\hat{\pi}_{21}}{\hat{\pi}_{31}}$$

$$\hat{\alpha}_2 = \hat{\pi}_{21} - \frac{\hat{\pi}_{22}\hat{\pi}_{31}}{\hat{\pi}_{32}}, \qquad\qquad \hat{\beta}_2 = \hat{\pi}_{22} - \frac{\hat{\pi}_{21}\hat{\pi}_{32}}{\hat{\pi}_{31}}$$

三、过度可识别模型的估计——两阶段最小二乘法

两阶段最小二乘法是过度可识别联立方程计量经济学模型的常用参数估计方法,其基本思想是:先利用最小二乘法估计简化式方程,求出结构式模型的随机方程中所包含的内生解释变量的估计,再以内生解释变量的估计替代结构式模型的随机方程中的内生解释变量,利用最小二乘法逐一估计结构式模型中的随机方程,得到结构式参数的估计结果。其中,用最小二乘法估计简化式方程,求出结构式模型的随机方程中所包含的内生解释变量的估计,是该方法的估计过程的第一个阶段;以内生解释变量的估计替代结构式模型的随机方程中的内生解释变量,用最小二乘法估计结构式参数,是该方法的估计过程的第二个阶段。由于这种方法的两个阶段都利用了最小二乘法,所以称为两阶段最小二乘法。

显然,利用两阶段最小二乘法,要保证参数估计量具有良好的性质,需满足两个前提:第一,结构式模型满足联立方程模型的基本假设;第二,简化式模型中的每一个方程都满足单方程计量经济学模型的基本假设。

可以证明,利用两阶段最小二乘法得到的结构式参数估计量在小样本下是有偏的,不过在大样本下是渐近无偏的。

可以证明,对于恰好可识别模型,间接最小二乘法和两阶段最小二乘法是等价的。

例 11-6　以式(11-11)所示宏观经济模型为例,利用两阶段最小二乘法估计参数。
模型为

$$\left.\begin{array}{l} C_t = \alpha_0 + \alpha_1 Y_t + \alpha_2 C_{t-1} + \alpha_3 P_{t-1} + \mu_{1t} \\ I_t = \beta_0 + \beta_1 Y_t + \beta_2 Y_{t-1} + \mu_{2t} \\ Y_t = C_t + I_t \end{array}\right\}$$

其简化式为

$$\left.\begin{array}{l} C_t = \pi_{10} + \pi_{11} Y_{t-1} + \pi_{12} C_{t-1} + \pi_{13} P_{t-1} + \varepsilon_{1t} \\ I_t = \pi_{20} + \pi_{21} Y_{t-1} + \pi_{22} C_{t-1} + \pi_{23} P_{t-1} + \varepsilon_{2t} \\ Y_t = \pi_{30} + \pi_{31} Y_{t-1} + \pi_{32} C_{t-1} + \pi_{33} P_{t-1} + \varepsilon_{3t} \end{array}\right\}$$

先用最小二乘法估计简化式方程,求出结构式模型的随机方程中所包含的内生解释变量的估计

$$\hat{Y}_t = \hat{\pi}_{30} + \hat{\pi}_{31} Y_{t-1} + \hat{\pi}_{32} C_{t-1} + \hat{\pi}_{33} P_{t-1}$$

以内生解释变量的估计替代结构式模型的随机方程中的内生解释变量,得

$$\left.\begin{array}{l} C_t = \alpha_0 + \alpha_1 \hat{Y}_t + \alpha_2 C_{t-1} + \alpha_3 P_{t-1} + \mu_{1t} \\ I_t = \beta_0 + \beta_1 \hat{Y}_t + \beta_2 Y_{t-1} + \mu_{2t} \end{array}\right\}$$

用最小二乘法逐一估计这两个随机方程,可得结构式参数 $\alpha_0, \alpha_1, \alpha_2, \beta_0, \beta_1, \beta_2$ 的两阶段最

小二乘估计。

例 11-7 以式(11-14)所示的商品的市场局部均衡模型为例,利用两阶段最小二乘法估计参数。

模型为

$$
\left.\begin{aligned}
D_t &= \alpha_0 + \alpha_1 P_t + \alpha_2 Y_t + \alpha_3 Y_{t-1} + \mu_{1t} \\
S_t &= \beta_0 + \beta_1 P_t + \beta_2 P_{t-1} + \mu_{2t} \\
D_t &= S_t
\end{aligned}\right\}
$$

其简化式为

$$
\left.\begin{aligned}
D_t &= \pi_{10} + \pi_{11} Y_t + \pi_{12} P_{t-1} + \pi_{13} Y_{t-1} + \varepsilon_{1t} \\
S_t &= \pi_{20} + \pi_{21} Y_t + \pi_{22} P_{t-1} + \pi_{23} Y_{t-1} + \varepsilon_{2t} \\
P_t &= \pi_{30} + \pi_{31} Y_t + \pi_{32} P_{t-1} + \pi_{33} Y_{t-1} + \varepsilon_{3t}
\end{aligned}\right\}
$$

先用最小二乘法估计简化式方程,求出结构式模型的随机方程中所包含的内生解释变量的估计:

$$
\hat{P}_t = \hat{\pi}_{30} + \hat{\pi}_{31} Y_t + \hat{\pi}_{32} P_{t-1} + \hat{\pi}_{23} Y_{t-1}
$$

以内生解释变量的估计替代结构式模型的随机方程中的内生解释变量,得

$$
\left.\begin{aligned}
D_t &= \alpha_0 + \alpha_1 \hat{P}_t + \alpha_2 Y_t + \alpha_3 Y_{t-1} + \mu_{1t} \\
S_t &= \beta_0 + \beta_1 \hat{P}_t + \beta_2 P_{t-1} + \mu_{2t}
\end{aligned}\right\}
$$

用最小二乘法逐一估计这两个随机方程,可得结构式参数 α_0, α_1, α_2, β_0, β_1, β_2 的两阶段最小二乘估计。

■ 第四节 案例分析

一、问题的提出

1950 年,克莱因按照凯恩斯的需求决定理论经过简单扩充建立了著名的克莱因两次世界大战之间模型(1921~1941 年美国经济模型,简称克莱因战争之间模型),模型虽小,却很好地分析了美国在两次世界大战之间的经济发展情况,并用于研究美国经济萧条时期所执行的政策。此后的美国宏观计量经济模型则大多是在克莱因战争之间模型的基础上扩充、改进和发展起来的,以至于萨缪尔森认为:"美国的许多宏观计量经济学模型,深究其中,发现都有一个小克莱因战争之间模型。"可见,克莱因战争之间模型在宏观计量经济模型的发展中占有重要位置,分析该模型对于了解西方宏观计量经济学模型会很有帮助。为此,本节选择克莱因战争之间模型进行讨论。

二、模型设定

克莱因战争之间模型包括 3 个随机方程、3 个恒等方程,具体如下:

$$C_t = \alpha_0 + \alpha_1 P_t + \alpha_2 P_{t-1} + \alpha_3 (W_{1t} + W_{2t}) + \mu_{1t}$$

$$I_t = \beta_0 + \beta_1 P_t + \beta_2 P_{t-1} + \beta_3 K_{t-1} + \mu_{2t}$$

$$W_{1t} = \gamma_0 + \gamma_1 (Y_t + T_t - W_{2t}) + \gamma_2 (Y_{t-1} + T_{t-1} - W_{2t-1}) + \gamma_3 (t - 1931) + \mu_{3t}$$

$$Y_t = C_t + I_t + G_t - T_t$$

$$P_t = Y_t - W_{1t} - W_{2t}$$

$$K_t = I_t + K_{t-1}$$

其中,C_t 为私人消费;I_t 为净投资;W_{1t} 为私营部门工资;Y_t 为税后收入;P_t 为利润;K_t 为资本存量;W_{2t} 为公共部门工资;T_t 为税收;t 为日历年时间,代表技术进步、劳动生产率提高等因素;G_t 为政府支出。

模型中包含 6 个内生变量 $C_t, I_t, W_{1t}, Y_t, P_t, K_t$,包含 4 个外生变量 W_{2t}, T_t, t, G_t。

三、识别性判断

首先判断第一个方程。该方程不包含、其他方程包含的变量为 $I_t, K_{t-1}, Y_t, T_t, Y_{t-1}, T_{t-1}, W_{2t-1}, t, G_t, K_t$,有

$$\boldsymbol{B}_0 \boldsymbol{\Gamma}_0 = \begin{bmatrix} 1 & -\beta_3 & 0 & 0 & 0 & 0 & 0 & 0 & 0 & 0 \\ 0 & 0 & -\gamma_1 & -\gamma_1 & -\gamma_2 & -\gamma_2 & -\gamma_2 & -\gamma_3 & 0 & 0 \\ -1 & 0 & 1 & 1 & 0 & 0 & 0 & 0 & -1 & 0 \\ 0 & 0 & -1 & 0 & 0 & 0 & 0 & 0 & 0 & 0 \\ -1 & -1 & 0 & 0 & 0 & 0 & 0 & 0 & 0 & 1 \end{bmatrix}$$

$$R(\boldsymbol{B}_0 \boldsymbol{\Gamma}_0) = 5$$

这里,$g = 6, g - 1 = 5$,因此

$$R(\boldsymbol{B}_0 \boldsymbol{\Gamma}_0) = g - 1$$

所以,该方程可识别,并且

$$\left. \begin{array}{r} k - k_1 = 9 - 2 = 7 \\ g_1 - 1 = 3 - 1 = 2 \\ k - k_1 > g_1 - 1 \end{array} \right\}$$

所以,该方程过度可识别。

接下来判断第二个方程。该方程不包含、其他方程包含的变量为 $C_t, W_{1t}, W_{2t}, Y_t, T_t, Y_{t-1}, T_{t-1}, W_{2t-1}, t, G_t, K_t$,有

$$\boldsymbol{B}_0 \boldsymbol{\Gamma}_0 = \begin{bmatrix} 1 & -\alpha_3 & -\alpha_3 & 0 & 0 & 0 & 0 & 0 & 0 & 0 & 0 \\ 0 & 1 & \gamma_1 & -\gamma_1 & -\gamma_1 & -\gamma_2 & -\gamma_2 & \gamma_2 & -\gamma_3 & 0 & 0 \\ -1 & 0 & 0 & 1 & 1 & 0 & 0 & 0 & 0 & -1 & 0 \\ 0 & 1 & 1 & -1 & 0 & 0 & 0 & 0 & 0 & 0 & 0 \\ 0 & 0 & 0 & 0 & 0 & 0 & 0 & 0 & 0 & 0 & 1 \end{bmatrix}$$

$$R(\boldsymbol{B}_0 \boldsymbol{\Gamma}_0) = 5$$

所以

$$R(\boldsymbol{B}_0\boldsymbol{\Gamma}_0) = g - 1$$

因此,该方程可识别,并且,这里

$$\left.\begin{array}{r} k - k_2 = 9 - 2 = 7 \\ g_2 - 1 = 2 - 1 = 1 \\ k - k_2 > g_2 - 1 \end{array}\right\}$$

所以,该方程过度可识别。

再判断第三个方程。该方程不包含、其他方程包含的变量为 $C_t, P_t, P_{t-1}, I_t, K_{t-1}$,$G_t, K_t$,有

$$\boldsymbol{B}_0\boldsymbol{\Gamma}_0 = \left.\begin{bmatrix} 1 & -\alpha_1 & -\alpha_2 & 0 & 0 & 0 & 0 \\ 0 & -\beta_1 & -\beta_2 & 1 & -\beta_3 & 0 & 0 \\ -1 & 0 & 0 & -1 & 0 & -1 & 0 \\ 0 & 1 & 0 & 0 & 0 & 0 & 0 \\ 0 & 0 & 0 & -1 & -1 & 0 & 1 \end{bmatrix}\right\}$$

$$R(\boldsymbol{B}_0\boldsymbol{\Gamma}_0) = 5$$

所以

$$R(\boldsymbol{B}_0\boldsymbol{\Gamma}_0) = g - 1$$

因此,该方程可识别,并且

$$\left.\begin{array}{r} k - k_3 = 9 - 6 = 3 \\ g_3 - 1 = 2 - 1 = 1 \\ k - k_3 > g_3 - 1 \end{array}\right\}$$

所以,该方程过度可识别。

第四、第五、第六个方程是恒等方程,不存在识别问题。

所以,综合以上结果,该模型可识别,且为过度可识别。

四、参数估计

由于模型过度可识别,利用两阶段最小二乘法估计乘数。克莱因战争之间模型所用的美国国民经济数据如表 11-1 所示。

表 11-1 美国国民经济数据(1920～1941 年)　　　　　　单位:十亿美元

年份 t	C_t	P_t	W_{1t}	W_{2t}	I_t	K_t	Y_t	T_t	G_t
1920	39.8	12.7	28.8	2.2	2.7	182.8	43.7	3.4	2.4
1921	41.9	12.4	25.5	2.7	−0.2	182.6	40.6	7.7	3.9
1922	45.0	16.9	29.3	2.9	1.9	184.5	49.1	3.9	3.2

续表

年份 t	C_t	P_t	W_{1t}	W_{2t}	I_t	K_t	Y_t	T_t	G_t
1923	49.2	18.4	34.1	2.9	5.2	189.7	55.4	4.7	2.8
1924	50.6	19.4	33.9	3.1	3.0	192.7	56.4	3.8	3.5
1925	52.6	20.1	35.4	3.2	5.1	197.8	58.7	5.5	3.3
1926	55.1	19.6	37.4	3.3	5.6	203.4	60.3	7.0	3.3
1927	56.2	19.8	37.9	3.6	4.2	207.6	61.3	6.7	4.0
1928	57.3	21.1	39.2	3.7	3.0	210.6	64.0	4.2	4.2
1929	57.8	21.7	41.3	4.0	5.1	215.7	67.0	4.0	4.1
1930	55.0	15.6	37.9	4.2	1.0	216.7	57.7	7.7	5.2
1931	50.9	11.4	34.5	4.8	−3.4	213.3	50.7	7.5	5.9
1932	45.6	7.0	29.0	5.3	−6.2	207.1	41.3	8.3	4.9
1933	46.5	11.2	28.5	5.6	−5.1	202.0	45.3	5.4	3.7
1934	48.7	12.3	30.6	6.0	−3.0	199.0	48.9	6.8	4.0
1935	51.3	14.0	33.1	6.1	−1.3	197.7	53.3	7.2	4.4
1936	57.7	17.6	36.8	7.4	2.1	199.8	61.8	8.3	2.9
1937	58.7	17.3	41.0	6.7	2.0	201.8	65.0	6.7	4.3
1938	57.5	15.3	38.2	7.7	−1.9	199.9	61.2	7.4	5.3
1939	61.6	19.0	41.6	7.8	1.3	201.2	68.4	8.9	6.6
1940	65.0	21.1	45.0	8.0	3.3	204.5	74.1	9.6	7.4
1941	69.7	23.5	53.3	8.5	4.9	209.4	85.3	11.6	13.8

　　进入 EViews 主窗口,建立工作文件,输入数据,在主功能菜单上点击"Objects",按路径"Objects/New Objects/System",点击"OK",打开"System"窗口,在"System"窗口中输入模型的 EViews 表达式

$$CT=C(1)+C(2)*PT+C(3)*PT(-1)+C(4)*(W1T+W2T)$$
$$IT=C(5)+C(6)*PT+C(7)*PT(-1)+C(8)*KT(-1)$$
$$W1T=C(9)+C(10)*(YT+TT-W2T)+C(11)*(YT(-1)$$
$$+TT(-1)-W2T(-1))+C(12)*(T-1931)$$
$$INST\ PT(-1)\ W2T\ KT(-1)\ TT\ YT(-1)\ TT(-1)\ W2T(-1)\ T\ GT$$

其中,前三行表示模型中的三个随机方程,最后一行列出了模型中的所有先决变量,C(1),C(2)等是 EViews 默认的参数。

　　接下来,点击"System"窗口上的"Estimate",再在弹出的"System Estimate"对话框的"Estimation method"中选择两阶段最小二乘法"Two-Stage Least Squares",点击"确定",得估计结果如表 11-2 所示。

表 11-2 两阶段最小二乘法参数估计结果

System：UNTITLED

Estimation Method：Two-Stage Least Squares

Date：07/17/12 Time：10：18

Sample：1921 1941

Included observations：21

Total system (balanced) observations 63

	Coefficient	Std. Error	t-Statistic	Prob.
C(1)	16. 476 89	1. 389 753	11. 855 99	0. 000 0
C(2)	0. 067 962	0. 116 003	0. 585 866	0. 560 5
C(3)	0. 180 427	0. 107 643	1. 676 170	0. 099 8
C(4)	0. 805 568	0. 042 473	18. 966 48	0. 000 0
C(5)	15. 310 53	6. 583 841	2. 325 471	0. 024 1
C(6)	0. 311 407	0. 140 467	2. 216 946	0. 031 1
C(7)	0. 477 516	0. 135 414	3. 526 338	0. 000 9
C(8)	$-0. 135 283$	0. 031 761	$-4. 259 348$	0. 000 1
C(9)	1. 466 004	1. 274 864	1. 149 929	0. 255 5
C(10)	0. 445 373	0. 037 184	11. 977 39	0. 000 0
C(11)	0. 140 519	0. 041 209	3. 409 866	0. 001 3
C(12)	0. 128 810	0. 032 247	3. 994 525	0. 000 2

Determinant residual covariance	0. 229 085

Equation：$CT = C(1) + C(2) * PT + C(3) * PT(-1) + C(4) * (W1T + W2T)$

Instruments：PT(−1) W2T KT(−1) TT YT(−1) TT(−1) W2T(−1) T GT C

Observations：21

R-squared	0. 978 823	Mean dependent var	53. 995 24
Adjusted R-squared	0. 975 086	S. D. dependent var	6. 860 866
S. E. of regression	1. 082 941	Sum squared resid	19. 936 95
Prob(F-statistic)	1. 462 425		

Equation：$IT = C(5) + C(6) * PT + C(7) * PT(-1) + C(8) * KT(-1)$

Instruments：PT(−1) W2T KT(−1) TT YT(−1) TT(−1) W2T(−1) T GT C

Observations：21

R-squared	0. 919 230	Mean dependent var	1. 266 667
Adjusted R-squared	0. 904 977	S. D. dependent var	3. 551 948
S. E. of regression	1. 094 919	Sum squared resid	20. 380 42
Prob(F-statistic)	2. 037 712		

Equation：$W1T = C(9) + C(10) * (YT + TT - W2T) + C(11) * (YT(-1) + TT(-1) - W2T(-1)) + C(12) * (T - 1931)$

Instruments：PT(−1) W2T KT(−1) TT YT(−1) TT(−1) W2T(−1) T GT C

Observations：21

R-squared	0. 987 389	Mean dependent var	36. 361 90
Adjusted R-squared	0. 985 164	S. D. dependent var	6. 304 401
S. E. of regression	0. 767 894	Sum squared resid	10. 024 23
Prob(F-statistic)	1. 908 936		

据此，可写出模型的估计式

$$\hat{C}_t = 16.476\,89 + 0.067\,962P_t + 0.180\,427P_{t-1} + 0.805\,568(W_{1t} + W_{2t})$$

$$\hat{I}_t = 15.310\,53 + 0.311\,407P_t + 0.477\,516P_{t-1} - 0.135\,283K_{t-1}$$

$$\hat{W}_{1t} = 1.466\,004 + 0.445\,373(Y_t + T_t - W_{2t}) + 0.140\,519(Y_{t-1} + T_{t-1} - W_{2t-1})$$
$$\qquad\quad + 0.128\,810(t - 1931)$$

$$Y_t = C_t + I_t + G_t - T_t$$

$$P_t = Y_t - W_{1t} - W_{2t}$$

$$K_t = I_t + K_{t-1}$$

➤ 本章小结

由多个方程构成的、用于描述经济系统中变量之间的相互依存关系的、联立方程组形式的计量经济学模型，称为联立方程模型。联立方程模型的提出，一方面是为了完整、准确地描述经济系统中的变量之间的复杂关系，另一方面是为了进一步分析经济系统中的这种变量之间的复杂关系。

联立方程模型中的变量分为内生变量和外生变量两大类：内生变量是由模型系统决定的变量；外生变量是不由模型系统决定但对模型系统产生影响的变量。联立方程模型中的方程分为随机方程和恒等方程两大类：含有未知参数和随机误差项的方程称为随机方程；不含有未知参数和随机误差项的方程称为恒等方程。

根据经济理论和行为规律建立的描述经济变量之间直接关系的联立方程模型，称为结构式模型。结构式模型具有如下特点：第一，在结构式方程中，往往有内生变量作解释变量，内生解释变量是随机变量，且往往与随机误差项相关，不能直接用普通最小二乘法估计结构式参数；第二，结构式模型直接描述经济问题或经济系统中的各种内在联系，经济意义明确；第三，结构式模型只反映了变量之间的直接影响，没有直观反映变量之间的间接影响和总影响；第四，结构式模型无法直接用于预测。

简化式模型是将每一个内生变量都表示为先决变量和随机误差项的函数的联立方程模型。与结构式模型相对照，简化式模型具有如下特点：第一，简化式模型的各个方程中，只有先决变量作解释变量，解释变量是确定性变量，且与随机误差项不相关，可以直接用普通最小二乘法估计简化式参数；第二，简化式模型不是直接描述经济问题或经济系统中的各种内在联系的模型，经济意义不明确；第三，简化式模型中的参数反映先决变量对内生变量的总的影响，既包括直接影响，也包括间接影响；第四，简化式模型可以直接用于预测。

为了对分析对象有更清楚的了解和把握，以选择适当的分析方法，保证分析的合理性、可靠性等，对联立方程模型也需做出一些基本假设。联立方程模型的基本假设包括：随机误差项都满足零均值、同方差、不存在序列相关性、服从正态分布的性质；不同方程的同期随机误差项可以相关，但它们之间的协方差与时期 t 无关，不同方程的随机误差项不能跨期相关；外生变量是确定性的变量；模型是可以识别的，即模型中包含的各种影响和决定关系是可以明确辨别或唯一确定的。

在联立方程模型中,识别问题需要引起足够的重视。关于方程识别的定义,针对结构式方程,有以下三种表述:①若联立方程模型中的某个结构式方程具有确定的统计形式,则称该方程可识别;反之,则称该方程不可识别。②若不能通过模型中其他方程或所有方程的线性组合得到所含变量与某个结构式方程相同,只是参数不同的函数关系式,则称该方程可识别;反之,则称该方程不可识别。③若联立方程模型中某个结构式方程的参数估计值,在已知简化式参数估计值的情况下,可以通过参数关系体系求解得到,则称该方程可识别;反之,则称该方程不可识别。在这三种表述中,第一种表述是基本定义,第二、第三种表述是判断是否可识别的方法。

联立方程模型中的随机方程以及联立方程模型的识别性可分为三种类型:不可识别、恰好可识别和过度可识别。只有当模型中的所有随机方程都是可识别的,模型才是可识别的。对于某一可识别的结构式方程,若方程中的参数有唯一一组估计值,则称该方程恰好可识别;若方程中的参数有有限组估计值,则称该方程过度可识别。对于一个可识别的模型,若模型中所有的随机方程都恰好可识别,则称该模型恰好可识别;若模型中存在过度可识别的随机方程,则称该模型过度可识别。

对于一个含有 g 个内生变量的完备的结构式模型,以 $\boldsymbol{B}_0\boldsymbol{\Gamma}_0$ 表示第 i 个方程不包含、其他 $g-1$ 个方程包含的变量在其他 $g-1$ 个方程中的系数所构成的矩阵,判断第 i 个方程是否可识别的秩条件如下:

若 $R(\boldsymbol{B}_0\boldsymbol{\Gamma}_0)=g-1$,则第 i 个方程可识别;

若 $R(\boldsymbol{B}_0\boldsymbol{\Gamma}_0)<g-1$,则第 i 个方程不可识别。

第 i 个方程可识别情况下,判断其为恰好可识别还是过度可识别的阶条件为:

若 $k-k_i=g_i-1$,则第 i 个方程恰好可识别;

若 $k-k_i>g_i-1$,则第 i 个方程过度可识别。

对某一具体的经济系统进行分析时,模型中包含的方程的数目往往比较多,需要在建立模型的过程中设法保证模型是可识别的。建立模型过程中保证模型可识别的经验方法如下:在建立某个结构式方程时,使该方程包含至少一个前面已建立的各个方程都没有包含的变量,以保证不因为该方程的建立而改变前面已建立的各个方程的可识别性;同时,使前面已建立的各个方程都包含至少一个该方程没有包含的变量,且互不相同,以保证该方程的可识别性。

对于可识别模型,需要进行参数的估计。结构式模型的参数估计方法分为两大类:单方程估计方法与系统估计方法。单方程估计方法,是对模型系统中的每一个方程逐一进行估计,最后得到所有结构式参数的估计结果的方法,也称为有限信息估计方法。系统估计方法,是对模型系统中的所有方程同时进行估计,同时得到所有结构式参数的估计结果的方法,也称为完全信息估计方法。

间接最小二乘法是恰好可识别联立方程计量经济学模型的常用参数估计方法。利用最小二乘法得到的简化式参数估计量是最佳线性无偏估计,但因结构式参数与简化式参数之间的关系是非线性关系,结构式参数的间接最小二乘法估计量在小样本下是有偏的,不过在大样本下是渐近无偏的。

两阶段最小二乘法是过度可识别联立方程计量经济学模型的常用参数估计方法。利用两阶段最小二乘法得到的结构式参数估计量在小样本下是有偏的,不过在大样本下是渐近无偏的。

对于恰好可识别模型,间接最小二乘法和两阶段最小二乘法是等价的。

➤ 思考与练习

1. 为什么要建立联立方程计量经济学模型?

2. 什么是内生变量、外生变量、先决变量?

3. 结构式模型与简化式模型各有什么特点?

4. 联立方程模型的识别状态分为哪几类? 含义各是什么?

5. 间接最小二乘法、两阶段最小二乘法的适用范围如何? 要保证参数估计量的性质,需要满足什么前提?

6. 如何对不可识别的模型进行修改使之可识别?

7. 指出下列简单宏观经济模型中的内生变量、外生变量、先决变量,并进行识别性的判断。

$$\left.\begin{array}{l} C_t = \alpha_0 + \alpha_1 Y_t + \alpha_2 T_t + \alpha_3 C_{t-1} + \mu_{1t} \\ I_t = \beta_0 + \beta_1 Y_{t-1} + \beta_2 I_{t-1} + \mu_{2t} \\ T_t = \gamma_0 + \gamma_1 Y_t + \mu_{3t} \\ M_t = \lambda_0 + \lambda_1 Y_t + \mu_{4t} \\ Y_t = C_t + I_t + G_t + X_t - M_t \end{array}\right\}$$

其中,C_t 为居民消费;Y_t 为国内生产总值;T_t 为税收;I_t 为投资;M_t 为进口;G_t 为政府购买支出;X_t 为出口;C_{t-1},Y_{t-1},I_{t-1} 为滞后变量。

8. 写出下列商品供给与需求模型的简化式,并进行识别性的判断。

$$\left.\begin{array}{l} D_t = \alpha_0 + \alpha_1 P_t + \alpha_2 Y_t + \alpha_3 R_{t-1} + \mu_{1t} \\ S_t = \beta_0 + \beta_1 P_t + \beta_2 t + \mu_{2t} \\ D_t = S_t \end{array}\right\}$$

其中,D_t 为商品需求;S_t 为商品供给;P_t 为商品价格;Y_t 为消费者收入;R_{t-1} 为前一期的财富积累量;t 为时间。

9. 写出下列货币供求模型的简化式,并进行识别性的判断。

$$\left.\begin{array}{l} M_t^D = \alpha_0 + \alpha_1 Y_t + \alpha_2 R_t + \alpha_3 P_t + \mu_{1t} \\ M_t^S = \beta_0 + \beta_1 Y_t + \mu_{2t} \\ M_t^D = M_t^S \end{array}\right\}$$

其中,M_t^D 为货币需求;M_t^S 为货币供给;Y_t 为国民收入;R_t 为利息率;P_t 为综合价格指数。

10. 利用表 11-3 中的数据,对下列简单宏观经济模型进行参数估计,说明参数估计量的性质。

$$\left.\begin{array}{l} C_t = \alpha_0 + \alpha_1 Y_t + \alpha_2 C_{t-1} + \mu_{1t} \\ I_t = \beta_0 + \beta_1 Y_t + \beta_2 Y_{t-1} + \mu_{2t} \\ Y_t = C_t + I_t + G_t + X_t \end{array}\right\}$$

其中,C_t 为消费;I_t 为投资;Y_t 为 GDP;G_t 为政府购买;X_t 为净出口;C_{t-1},Y_{t-1} 为滞后一期的消费和 GDP。

表 11-3　中国宏观经济数据　　　　　　　　　单位:亿元

年份	支出法国内生产总值 Y	居民消费支出 C	投资 I	政府消费支出 G	净出口 X
1978	3 605.6	1 759.1	1 377.9	480.0	−11.4
1979	4 092.6	2 011.0	1 478.9	622.2	−20.0
1980	4 592.9	2 331.2	1 599.7	676.7	−14.7
1981	5 008.8	2 627.9	1 630.2	733.6	17.1
1982	5 590.0	2 902.9	1 784.2	811.9	91.0
1983	6 216.2	3 231.1	2 039.0	895.3	50.8
1984	7 362.7	3 742.0	2 515.1	1 104.3	1.3
1985	9 076.7	4 687.4	3 457.5	1 298.9	−367.1
1986	10 508.5	5 302.1	3 941.9	1 519.7	−255.2
1987	12 277.4	6 126.1	4 462.0	1 678.5	10.8
1988	15 388.6	7 868.1	5 700.2	1 971.4	−151.1
1989	17 311.3	8 812.6	6 332.7	2 351.6	−185.6
1990	19 347.8	9 450.9	6 747.0	2 639.6	510.3
1991	22 577.4	10 730.6	7 868.0	3 361.3	617.5
1992	27 565.2	13 000.1	10 086.3	4 203.2	275.6
1993	36 938.1	16 412.1	15 717.7	5 487.8	−679.5
1994	50 217.4	21 844.2	20 341.1	7 398.0	634.1
1995	63 216.9	28 369.7	25 470.1	8 378.5	998.6
1996	74 163.6	33 955.9	28 784.9	9 963.6	1 459.2
1997	81 658.5	36 921.5	29 968.0	11 219.1	3 549.9
1998	86 531.6	39 229.3	31 314.2	12 358.9	3 629.2
1999	91 125.0	41 920.4	32 951.5	13 716.5	2 536.6
2000	98 749.0	45 854.6	34 842.8	15 661.4	2 390.2
2001	109 028.0	49 435.9	39 769.4	17 498.0	2 324.7
2002	120 475.6	53 056.6	45 565.0	18 759.9	3 094.1
2003	136 634.8	57 649.8	55 963.0	20 035.7	2 986.3
2004	160 800.1	65 218.5	69 168.4	22 334.1	4 079.1
2005	187 131.2	72 652.5	77 856.8	26 398.8	10 223.1
2006	222 240.0	82 103.5	92 954.1	30 528.4	16 654.0
2007	265 833.9	95 609.8	110 943.2	35 900.4	23 380.6
2008	314 901.3	110 594.5	138 325.3	41 752.1	24 229.4
2009	346 316.6	121 129.9	164 463.2	45 690.2	15 033.3
2010	394 307.6	133 290.9	191 690.8	53 614.4	15 711.5

11. 利用表 11-4 中的数据,对下列供需均衡模型进行参数估计,说明参数估计量的性质。

$$
\left.
\begin{aligned}
D_t &= \alpha_0 + \alpha_1 P_t + \alpha_2 Y_t + \mu_{1t} \\
S_t &= \beta_0 + \beta_1 P_t + \beta_2 W_t + \mu_{2t} \\
D_t &= S_t = Q_t
\end{aligned}
\right\}
$$

其中，D_t，S_t 和 P_t 分别为需求量、供给量和价格，是模型的内生变量；Y_t 和 W_t 分别为收入和气候条件，是模型的外生变量。

表 11-4　样本数据

t	Q_t	P_t	Y_t	W_t
1	11	20	8.1	42
2	16	18	8.4	58
3	11	12	8.5	35
4	14	21	8.5	46
5	13	27	8.8	41
6	17	28	9.0	56
7	14	25	8.9	48
8	15	27	9.4	50
9	12	30	9.5	39
10	18	28	9.9	52

参 考 文 献

李子奈 . 2003. 计量经济学 . 北京:清华大学出版社

李子奈,潘文卿 . 2005. 计量经济学 . 第二版 . 北京:高等教育出版社

林光平 . 2003. 计算计量经济学 . 杨大勇译 . 北京:清华大学出版社

聂巧平 . 2006. 计量经济学同步辅导 . 北京:中国时代经济出版社

潘文卿,李子奈,高吉丽 . 2005. 计量经济学习题集 . 北京:高等教育出版社

潘省初,周凌瑶 . 2005. 计量经济分析软件——EViews、SAS 简要上机指南 . 北京:中国人民大学出版社

庞皓 . 2006. 计量经济学 . 北京:科学出版社

童恒庆 . 2005. 理论计量经济学 . 北京:科学出版社

王维国 . 2002. 计量经济学 . 大连:东北财经大学出版社

谢识予 . 2000. 计量经济学 . 北京:高等教育出版社

谢识予 . 2004. 计量经济学教程 . 上海:复旦大学出版社

于俊年 . 2006. 计量经济学软件——EViews 的使用 . 北京:对外经济贸易大学出版社

张保法 . 2000. 经济计量学 . 北京:经济科学出版社

张世英,李忠民,袁学民 . 2002. 计量经济学教程 . 天津:天津大学出版社

张晓峒 . 2004. 计量经济学软件 Eviews 使用指南 . 第二版 . 天津:南开大学出版社

赵国庆 . 2001. 计量经济学 . 北京:中国人民大学出版社

赵卫亚 . 2003. 计量经济学教程 . 上海:上海财经大学出版社

Greene W H. 2003. Econometric Analysis. 5th ed. Upper Saddle River:Prentice-Hall Inc

Gujarrati D N. 2003. Basic Econometrics:A Modern Approach. 4th ed. New York:McGraw-Hill Company

Pindyck R S, Rubinfeld D L. 1998. Econometric Model and Economic Forecast. 4th ed. Boston:McGraw-Hill Company

Wooldridge J M. 2001. Econometric Analysis of Cross Section and Panel Data. Cambridge:The MIT Press

Wooldridge J M. 2003. Introductory Econometrics:A Modern Approach. 2nd ed. New York:South-Western

附录 A

统 计 用 表

■A1 t 分布的临界值

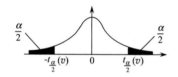

$$P\{t > t_{\frac{\alpha}{2}}(v)\} = P\{t < -t_{\frac{\alpha}{2}}(v)\} = \frac{\alpha}{2}$$

即 $P\{|t| > t_{\frac{\alpha}{2}}(v)\} = \alpha$

$\alpha/2$	0.25	0.20	0.15	0.10	0.05	0.025	0.005
α v	0.50	0.40	0.30	0.20	0.10	0.05	0.01
1	1.000	1.376	1.963	3.078	6.314	12.706	63.657
2	0.816	1.061	1.386	1.886	2.920	4.303	9.925
3	0.765	0.978	1.250	1.638	2.353	3.182	5.841
4	0.741	0.941	1.190	1.533	2.132	2.776	4.604
5	0.727	0.920	1.156	1.476	2.015	2.571	4.032
6	0.718	0.906	1.134	1.440	1.943	2.447	3.707
7	0.711	0.896	1.119	1.415	1.895	2.365	3.499
8	0.706	0.889	1.108	1.397	1.860	2.306	3.355
9	0.703	0.883	1.000	1.383	1.833	2.262	3.250

续表

$a/2$ / α / v	0.25 / 0.50	0.20 / 0.40	0.15 / 0.30	0.10 / 0.20	0.05 / 0.10	0.025 / 0.05	0.005 / 0.01
10	0.700	0.879	1.093	1.372	1.812	2.228	3.169
11	0.697	0.876	1.088	1.363	1.796	2.201	3.106
12	0.695	0.873	1.083	1.356	1.782	2.179	3.055
13	0.694	0.870	1.079	1.350	1.771	2.160	3.012
14	0.692	0.868	1.076	1.345	1.761	2.145	2.977
15	0.691	0.866	1.074	1.341	1.753	2.131	2.947
16	0.690	0.865	1.071	1.337	1.746	2.120	2.921
17	0.689	0.863	1.069	1.333	1.740	2.110	2.892
18	0.688	0.862	1.067	1.330	1.734	2.101	2.878
19	0.688	0.861	1.066	1.328	1.729	2.093	2.861
20	0.687	0.860	1.064	1.325	1.725	2.086	2.845
21	0.686	0.859	1.063	1.323	1.721	2.080	2.831
22	0.686	0.858	1.061	1.321	1.717	2.074	2.819
23	0.685	0.858	1.060	1.319	1.714	2.069	2.807
24	0.685	0.857	1.059	1.318	1.711	2.064	2.797
25	0.684	0.856	1.058	1.316	1.708	2.060	2.787
26	0.684	0.856	1.058	1.315	1.706	2.056	2.779
27	0.684	0.855	1.057	1.314	1.703	2.052	2.771
28	0.683	0.855	1.056	1.313	1.701	2.048	2.763
29	0.683	0.854	1.055	1.311	1.699	2.045	2.756
30	0.683	0.854	1.055	1.310	1.697	2.042	2.750
40	0.681	0.851	1.05	1.303	1.684	2.021	2.704
60	0.679	0.848	1.046	1.296	1.671	2.000	2.660
120	0.677	0.845	1.041	1.289	1.658	1.980	2.617
∞	0.674	0.842	1.036	1.282	1.654	1.960	2.576

注:例如,自由度为 20 的 5% 显著性水平下的临界值是 $t_{0.025}(20) = 2.086$

A2　F 分布的临界值

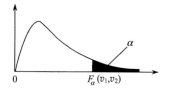

$$P\{F > F_\alpha(v_1, v_2)\} = \alpha$$

$$\alpha = 0.10$$

v_2 \ v_1	分子自由度									
	1	2	3	4	5	6	7	8	9	10
5	4.06	3.78	3.62	3.52	3.45	3.40	3.37	3.34	3.32	3.30
6	3.78	3.46	3.29	3.18	3.11	3.05	3.01	2.98	2.96	2.94
7	3.59	3.26	3.07	2.96	2.88	2.83	2.78	2.75	2.72	2.70
8	3.46	3.11	2.92	2.81	2.73	2.67	2.62	2.59	2.56	2.54
9	3.36	3.01	2.81	2.69	2.61	2.55	2.51	2.47	2.44	2.42
10	3.29	2.92	2.73	2.61	2.52	2.46	2.41	2.38	2.35	2.32
11	3.23	2.86	2.66	2.54	2.45	2.39	2.34	2.30	2.27	2.25
12	3.18	2.81	2.61	2.48	2.39	2.33	2.28	2.24	2.21	2.19
13	3.14	2.76	2.56	2.43	2.35	2.28	2.23	2.20	2.16	2.14
14	3.10	2.73	2.52	2.39	2.31	2.24	2.19	2.15	2.12	2.10
15	3.07	2.70	2.49	2.39	2.27	2.21	2.16	2.12	2.09	2.06
16	3.05	2.67	2.46	2.33	2.24	2.18	2.13	2.09	2.06	2.03
17	3.03	2.64	2.44	2.31	2.22	2.15	2.12	2.06	2.03	2.00
18	3.01	2.62	2.42	2.29	2.20	2.13	2.08	2.04	2.00	1.98
19	2.99	2.61	2.40	2.27	2.18	2.11	2.06	2.02	1.98	1.96
20	2.97	2.59	2.38	2.25	2.16	2.09	2.04	2.00	1.96	1.94
21	2.96	2.57	2.36	2.23	2.14	2.08	2.02	1.98	1.95	1.92
22	2.95	2.56	2.35	2.22	2.13	2.06	2.01	1.97	1.93	1.90
23	2.94	2.55	2.34	2.21	2.11	2.05	1.99	1.95	1.92	1.89
24	2.93	2.54	2.33	2.19	2.10	2.04	1.98	1.94	1.91	1.88
25	2.92	2.53	2.32	2.18	2.09	2.02	1.97	1.93	1.89	1.87
26	2.91	2.52	2.31	2.17	2.08	2.01	1.96	1.92	1.88	1.86
27	2.90	2.51	2.30	2.17	2.07	2.00	1.95	1.91	1.87	1.85
28	2.89	2.50	2.29	2.16	2.06	2.00	1.94	1.90	1.87	1.84
29	2.89	2.50	2.28	2.15	2.06	1.99	1.93	1.89	1.86	1.83
30	2.88	2.49	2.28	2.14	2.05	1.98	1.93	1.88	1.85	1.82
40	2.84	2.44	2.23	2.09	2.00	1.93	1.87	1.83	1.79	1.76
60	2.79	2.39	2.18	2.04	1.95	1.87	1.82	1.77	1.74	1.71
120	2.75	2.35	2.13	1.99	1.90	1.82	1.77	1.72	1.68	1.65
∞	2.71	2.30	2.08	1.94	1.85	1.77	1.72	1.67	1.63	1.60

注:例如,分子自由度为 2、分母自由度为 20 的 10% 显著性水平下的临界值是 $F_{0.10}(2, 20) = 2.59$

$$\alpha = 0.05$$

v_2 \ v_1	分子自由度									
	1	2	3	4	5	6	7	8	9	10
5	6.61	5.79	5.41	5.19	5.05	4.95	4.88	4.82	4.77	4.70
6	5.99	5.14	4.76	4.53	4.39	4.28	4.21	4.15	4.10	4.06
7	5.59	4.74	4.35	4.12	3.97	3.87	3.79	3.73	3.68	3.64
8	5.32	4.46	4.07	3.84	3.69	3.58	3.50	3.44	3.39	3.35
9	5.12	4.26	3.86	3.63	3.48	3.37	3.29	3.23	3.18	3.14
10	4.96	4.10	3.71	3.48	3.33	3.22	3.10	3.07	3.02	2.98
11	4.84	3.98	3.59	3.36	3.20	3.09	3.01	2.95	2.90	2.85
12	4.75	3.89	3.49	3.26	3.11	3.00	2.91	2.85	2.80	2.75
13	4.67	3.81	3.41	3.18	3.03	2.92	2.83	2.77	2.71	2.67
14	4.60	3.74	3.34	3.11	2.96	2.85	2.76	2.70	2.65	2.60
15	4.54	3.68	3.29	3.06	2.90	2.79	2.71	2.64	2.59	2.54
16	4.49	3.63	3.24	3.01	2.85	2.74	2.66	2.59	2.54	2.49
17	4.45	3.59	3.20	2.96	2.81	2.70	2.61	2.55	2.49	2.45
18	4.41	3.55	3.16	2.93	2.77	2.66	2.58	2.51	2.46	2.41
19	4.38	3.52	3.13	2.90	2.74	2.63	2.54	2.48	2.42	2.38
20	4.35	3.49	3.10	2.87	2.71	2.60	2.51	2.45	2.39	2.35
21	4.32	3.47	3.07	2.84	2.68	2.57	2.49	2.42	2.37	2.32
22	4.30	3.44	3.05	2.82	2.66	2.55	2.46	2.40	2.34	2.30
23	4.28	3.42	3.03	2.80	2.64	2.53	2.44	2.37	2.32	2.27
24	4.26	3.40	3.01	2.78	2.62	2.51	2.42	2.36	2.30	2.25
25	4.24	3.30	2.99	2.76	2.60	2.49	2.40	2.34	2.28	2.24
26	4.23	3.37	2.98	2.74	2.59	2.47	2.39	2.32	2.27	2.22
27	4.21	3.35	2.96	2.73	2.57	2.46	2.37	2.31	2.25	2.20
28	4.20	3.34	2.95	2.71	2.56	2.45	2.36	2.29	2.24	2.10
29	4.18	3.33	2.93	2.70	2.55	2.43	2.35	2.28	2.22	2.18
30	4.17	3.32	2.92	2.69	2.53	2.42	2.33	2.27	2.21	2.16
40	4.08	3.23	2.84	2.61	2.45	2.34	2.25	2.16	2.12	2.08
60	4.00	3.15	2.76	2.53	2.37	2.25	2.17	2.10	2.04	1.99
120	3.92	3.07	2.68	2.45	2.29	2.17	2.09	2.02	1.96	1.91
∞	3.84	3.00	2.60	2.37	2.21	2.10	2.01	1.94	1.88	1.83

注:例如,分子自由度为2、分母自由度为20的5%显著性水平下的临界值是 $F_{0.05}(2,20)=3.49$

$$\alpha = 0.01$$

v_2 \ v_1		分子自由度								
		1	2	3	4	5	6	7	8	9	10
分母自由度	5	16.26	13.27	12.06	11.39	10.97	10.67	10.46	10.28	10.16	10.05
	6	13.75	10.92	9.78	9.15	8.75	8.47	8.26	8.10	7.98	7.87
	7	12.25	9.55	8.45	7.85	7.46	7.19	6.99	6.84	6.72	6.62
	8	11.26	8.65	7.59	7.01	6.63	6.37	6.18	6.03	5.91	5.81
	9	10.56	8.02	6.99	6.42	6.06	5.80	5.61	5.47	5.35	5.26
	10	10.04	7.56	6.55	5.99	5.64	5.39	5.20	5.06	4.94	4.85
	11	9.65	7.21	6.22	5.67	5.32	5.07	4.89	4.74	4.63	4.54
	12	9.33	6.93	5.95	5.41	5.06	4.82	4.64	4.50	4.39	4.30
	13	9.07	6.70	5.74	5.21	4.86	4.62	4.44	4.30	4.19	4.10
	14	8.86	6.51	5.56	5.04	4.69	4.46	4.28	4.14	4.03	3.94
	15	8.68	6.36	5.42	4.89	4.56	4.32	4.14	4.00	3.89	3.80
	16	8.53	6.23	5.29	4.77	4.44	4.20	4.03	3.89	3.78	3.69
	17	8.40	6.11	5.18	4.67	4.34	4.10	3.93	3.79	3.68	3.59
	18	8.29	6.01	5.09	4.58	4.25	4.01	3.84	3.71	3.60	3.51
	19	8.18	5.93	5.01	4.50	4.17	3.94	3.77	3.63	3.52	3.43
	20	8.10	5.85	4.94	4.43	4.10	3.87	3.70	3.56	3.46	3.37
	21	8.02	5.78	4.87	4.37	4.04	3.81	3.64	3.51	3.40	3.31
	22	7.95	5.72	4.82	4.31	3.99	3.76	3.59	3.45	3.35	3.26
	23	7.88	7.66	4.76	4.26	3.94	3.71	3.54	3.41	3.30	3.21
	24	7.82	5.61	4.72	4.22	3.90	3.67	3.50	3.36	3.26	3.17
	25	7.77	5.57	4.68	4.18	3.85	3.63	3.46	3.32	3.22	3.13
	26	7.72	5.53	4.64	4.14	3.82	3.59	3.42	3.29	3.18	3.09
	27	7.68	5.49	4.60	4.11	3.78	3.56	3.39	3.26	3.15	3.06
	28	7.64	5.45	4.57	4.07	3.75	3.53	3.36	3.23	3.12	3.03
	29	7.60	5.42	4.54	4.04	3.73	3.50	3.33	3.20	3.09	3.00
	30	7.56	5.39	4.51	4.02	3.70	3.47	3.30	3.17	3.07	2.98
	40	7.31	5.13	4.31	3.83	3.51	3.29	3.12	2.99	2.89	2.80
	60	7.08	4.98	4.13	3.65	3.34	3.12	2.95	2.82	2.72	2.63
	120	6.85	4.79	3.95	3.48	3.17	2.96	2.79	2.66	2.56	2.47
	∞	6.63	4.61	3.78	3.32	3.02	2.80	2.64	2.51	2.41	2.32

注:例如,分子自由度为 2、分母自由度为 20 的 1% 显著性水平下的临界值是 $F_{0.01}(2, 20) = 5.85$

A3 χ^2分布的临界值

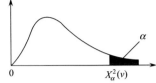

$$P\{\chi^2 > \chi_\alpha^2(\nu)\} = \alpha$$

α ν	0.99	0.95	0.90	0.75	0.50	0.25	0.10	0.05	0.01
1	1.57×10^{-4}	3.93×10^{-3}	0.015 8	0.101 5	0.454 9	1.323 3	2.705 5	3.842 5	6.634 9
2	0.020 1	0.102 6	0.210 7	0.575 4	1.386 3	2.772 6	4.605 2	5.991 5	9.210 3
3	0.114 8	0.351 8	0.584 4	1.212 5	2.366 0	4.108 4	6.251 4	7.814 7	11.345
4	0.297 1	0.710 7	1.063 6	1.922 6	3.356 7	5.385 3	7.779 4	9.487 7	13.277
5	0.554 3	1.145 5	1.610 3	2.674 6	4.351 5	6.625 7	9.236 4	11.071	15.086
6	0.875 1	1.635 4	2.204 1	3.454 6	5.348 1	7.840 8	10.645	12.592	16.812
7	1.239 0	2.167 4	2.833 1	4.254 9	6.345 8	9.037 2	12.017	14.067	18.475
8	1.646 5	2.732 6	3.489 5	5.070 6	7.344 1	10.219	13.362	15.507	20.090
9	2.087 9	3.325 1	4.168 2	5.898 8	8.342 8	11.389	14.684	16.919	21.666
10	2.558 2	3.940 3	4.865 2	6.737 2	9.341 8	12.549	15.987	18.307	23.209
11	3.053 5	4.574 8	5.577 8	7.584 1	10.341	13.701	17.275	19.675	24.725
12	3.570 6	5.226 0	6.303 8	8.438 4	11.340	14.845	18.549	21.026	26.217
13	4.106 9	5.891 9	7.041 5	9.299 1	12.340	15.984	19.812	22.362	27.688
14	4.660 4	6.570 6	7.789 5	10.165	13.339	17.117	21.064	23.685	29.141
15	5.229 4	7.260 9	8.546 8	11.036	14.339	18.245	22.307	24.996	30.578
16	5.812 2	7.961 6	9.312 2	11.912	15.339	19.369	23.542	26.296	32.000
17	6.407 8	8.671 8	10.085	12.792	16.338	20.489	24.769	27.587	33.409
18	7.014 9	9.390 5	10.865	13.675	17.338	21.605	25.989	28.869	34.805
19	7.632 7	10.117	11.651	14.562	18.338	22.718	27.204	30.144	36.191
20	8.260 4	10.851	12.443	15.452	19.337	23.828	28.412	31.410	37.566
21	8.897 2	11.591	13.240	16.344	20.337	24.935	29.615	32.671	38.932
22	9.542 5	12.338	14.042	17.240	21.337	26.039	30.813	33.924	40.289
23	10.196	13.091	14.848	18.137	22.337	27.141	32.007	35.173	41.638
24	10.856	13.848	15.659	19.037	23.337	28.241	33.196	36.415	42.980
25	11.524	14.611	16.473	19.939	24.337	29.339	34.382	37.653	44.314
26	12.198	15.379	17.292	20.843	25.336	30.435	35.563	38.885	45.642
27	12.879	16.151	18.114	21.749	26.336	31.528	36.741	40.113	46.963
28	13.565	16.928	18.939	22.657	27.336	32.621	37.916	41.337	48.278
29	14.257	17.708	19.768	23.567	28.336	33.711	39.088	42.557	49.588
30	14.954	18.493	20.599	24.478	29.336	34.800	40.256	43.773	50.892
40	22.164	26.509	29.051	33.660	39.335	45.616	51.805	55.759	63.691
50	29.707	34.764	37.689	42.942	49.335	56.334	63.167	67.505	76.154
60	37.485	43.188	46.459	52.294	59.335	66.981	74.397	79.082	88.379
70	45.442	51.739	55.329	61.698	69.334	77.577	85.527	90.531	100.43
80	53.540	60.392	64.278	71.145	79.334	88.130	96.578	101.88	112.33
90	61.754	69.126	73.291	80.625	89.334	98.650	107.57	113.15	124.12
100	70.065	77.930	83.358	90.133	99.334	109.14	118.50	124.34	135.81

注:例如,自由度为 20 的 5% 显著性水平下的临界值是 $\chi_{0.05}^2(20) = 31.4$

A4　DW 检验上下临界值

$$\alpha = 0.05$$

n	$k=1$		$k=2$		$k=3$		$k=4$		$k=5$	
	d_L	d_U	d_L	d_U	d_L	d_U	d_L	d_U	d_L	d_U
10	0.879	1.320	0.697	1.641	0.525	2.016	0.376	2.414	0.243	2.822
11	0.927	1.324	0.658	1.604	0.595	1.928	0.444	2.283	0.316	2.645
12	0.971	1.331	0.812	1.579	0.658	1.864	0.512	2.177	0.379	2.506
13	0.010	1.340	0.861	1.562	0.715	1.816	0.574	2.094	0.445	2.390
14	1.045	1.350	0.905	1.551	0.767	1.779	0.632	2.303	0.505	2.296
15	1.077	1.361	0.946	1.543	0.814	1.750	0.685	1.977	0.562	2.220
16	1.106	1.371	0.982	1.539	0.857	1.728	0.734	1.935	0.615	2.157
17	1.133	1.381	1.015	1.536	0.897	1.710	0.779	1.900	0.664	2.104
18	1.158	1.391	1.046	1.535	0.933	1.696	0.820	1.872	0.710	2.060
19	1.180	1.401	1.074	1.536	0.967	1.685	0.859	1.848	0.752	2.023
20	1.201	1.411	1.100	1.537	0.998	1.676	0.894	1.828	0.792	1.991
21	1.221	1.420	1.125	1.538	1.026	1.669	0.927	1.812	0.829	1.964
22	1.239	1.429	1.147	1.541	1.053	1.664	0.958	1.797	0.863	1.940
23	1.257	1.437	1.168	1.543	1.078	1.660	0.986	1.785	0.895	1.920
24	1.273	1.446	1.188	1.546	1.101	1.656	1.013	1.775	0.925	1.902
25	1.288	1.454	1.206	1.550	1.123	1.654	1.038	1.767	0.953	1.886
26	1.302	1.461	1.224	1.553	1.143	1.652	1.062	1.759	0.979	1.873
27	1.316	1.469	1.240	1.556	1.162	1.651	1.084	1.753	1.004	1.861
28	1.328	1.476	1.255	1.560	1.181	1.650	1.104	1.747	1.028	1.850
29	1.341	1.483	1.270	1.563	1.198	1.650	1.124	1.743	1.050	1.841
30	1.352	1.489	1.284	1.567	1.214	1.650	1.143	1.739	1.071	1.833
31	1.363	1.496	1.297	1.570	1.229	1.650	1.160	1.735	1.090	1.825
32	1.373	1.502	1.309	1.574	1.244	1.650	1.177	1.732	1.109	1.819
33	1.383	1.508	1.321	1.577	1.258	1.651	1.193	1.730	1.127	1.813
34	1.393	1.514	1.333	1.580	1.271	1.652	1.208	1.728	1.144	1.808
35	1.402	1.519	1.343	1.584	1.283	1.653	1.222	1.726	1.160	1.803
36	1.411	1.525	1.354	1.587	1.295	1.654	1.236	1.724	1.175	1.799
37	1.419	1.530	1.364	1.590	1.307	1.655	1.249	1.723	1.190	1.795
38	1.427	1.535	1.373	1.594	1.318	1.656	1.261	1.722	1.204	1.792
39	1.435	1.540	1.382	1.597	1.328	1.658	1.273	1.722	1.218	1.789
40	1.442	1.544	1.391	1.600	1.338	1.659	1.285	1.721	1.230	1.786
45	1.475	1.566	1.430	1.615	1.383	1.666	1.336	1.720	1.287	1.776
50	1.503	1.585	1.462	1.628	1.421	1.674	1.378	1.721	1.335	1.771
55	1.528	1.601	1.490	1.641	1.452	1.681	1.414	1.724	1.374	1.768
60	1.549	1.616	1.514	1.652	1.480	1.689	1.444	1.727	1.408	1.767
65	1.567	1.629	1.536	1.662	1.503	1.696	1.471	1.731	1.438	1.767
70	1.583	1.641	1.554	1.672	1.525	1.703	1.494	1.735	1.464	1.768
75	1.598	1.652	1.571	1.680	1.543	1.709	1.515	1.739	1.487	1.770
80	1.611	1.662	1.586	1.688	1.560	1.715	1.534	1.743	1.507	1.772
85	1.624	1.671	1.600	1.696	1.575	1.721	1.550	1.747	1.525	1.774
90	1.635	1.679	1.612	1.703	1.589	1.726	1.566	1.751	1.542	1.776
95	1.645	1.687	1.623	1.709	1.602	1.732	1.579	1.755	1.557	1.778
100	1.654	1.694	1.634	1.715	1.613	1.736	1.592	1.758	1.571	1.780
150	1.720	1.746	1.706	1.760	1.693	1.774	1.679	1.788	1.665	1.902
200	1.758	1.778	1.748	1.789	1.738	1.799	1.728	1.810	1.718	1.820

$\alpha = 0.01$

n	$k=1$		$k=2$		$k=3$		$k=4$		$k=5$	
	d_L	d_U	d_L	d_U	d_L	d_U	d_L	d_U	d_L	d_U
10	0.604	1.001	0.466	1.333	0.340	1.733	0.230	2.193	0.150	2.690
11	0.653	1.010	0.519	1.297	0.396	1.640	0.286	2.030	0.193	2.453
12	0.697	1.023	0.569	1.274	0.449	1.575	0.339	1.913	0.244	2.280
13	0.738	1.038	0.616	1.261	0.499	1.526	0.391	1.826	0.294	2.150
14	0.776	1.054	0.660	1.254	0.547	1.490	0.441	1.757	0.343	2.049
15	0.811	1.070	0.700	1.252	0.591	1.464	0.488	1.704	0.391	1.967
16	0.844	1.086	0.737	1.252	0.633	1.446	0.532	1.663	0.437	1.900
17	0.874	1.102	0.772	1.255	0.672	1.432	0.574	1.630	0.480	1.847
18	0.902	1.118	0.805	1.259	0.798	1.422	0.613	1.604	0.522	1.803
19	0.928	1.132	0.835	1.265	0.742	1.415	0.650	1.584	0.561	1.767
20	0.952	1.147	0.863	1.271	0.773	1.411	0.685	1.567	0.598	1.737
21	0.975	1.161	0.890	1.277	0.803	1.408	0.718	1.554	0.633	1.712
22	0.997	1.174	0.914	1.284	0.831	1.407	0.748	1.543	0.667	1.691
23	1.018	1.187	0.938	1.291	0.858	1.407	0.777	1.534	0.698	1.873
24	1.037	1.199	0.960	1.298	0.882	1.407	0.805	1.528	0.728	1.658
25	1.055	1.211	0.981	1.305	0.906	1.409	0.831	1.523	0.756	1.645
26	1.072	1.222	1.001	1.312	0.928	1.411	0.855	1.518	0.783	1.635
27	1.089	1.233	1.019	1.319	0.949	1.413	0.878	1.515	0.808	1.626
28	1.104	1.244	1.037	1.325	0.969	1.415	0.900	1.513	0.832	1.618
29	1.119	1.254	1.054	1.331	0.988	1.418	0.921	1.512	0.855	1.611
30	1.133	1.263	1.070	1.339	1.006	1.421	0.941	1.511	0.877	1.606
31	1.147	1.273	1.085	1.345	1.023	1.425	0.960	1.510	0.897	1.601
32	1.160	1.282	1.100	1.352	1.040	1.428	0.979	1.510	0.917	1.597
33	1.172	1.291	1.114	1.358	1.055	1.432	0.996	1.510	0.936	1.594
34	1.184	1.299	1.128	1.364	1.070	1.435	1.012	1.511	0.954	1.591
35	1.195	1.307	1.140	1.370	1.085	1.439	1.028	1.512	0.971	1.598
36	1.206	1.315	1.153	1.376	1.098	1.442	1.043	1.513	0.988	1.588
37	1.217	1.323	1.165	1.382	1.112	1.446	1.058	1.514	1.004	1.586
38	1.227	1.330	1.176	1.388	1.124	1.449	1.072	1.515	1.019	1.585
39	1.237	1.337	1.187	1.393	1.137	1.543	1.085	1.517	1.034	1.584
40	1.246	1.344	1.198	1.398	1.148	1.457	1.098	1.518	1.048	1.584
45	1.288	1.376	1.245	1.423	1.201	1.474	1.156	1.528	1.111	1.584
50	1.324	1.403	1.285	1.446	1.245	1.491	1.205	1.538	1.164	1.587
55	1.356	1.427	1.320	1.466	1.284	1.506	1.247	1.548	1.209	1.592
60	1.383	1.449	1.350	1.484	1.317	1.520	1.283	1.558	1.249	1.598
65	1.407	1.468	1.377	1.500	1.346	1.534	1.315	1.568	1.283	1.604
70	1.429	1.485	1.400	1.515	1.372	1.546	1.343	1.578	1.313	1.611
75	1.448	1.501	1.422	1.529	1.395	1.557	1.368	1.587	1.340	1.617
80	1.466	1.515	1.441	1.541	1.416	1.568	1.390	1.595	1.364	1.624
85	1.482	1.528	1.458	1.553	1.435	1.578	1.411	1.603	1.386	1.630
90	1.496	1.540	1.474	1.563	1.452	1.587	1.429	1.611	1.406	1.636
95	1.510	1.552	1.489	1.573	1.468	1.596	1.446	1.618	1.425	1.642
100	1.522	1.562	1.503	1.583	1.482	1.604	1.462	1.625	1.441	1.647
150	1.611	1.637	1.598	1.651	1.584	1.665	1.571	1.679	1.557	1.693
200	1.664	1.684	1.653	1.693	1.643	1.704	1.633	1.715	1.623	1.725

附录 B

统计学相关知识

B1 总体、样本与随机变量

统计学中,把所研究对象的全体称为总体,总体中的每个元素称为个体,总体中个体的数目称为总体容量,用 N 表示。N 既可以是有限数,也可以是无限数,对应的总体分别称为有限总体和无限总体,当 N 很大时,有限总体可以近似地看成无限总体。

由总体中的若干个体组成的集合称为一个样本,样本中个体的数目称为样本容量,用 n 表示。样本是总体的子集。

根据样本信息来推测总体的情况,并给出这个推测的可靠程度,称为统计推断。统计推断要求从总体中抽取样本必须满足随机原则,即抽样时总体中的每个个体都有同等机会成为样本中的元素。如果每次抽取一个个体而不放回去,再抽取第二个个体,连续抽取 n 次,称为不重复抽样;如果每次抽取一个个体又放回去,再抽取第二个个体,连续抽取 n 次,称为重复抽样。对无限总体,不重复抽样等价于重复抽样,当 N 很大时,不重复抽样则近似于重复抽样。

按一定概率取不同数值的变量称为随机变量,常用 ξ, η 等表示。一个随机变量的完全信息包括它的取值范围及取每个值的概率,称为随机变量的分布。通常,人们关心的是所研究对象的某项数量指标 ξ。ξ 的取值客观上有一定的分布,总体作为 ξ 的值的全体,是一个随机变量,因此对总体的研究也就是对随机变量 ξ 的分布的研究。对随机抽样,样本中的每个个体的数量指标也是随机变量,且与总体有相同的分布,即样本是 n 个相互独立且与总体有相同分布的随机变量。这是统计推断的基础。

B2 随机变量的分布

随机变量是用它的分布来表示的。若 ξ 为随机变量,x 为任意实数,则称

$$F(x) = P(\xi \leqslant x)$$

为随机变量 ξ 的分布函数,即 $\xi \leqslant x$ 的概率。分布函数 $F(x)$ 满足

$$\left.\begin{array}{l} 0 \leqslant F(x) \leqslant 1 \\ F(-\infty) = 0, F(+\infty) = 1 \\ P(x_1 < \xi \leqslant x_2) = F(x_2) - F(x_1) \end{array}\right\}$$

对离散型随机变量 ξ,可以用概率函数

$$P_i = P(\xi = x_i)$$

表示,即 $\xi = x_i$ 的概率。其中,$i = 1, 2, \cdots, P_i$ 满足

$$\left.\begin{array}{l} P_i \geqslant 0 \\ \sum P_i = 1 \end{array}\right\}$$

对连续型随机变量 ξ,可以用密度函数

$$f(x) = F^{'}(x)$$

表示,近似于 ξ 在 x 附近单位长度区间上取值的概率。$f(x)$ 满足

$$\left.\begin{array}{l} f(x) \geqslant 0 \\ \int_{-\infty}^{+\infty} f(x)\mathrm{d}x = 1 \\ P(a < x \leqslant b) = \int_a^b f(x)\mathrm{d}x \\ F(x) = \int_{-\infty}^x f(t)\mathrm{d}t \end{array}\right\}$$

显然,分布函数与概率函数(或密度函数)可以相互推导。

分量为随机变量的向量称为多元随机变量,其联合分布函数定义为

$$F(x_1, \cdots, x_n) = P(\xi_1 \leqslant x_1, \cdots, \xi_n \leqslant x_n)$$

若随机变量 ξ, η 满足

$$F(x, y) = F_\xi(x) \cdot F_\eta(y)$$

即联合分布函数等于各自分布函数的乘积,则称随机变量 ξ 与 η 相互独立。

若 ξ 为随机变量,$\eta = f(\xi)$ 称为随机变量函数,通常也是一个随机变量。

B3　总体分布的数字特征——参数

总体分布是由它的某些数字特征决定的,这些数字特征称为参数。常用的参数有期望、方差两个。

1. 期望

期望也称做均值,表示总体的平均水平,记为 μ 或 $E(\cdot)$。离散型随机变量 ξ 的期望定义为

$$E(\xi) = \sum_i P_i x_i$$

连续型随机变量的期望定义为

$$E(\xi) = \int_{-\infty}^{+\infty} x f(x) \mathrm{d}x$$

期望满足：

（1）若 a 为常数，则

$$E(a) = a$$

（2）若 ξ, η 为随机变量，a, b 为常数，则

$$E(a\xi + b\eta) = aE(\xi) + bE(\eta)$$

（3）若 ξ，η 为相互独立的随机变量，则

$$E(\xi \cdot \eta) = E(\xi) \cdot E(\eta)$$

2. 方差

方差表示总体相对于均值的离散程度，记为 σ^2 或 $\mathrm{var}(\xi)$，定义为

$$\mathrm{var}(\xi) = E\left[\xi - E(\xi)\right]^2$$

由期望值的性质，它等于

$$E(\xi^2) - \left[E(\xi)\right]^2$$

方差满足：

（1）若 a 为常数，则

$$\mathrm{var}(a) = 0$$

（2）若 ξ, η 为相互独立的随机变量，a, b 为常数，则

$$\mathrm{var}(a\xi \pm b\eta) = a^2 \mathrm{var}(\xi) + b^2 \mathrm{var}(\eta)$$

称 $\sigma = \sqrt{\mathrm{var}(\xi)}$ 为总体标准差，它与总体的数量指标有相同的量纲。

显然，参数不是随机变量。

■ B4　样本分布的数字特征——统计量

样本分布的数字特征称为统计量，常用的统计量有样本均值、样本方差两种。

1. 样本均值

样本均值表示样本的平均水平。若 $x_1, x_2, \cdots, x_n$ 为一个样本，其样本均值定义为

$$\bar{x} = \frac{1}{n} \sum_{i=1}^{n} x_i$$

2. 样本方差

样本方差表示样本相对于样本均值的离散程度，定义为

$$S^2 = \frac{1}{n-1} \sum_{i=1}^{n} (x_i - \bar{x})^2$$

它等于

$$\frac{1}{n-1} \sum_{i=1}^{n} (x_i^2 - n\bar{x}^2)$$

称 $S=\sqrt{S^2}$ 为样本标准差,它与样本观测值的数量指标有相同的量纲。

显然,由不同的样本可以得到不同的样本均值和样本方差,因此统计量是随机变量。可以证明

$$E(\bar{x})=\mu$$
$$E(S^2)=\sigma^2$$

B5　几个重要的连续型随机变量的分布

1. 正态分布

若随机变量 ξ 的密度函数为

$$f(x)=\frac{1}{\sqrt{2\pi}\sigma}\mathrm{e}^{-\frac{(x-\mu)^2}{2\sigma^2}}$$

其中,μ,σ 为常数,$\sigma>0$,则称 ξ 服从正态分布,记为

$$\xi\sim N(\mu,\sigma^2)$$

当 $\mu=0,\sigma=1$ 时,称 ξ 服从标准正态分布,记为

$$\xi\sim N(0,1)$$

正态分布在统计中具有重要的理论和实践意义,现实中的许多随机现象都服从或近似服从正态分布;随着样本容量的增大,很多统计量近似于正态分布;许多离散型随机变量可用正态分布来近似。可以证明,正态分布满足:

(1) $E(\xi)=\mu,\mathrm{var}(\xi)=\sigma^2$;

(2) 若随机变量 $\xi_1,\xi_2,\cdots,\xi_n$ 相互独立,$\xi_i\sim N(\mu_i,\sigma_i^2)$,$a_1,a_2,\cdots,a_n$ 不全为 0,则

$$\eta=\sum_{i=1}^{n}a_i\xi_i\sim N\left(\sum_{i=1}^{n}a_i\mu_i,\sum_{i=1}^{n}a_i^2\sigma_i^2\right)$$

(3) 若 $\xi\sim N(\mu,\sigma^2)$,则

$$\frac{\xi-\mu}{\sigma}\sim N(0,1)$$

2. χ^2 分布

若 $\xi_1,\xi_2,\cdots,\xi_n$ 为服从 $N(0,1)$ 的正态总体的样本,则称

$$\xi=\xi_1^2+\xi_2^2+\cdots+\xi_n^2$$

服从自由度为 n 的 χ^2 分布,记为

$$\xi\sim\chi^2(n)$$

χ^2 分布满足:

(1) $E(\xi)=n,\mathrm{var}(\xi)=2n$;

(2) 若随机变量 $\xi_1,\xi_2,\cdots,\xi_n$ 相互独立,$\xi_i\sim N(0,1)$,则

$$\sum_{i=1}^{n}(\xi_i-\bar{\xi})^2\sim\chi^2(n-1)$$

其中，$\bar{\xi} = \dfrac{1}{n}\displaystyle\sum_{i=1}^{n} \xi_i$；

（3）若随机变量 $\xi_1, \xi_2, \cdots, \xi_n$ 相互独立，$\xi_i \sim \chi^2(n_i)$，则

$$\sum_{i=1}^{n} \xi_i \sim \chi^2\left(\sum_{i=1}^{n} n_i\right)$$

3. t 分布

若随机变量 $\xi \sim N(0,1)$，$\eta \sim \chi^2(n)$，ξ 与 η 相互独立，则称

$$t = \frac{\xi}{\sqrt{\eta/n}}$$

服从自由度为 n 的 t 分布，记为

$$t \sim t(n)$$

可以证明：

（1）$E(t) = 0$，$\mathrm{var}(t)$ 随着 n 的增加而减少，且 $\mathrm{var}(+\infty) = 1$；

（2）当 $n > 30$ 时，$t(n)$ 近似于 $N(0,1)$。

4. F 分布

若随机变量 $\xi \sim \chi^2(n_1)$，$\eta \sim \chi^2(n_2)$，且 ξ 与 η 相互独立，则称

$$F = \frac{\xi/n_1}{\eta/n_2}$$

为服从自由度为 n_1、n_2 的 F 分布，记为

$$F \sim F(n_1, n_2)$$

易知，若 $F \sim F(n_1, n_2)$，则

$$\frac{1}{F} \sim F(n_2, n_1)$$

■ B6　正态总体的样本平均数和样本方差

（1）若总体服从 $N(\mu, \sigma^2)$，$x_1, x_2, \cdots, x_n$ 为一个样本，样本方差为 S^2，则

① $\bar{x} \sim N(\mu, \sigma^2/n)$，$\dfrac{\bar{x} - \mu}{\sigma/\sqrt{n}} \sim N(0,1)$；

② $\dfrac{(n-1)S^2}{\sigma^2} \sim \chi^2(n-1)$，且 $\bar{x}$ 与 S^2 相互独立；

③ $\dfrac{\bar{x} - \mu}{S/\sqrt{n}} \sim t(n-1)$。

（2）若 $x_1, x_2, \cdots, x_{n_1}$ 和 $y_1, y_2, \cdots, y_{n_2}$ 是分别取自正态总体 $N(\mu_1, \sigma_1^2)$ 和 $N(\mu_2, \sigma_2^2)$ 的样本，则

$$F = \frac{S_1^2/\sigma_1^2}{S_2^2/\sigma_2^2} \sim F(n_1 - 1, n_2 - 1)$$

其中，S_1^2，S_2^2 分别为两个样本的样本方差。

（3）中心极限定理：若随机变量 $x_1, x_2, \cdots, x_n$ 相互独立，且服从同一分布，则随机变量

$$y_n = \frac{\displaystyle\sum_{i=1}^{n} x_i - n\mu}{\sqrt{n}\sigma}$$

的极限分布（$n \to +\infty$）为标准正态分布。其中，μ，σ^2 分别为 x_i 的均值和方差。

中心极限定理说明，当样本容量 n 充分大时，相互独立的随机变量的和服从正态分布。

B7 估计量的评价

利用统计量的信息可以对未知参数进行估计，$\hat{\theta}$ 作为 θ 的估计量，其优劣可由无偏性、有效性、一致性评价。

1. 无偏性

若 $E(\hat{\theta}) = \theta$，则称 $\hat{\theta}$ 为 θ 的无偏估计量。通常称 $E(\hat{\theta}) - \theta$ 为系统误差，无偏估计意味着无系统误差。例如

$$\left. \begin{array}{l} E(\bar{x}) = \mu \\ E(S^2) = \sigma^2 \end{array} \right\}$$

2. 有效性

若 $\hat{\theta}$ 为 θ 的所有无偏估计量中方差最小的，则称 $\hat{\theta}$ 为 θ 的有效估计量。在样本容量相同的情况下，有效估计量的值在 θ 的附近最为集中，是非常理想的估计量。例如，$\bar{x}$ 是 μ 的有效估计量。

3. 一致性

若 $\hat{\theta}$ 依概率收敛于 θ，即对任意 $\varepsilon > 0$，有

$$\lim_{n \to \infty} P(|\hat{\theta} - \theta| < \varepsilon) = 1$$

则称 $\hat{\theta}$ 为 θ 的一致估计量。

通常把样本容量 $n > 30$ 的样本看做大样本，一致性在大样本时才起作用。例如，$\bar{x}$ 是 μ 的一致估计量。

B8 参数估计

统计推断中包括参数估计和假设检验。参数估计又分为点估计和区间估计。

1. **参数的点估计**

选择一个适当的统计量 $\hat{\theta}$，把其计算值作为未知参数 θ 的估计值，称为点估计。统计量的选取有不同的方法。

1）矩估计法

随机变量 x 的 r 阶原点矩定义为 $E(x^r)$，r 阶中心矩定义为 $E[(x-E(x))^r]$。矩估计法中，把样本矩作为对总体矩的估计量。例如，$\hat{\mu}=\bar{x}$，$\hat{\sigma}=S$。

2）极大似然估计法

设 $x_1,x_2,\cdots,x_n$ 为由未知参数 θ 确定的总体的一个样本，对离散型随机变量，定义似然函数

$$L(x_1,x_2,\cdots,x_n,\theta)=\prod_{i=1}^{n}P(x_i,\theta)$$

对连续型随机变量，定义似然函数

$$L(x_1,x_2,\cdots,x_n,\theta)=\prod_{i=1}^{n}f(x_i,\theta)$$

极大似然估计法中，把使样本出现概率最大的估计量作为所选，即关于 θ 极大化 L，得到 $\hat{\theta}$，等价于极大化 $\ln L$，通过 $\ln L$ 关于 θ 的一阶导数为 0 来求解 $\hat{\theta}$。

此外，还有最小二乘估计法等。

2. **参数的区间估计**

设 $x_1,x_2,\cdots,x_n$ 为由未知参数 θ 确定的总体的一个样本，对给定的显著性水平 $\alpha\in(0,1)$，确定两个统计量 θ_1,θ_2，使得 $P(\theta_1<\theta<\theta_2)=1-\alpha$，称 (θ_1,θ_2) 为 $1-\alpha$ 置信度下 θ 的置信区间。其含义是在多次抽样中，大约有 $100(1-\alpha)\%$ 的置信区间包含真值 θ。显然，相同置信度下的置信区间不是唯一的。设 $x_1,x_2,\cdots,x_n$ 为总体 ξ 的一个样本，ξ 的均值 μ 和方差 σ^2 的区间估计须依据不同情况确定。

(1) 一般总体 σ^2 已知时，μ 的区间估计。

由切比雪夫不等式

$$P\left(\mu-\sqrt{\frac{\sigma^2}{n\alpha}}<\bar{x}<\mu+\sqrt{\frac{\sigma^2}{n\alpha}}\right)\geqslant 1-\alpha$$

得 μ 在 $1-\alpha$ 置信度下的置信区间为

$$\left(\bar{x}\pm\sqrt{\frac{\sigma^2}{n\alpha}}\right)$$

(2) 正态总体 σ^2 已知时，μ 的区间估计。

利用 $\dfrac{\bar{x}-\mu}{\sigma/\sqrt{n}}\sim N(0,1)$，可得

$$P\left(\left|\frac{\bar{x}-\mu}{\sigma/\sqrt{n}}\right|<u_{\frac{\alpha}{2}}\right)=1-\alpha$$

其中，$u_{\frac{\alpha}{2}}$ 为标准正态分布临界值，可根据 α 值查标准正态分布表得到，故 μ 在 $1-\alpha$ 置信度下的置信区间为

$$\left(\overline{x} \pm \frac{\sigma}{\sqrt{n}} u_{\frac{\alpha}{2}}\right)$$

对一般总体 σ^2 已知的大样本,根据中心极限定理,样本平均数 $\overline{x}$ 近似正态分布,仍可用该式对 μ 进行区间估计;对一般总体 σ^2 未知的大样本,可用 S 代替该式中的 σ 对 μ 进行近似区间估计。

(3) 正态总体 σ^2 未知且小样本时,μ 的区间估计。

利用 $\dfrac{\overline{x}-\mu}{S/\sqrt{n}} \sim t(n-1)$,可得

$$P\left(\left|\frac{\overline{x}-\mu}{S/\sqrt{n}}\right| < t_{\frac{\alpha}{2}}(n-1)\right) = 1-\alpha$$

其中,$t_{\frac{\alpha}{2}}(n-1)$ 为 t 分布临界值,可根据 α 值查 t 分布表得到,故 μ 在 $1-\alpha$ 置信度下的置信区间为

$$\left(\overline{x} \pm \frac{S}{\sqrt{n}} t_{\frac{\alpha}{2}}\right)$$

(4) 正态总体 μ 未知时,σ^2 的区间估计。

利用 $\dfrac{(n-1)S^2}{\sigma^2} \sim \chi^2(n-1)$,可得

$$P\left(a < \frac{(n-1)S^2}{\sigma^2} < b\right) = 1-\alpha$$

其中,$a = \chi^2_{1-\frac{\alpha}{2}}(n-1)$,$b = \chi^2_{\frac{\alpha}{2}}(n-1)$ 为 χ^2 分布临界值,可根据 α 值查 χ^2 分布表得到,故 σ^2 在 $1-\alpha$ 置信度下的置信区间为

$$\left(\frac{(n-1)S^2}{b}, \frac{(n-1)S^2}{a}\right)$$

一般地,α 越大,置信区间越小,当 $\alpha \to 1$ 时,区间估计近似点估计。通常取 $\alpha = 0.05$ 或 0.01。

B9　假设检验

1. 假设检验的意义

关于未知分布的假设称为统计假设。其中,关于未知参数的假设检验称为参数假设。根据样本的信息来检验关于总体的假设称为假设检验。其中,关于参数假设的检验称为参数的假设检验。被检验的假设称为原假设,记为 H_0;原假设的对立假设称为备择假设,记为 H_1。假设检验的思路是,假定 H_0 为真,在此条件下计算已知样本出现的概率,如果是小概率(即 $\leqslant 5\%$ 或 $\leqslant 1\%$),就违背了小概率原理(小概率事件在一次试验中不该出现),这从统计上说明 H_0 为真是错误的,因此拒绝 H_0;否则接受 H_0。须注意的是,接受 H_0 并不意味着 H_0 为真,只说明根据已知样本不能从统计上否定 H_0 为真。

2. 两类错误

假设检验是从部分推断总体,可能发生错误。其中,拒绝真实 H_0 的错误称为第一类错误,发生的概率记为 α;接受不真实 H_0 的错误称为第二类错误,发生的概率记为 β。

当样本容量一定时，α 与 β 不可能同时都小，通常是只限定 α，不限定 β，这种条件下的假设检验成为显著性检验，α 称为显著性水平。α 可根据实际情况来限定，如果第一类错误会带来严重后果，α 应小一些；如果第二类错误会带来严重后果，α 应大一些。通常取 α＝0.05 或 0.01，即发生第一类错误是小概率事件。例如，取 1％，即指容许在 100 次推断中有一次是错误的判断。因此，H_0 与 H_1 的选择应遵循以下原则：

(1) 长期存在的状态作为 H_0；

(2) 样本观测值显示支持的结论作为 H_1；

(3) 使后果严重的错误称为第一类错误。

3. 假设检验的一般步骤

(1) 根据实际，提出原假设 H_0 与备择假设 H_1；

(2) 确定检验统计量，并根据 H_0 和已知样本计算其值；

(3) 给定显著性水平 α，根据第一类错误查对应统计量分布表得到拒绝域；

(4) 如果统计量值落在拒绝域内，则拒绝 H_0；否则接受 H_0。

4. 总体均值与方差的假设检验

1) 正态总体 σ^2 已知时 μ 的假设检验

要检验的假设包括：

$$H_0: \mu = \mu_0, \ H_1: \mu \neq \mu_0 \text{（双侧检验）}$$
$$H_0: \mu \leqslant \mu_0, \ H_1: \mu > \mu_0 \text{（右侧检验）}$$
$$H_0: \mu \geqslant \mu_0, \ H_1: \mu < \mu_0 \text{（左侧检验）}$$

检验统计量取为

$$u = \frac{\overline{x} - \mu_0}{\sigma / \sqrt{n}}$$

拒绝域分别为

$$\left.\begin{array}{l} |u| > u_{\frac{\alpha}{2}} \\[2mm] u > u_\alpha \\[2mm] u < -u_\alpha \end{array}\right\}$$

其中，$u_{\frac{\alpha}{2}}$、u_α 为标准正态分布的临界值，可根据 α 值查标准正态分布表得到。

对一般总体 σ^2 已知的大样本，仍可用此法对 μ 进行假设检验；对一般总体 σ^2 未知的大样本，可用 S 代替式中的 σ，对 μ 进行近似的假设检验。

2) 正态总体 σ^2 未知小样本时 μ 的假设检验

要检验的假设同上，检验统计量取为

$$t = \frac{\overline{x} - \mu_0}{S / \sqrt{n}}$$

拒绝域分别为

$$\left.\begin{array}{l} |t| > t_{\frac{\alpha}{2}}(n-1) \\[2mm] t > t_\alpha(n-1) \\[2mm] t < -t_\alpha(n-1) \end{array}\right\}$$

其中, $t_{\frac{\alpha}{2}}(n-1)$, $t_{\frac{\alpha}{2}}(n-1)$ 为临界值, 可根据 α 值查 t 分布表得到。

3）正态总体 μ 已知时 σ^2 的假设检验

要检验的假设为

$$H_0: \sigma^2 = \sigma_0^2 , H_1: \sigma^2 \neq \sigma_0^2 （双侧检验）$$

$$H_0: \sigma^2 \leqslant \sigma_0^2 , H_1: \sigma^2 > \sigma_0^2 （右侧检验）$$

$$H_0: \sigma^2 \geqslant \sigma_0^2 , H_1: \sigma^2 < \sigma_0^2 （左侧检验）$$

检验统计量取为

$$\chi^2 = \sum_{i=1}^{n} \frac{(x_i - \mu)^2}{\sigma_0^2}$$

拒绝域分别为

$$\chi^2 > \chi_{\frac{\alpha}{2}}^2(n) \text{ 或 } \chi^2 < \chi_{1-\frac{\alpha}{2}}^2(n) \left.\vphantom{\begin{array}{c}1\\1\\1\end{array}}\right\}$$

$$\chi^2 > \chi_{\alpha}^2(n)$$

$$\chi^2 < \chi_{1-\alpha}^2(n)$$

其中, $\chi_{\frac{\alpha}{2}}^2(n)$, $\chi_{1-\frac{\alpha}{2}}^2(n)$, $\chi_{\alpha}^2(n)$, $\chi_{1-\alpha}^2(n)$ 为临界值, 可根据 α 值查 χ^2 分布表得到。

4）正态总体 μ 未知的 σ^2 的假设检验

要检验的假设同上, 检验统计量取为

$$\chi^2 = \sum_{i=1}^{n} \frac{(x_i - \bar{x})^2}{\sigma_0^2}$$

拒绝域分别为

$$\chi^2 > \chi_{\frac{\alpha}{2}}^2(n-1) \text{ 或 } \chi^2 < \chi_{1-\frac{\alpha}{2}}^2(n-1) \left.\vphantom{\begin{array}{c}1\\1\\1\end{array}}\right\}$$

$$\chi^2 > \chi_{\alpha}^2(n-1)$$

$$\chi^2 < \chi_{1-\alpha}^2(n-1)$$

其中, $\chi_{\frac{\alpha}{2}}^2(n-1)$, $\chi_{1-\frac{\alpha}{2}}^2(n-1)$, $\chi_{\alpha}^2(n-1)$, $\chi_{1-\alpha}^2(n-1)$ 为临界值, 可根据 α 值查 χ^2 分布表得到。

5. 区间估计与假设检验的关系

给定显著性水平 α , 假设检验的拒绝域与 $1-\alpha$ 置信度下的置信区间有直接的关系。当原假设没有落在置信区间内时, 拒绝 H_0 , 发生第一类错误的概率 α 正是原假设落在置信区间外部的概率; 当原假设落在置信区间内时, 不能拒绝 H_0 。

附录 C

线性代数相关知识

■ C1　向量和矩阵的基本概念

向量和矩阵的概念、表示方法及相关运算,是人们为了比较方便和更有效率地处理大量数据而发展出来的数学工具。由于计量经济分析必须处理多元模型和联立方程模型,涉及的数据量常常很大,因此较多运用向量和矩阵的表示和运算方法是必然的。为了能够较好地理解和熟练掌握有关知识,我们从基本概念开始介绍。

1. 向量

按一定顺序横向排列或纵向排列的数组,称为"向量"。其中,横向排列的称"行向量",如

$$A = (3 \quad 4 \quad 7 \quad 1)$$

纵向排列的称为"列向量",如

$$B = \begin{bmatrix} 5 \\ 0 \\ -3 \\ 2 \end{bmatrix}$$

向量中的每个数都称为向量的一个"元素"。如果一个向量的每个元素都等于零,则称它为一个"零向量",用 0 表示。此外,若一个向量的元素是随机变量,那么就称其为一个"随机向量"。

2. 矩阵

横向和纵向都有序排列的数字方阵或长方阵,称为"矩阵"。如

$$A = \begin{bmatrix} 2 & 5 & 8 \\ 1 & 0 & 3 \\ 2 & 1 & 7 \end{bmatrix}, B = \begin{bmatrix} -3 & 4 \\ 1 & 4 \\ 6 & 2 \end{bmatrix}, C = \begin{bmatrix} c_{11} & c_{12} & \cdots & c_{1k} \\ c_{21} & c_{22} & \cdots & c_{2k} \\ \vdots & \vdots & & \vdots \\ c_{n1} & c_{n2} & \cdots & c_{nk} \end{bmatrix}$$

都是矩阵。其中，C 是一般的矩阵表示法。矩阵中的每个数也都称为矩阵的元素，在一个矩阵中的第 i 行第 j 列位置上的元素，称为矩阵的"第 i 行 j 列元素"。

　　一个矩阵的行数和列数称为矩阵的"阶"。例如，上述 n 行 k 列的矩阵 C 就称为"$n \times k$ 阶矩阵"，A 矩阵称为 3×3 阶矩阵，B 矩阵称为 3×2 阶矩阵。为了表明矩阵的阶数，有时候也把矩阵写成 $A_{3 \times 3}$、$B_{3 \times 2}$ 和 $C_{n \times k}$ 等。向量可以看做 $1 \times n$ 或 $m \times 1$ 阶的矩阵，反过来矩阵也可理解为行向量或列向量的组合。

　　有一些特殊的矩阵非常重要。首先，如果一个矩阵的行数和列数相等，则称为"方阵"或"正方矩阵"。如上面的 3×3 阶矩阵 A。其次，如果一个方阵的每个元素满足 $a_{ij} = a_{ji}$（对任意 i、j 都成立），那么该方阵称为"对称矩阵"，即其元素对称于左上至右下的对角线（也称"主对角线"）。如

$$D = \begin{bmatrix} 1 & 0 & 2 \\ 0 & 3 & -2 \\ 2 & -2 & 7 \end{bmatrix}$$

就是一个对称矩阵。如果一个方阵只有主对角线上有非零元素，则称为"对角矩阵"。对角矩阵必然是对称矩阵。如

$$E = \begin{bmatrix} e_{11} & & & \\ & e_{22} & & \\ & & \ddots & \\ & & & e_{nn} \end{bmatrix}$$

就是一个对角矩阵。在对角矩阵中，对角线上的元素都相等，如 E 中 $e_{11} = e_{22} \cdots = e_{nn}$ 时，则称为"纯量矩阵"。若进一步 $e_{11} = e_{22} \cdots = e_{nn} = 1$，则称 E 为"单位矩阵"，记为 I。

　　此外，只在主对角线的上方或下方有非零元素的矩阵，称为"三角矩阵"。其中，上方有非零元素的称为"上三角矩阵"，下方有非零元素的称为"下三角矩阵"。若一个矩阵的所有元素都等于 0，则称它为一个"零矩阵"，也记为 $\mathbf{0}$。

　　为了分析和处理的方便，有时候需要把一个矩阵的元素分成几"块"，如

$$A_{n \times k} = \begin{bmatrix} A_{11} & A_{12} \\ A_{21} & A_{22} \end{bmatrix} \begin{matrix} n_1 \\ n-n_1 \end{matrix}$$
$$\quad\quad k_1 \quad\ k-k_1$$

我们称 A 为一个"分块矩阵"。其中，A_{11}、A_{12}、A_{21}、A_{22} 称为"子矩阵"。当然，A_{11} 和 A_{12}、A_{21} 和 A_{22} 的行数应分别相同，A_{11} 和 A_{21}、A_{12} 和 A_{22} 的列数应分别相同。

C2　向量和矩阵的运算

　　为了对向量和矩阵进行简化分析处理，必须定义向量和矩阵的运算法则，使它们对应线性代数中的各种运算或变换。最基本的运算是加法和乘法运算。因为向量可看做一行或一列的矩阵，因此我们只定义矩阵的运算法则。

在介绍矩阵的运算法则之前,先说明矩阵"相等",$A=B$ 的意义,是 A 和 B 相同行列上的元素全部对应相同,即 $a_{ij}=b_{ij}$ 对所有的 i,j 都成立。当然只有相同阶数的矩阵才可能相等。

1. 矩阵的加法和减法

最基本的矩阵运算是加法运算。矩阵的加法只能在阶数相同的矩阵之间进行,矩阵相加即它们行列位置相同的元素对应相加,即当

$$A=\begin{bmatrix} a_{11} & a_{12} & \cdots & a_{1k} \\ a_{21} & a_{22} & \cdots & a_{2k} \\ \vdots & \vdots & & \vdots \\ a_{n1} & a_{n2} & \cdots & a_{nk} \end{bmatrix}, \quad B=\begin{bmatrix} b_{11} & b_{12} & \cdots & b_{1k} \\ b_{21} & b_{22} & \cdots & b_{2k} \\ \vdots & \vdots & & \vdots \\ b_{n1} & b_{n2} & \cdots & b_{nk} \end{bmatrix}$$

时,A 和 B 相加得

$$A+B=\begin{bmatrix} a_{11}+b_{11} & a_{12}+b_{12} & \cdots & a_{1k}+b_{1k} \\ a_{21}+b_{21} & a_{22}+b_{22} & \cdots & a_{2k}+b_{2k} \\ \vdots & \vdots & & \vdots \\ a_{n1}+b_{n1} & a_{n2}+b_{n2} & \cdots & a_{nk}+b_{nk} \end{bmatrix}$$

矩阵的减法与加法相似,如上述 A 矩阵减 B 矩阵为

$$A-B=\begin{bmatrix} a_{11}-b_{11} & a_{12}-b_{12} & \cdots & a_{1k}-b_{1k} \\ a_{21}-b_{21} & a_{22}-b_{22} & \cdots & a_{2k}-b_{2k} \\ \vdots & \vdots & & \vdots \\ a_{n1}-b_{n1} & a_{n2}-b_{n2} & \cdots & a_{nk}-b_{nk} \end{bmatrix}$$

根据矩阵加法的定义,很容易推出下列加法运算的法则:

(1) $A+B=B+A$;

(2) $(A+B)+C=A+(B+C)$;

(3) $A+0=A$。

如果有两个阶数相同的分块矩阵,其相应位置的子矩阵的阶数也都相同,那么这两个分块矩阵相加即它们对应的子矩阵相加,即

$$\begin{bmatrix} A_{11} & A_{12} \\ A_{21} & A_{22} \end{bmatrix}+\begin{bmatrix} B_{11} & B_{12} \\ B_{21} & B_{22} \end{bmatrix}=\begin{bmatrix} A_{11}+B_{11} & A_{12}+B_{12} \\ A_{21}+B_{21} & A_{22}+B_{22} \end{bmatrix}$$

其中,A_{11} 和 B_{11},A_{12} 和 B_{12},A_{21} 和 B_{21},A_{22} 和 B_{22} 之间都必须有相同的阶数。

2. 矩阵的乘法

首先,定义标量(常数)与矩阵的乘积。一个标量乘一个矩阵是这个矩阵的所有元素都乘以这个标量,即

$$qA=q\begin{bmatrix} a_{11} & a_{12} & \cdots & a_{1k} \\ a_{21} & a_{22} & \cdots & a_{2k} \\ \vdots & \vdots & & \vdots \\ a_{n1} & a_{n2} & \cdots & a_{nk} \end{bmatrix}=\begin{bmatrix} qa_{11} & qa_{12} & \cdots & qa_{1k} \\ qa_{21} & qa_{22} & \cdots & qa_{2k} \\ \vdots & \vdots & & \vdots \\ qa_{n1} & qa_{n2} & \cdots & qa_{nk} \end{bmatrix}$$

标量与矩阵的乘积有以下性质：

(1) $q\boldsymbol{A}=\boldsymbol{A}q$；

(2) $q(\boldsymbol{A}+\boldsymbol{B})=q\boldsymbol{A}+q\boldsymbol{B}$；

(3) $(q+p)\boldsymbol{A}=q\boldsymbol{A}+p\boldsymbol{A}$；

(4) $qp\boldsymbol{A}=q(p\boldsymbol{A})$；

(5) $\boldsymbol{A}+(-1)\boldsymbol{B}=\boldsymbol{A}-\boldsymbol{B}$。

其次，定义一个行向量与一个元素个数相同的列向量之间的乘积，也称为它们的"内积"。若 $\boldsymbol{A}$ 是 $1\times n$ 阶的行向量 $\boldsymbol{A}=(a_1 \quad a_2 \quad \cdots \quad a_n)$，$\boldsymbol{B}$ 是 $n\times 1$ 阶的列向量

$$\boldsymbol{B}=\begin{bmatrix} b_1 \\ b_2 \\ \vdots \\ b_n \end{bmatrix}$$

则 $\boldsymbol{A}$ 和 $\boldsymbol{B}$ 的乘积为

$$\boldsymbol{A}\times\boldsymbol{B}=\boldsymbol{A}\boldsymbol{B}=(a_1 \quad a_2 \quad \cdots \quad a_n)\begin{bmatrix} b_1 \\ b_2 \\ \vdots \\ b_n \end{bmatrix}=a_1b_1+a_2b_2+\cdots+a_nb_n=\sum_{i=1}^{n}a_ib_i$$

这是一个标量。注意上述乘积的先后次序不能交换。

有了行向量和列向量的内积，我们就可以定义两个矩阵的乘积。若一个矩阵 $\boldsymbol{A}$ 的列数等于另一个矩阵 $\boldsymbol{B}$ 的行数，那么，前一个矩阵的每一行构成的行向量，与后一个矩阵的每一列构成的列向量的内积，按行向量的行数和列向量的列数排列成的矩阵，称为这两个矩阵的"乘积"，记为 $\boldsymbol{A}\times\boldsymbol{B}$ 或 $\boldsymbol{A}\boldsymbol{B}$。如

$$\boldsymbol{A}=\begin{bmatrix} a_{11} & a_{12} & \cdots & a_{1k} \\ a_{21} & a_{22} & \cdots & a_{2k} \\ \vdots & \vdots & & \vdots \\ a_{n1} & a_{n2} & \cdots & a_{nk} \end{bmatrix},\ \boldsymbol{B}=\begin{bmatrix} b_{11} & b_{12} & \cdots & b_{1m} \\ b_{21} & b_{22} & \cdots & b_{2m} \\ \vdots & \vdots & & \vdots \\ b_{k1} & b_{k2} & \cdots & b_{km} \end{bmatrix}$$

则

$$\boldsymbol{A}\boldsymbol{B}=\begin{bmatrix} c_{11} & c_{12} & \cdots & c_{1m} \\ c_{21} & c_{22} & \cdots & c_{2m} \\ \vdots & \vdots & & \vdots \\ c_{n1} & c_{n2} & \cdots & c_{nm} \end{bmatrix}$$

其中，$c_{ij}=\sum_{l=1}^{k}a_{il}b_{lj}$。

需要注意的是，两个矩阵是否可乘，乘积矩阵的阶数和元素是什么，都与相乘的两个矩阵的次序有关，因此矩阵的乘法一般不满足交换律，即 $\boldsymbol{A}\boldsymbol{B}=\boldsymbol{B}\boldsymbol{A}$ 一般不成立。所以，两

个矩阵之间的乘积也特别强调是"左乘"还是"右乘"。例如,上面 A 和 B 的乘积就是"A 左乘 B",或者说"B 右乘 A"。

矩阵之间的乘法有下列性质:

(1) $(AB)C=A(BC)$;

(2) $A(B+C)=AB+AC$;

(3) $(A+B)C=AC+BC$;

(4) $k(AB)=(kA)B=A(kB)$;

(5) $A0=0A=0$;

(6) $AI=IA=A$。

如果一个矩阵是方阵,那么我们可以定义其"幂",为

$$\left.\begin{array}{l} A^2 = A \cdot A \\ A^3 = A \cdot A^2 = A \cdot A \cdot A \\ \vdots \\ A^t = AA^{t-1} \end{array}\right\}$$

矩阵的幂有下列性质:

(1) $A^0=I$;

(2) $A^t A^s = A^{t+s}$;

(3) $(A^t)^s = A^{ts}$。

若 $A^2=A$,则称 A 是一个"幂等矩阵"。对一个幂等矩阵,有

$$\left.\begin{array}{l} A^3 = A \cdot A^2 = AA = A \\ \vdots \\ A^t = AA^{t-1} = \cdots = A \end{array}\right\}$$

单位矩阵 I 是幂等矩阵。

在两个分块矩阵的阶数满足前一个的列数等于后一个的行数,而且前一个矩阵分成的子矩阵的列数,与后一个矩阵分成的子矩阵的行数相等,那么这两个矩阵的乘积可以用它们子矩阵的乘积来计算。如

$$A = \begin{bmatrix} A_{11} & A_{12} \\ A_{21} & A_{22} \end{bmatrix}, \quad B = \begin{bmatrix} B_{11} & B_{12} \\ B_{21} & B_{22} \end{bmatrix}$$

若 A_{11}、A_{21} 的列数等于 B_{11}、B_{12} 的行数,A_{12}、A_{22} 的列数与 B_{21}、B_{22} 的行数相等,则 A 和 B 的乘积为

$$AB = \begin{bmatrix} A_{11}B_{11} + A_{12}B_{21} & A_{11}B_{12} + A_{12}B_{22} \\ A_{21}B_{11} + A_{22}B_{21} & A_{21}B_{12} + A_{22}B_{22} \end{bmatrix}$$

3. 矩阵的转置

将一个矩阵 A 的所有行都变为列,同时列都变为行,相当于所有元素绕"主对角线"旋转 $180°$,得到的矩阵称为这个矩阵的"转置",记为 A'(或 A^T)。如

$$\boldsymbol{A} = \begin{bmatrix} a_{11} & a_{12} & \cdots & a_{1k} \\ a_{21} & a_{22} & \cdots & a_{2k} \\ \vdots & \vdots & & \vdots \\ a_{n1} & a_{n2} & \cdots & a_{nk} \end{bmatrix}$$

则其转置为

$$\boldsymbol{A}' = \begin{bmatrix} a_{11} & a_{21} & \cdots & a_{n1} \\ a_{12} & a_{22} & \cdots & a_{n2} \\ \vdots & \vdots & & \vdots \\ a_{1k} & a_{2k} & \cdots & a_{nk} \end{bmatrix}$$

矩阵和其转置矩阵元素之间的关系为

$$a_{ij} = a_{ji}$$

矩阵的转置满足下列性质：

(1) $(\boldsymbol{A}')' = \boldsymbol{A}$；

(2) $(k\boldsymbol{A})' = k\boldsymbol{A}'$；

(3) $(\boldsymbol{A} + \boldsymbol{B})' = \boldsymbol{A}' + \boldsymbol{B}'$；

(4) $(\boldsymbol{AB})' = \boldsymbol{B}'\boldsymbol{A}'$；

(5) $(\boldsymbol{ABC})' = \boldsymbol{C}'\boldsymbol{B}'\boldsymbol{A}'$；

(6) 若 $\boldsymbol{A}$ 是一个对称矩阵，那么 $\boldsymbol{A}' = \boldsymbol{A}$；

(7) 若 $\boldsymbol{A}$ 是分块矩阵，则 $\boldsymbol{A}'$ 为

$$\boldsymbol{A}' = \begin{bmatrix} \boldsymbol{A}_{11} & \boldsymbol{A}_{12} \\ \boldsymbol{A}_{21} & \boldsymbol{A}_{22} \end{bmatrix}' = \begin{bmatrix} \boldsymbol{A}'_{11} & \boldsymbol{A}'_{21} \\ \boldsymbol{A}'_{12} & \boldsymbol{A}'_{22} \end{bmatrix}$$

C3 矩阵的迹

若 $\boldsymbol{A}$ 是一个 n 阶方阵，那么其主对角线上的各个元素之和，就称为这个矩阵的"迹"，记为 $\text{tr}[\boldsymbol{A}]$，即

$$\text{tr}[\boldsymbol{A}] = \sum_{i=1}^{n} a_{ii}$$

迹具有下列性质：

(1) $\text{tr}[\boldsymbol{I}] = n, \text{tr}[\boldsymbol{0}] = 0$；

(2) $\text{tr}[\boldsymbol{A}'] = \text{tr}[\boldsymbol{A}]$；

(3) $\text{tr}[k\boldsymbol{A}] = k \cdot \text{tr}[\boldsymbol{A}]$；

(4) $\text{tr}[\boldsymbol{A} + \boldsymbol{B}] = \text{tr}[\boldsymbol{A}] + \text{tr}[\boldsymbol{B}]$；

(5) 若 $\boldsymbol{AB}$ 和 $\boldsymbol{BA}$ 均有定义，则，

$$\text{tr}[\boldsymbol{AB}] = \text{tr}[\boldsymbol{BA}]$$

(6) 若 $\boldsymbol{ABC}$、$\boldsymbol{BCA}$ 和 $\boldsymbol{CAB}$ 均有定义，则，

$$\mathrm{tr}[\boldsymbol{ABC}] = \mathrm{tr}[\boldsymbol{BCA}] = \mathrm{tr}[\boldsymbol{CAB}]$$

（7）若 $\boldsymbol{A}$ 及其子矩阵 $\boldsymbol{A}_{11}$、$\boldsymbol{A}_{22}$ 都是方阵，那么，

$$\mathrm{tr}[\boldsymbol{A}] = \mathrm{tr}[\boldsymbol{A}_{11}] + \mathrm{tr}[\boldsymbol{A}_{22}]$$

（8）对任意矩阵 $\boldsymbol{A}$，有

$$\mathrm{tr}[\boldsymbol{AA'}] = \mathrm{tr}[\boldsymbol{A'A}] = \sum_{i=1}^{n} \sum_{j=1}^{n} a_{ij}^2$$

■ C4   向量的模和矩阵的行列式

若 $\boldsymbol{A}$ 是一个 $n \times 1$ 阶列向量，那么其转置行向量与它自身内积的平方根，称为 $\boldsymbol{A}$ 的"模"，用 $\|\boldsymbol{A}\|$ 表示，即

$$\|\boldsymbol{A}\| = \sqrt{\boldsymbol{A'A}} = \sqrt{\sum_{i=1}^{n} a_i^2}$$

一个向量的模是其空间长度的一种度量。

若一个向量的模为 1，即 $\|\boldsymbol{A}\| = 1$，则称其为一个正规化的向量。

若 $\boldsymbol{A}$ 是一个方阵，那么我们可以对它定义一个称为"行列式"的标量函数，用 $|\boldsymbol{A}|$ 或 $\det[\boldsymbol{A}]$ 表示。一个矩阵的行列式的意义，是其向量所张成的空间的面积或者体积。若矩阵为

$$\boldsymbol{A} = \begin{bmatrix} a_{11} & a_{12} & \cdots & a_{1n} \\ a_{21} & a_{22} & \cdots & a_{2n} \\ \vdots & \vdots & & \vdots \\ a_{n1} & a_{n2} & \cdots & a_{nn} \end{bmatrix}$$

那么

$$|\boldsymbol{A}| = \sum_{(i_1, i_2, \cdots, i_n)} \mathrm{sgn}\,(i_1, i_2, \cdots, i_n) a_{1i_1} a_{2i_2} \cdots a_{ni_n}$$

其中，求和号 $\displaystyle\sum_{(i_1, i_2, \cdots, i_n)}$ 指对 $1, 2, \cdots, n$ 这 n 个整数的 $n!$ 种排列中的每一种所构成的项的总和；$\mathrm{sgn}\,(i_1, i_2, \cdots, i_n)$ 是与元素排列有关的符号位，若把 $(i_1, i_2, \cdots, i_n)$ 转换成 $(1, 2, \cdots, n)$ 需要偶数次交换则为正，需要奇数次交换则为负。

根据上述行列式定义，容易得出二阶、三阶方阵的行列式分别为

$$|\boldsymbol{A}_{2\times 2}| = \begin{vmatrix} a_{11} & a_{12} \\ a_{21} & a_{22} \end{vmatrix} = a_{11}a_{22} - a_{12}a_{21}$$

$$|\boldsymbol{A}_{3\times 3}| = \begin{vmatrix} a_{11} & a_{12} & a_{13} \\ a_{21} & a_{22} & a_{23} \\ a_{31} & a_{32} & a_{33} \end{vmatrix} = a_{11}a_{22}a_{33} + a_{13}a_{21}a_{32} + a_{12}a_{23}a_{31}$$

$$- a_{13}a_{22}a_{31} - a_{12}a_{21}a_{33} - a_{11}a_{23}a_{32}$$

矩阵的行列式有以下性质：

(1) $|I|=1,|0|=0$；

(2) $|A|=|A'|$；

(3) 若 AB 和 BA 均有定义,则

$$|AB|=|BA|$$

若 A 和 B 是同阶方阵,则

$$|AB|=|BA|=|A|\cdot|B|$$

(4) 若 A 是对角矩阵或三角矩阵,则其行列式为对角线上元素的乘积：$|A|=a_{11}$, $a_{22}\cdots a_{nn}$；

(5) 如果方阵 A 的任意行(或列)是其他行(或列)的线性组合,则说这些行(或列)之间是"线性相关"的,这时候 $|A|=0$,称矩阵 A 为一个"奇异矩阵"。

高阶矩阵的行列式也可以通过余子式展开计算。如果把矩阵 A 的第 i 行第 j 列元素去掉,余下的元素构成的矩阵称为矩阵 A 的一个"余子式矩阵",记为 A_{ij}。计算高阶矩阵的行列式时,可选择其中的第 i 行(或列,通常尽可能选有较多零元素的行或列)通过余子式展开,公式为

$$|A|=\sum_{j=1}^{k}a_{ij}(-1)^{i+j}|A_{ij}|$$

其中,$(-1)^{i+j}|A_{ij}|$ 也称为"代数余子式"。

用余子式展开的方法可以把 n 阶方阵的行列式,展开为 n 个 $n-1$ 阶方阵行列式的加权和。该方法可反复运用。当 n 较大时,计算工作量仍然很大,但如果所选择的行(或列)有较多零元素,则可降低许多工作量,因为零元素所对应的余子式的行列式可以不用计算。

C5 矩阵的秩

一个矩阵 A 中包含的最大非零行列式的阶,也是线性独立(非线性相关)行(或列)的最大数目,称为矩阵 A 的"秩",记为 $\mathrm{Rank}(A)$ 或 $R(A)$。

矩阵的秩有下列性质：

(1)若 A 是 $m\times n$ 阶矩阵,那么 $0\leqslant R(A)\leqslant\min(m,n)$；

(2) $R(I)=n,R(0)=0$；

(3) $R(A)=R(A')=R(A'A)=R(AA')$；

(4) $R(A+B)\leqslant R(A)+R(B)$；

(5) 若 AB 有定义,$R(AB)\leqslant\min(R(A),R(B))$；

(6) 若 A 是对角矩阵,则 $R(A)$ 为非零对角元素的个数；

(7) 若 A 是幂等矩阵,则 $R(A)=\mathrm{tr}[A]$；

(8) $R(kA)=R(A)$；

(9) 一个矩阵的某行(或某列)乘一个常数,不改变它的秩。

如果一个矩阵的列数小于行数,秩等于列数,则称为"列满秩"。如果一个矩阵的列数大于行数,秩等于行数,则称为"行满秩"。如果一个 n 阶方阵的秩为 n,则称为"满秩",意味着该矩阵本身的行列式非零,因此方阵的满秩与非奇异是等价的。

C6 逆矩阵

如果 A 是一个方阵,而且是非奇异的,也就是满秩的,那么可以定义 A 的"逆矩阵",记为 A^{-1}。逆矩阵的基本定义是其必须满足

$$AA^{-1} = A^{-1}A = I$$

一个矩阵的逆矩阵是唯一的,计算公式为

$$A^{-1} = \frac{1}{|A|}(C_{ij})'$$

其中,C_{ij} 是 A 的代数余子式矩阵,$(C_{ij})'$ 也称"伴随矩阵"。

例如,若

$$A = \begin{bmatrix} 2 & 3 \\ 1 & 3 \end{bmatrix}$$

那么

$$A^{-1} = \frac{1}{|A|}(C_{ij})' = \frac{1}{3}\begin{bmatrix} 3 & -1 \\ -3 & 2 \end{bmatrix}' = \frac{1}{3}\begin{bmatrix} 3 & -3 \\ -1 & 2 \end{bmatrix} = \begin{bmatrix} 1 & -1 \\ -\frac{1}{3} & \frac{2}{3} \end{bmatrix}$$

逆矩阵有下列性质:

(1) $I^{-1} = I$;

(2) $(A^{-1})^{-1} = A$;

(3) $(A')^{-1} = (A^{-1})'$;

(4) $(AB)^{-1} = B^{-1}A^{-1}$,$(ABC)^{-1} = C^{-1}B^{-1}A^{-1}$;

(5) $|A^{-1}| = |A|^{-1} = \frac{1}{|A|}$;

(6) 对角矩阵的逆矩阵也是对角矩阵,与原矩阵的对应对角元素成倒数。

对于分块矩阵

$$A = \begin{bmatrix} A_{11} & A_{12} \\ A_{21} & A_{22} \end{bmatrix}$$

如果它是非奇异的方阵,而且 A_{22} 和 $B = A_{11} - A_{12}A_{22}^{-1}A_{21}$ 也是非奇异的方阵,则

$$A^{-1} = \begin{bmatrix} B^{-1} & -B^{-1}A_{12}A_{22}^{-1} \\ -A_{22}^{-1}A_{21}B^{-1} & A_{22}^{-1}(I + A_{21}B^{-1}A_{12}A_{22}^{-1}) \end{bmatrix}$$

C7 特征根和特征向量

若对一个方阵 A ，存在一个非零向量 x 和一个常数 λ ，满足

$$Ax = \lambda x$$

那么称 x 为 A 的一个"特征向量"，称 λ 为 A 的一个"特征根"（或"特征值"）。

上述关系式也可写成

$$(A - \lambda I)x = 0$$

这是一个向量方程，相当于一个线性方程组。这个方程组存在非零 x 解的充分条件，是其系数矩阵的行列式为零，即

$$|A - \lambda I| = 0$$

展开左边的行列式，得到一个"特征方程"。当 A 是 n 阶方阵时，特征方程是 λ 的 n 阶多项式方程。这个特征方程的 n 个解，就是 A 的 n 个特征根，每个特征根都对应一个特征向量。

例如，若

$$A = \begin{bmatrix} 6 & 10 \\ -2 & -3 \end{bmatrix}$$

其特征方程为

$$\lambda^2 - 3\lambda + 2 = 0$$

可解得

$$\left. \begin{array}{l} \lambda_1 = 1 \\ \lambda_2 = 2 \end{array} \right\}$$

两个特征根。对应 $\lambda_1 = 1$ 的特征向量为

$$x_1 = \begin{bmatrix} c_1 \\ -\dfrac{c_1}{2} \end{bmatrix}$$

对应 $\lambda_2 = 2$ 的特征向量为

$$x_2 = \begin{bmatrix} c_2 \\ -\dfrac{2c_2}{5} \end{bmatrix}$$

其中，c_1, c_2 是任意常数。

矩阵 A 的特征根具有下列性质：

(1) $\displaystyle\sum_{i=1}^{n} \lambda_i = \text{tr}[A]$ ；

(2) $\displaystyle\prod_{i=1}^{n} \lambda_i = |A|$ ；

（3）如果 A 是对角矩阵，则 $\lambda_i = d_i$，其中，d_i 为矩阵 A 的主对角线上的第 i 个元素；

（4）如果 A 是幂等矩阵，则 $\lambda_i = 0$ 或 1，且 $R(A) = \sum_{i=1}^{n} \lambda_i$；

（5）如果 λ_i 是 A 的非零特征根，t 是任意正整数，则 λ_i^t 是 A^t 的特征根。

■C8　正定矩阵和负定矩阵

给定一个对称方阵 A，若对于所有元素数等于矩阵 A 的阶数的非零行向量 x 都有

$$xAx' > 0$$

则称 A 是一个"正定矩阵"，记为 $A > 0$。

若对于所有元素数等于矩阵 A 的阶数的非零行向量 x 都有

$$xAx' < 0$$

则称 A 是一个"负定矩阵"，记为 $A < 0$。

若对于所有元素数等于矩阵 A 的阶数的非零行向量 x 都有

$$xAx' \geqslant 0$$

则称 A 是"非负定"的或"半正定"的，记为 $A \geqslant 0$。

若对于所有元素数等于矩阵 A 的阶数的非零行向量 x 都有

$$xAx' \leqslant 0$$

则称 A 是"非正定"的或"半负定"的，记为 $A \leqslant 0$。

关于正定矩阵、负定矩阵，有下列结论：

（1）若矩阵 A 的所有特征根都是正的，则矩阵 A 是正定矩阵；若矩阵 A 的所有特征根都是负的，则矩阵 A 是负定矩阵；若矩阵 A 的某些特征根为零，其余特征根为正，则矩阵 A 是半正定矩阵；若矩阵 A 的某些特征根为零，其余特征根为负，则矩阵 A 是半负定矩阵；

（2）对任意矩阵 C，$C'C$ 是半正定矩阵；

（3）若 A 是 $n \times k$ 阶满秩矩阵（$n > k$），则 $A'A > 0$，$AA' \geqslant 0$；

（4）若 A 是正定矩阵，B 是非奇异矩阵，则 $B'AB > 0$；

（5）若 A 是正定矩阵，则 A^{-1} 也是正定矩阵；

（6）若 A 是半正定矩阵，则 $|A| \geqslant 0$；

（7）若 A 是正定矩阵，那么存在一个非奇异矩阵 P，使得 $PP' = A$ 和 $P'A^{-1}P = I$，也存在一个唯一的下三角矩阵 T，使得 $TT' = A$；

（8）正定矩阵对角线元素都大于 0，半正定矩阵对角线元素都大于或等于 0，负定或半负定矩阵的对角线元素则都小于或等于 0。

■C9　矩阵导数

向量和矩阵也可以求导数微分。例如，向量 $x = (x_1, \cdots, x_n)'$ 对 t 求导，意味着每个

元素都对 t 求导,即

$$\frac{\mathrm{d}\boldsymbol{x}}{\mathrm{d}t} = \begin{bmatrix} \dfrac{\mathrm{d}x_1}{\mathrm{d}t} \\ \vdots \\ \dfrac{\mathrm{d}x_n}{\mathrm{d}t} \end{bmatrix}$$

矩阵对一个变量求导,也意味着每个元素都对该变量求导,而且满足法则

$$\left.\begin{aligned} \frac{\partial \boldsymbol{AB}}{\partial t} &= \boldsymbol{A}\,\frac{\partial \boldsymbol{B}}{\partial t} + \frac{\partial \boldsymbol{A}}{\partial t}\boldsymbol{B} \\ \frac{\partial \boldsymbol{A}^{-1}}{\partial t} &= -\boldsymbol{A}^{-1}\,\frac{\partial \boldsymbol{A}}{\partial t}\boldsymbol{A}^{-1} \end{aligned}\right\}$$

反过来,如果我们把一个函数 $y = f(x_1, x_2, \cdots, x_n)$ 看做一个向量的标量值函数,也即 $y = f(\boldsymbol{x})$ 时,也可以求这个函数对向量 $\boldsymbol{x} = (x_1, x_2, \cdots, x_n)'$ 的"梯度向量"(或简称"梯度")

$$\frac{\partial f(\boldsymbol{x})}{\partial \boldsymbol{x}} = \begin{bmatrix} \partial y/\partial x_1 \\ \partial y/\partial x_2 \\ \vdots \\ \partial y/\partial x_n \end{bmatrix} = \begin{bmatrix} f_1 \\ f_2 \\ \vdots \\ f_n \end{bmatrix}$$

如果上述梯度向量再对 $\boldsymbol{x}$ 求导,就得到一个"二阶微商矩阵"或者称"海赛矩阵",形式为

$$\boldsymbol{H} = \begin{bmatrix} \partial^2 y/\partial x_1\partial x_1 & \partial^2 y/\partial x_1\partial x_2 & \cdots & \partial^2 y/\partial x_1\partial x_n \\ \partial^2 y/\partial x_2\partial x_1 & \partial^2 y/\partial x_2\partial x_2 & \cdots & \partial^2 y/\partial x_2\partial x_n \\ \vdots & \vdots & & \vdots \\ \partial^2 y/\partial x_n\partial x_1 & \partial^2 y/\partial x_n\partial x_2 & \cdots & \partial^2 y/\partial x_n\partial x_n \end{bmatrix}$$

$\boldsymbol{H}$ 是一个对称矩阵,每一行和每一列都是关于变量之一的梯度向量微商。

C10 随机向量的均值和方差

在计量经济分析中普遍涉及多个随机变量的联合分布的问题。例如,随机误差向量中各个误差项的联合分布问题。为此常需要考察随机向量的均值,也就是数学期望以及协方差矩阵。

如果 $\boldsymbol{\xi}$ 是一个随机向量(列向量),那么其均值为每个元素的均值构成的列向量

$$E[\boldsymbol{\xi}] = E\begin{bmatrix} \xi_1 \\ \xi_2 \\ \vdots \\ \xi_n \end{bmatrix} = \begin{bmatrix} E[\xi_1] \\ E[\xi_2] \\ \vdots \\ E[\xi_n] \end{bmatrix}$$

其方差-协方差矩阵为

$$\text{cov}[\boldsymbol{\xi}] = E[(\boldsymbol{\xi} - E[\boldsymbol{\xi}])(\boldsymbol{\xi} - E[\boldsymbol{\xi}])']$$

随机向量的均值和方差有下列性质：

（1）如果 $\boldsymbol{\xi}, \boldsymbol{\eta}$ 是同阶随机向量，则 $E[\boldsymbol{\xi} + \boldsymbol{\eta}] = E[\boldsymbol{\xi}] + E[\boldsymbol{\eta}]$；

（2）若 A 是非随机元素的矩阵，则 $E[A\boldsymbol{\xi}] = AE[\boldsymbol{\xi}]$；

（3）若 A 是非随机元素的矩阵，则 $\text{var}[A\boldsymbol{\xi}] = A\text{var}[\boldsymbol{\xi}]A'$；

（4）若 $\boldsymbol{\alpha}$ 是非随机的同阶向量，则 $\text{var}[\boldsymbol{\alpha} + \boldsymbol{\xi}] = \text{var}[\boldsymbol{\xi}]$。其实对任意非随机向量 $\boldsymbol{\alpha}$，都有 $\text{cov}[\boldsymbol{\alpha}] = 0$。

附录 D

诺贝尔经济学奖与计量经济学

从 1969 年首届诺贝尔经济学奖授予创立计量经济学的弗里希和丁伯根至 2011 年,共有 69 位经济学家获得诺贝尔经济学奖。其中,获奖者有 2/3 以上是计量经济学家,有 10 位直接因为对计量经济学发展做出突出贡献而获奖;获奖成果有一大半应用了计量经济学。

因为对计量经济学发展作出突出贡献而获得诺贝尔经济学奖的 10 位经济学家如下。

挪威经济学家
拉格纳·弗里希
(Ragnar Frisch)
(1895～1973)

获奖时间:1969 年
主要贡献:创立计量经济学

荷兰经济学家
简·丁伯根
(Jan Tinbergen)
(1903～1994)

获奖时间:1969 年
主要贡献:建立了第一个计量经济学应用模型

美国经济学家
华西里·列昂惕夫
(Wassily Leontief)
(1916~1999)

获奖时间:1973 年
主要贡献:建立了投入-产出
　　　　模型

美国经济学家
劳伦斯·克莱因
(Lawrence R. Klein)
(1920~)

获奖时间:1980 年
主要贡献:建立了经济体制
　　　　模型

英国经济学家
理查德·斯通
(Richard Stone)
(1913~1991)

获奖时间:1984 年
主要贡献:发展了国民账户
　　　　体系

挪威经济学家
特里夫·哈维默
(Trygve Haavelmo)
(1911~1999)

获奖时间:1989 年
主要贡献:建立了现代计量
　　　　经济学的基础性
　　　　指导原则

美国经济学家
詹姆斯·赫克曼
(James J. Heckman)
(1944～)

获奖时间：2000 年
主要贡献：微观计量经济
　　　　　学——选择性
　　　　　样本模型

美国经济学家
丹尼尔·迈克法登
(Daniel L. McFadden)
(1937～)

获奖时间：2000 年
主要贡献：微观计量经济
　　　　　学——离散选
　　　　　择模型

英国经济学家
克莱夫·格兰杰
(Clive Granger)
(1934～)

获奖时间：2003 年
主要贡献：时间序列——协
　　　　　整理论（现代宏
　　　　　观计量）

美国经济学家
罗伯特·恩格尔
(Robert F. Engle)
(1942～)

获奖时间：2003 年
主要贡献：时间序列——
　　　　　ARCH 模型（现
　　　　　代金融计量）